沙坡头区年鉴
（2023）

中卫市沙坡头区人民政府办公室　编

黄河出版传媒集团
阳光出版社

图书在版编目(CIP)数据

沙坡头区年鉴.2023/中卫市沙坡头区人民政府办公室编.-- 银川：阳光出版社，2023.8
ISBN 978-7-5525-7047-2

Ⅰ.①沙… Ⅱ.①中… Ⅲ.①沙坡头区－2023－年鉴 Ⅳ.① Z524.34

中国国家版本馆 CIP 数据核字(2024)第 061576 号

沙坡头区年鉴(2023)   中卫市沙坡头区人民政府办公室　编

责任编辑	丁丽萍
封面设计	勉思维
责任印制	岳建宁

 出版发行

出 版 人	薛文斌
地　　址	宁夏银川市北京东路 139 号出版大厦(750001)
网　　址	http://www.ygchbs.com
网上书店	http://www.shop129132959.taobao.com
电子信箱	yangguangchubanshe@163.com
邮购电话	0951-5047283
经　　销	全国新华书店
印刷装订	宁夏银报智能印刷科技有限公司
印刷委托书号	(宁)0027832
地图审图号	宁 S[2019]第 018 号

开　　本	880 mm×1230 mm　　1/16
印　　张	17.75
字　　数	400 千字
版　　次	2023 年 8 月第 1 版
印　　次	2023 年 8 月第 1 次印刷
书　　号	ISBN 978-7-5525-7047-2
定　　价	298.00 元

版权所有　侵权必究

沙坡头区地方志编纂委员会

主　　任　丁志军

副 主 任　龚　涛　徐郑应　拜世雄　兰　雄　张海涛　高怀雷　王文忠

委　　员　张　翔　房英俊　刘　辉　孙金鑫　罗永乐　王建军　万自强
　　　　　张志斌　刘文祥　王金萍　罗华盛　张睿华　王　欢　马小辉
　　　　　段永军　朱政祖　宋　扬　马海轮　白　龙　赵爱东　房国元
　　　　　周重南　张红涛　张守戈　万　静　黄宗玺　李卫民　杨海东
　　　　　秦　玲　何佳风　白海宝　张永生　卢　珊　王　硕　赵浩海
　　　　　代福俊　朱　菁　马千笑　徐雅芬　马　丽　梁舜杰　刘彦录
　　　　　徐　超　景兆满　王　健　徐宏亮　孙守宏　张明晖　杜新宏
　　　　　王怀勇

《沙坡头区年鉴（2023）》编辑人员

主　　编　徐郑应

执行主编　孙金鑫　俞　琦

编　　辑　李　宁　冯瑞雪　李制鸿　刘嘉辉　李　景　利泽宇　苏小龙
　　　　　张红勇　宋是仑　倪佩钰　徐　蓉

特邀编辑　张明鹏　方红霞

照片提供　沙坡头区相关（部门）单位

编撰说明

一、《沙坡头区年鉴(2023)》以习近平新时代中国特色社会主义思想为指导,是由中共沙坡头区委、区政府主办,沙坡头区政府办公室组织实施,各承编单位共同参与编纂出版的资料性工具书。

二、《沙坡头区年鉴(2023)》所收录的资料上限起自2022年1月1日,下限截至2022年12月31日。为了较完整地保存和积累地方文献资料,对一些史实作了简要的上溯。

三、《沙坡头区年鉴(2023)》主要收集2022年沙坡头区各项事业发展的基本情况。主体内容分为类目、分目、条目三个层次,条目标题采用黑体字并加【 】表示,少数包含多方面内容的条目则在文内用阿拉伯数字序号标示各段内容的主题。全书设沙坡头区综览、大事记、中共沙坡头区委员会、沙坡头区人民代表大会、沙坡头区人民政府、政协沙坡头区委员会、民主党派和工商联、社会团体、经济管理、应急管理、法治·军事、农业和农村经济、工业与园区建设、交通运输与城乡建设、自然资源和生态环境、社会管理、旅游业、卫生健康、文化·体育·教育、科学技术、乡镇、人物·荣誉、附录共23个类目、101个分目、846个条目。

四、稿件大部分资料由沙坡头区直各部门、各单位、各镇及自治区、中卫市驻沙坡头区有关单位提供,《沙坡头区年鉴》编辑部撰写了部分稿件并统纂全书。因统计时间、口径不同等原因,个别数据在不同稿件中可能不尽一致,敬请读者采用时引起注意,所有数据,均以沙坡头区统计局资料为准。

五、大事记采用编年体记述法,按月日依次记述,每日大事较多者,用"△"表示。

六、《沙坡头区年鉴(2023)》的编辑出版得到沙坡头区各级各部门和有关单位领导的大力支持,广大供稿人员为此付出了辛勤的劳动,在此一并致以诚挚的谢意。由于编纂经验不足,水平有限,难免有差错和疏漏之处,恳请各级领导和广大读者对我们编辑工作中的错误与疏漏予以指正,并提出宝贵意见。

《沙坡头区年鉴》编辑部

2023年6月

沙坡头区地图

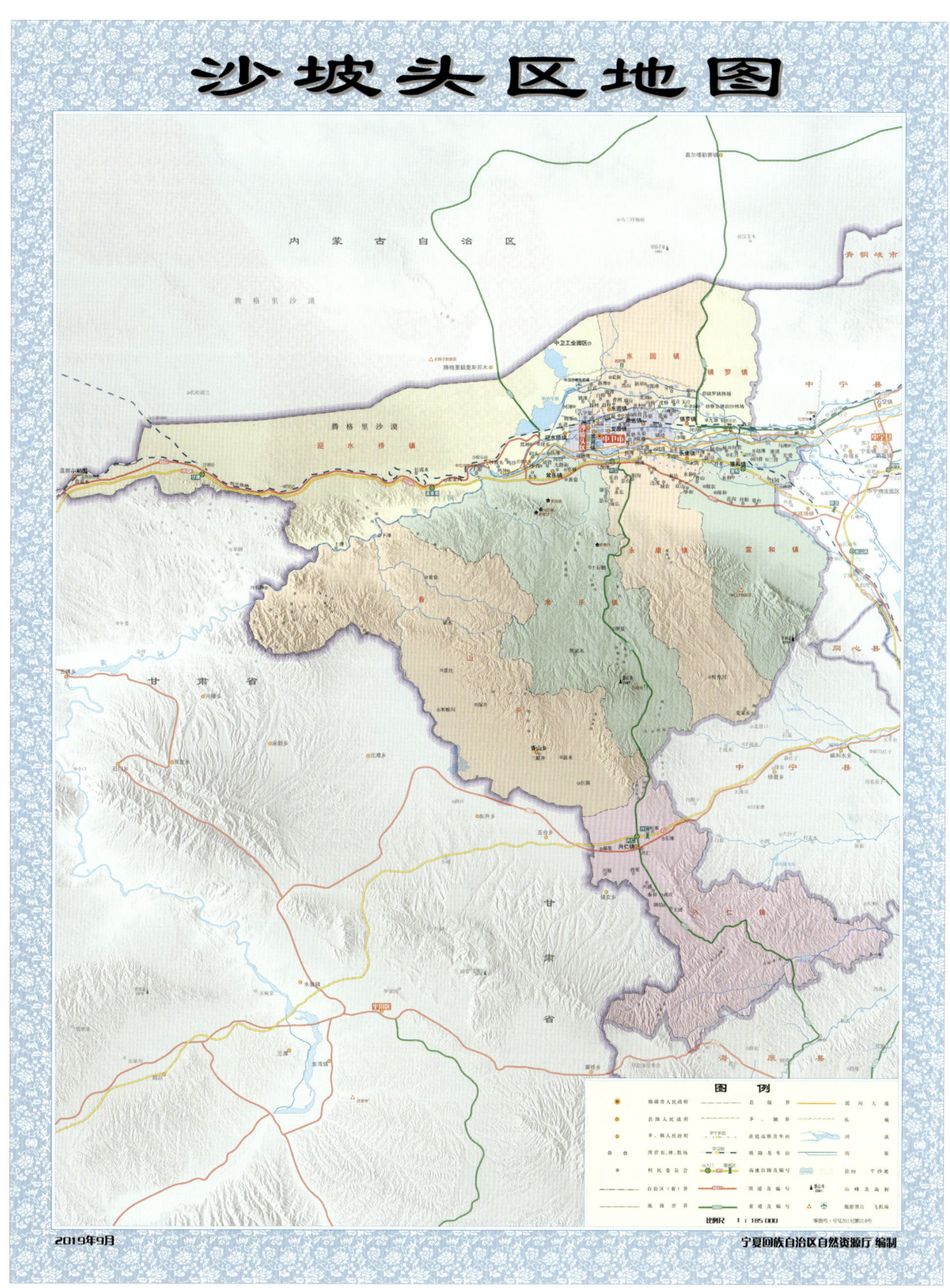

11月17日,自治区党委常委、组织部部长石岱(左五)一行观摩调研槐树北巷社区党建和新业态党建工作

4月20日,自治区人大常委会副主任、工会主席沈左权(左四)调研观摩工会工作

6月2日，自治区团委书记龚雪飞一行观摩调研社区团支部工作

5月20日，自治区民政厅副厅长方仲权调研沙坡头区社会救助工作

3月30日,自治区政协观摩调研党建引领社区治理工作

5月3日,自治区住房和城乡建设厅党组成员、总工程师李有军带队督导沙坡头区经营性自建房安全专项整治工作

5月9日,自治区党校43名中青年干部学员在宣和镇海和村开展为期10天的"三同"实践锻炼活动

3月30日,中卫市委书记张利调研应理湖基础设施改造项目

11月16日，中卫市副市长陈贵贞调研红色教育基地

2月23日，中卫市副市长杨照明调研向阳步行街发展情况

5月27日,中卫市委组织部部长于建文调研向阳社区商圈党建工作

6月8日,沙坡头区委书记宗立冬(右二)到普天瑞农农业有限公司调研指导日光温室大棚改造提升工作

9月3日,沙坡头区委副书记张振宇一行到柔远镇观摩人居环境整治工作

11月17日,沙坡头区纪委书记李华锋陪同自治区纪委相关人员调研沙坡头区红色教育基地

2月25日,沙坡头区退役军人事务局为李智家属送去二等功臣牌匾、立功喜报和慰问金

5月7日,沙坡头区举行退役军人及其他优抚对象首批优待证集中发放仪式

7月28日，沙坡头区委、区政府领导带队到驻沙双拥共建单位开展八一建军节前集中慰问

9月16日，沙坡头区举行2022年秋季新兵入伍欢送会

6月30日,沙坡头区举办2022年建筑施工安全标准化工地观摩会

7月22日,举办2022年沙坡头区"鑫水源杯"建筑工人技能大赛

6月1日，沙坡头区总工会联合相关单位在向阳步行街组织开展"'大漠味集'厨王争霸赛"

8月，沙坡头区总工会慰问滨河镇文苑社区

12月12日,沙坡头区总工会挂牌成立,中卫市总工会党组成员、副主席吴春玲,沙坡头区委常委、宣传部部长沈红菊等领导出席

中卫市第九小学举行"县管校聘"教师岗位竞聘说课比赛

1月5—7日,"中国体育彩票杯"2022年宁夏中卫市沙坡头区第五届农民篮球争霸赛在沙坡头区全民健身中心开赛

1月11日,沙坡头区举行农村环卫市场化服务项目签约及移交仪式

2月16—18日，中卫市沙坡头区2022年体育舞蹈三级社会体育指导员培训在沙坡头区全民健身中心举行

2月27日，全市春播生产暨沙坡头区全国农业现代化服务创新试点现场会在宣和镇福兴村召开

3月2日，沙坡头区举办恒祥社区趣味体育运动会

9月4日，"办好十六运，喜迎二十大"2022年中卫市沙坡头区文昌镇丰安社区中秋节趣味运动会在沙坡头区全民健身中心举行

目 录

沙坡头区综览

沙坡头区概貌 …………………………………（1）
　地理环境 ……………………………………（1）
　自然资源 ……………………………………（1）
　气候条件 ……………………………………（1）
　历史沿革 ……………………………………（1）
　行政区划 ……………………………………（2）
经济发展 ………………………………………（2）
　经济运行 ……………………………………（2）
　工业经济 ……………………………………（2）
　现代服务业 …………………………………（3）
　城乡发展 ……………………………………（3）
　工业经济 ……………………………………（3）
　现代农业 ……………………………………（3）
　三产服务业 …………………………………（4）
　招商引资 ……………………………………（4）
　固定资产投资 ………………………………（4）
　项目建设 ……………………………………（4）
　城市建设 ……………………………………（4）
　美丽乡村建设 ………………………………（5）
　深化改革 ……………………………………（5）
　能耗双控 ……………………………………（5）
社会事业 ………………………………………（5）
　人口发展与变化 ……………………………（5）
　居民收支 ……………………………………（5）
　生态环保 ……………………………………（5）
　民生保障 ……………………………………（6）
　教　育 ………………………………………（6）
　医疗卫生 ……………………………………（6）
　退役军人事务 ………………………………（7）
　乡村振兴 ……………………………………（7）
　社会治理 ……………………………………（7）

大事记

1月 ……………………………………………（8）
2月 ……………………………………………（8）
3月 ……………………………………………（9）
4月 ……………………………………………（10）
5月 ……………………………………………（11）
6月 ……………………………………………（11）
7月 ……………………………………………（12）
8月 ……………………………………………（12）
9月 ……………………………………………（13）

10月 …… (13)	第27次常委会会议 …… (21)
11月 …… (13)	第28次常委会会议 …… (22)
12月 …… (13)	第29次常委会会议 …… (22)
	第30次常委会会议 …… (22)

中共中卫市沙坡头区委员会

	第31次常委会会议 …… (23)
	第32次常委会会议 …… (23)
综　述 …… (15)	第33次常委会会议 …… (24)
概　况 …… (15)	第34次常委会会议 …… (25)
从严治党 …… (15)	第35次常委会会议 …… (25)
产业转型 …… (15)	第36次常委会会议 …… (25)
城乡协调发展 …… (16)	第37次常委会会议 …… (25)
生态环保 …… (16)	第38次常委会会议 …… (26)
人民生活 …… (16)	第39次常委会会议 …… (26)
社会治理 …… (16)	第40次常委会会议 …… (26)
深化改革 …… (17)	第41次常委会会议 …… (27)
重要会议 …… (17)	第42次常委会会议 …… (27)
第13次常委会会议 …… (17)	第43次常委会会议 …… (28)
第14次常委会会议 …… (18)	第44次常委会会议 …… (28)
第15次常委会会议 …… (18)	第45次常委会会议 …… (28)
第16次常委会会议 …… (18)	第46次常委会会议 …… (28)
第17次常委会会议 …… (18)	第47次常委会会议 …… (29)
第18次常委会会议 …… (18)	第48次常委会会议 …… (29)
第19次常委会会议 …… (19)	**组织工作** …… (29)
第20次常委会会议 …… (19)	干部选拔任用 …… (29)
第21次常委会会议 …… (19)	干部教育培训 …… (29)
第22次常委会会议 …… (19)	干部监督管理 …… (29)
第23次常委会会议 …… (19)	人事工资管理 …… (30)
第24次常委会会议 …… (20)	基层组织建设 …… (30)
第25次常委会会议 …… (21)	区直机关工委 …… (31)
第26次常委会会议 …… (21)	老干部工作 …… (31)

宣传工作 …… (31)
  概　况 …… (31)
  理论学习 …… (31)
  理论宣讲 …… (32)
  "学习强国"学习平台注册使用和管理
  　…… (32)
  党史学习教育 …… (32)
  新时代文明实践中心建设试点和志愿服务
  　…… (32)
  新闻宣传 …… (33)
  国防教育 …… (33)
  社会主义核心价值观建设 …… (33)
  先进典型选树 …… (34)
  文明村镇(单位)创建 …… (34)
  创建第七届全国文明城市 …… (34)
  移风易俗 …… (35)
  扫黄打非 …… (35)
统战工作 …… (35)
  概　况 …… (35)
  民族工作 …… (36)
机构编制 …… (36)
  新增机构 …… (36)
  调整机构设置 …… (36)
  职能调整 …… (37)
政策研究 …… (37)
  全面深化改革 …… (37)
  调查研究 …… (38)
  以文辅政 …… (38)
  党史研究 …… (38)
网络安全和信息化管理 …… (38)
  概　况 …… (38)
  网络宣传 …… (38)
  网络安全保障 …… (38)
  网络综合治理 …… (39)
  队伍建设 …… (39)

沙坡头区人民代表大会

综　述 …… (40)
  概　况 …… (40)
  代表人数 …… (40)
  决定重大事项 …… (40)
  人事任免 …… (41)
  视察检查调研 …… (41)
  代表工作 …… (41)
重要会议 …… (42)
  沙坡头区第二届人民代表大会第二次会议
  　…… (42)
  沙坡头区第二届人民代表大会第三次会议
  　…… (42)
  区二届人大常委会第三次会议 …… (42)
  区二届人大常委会第四次会议 …… (42)
  区二届人大常委会第五次会议 …… (43)
  区二届人大常委会第六次会议 …… (43)
  区二届人大常委会第七次会议 …… (43)
  区二届人大常委会第八次会议 …… (44)
  区二届人大常委会第九次会议 …… (44)
  宪法宣誓 …… (45)
  公　报 …… (45)

沙坡头区人民政府

综　述	(47)
经济发展	(47)
产业转型	(47)
城乡建设	(48)
深化改革	(48)
巩固脱贫成效	(48)
生态建设	(48)
社会事业	(49)
社会治理	(49)
政府效能	(49)
重要会议	(50)
第1次常务会议	(50)
第2次常务会议	(51)
第3次常务会议	(51)
第4次常务会议	(51)
第5次常务会议	(53)
第6次常务会议	(53)
第7次常务会议	(54)
第8次常务会议	(54)
第9次常务会议	(55)
第10次常务会议	(55)
第11次常务会议	(56)
第12次常务会议	(56)
第13次常务会议	(57)
第14次常务会议	(58)
第15次常务会议	(59)
第16次常务会议	(59)

政务服务	(60)
概　况	(60)
一网通办	(60)
优质服务	(60)
政府信息公开	(60)
主动公开	(60)
依申请公开	(61)
政府信息管理	(61)
平台建设	(61)
监督保障	(61)
信　访	(61)
概　况	(61)
组织领导	(61)
制度建设	(62)
社会风险隐患排查化解	(62)
网上信访办理	(62)
重复信访、积案化解	(62)
矛盾纠纷化解	(62)
矛盾纠纷调解机制	(62)
法律援助	(62)
示范村(社区)创建	(63)

政协中卫市沙坡头区委员会

综　述	(64)
概　况	(64)
协商督导	(65)
调研协商	(65)
视察协商	(65)
对口协商	(65)

有事好商量 …… (65)	经济委员会 …… (71)
民主评议 …… (65)	教科文卫体委员会 …… (71)
文史资料整理 …… (65)	社会治理委员会 …… (71)
提案工作 …… (66)	**调研视察评议** …… (71)
社情民意 …… (66)	应急保障专题协商 …… (71)
重要会议 …… (66)	加快产业转型促进乡村振兴专题协商 …… (72)
二届二次全体会议 …… (66)	推进文旅产业融合发展调研协商 …… (72)
二届二次常委会会议 …… (66)	推进社会组织培育发展调研协商 …… (72)
二届三次(专题议政性)常委会会议 …… (66)	推进"四权"改革视察协商 …… (72)
二届四次常委会会议 …… (67)	推进移民致富提升行动视察协商 …… (72)
二届五次(专题议政性)常委会会议 …… (67)	民主评议区工信和商务局效能及行风建设 …… (73)
二届六次常委会会议 …… (67)	
二届七次常委会会议 …… (68)	**重要活动** …… (73)
二届八次常委会会议 …… (68)	专题宣讲 …… (73)
二届九次常委会会议 …… (68)	经济观摩 …… (73)
二届二次主席会会议 …… (68)	读书分享 …… (73)
二届三次主席会会议 …… (68)	委员会客室 …… (73)
二届四次主席会会议 …… (68)	委员讲堂 …… (73)
二届五次主席会会议 …… (68)	社会组织培育 …… (74)
二届六次主席会会议 …… (69)	委员培训 …… (74)
二届七次主席会会议 …… (69)	对外交流 …… (74)
二届八次主席会会议 …… (69)	
二届九次主席会会议 …… (69)	# 纪委监委
二届十次主席会会议 …… (69)	
二届十一次主席会会议 …… (70)	**综述** …… (75)
二届十二次主席会会议 …… (70)	概况 …… (75)
二届十三次主席会会议 …… (70)	积案化解 …… (75)
政协办公室 …… (70)	规范权力运行 …… (75)
专门委员会 …… (70)	教育引导 …… (75)
提案和委员联络委员会 …… (70)	

作风建设 …………………………（76）	参政议政 …………………………（81）
破除形式主义官僚主义 ……………（76）	社会服务 …………………………（81）
纠治"四风" ………………………（76）	组织建设 …………………………（81）
护航乡村振兴 ……………………（76）	**中国民主促进会中卫市沙坡头区总支委员会**
优化行业环境 ……………………（76）	…………………………………………（82）
专项整治 …………………………（76）	概　况 …………………………（82）
执纪监督 …………………………（77）	组织建设 …………………………（82）
自身建设 …………………………（77）	思想建设 …………………………（82）
巡察工作指导 ……………………（77）	参政议政 …………………………（82）
巡察工作 ………………………（78）	社会服务 …………………………（83）
概　况 …………………………（78）	**沙坡头区工商业联合会** …………（83）
政治巡察 …………………………（78）	概　况 …………………………（83）
巡察整改 …………………………（78）	思想建设 …………………………（83）
指导督导 …………………………（78）	履行社会责任 ……………………（83）
制度建设 …………………………（78）	参政议政 …………………………（84）
队伍建设 …………………………（78）	组织活动 …………………………（84）

民主党派和工商联

群众团体

中国国民党革命委员会中卫市沙坡头区总支委员会
…………………………………………（79）
　　概　况 …………………………（79）
　　思想建设 …………………………（79）
　　组织建设 …………………………（79）
　　参政议政 …………………………（80）
　　社情民意 …………………………（80）
　　社会服务 …………………………（80）
民盟中卫市沙坡头区委员会 ………（81）
　　概　况 …………………………（81）
　　思想政治 …………………………（81）

沙坡头区总工会 …………………（85）
　　概　况 …………………………（85）
　　职工思想引领 ……………………（85）
　　建功立业 …………………………（85）
　　劳动模范服务 ……………………（85）
　　困难职工帮扶 ……………………（85）
　　职工维权服务 ……………………（86）
　　文体活动建设 ……………………（86）
　　财务经审 …………………………（86）
　　基层组织建设 ……………………（86）
共青团沙坡头区委员会 …………（86）

概况 …………………………………… (86)
团组织建设 …………………………… (86)
青少年思想引领 ……………………… (86)
青年志愿服务 ………………………… (86)
服务青少年成长 ……………………… (87)

沙坡头区妇联 …………………………… (87)
概况 …………………………………… (87)
组织建设 ……………………………… (87)
妇女创业 ……………………………… (87)
落实惠民政策 ………………………… (87)
妇女儿童维权 ………………………… (88)
文明创建活动 ………………………… (88)

经济管理

宏观管理 ………………………………… (89)
概况 …………………………………… (89)
工业发展 ……………………………… (89)
现代农业 ……………………………… (89)
现代服务业 …………………………… (89)
营商环境 ……………………………… (90)

项目投资 ………………………………… (90)
投资运行 ……………………………… (90)
项目建设 ……………………………… (90)
项目审批和备案 ……………………… (90)

招商引资 ………………………………… (90)
招商举措 ……………………………… (90)
招商成效 ……………………………… (90)

商业贸易 ………………………………… (91)
概况 …………………………………… (91)

第三产业 ……………………………… (91)
消费提质 ……………………………… (91)
现代物流 ……………………………… (91)
县域商业体系建设 …………………… (91)
商务监管 ……………………………… (91)
对外经贸 ……………………………… (92)
电子商务 ……………………………… (92)

财政 ……………………………………… (92)
概况 …………………………………… (92)
队伍建设 ……………………………… (92)
财政收入 ……………………………… (92)
财政支出 ……………………………… (92)
财政预算执行 ………………………… (92)
资金争取 ……………………………… (93)
民生保障 ……………………………… (93)
财政管理 ……………………………… (93)
产业发展基金 ………………………… (93)
国企改革 ……………………………… (93)
融资担保体系 ………………………… (93)
财政监督检查 ………………………… (93)
风险管控 ……………………………… (94)

税务 ……………………………………… (94)
概况 …………………………………… (94)
队伍建设 ……………………………… (94)
文明创建 ……………………………… (94)
廉政建设 ……………………………… (94)
税收征缴 ……………………………… (95)
税收征管 ……………………………… (95)
信息化建设 …………………………… (95)
依法治税 ……………………………… (95)

纳税服务 …………………………（95）
税法宣传 …………………………（96）
统计管理 …………………………（96）
    统计服务 …………………………（96）
    统计调查 …………………………（96）
    统计监测 …………………………（96）
    统计执法 …………………………（97）
审计监督 …………………………（97）
    概　况 …………………………（97）
    重大政策措施落实情况跟踪审计 …（97）
    财政预算执行审计 ………………（97）
    经济责任审计 ……………………（97）
    自然资源资产任中审计 …………（97）
    政府投资项目竣工决算审计 ……（97）
    专项资金审计 ……………………（98）
市场监督管理 ……………………（98）
    优化营商环境 ……………………（98）
    食品安全监管 ……………………（98）
    药品安全监管 ……………………（98）
    特种设备安全监管 ………………（98）
    质量体系建设 ……………………（98）
    知识产权保护 ……………………（99）
    质量安全管控 ……………………（99）
    重点领域监管 ……………………（99）
    消费维权 …………………………（99）
    服务企业 …………………………（99）

应急管理

综述 ………………………………（100）

概　况 ……………………………（100）
行业监管与整治 …………………（100）
宣传培训 …………………………（100）
应急预案体系试点建设 …………（100）
预警监测 …………………………（101）
安全年生产 ………………………（101）
    概　况 ……………………………（101）
    安全生产百日专项整治行动 ……（101）
    危险化学品专项整治 ……………（102）
    城镇燃气专项整治 ………………（102）
    自建房专项整治 …………………（102）
    高层建筑消防专项整治 …………（102）
    供港蔬菜基地改建 ………………（102）
消防救援 …………………………（102）
    概　况 ……………………………（102）
    综合治理 …………………………（103）
    消防宣传 …………………………（103）
    安全制度 …………………………（103）
    专业救援 …………………………（103）
森林草原防火 ……………………（103）
    概　况 ……………………………（103）
    火灾预防 …………………………（104）
    防火宣传 …………………………（104）
    专题培训 …………………………（104）

法治　军事

社会治理 …………………………（105）
    概　况 ……………………………（105）
    命案防范打击 ……………………（105）

基层治理 …………………………（105）	政治建设 …………………………（110）
扫黑除恶 …………………………（105）	司法改革 …………………………（110）
铁路护路联防 ……………………（106）	队伍建设 …………………………（110）
早婚早育专项治理 ………………（106）	服务经济社会发展 ………………（110）
全民反诈 …………………………（106）	学习教育 …………………………（110）
政法队伍建设 ……………………（106）	营造法治化营商环境 ……………（110）

政府法治 …………………………（106）
    法治政府建设 ……………………（106）
    "放管服"改革 ……………………（107）
    法治化营商环境 …………………（107）
    合法性审查 ………………………（107）
    行政规范性文件管理 ……………（107）
    依法决策 …………………………（107）
    行政执法 …………………………（107）
    队伍建设 …………………………（107）
    执法改革 …………………………（108）
    行政执法监督 ……………………（108）
    权力制约监督 ……………………（108）
    行政复议和行政应诉 ……………（108）
    矛盾多元预防化解 ………………（108）
    突发事件应对处置 ………………（108）

公　安 ……………………………（108）
    概　况 ……………………………（108）
    风险防范化解 ……………………（108）
    高压严惩犯罪 ……………………（109）
    创新基层治理 ……………………（109）
    执法规范化建设 …………………（109）
    政务服务 …………………………（109）
    队伍建设 …………………………（109）

检　察 ……………………………（110）

    维护稳定 …………………………（111）
    社会治理 …………………………（111）
    守护未成年人健康成长 …………（111）
    刑事检察 …………………………（111）
    民事检察 …………………………（111）
    行政检察 …………………………（111）
    公益诉讼检察 ……………………（112）

法　院 ……………………………（112）
    概　况 ……………………………（112）
    党的建设 …………………………（112）
    政治建设 …………………………（112）
    队伍建设 …………………………（112）
    审判执行 …………………………（112）
    保障重点工作 ……………………（113）
    诉源治理 …………………………（113）
    司法责任制改革 …………………（113）
    审判管理 …………………………（113）
    智慧法院建设 ……………………（114）

司法行政 …………………………（114）
    政治建设 …………………………（114）
    "八五"普法 ………………………（114）
    法治环境建设 ……………………（114）
    公民法治素养 ……………………（115）
    依法治理 …………………………（115）

特色法治文化 …………………… (115)	养殖业 …………………………… (122)
公共法律服务 …………………… (116)	畜牧业 ………………………… (122)
法律服务 ……………………… (116)	水产养殖 ……………………… (122)
法律顾问 ……………………… (116)	农业污染防治 …………………… (122)
律师事务所管理 ……………… (116)	无害化处理 …………………… (122)
司法所标准化建设 …………… (117)	秸秆禁烧 ……………………… (122)
矛盾纠纷排查化解 …………… (117)	畜禽粪污资源化利用 ………… (122)
人民调解组织队伍建设 ……… (117)	减少化肥农药使用量 ………… (123)
社区矫正 ……………………… (117)	回收处理农用废弃物 ………… (123)
安置帮教 ……………………… (118)	农业机械化 ……………………… (123)
人民武装部 ………………………… (118)	概　况 ………………………… (123)
综　述 ………………………… (118)	农机规模 ……………………… (123)
党的建设 ……………………… (118)	农机购置补贴 ………………… (123)
政治建设 ……………………… (118)	农机具经营 …………………… (124)
履行职能使命 ………………… (119)	农业产业化 ……………………… (124)
基层建设 ……………………… (119)	养殖场建设 …………………… (124)
双拥共建 ……………………… (119)	科技支撑 ……………………… (124)
	标准化养殖技术 ……………… (124)
农业和农村经济	农业综合行政执法 …………… (124)
	动物免疫 ……………………… (125)
综　述 ……………………………… (120)	动物疫病监测 ………………… (125)
概　况 ………………………… (120)	动物卫生监督 ………………… (125)
农业社会化服务体系建设 …… (120)	消毒灭源 ……………………… (125)
农村"三资"管理 ……………… (120)	兽药市场整顿和规范 ………… (125)
农村产权制度改革 …………… (121)	畜产品监管 …………………… (125)
种植业 ……………………………… (121)	水利水保 ………………………… (126)
粮食种植 ……………………… (121)	水利项目资金争取 …………… (126)
蔬菜种植 ……………………… (121)	水利工程建设 ………………… (126)
植物保护 ……………………… (121)	水土流失综合治理 …………… (126)
植物检疫 ……………………… (121)	水土保持预防监督 …………… (126)

水害灾旱防御	（127）	镇罗特色冶金产业基地	（132）
水库移民后期扶持项目	（127）	宣和电石化工循环产业基地	（132）
行业用水	（127）	常乐新型建材陶瓷产业基地	（132）
取水许可	（127）		
用水权改革	（128）		

交通运输与城乡建设

农业水价综合改革	（128）	**交通运输**	（133）
基层用水管理	（128）	概况	（133）
农业灌溉	（129）	建设管理	（133）
三级河湖长制	（129）	城乡客运	（133）
河湖整治	（129）	城市交通	（133）
河湖沟道排查整治	（129）	航空运输	（134）
河湖管理保护	（129）	水上运输	（134）
		宣传培训	（134）
		安全管理	（134）

工业与产业基地建设

		重大项目协调服务	（134）
工 业	（130）	农村公路建设	（135）
基础设施	（130）	**城乡建设**	（135）
规模以上工业	（130）	城市化进程	（135）
项目建设	（130）	棚户区改造征地拆迁安置	（135）
经济运行	（130）	城市建设回迁安置	（135）
转型升级	（131）	美丽乡村	（135）
淘汰落后产能	（131）	农村路网体系	（135）
节能降耗	（131）	美丽村庄建设	（135）
信息化建设	（131）	农村危房改造	（135）
安全生产	（131）	村庄环境治理	（136）
冶金产业	（131）	基础设施建设	（136）
电石化工产业	（131）	大气污染防治	（136）
陶瓷产业	（132）	防震减灾	（136）
安全隐患大排查大整治	（132）		
产业基地建设	（132）	**城市管理**	（137）

市容秩序管理 …………………………（137）	环保执法 ……………………………（141）
城市环卫保洁 …………………………（137）	行政审批改革 ………………………（141）
城市公用设施维护保障 ………………（137）	环保宣传 ……………………………（141）
城市基础设施项目建设 ………………（137）	

自然资源和生态环境

社会管理

自然资源 …………………………………（138）
 概　况 …………………………………（138）
 规划编制 ………………………………（138）
 用地保障 ………………………………（138）
 耕地保护 ………………………………（138）
 矿政管理 ………………………………（138）
 国土绿化 ………………………………（138）
 "四权"改革 ……………………………（139）
林草资源 …………………………………（139）
 经果林产业发展 ………………………（139）
 林木病虫害防治 ………………………（139）
 林草资源保护管理 ……………………（139）
生态环境 …………………………………（140）
 空气质量 ………………………………（140）
 水环境质量 ……………………………（140）
 土壤环境质量 …………………………（140）
 矿山整治 ………………………………（140）
 乱占耕地整治 …………………………（140）
 组织领导 ………………………………（140）
 污染防治 ………………………………（140）
 水源地保护 ……………………………（140）
 农业面源污染治理 ……………………（140）
 生态修复 ………………………………（141）

社会民生 …………………………………（142）
 概　况 …………………………………（142）
 民生保障 ………………………………（142）
 城镇居民 ………………………………（143）
民　政 ……………………………………（143）
 基层建设 ………………………………（143）
 社会救助 ………………………………（143）
 医疗救助 ………………………………（143）
 社会福利 ………………………………（143）
 特困供养 ………………………………（143）
 殡葬管理 ………………………………（143）
 老龄事业 ………………………………（144）
 劳动就业 ………………………………（144）
社会保险 …………………………………（144）
 企业城镇职工基本养老保险征缴与社会化管理
  服务 …………………………………（144）
 城乡居民社会养老保险征缴与发放 ……（144）
 失业保险征缴 …………………………（144）
医疗保险 …………………………………（144）
 城镇职工基本医疗保险 ………………（144）
 城乡居民基本医疗保险 ………………（144）
住房公积金管理 …………………………（144）
 住房公积金缴存 ………………………（144）
 住房公积金支取 ………………………（144）

住房贷款发放 …………………… （144）
退役军人事务 ……………………… （144）
　　思想政治 ……………………………（144）
　　服务建设 ……………………………（145）
　　就业安置 ……………………………（145）
　　拥军优抚 ……………………………（145）
乡村振兴 …………………………… （145）
　　概　况 ………………………………（145）
　　责任落实 ……………………………（145）
　　防止返贫致贫动态监测和帮扶体系
　　　………………………………………（146）
　　巩固"两不愁三保障"成果 …………（146）
　　移民致富 ……………………………（146）
　　特色产业培育 ………………………（147）
　　脱贫人口稳岗就业 …………………（147）
　　项目建设 ……………………………（147）
　　资产管理 ……………………………（147）
　　扶持政策落实 ………………………（147）

旅游业

综　述 ……………………………… （148）
　　概　况 ………………………………（148）
　　规划编制 ……………………………（148）
　　项目建设 ……………………………（148）
　　招商引资 ……………………………（148）
　　宣传促销 ……………………………（148）
　　全域旅游 ……………………………（148）
　　乡村旅游 ……………………………（148）
　　节庆活动 ……………………………（149）

　　假日旅游 ……………………………（149）
景区（景点） ……………………… （149）
　　沙坡头旅游景区 ……………………（149）
　　寺口子景区 …………………………（149）
　　金沙岛旅游景区 ……………………（149）
　　高庙景区 ……………………………（149）
　　腾格里·金沙海 ……………………（150）
　　沙坡头水镇 …………………………（150）
　　中卫香山湖湿地公园 ………………（150）

卫生健康

综　述 ……………………………… （151）
　　医疗卫生机构 ………………………（151）
　　床位及卫生人员 ……………………（151）
　　疫情防控 ……………………………（151）
　　医疗改革 ……………………………（151）
　　互联网＋医疗健康 …………………（151）
　　健康沙坡头区建设 …………………（152）
　　健康扶贫 ……………………………（152）
　　医药卫生改革 ………………………（152）
　　医疗信息化建设 ……………………（152）
　　医疗服务管理 ………………………（153）
　　农村卫生 ……………………………（153）
　　社区卫生 ……………………………（153）
　　医疗卫生基础设施建设 ……………（153）
公共卫生 …………………………… （154）
　　概　况 ………………………………（154）
　　卫生监督 ……………………………（154）
　　爱国卫生 ……………………………（154）

健康教育 …………………………（154）	体育项目建设 ……………………（159）
疾病预防控制 ……………………（155）	群众体育工作 ……………………（159）
传染病预防 ………………………（155）	青少年体育工作 …………………（159）
免疫规划疫苗接种 ………………（155）	备战十六运 ………………………（159）
结核病规范诊治 …………………（155）	**教育** ………………………………（159）
慢病管理 …………………………（155）	概　况 ……………………………（159）
卫生监测 …………………………（155）	基础设施建设 ……………………（159）
妇幼卫生 …………………………（155）	硬件设施建设 ……………………（160）
妇幼保健 …………………………（155）	信息化建设 ………………………（160）
沙坡头区人民医院 ………………（156）	学前教育 …………………………（160）
概　况 ……………………………（156）	义务教育 …………………………（160）
党的建设 …………………………（156）	师资队伍建设 ……………………（160）
医院迁建项目 ……………………（156）	师德师风建设 ……………………（161）
医疗服务 …………………………（156）	政策落实 …………………………（161）
利民惠民活动 ……………………（157）	机制创新 …………………………（161）

文化　体育　教育

科学技术

文　化 ……………………………（158）	**综　述** ……………………………（162）
概　况 ……………………………（158）	科技项目建设 ……………………（162）
基础设施建设 ……………………（158）	科技投入 …………………………（162）
广场文化 …………………………（158）	培训督导 …………………………（162）
节庆文化 …………………………（158）	科技人才建设 ……………………（162）
群众文化 …………………………（158）	知识产权 …………………………（163）
非遗保护 …………………………（158）	科技合作 …………………………（163）
文化市场监管 ……………………（158）	科学普及 …………………………（163）
产业发展 …………………………（158）	项目申报 …………………………（163）
公共文化阵地建设 ………………（159）	基层科协能力建设 ………………（164）
体　育 ……………………………（159）	**气象科技** …………………………（164）
综　述 ……………………………（159）	科技惠民项目 ……………………（164）

苹果冻害防控工作会议 …………（164）	民风建设 …………………………（169）
苹果花期冻害防御 ………………（164）	社会事业 …………………………（170）
自动气象站升级改造 ……………（164）	民族团结 …………………………（170）
农业气象灾害风险预警防范 ……（165）	文化体育 …………………………（170）
防灾减灾 …………………………（165）	政务公开 …………………………（170）
"气象+应急"建立直达基层责任人叫应机制	**滨河镇** ……………………………（170）
…………………………………（165）	概　况 ……………………………（170）
设施农业气象服务 ………………（165）	人口变化 …………………………（171）
气象服务 …………………………（165）	党的建设 …………………………（171）
人工影响天气 ……………………（166）	党风廉政建设 ……………………（171）
苹果特色气象服务 ………………（166）	农业与农村经济 …………………（171）
	城市建设 …………………………（171）

乡　镇

	平安滨河建设 ……………………（172）
	生态环境整治 ……………………（172）
文昌镇 ……………………………（167）	安全生产 …………………………（172）
概　况 ……………………………（167）	社区治理 …………………………（172）
党的建设 …………………………（167）	社会事业 …………………………（172）
党风廉政建设 ……………………（167）	文明城市创建 ……………………（173）
城市建设 …………………………（168）	获得荣誉 …………………………（173）
物业管理 …………………………（168）	**迎水桥镇** …………………………（173）
创城工作 …………………………（168）	概　况 ……………………………（173）
社会治理 …………………………（168）	党的建设 …………………………（173）
社区管理 …………………………（168）	党风廉政建设 ……………………（173）
植绿增绿 …………………………（168）	产业发展 …………………………（173）
农业和农村经济 …………………（168）	党支部领办合作社 ………………（173）
农田水利建设 ……………………（169）	人才发展 …………………………（173）
环境卫生整治 ……………………（169）	脱贫攻坚与乡村振兴有效衔接 …（174）
综合执法 …………………………（169）	特色农业 …………………………（174）
安全生产 …………………………（169）	农村环境整治 ……………………（174）
改革创新 …………………………（169）	深化改革 …………………………（174）

社会治理	(174)	概　况	(179)
民生保障	(174)	党的建设	(179)
政务公开	(174)	工业经济	(179)
精神文明	(175)	特色农业	(179)

东园镇 ………………………………… (175)

概　况	(175)	新农村建设	(180)
党的建设	(175)	环境整治	(180)
党风廉政建设	(175)	农田水利建设	(180)
农业经济	(176)	社会管理	(180)
乡村振兴	(176)	脱贫攻坚	(181)
项目建设	(176)	社会保障	(181)
环境整治	(176)	精神文明建设	(181)
社会治理	(176)		
民生保障	(176)		

宣和镇 ………………………………… (181)

柔远镇 ………………………………… (177)

概　况	(177)	概　况	(181)
党的建设	(177)	党的建设	(182)
党风廉政建设	(177)	招商引资	(182)
项目建设	(177)	项目建设	(182)
农业与农村经济	(177)	乡村环境治理	(182)
农田水利建设	(178)	巩固脱贫攻坚成果	(182)
乡村振兴	(178)	农业经济	(183)
环境整治	(178)	民生服务	(183)
民生保障	(178)	精神文明建设	(183)
综合治理	(178)	基层治理	(183)

永康镇 ………………………………… (184)

安全生产	(178)	概　况	(184)
政务公开	(178)	党的建设	(184)
民族团结进步创建	(178)	经济发展	(184)
精神文明建设	(179)	特色产业	(184)
		巩固脱贫攻坚成果	(184)
		项目建设	(185)

镇罗镇 ………………………………… (179)

生态文明建设	(185)

· 16 ·

美丽乡村建设 …………………（185）
基层治理 ………………………（185）
民生保障 ………………………（185）

常乐镇 …………………………（185）
概　况 …………………………（185）
基层组织建设 …………………（186）
主题教育 ………………………（186）
乡风文明建设 …………………（186）
旅游产业 ………………………（187）
种养殖产业 ……………………（187）
重大项目实施 …………………（187）
农村环境综合整治 ……………（187）
生态环保 ………………………（188）
民生保障 ………………………（188）
巩固脱贫攻坚成果 ……………（188）
基层治理 ………………………（189）
社会治理 ………………………（189）

香山乡 …………………………（189）
概　况 …………………………（189）
党的建设 ………………………（190）
压砂地退出及生态修复 ………（190）
农业产业 ………………………（190）
巩固脱贫攻坚成果 ……………（191）
民生保障 ………………………（191）
基层治理 ………………………（191）
法治宣传 ………………………（191）
项目建设 ………………………（192）
生态保护 ………………………（192）

兴仁镇 …………………………（192）
概　况 …………………………（192）

党的建设 ………………………（192）
基础设施 ………………………（193）
特色农产业种植 ………………（193）
特色养殖 ………………………（193）
生态环境整治 …………………（194）
乡村振兴 ………………………（194）
环境综合整治 …………………（194）
民生改善 ………………………（194）
社会治理 ………………………（195）
项目建设 ………………………（195）
法治建设 ………………………（195）

人物·荣誉

人物简介 ………………………（196）
全国三八红旗手张翠红 ………（196）
"全国最美退役军人"马永庆 ………（196）
全国"人民满意的公务员"王瑞萍 ……（197）

人物名表 ………………………（197）
获得国家级荣誉的先进个人名表 ……（197）
获得自治区表彰的先进个人名表 ……（197）
获得中卫市表彰的先进个人名表 ……（198）
获得沙坡头区表彰的先进个人名表
　………………………………（198）

集体名表 ………………………（199）
获得国家级荣誉的先进集体名表 ……（199）
获得自治区表彰的先进集体名表 ……（200）
获得中卫市表彰的先进集体名表 ……（201）
获得沙坡头区表彰的先进集体名表
　………………………………（202）

附　录

组织机构和领导成员 …………（203）

中国共产党中卫市沙坡头区委员会
………………………………………（203）

中卫市沙坡头区人民代表大会常务委员会
………………………………………（203）

中卫市沙坡头区人民政府 …………（203）

中国人民政治协商会议中卫市沙坡头区委员会
………………………………………（203）

中国共产党中卫市沙坡头区纪律检查委员会
………………………………………（204）

监察委员会 …………………………（204）

沙坡头区人民武装部 ………………（204）

沙坡头区人民法院 …………………（204）

沙坡头区人民检察院 ………………（204）

沙坡头区党委工作部门及直属事业单位
………………………………………（204）

　沙坡头区委办公室 ………………（204）

　沙坡头区委组织部 ………………（204）

　沙坡头区委宣传部 ………………（205）

　沙坡头区委统战部(民宗局) ……（205）

　沙坡头区委政法委 ………………（205）

　沙坡头区委政策研究室 …………（205）

　沙坡头区委网络安全和信息化委员会办公室
　………………………………………（205）

　沙坡头区委机构编制委员会办公室
　………………………………………（205）

　沙坡头区委巡察工作领导小组办公室
　………………………………………（205）

　沙坡头区档案馆 …………………（205）

沙坡头区党委工作部门所属事业单位
………………………………………（205）

　沙坡头区廉政教育和案件信息管理中心
　………………………………………（205）

　沙坡头区党员宣传教育中心 ……（205）

　沙坡头区人力资源服务中心 ……（205）

　沙坡头区新时代文明实践志愿服务指导中心
　………………………………………（205）

沙坡头区政府工作部门及直属事业单位
………………………………………（206）

　沙坡头区政府办公室 ……………（206）

　沙坡头区发展和改革局 …………（206）

　沙坡头区教育局 …………………（206）

　沙坡头区科学技术局 ……………（206）

　沙坡头区工业信息化和商务局 …（206）

　沙坡头区民政和社会保障局 ……（206）

　沙坡头区司法局(信访局) ………（206）

　沙坡头区财政局 …………………（206）

　沙坡头区自然资源局 ……………（206）

　沙坡头区住房城乡建设和交通局
　………………………………………（206）

　沙坡头区水务局 …………………（206）

　沙坡头区农业农村局 ……………（206）

　沙坡头区旅游和文化体育广电局
　………………………………………（207）

　沙坡头区卫生健康局 ……………（207）

　沙坡头区退役军人事务局 ………（207）

沙坡头区应急管理局 ……… （207）	沙坡头区城市公用事业管理所 …… （208）
沙坡头区审计局 ……………… （207）	沙坡头区人民医院(市第二人民医院)
沙坡头区统计局 ……………… （207）	……………………………………… （208）
沙坡头区乡村振兴局 ………… （207）	镇罗镇中心卫生院 ……………… （208）
沙坡头区综合执法局 ………… （207）	宣和镇中心卫生院 ……………… （208）
沙坡头区医疗保障局 ………… （207）	永康镇中心卫生院 ……………… （208）
沙坡头区政务服务中心 ……… （207）	兴仁镇中心卫生院 ……………… （208）

沙坡头区政府工作部门所属事业单位
……………………………………… （207）

沙坡头区机关事务服务中心 … （207）	中卫市第二中学 ………………… （208）
沙坡头区教学研究室 ………… （207）	中卫市第四中学 ………………… （208）
沙坡头区工业和信息化服务中心	中卫市第五中学 ………………… （208）
……………………………………… （207）	中卫市第六中学 ………………… （208）
沙坡头区农业综合行政执法大队	中卫市第八中学 ………………… （208）
……………………………………… （207）	中卫市第九中学 ………………… （209）
沙坡头区农业技术推广服务中心	中卫市镇罗中学 ………………… （209）
……………………………………… （207）	中卫市宣和中学 ………………… （209）
沙坡头区社会救助和殡葬管理中心	中卫市宣和镇东台学校 ………… （209）
……………………………………… （207）	中卫市永康中学 ………………… （209）
沙坡头区文化旅游体育服务中心	中卫市常乐中学 ………………… （209）
……………………………………… （208）	中卫市兴仁中学 ………………… （209）

沙坡头区群众工作团体 …………… （209）

沙坡头区国库集中支付中心 … （208）	沙坡头区群团工作委员会 ……… （209）
沙坡头区退役军人服务中心 … （208）	沙坡头区总工会 ………………… （209）
沙坡头区建设工程质量安全监督站	共青团沙坡头区委员会 ………… （209）
……………………………………… （208）	沙坡头区妇女联合会 …………… （209）

乡镇机构和领导成员 ……………… （209）

沙坡头区公路管理段 ………… （208）	文昌镇 …………………………… （209）
沙坡头区南山台电灌站 ……… （208）	滨河镇 …………………………… （210）
沙坡头区林业技术推广服务中心(挂沙坡头区	迎水桥镇 ………………………… （210）
林木检疫站牌子) ………… （208）	东园镇 …………………………… （210）
沙坡头区综合行政执法大队 ……… （208）	柔远镇 …………………………… （211）

镇罗镇 …………………………（211）	中卫市沙坡头区人大常委会工作报告
宣和镇 …………………………（212）	——在中卫市沙坡头区第二届人民代表大会第
永康镇 …………………………（212）	三次会议上 …………………（225）
常乐镇 …………………………（212）	政府工作报告
兴仁镇 …………………………（213）	——在中卫市沙坡头区第二届人民代表大会第
香山乡 …………………………（213）	三次会议上 …………………（233）

高举伟大旗帜　勇担时代使命　为全面建设社会主义现代化美丽新沙坡头区团结奋斗

——在中国共产党中卫市沙坡头区委员会二届四次全会上的报告 …………（215）

政协中卫市沙坡头区第二届委员会常委会工作报告

——在政协中卫市沙坡头区第二届委员会第二次全体会议上 …………………（247）

中卫市沙坡头区2022年国民经济和社会发展统计公报 …………………………（255）

沙坡头区综览

沙坡头区概貌

【**地理环境**】 沙坡头区位于宁夏回族自治区中西部,东邻中宁县,南与宁夏回族自治区同心县、海原县,以及甘肃省靖远县交会,西接甘肃省景泰县,北邻内蒙古自治区阿拉善左旗,为中卫市政府驻地,是中卫市政治、经济、文化中心。地形由西向东、由南向北倾斜。海拔高度1100~2955米。地貌类型分为沙漠、黄河冲积平原、台地、山地和盆地五个较大的地貌单元。其中西北部腾格里沙漠边缘卫宁北山面积12万公顷,占中卫市土地总面积的8.1%;中部卫宁黄河冲积平原10万公顷,占中卫市土地总面积的6.8%;中卫位于山区与黄河南岸之间的台地6万公顷,占中卫市土地总面积的4.1%;南部陇中山地与黄土丘陵面积119.55万公顷,占中卫市土地面积的81%。得黄河之利,市区湖泊湿地错落分布,水域面积达225公顷,占城市建成区的20%,城市建成区绿地率达38.26%,绿化覆盖率达42.47%,森林覆盖率达17.5%。

【**自然资源**】 沙坡头区东"锁扼青铜",南"对峙香岩",西"爽挹沙山",北"控制边陲"。土地肥沃,物产丰饶,素有"天下黄河富宁夏,首富中卫"之说,是西北地区重要的商品粮、水产品和设施蔬菜生产基地。水资源丰沛,有黄河及其支流长流水、清水河三条主要河流,是水能发电的良好地段,沙坡头水利枢纽工程和大柳树水利枢纽工程建成后,将成为西北地区重要的水电基地。国家重点项目"西气东输"工程横穿全境。矿产资源种类多,开发历史悠久。探明资源储量的矿种主要有煤、铁、铜、金、电石灰岩、石膏、陶瓷黏土、水泥配料用黏土、砖瓦黏土、建筑石料、建筑用砂等。品位高,易开发,是宁夏矿产资源较丰富的地区之一。

【**气候条件**】 沙坡头区深处内陆,远离海洋,靠近沙漠,属半干旱气候,具有典型的大陆性季风气候和沙漠气候的特点。春暖迟、秋凉早、夏热短、冬寒长,风大沙多,干旱少雨。因受沙漠影响,日照充足,昼夜温差大,平均气温7.3~9.5℃,年平均相对湿度57%,无霜期158~169天,年均降水量180~367毫米,年蒸发量1729.6~1852.2毫米,全年日照时数3796.1小时。

【**历史沿革**】 沙坡头区(中卫县)历史悠久,发现有细石器文化遗址,3万多年前就有人类在这里繁衍生息。因其东连陕晋，西通甘新，北抵内蒙古，南达川滇，是丝绸之路边陲要塞；前有黄河之险，后接贺兰山之固，扼守宁夏西大门，自古为西北地区兵家必争之重镇。沙坡头区自古倡儒兴学、崇文重道，明清两朝沙坡头区共考取进士24人、举人183人、贡生236人。

据史料记载，沙坡头区（中卫县）春秋时为羌族和戎族杂居地。秦并六国后，沙坡头区（中卫县）属北地郡。汉属安定郡朐卷县。南北朝时属灵州薄骨律镇。隋属灵武郡丰安县。唐属西会州鸣沙县。宋、辽、西夏时期属西夏应理县。元属宁夏应理州。明废应理州，于建文元年（1399年）置宁夏中卫指挥使司，属陕西都指挥使，中卫之名由此始。清雍正三年（1725年），废卫改中卫县，属甘肃省宁夏府。

1933年，中卫县一分为二，在其东部新置中宁县。1941年，宁夏省将中卫县香山地区划出，设香山设治局。1945年，宁夏设置行政专员督察区，中卫属第二督察专员区。不久，香山设治局撤销，并入中卫县，专区也撤销，中卫县直属宁夏省。1954年，宁夏省撤销并入甘肃省，中卫县属甘肃省银川专区。1958年，宁夏回族自治区成立，甘肃省银川专区撤销，中卫县直属宁夏回族自治区。1972年，银南地区成立，中卫归属其管辖。

2003年12月31日，经国务院批准（国函〔2003〕139号），撤销中卫县，设立地级中卫市。2012年5月正式设立沙坡头区，以原中卫县行政区划为沙坡头区行政区划。2016年8月19日，沙坡头区"四大机关"挂牌成立，以市辖区行政建制模式独立运行。沙坡头区是宁夏最年轻的市辖区，也是中卫市的政治、经济、文化中心。

【行政区划】 沙坡头区总面积6877平方公里，辖10镇1乡162个行政村36个城镇社区，即文昌镇、滨河镇、迎水桥镇、东园镇、柔远镇、镇罗镇、宣和镇、永康镇、常乐镇、兴仁镇、香山乡。其中，文昌镇辖18个社区居委会、8个村委会；滨河镇辖15个社区居委会、13个村委会；迎水桥镇辖2个社区居委会、16个村委会；东园镇辖20个村委会；柔远镇辖13个村委会；镇罗镇辖12个村委会；宣和镇辖24个村委会；永康镇辖21个村委会；常乐镇辖1个社区居委会；16个村委会；兴仁镇辖11个村委会；香山乡辖8个村委会。

经济发展

【经济运行】 2022年，沙坡头区实现地区生产总值（GDP）252.23亿元，按不变价格计算，比上年增长0.1%。其中，第一产业实现增加值37.01亿元，增长3.6%；第二产业实现增加值119.31亿元，下降1%；第三产业实现增加值95.92亿元，与上年持平。

【工业经济】 2022年，沙坡头区全部工业增加值103.26亿元，比上年增长1.5%，占地区生产总值比重为40.9%。规模以上工业增加值与上年持平。重工业增加值比上年下降0.4%，占规上工业增加值比重为94.4%；轻工业增长7.7%，占规上工业增加值比重为5.6%。分经济类型看，国有控股企业增加值比上年下降4.8%，股份制企业下降0.1%，外商及港澳台商投资企业增长8.1%，私有企业增长3.2%。制造业增加值比上年增长2.3%，电力、热力、燃气及水的生产和供应业下降19.1%，采矿业增长33.4%。规模以上工业中，黑色金属冶炼和压延加工业增加值比上年增长4.5%，计算机、通信和其他电子设备制造业增长4.3%，农副食品加工业下降10.9%，非金属矿物制品业下降8.7%，电力、热力生产和供应业下降21.4%，化学原料和化学制品制造业与上年持平。全年106户规模以上工业企业实现营业收入446.9亿元,增长3.3%;实现利润总额12.5亿元,下降44.3%。规模以上工业企业每百元营业收入中的成本为89.82元,比上年增加4.47元;每百元资产实现的营业收入为134.4元,比上年增加2.4元。年末,沙坡头区发电装机容量521.97万千瓦,增长14.6%。其中,火电装机容量87.1万千瓦,下降8.3%;水电装机容量12.03万千瓦,与上年末持平;并网风电装机容量159.63万千瓦,增长8.9%;并网太阳能发电装机容量263.21万千瓦,增长30.3%。

【现代服务业】 2022年,沙坡头区服务业实现增加值95.92亿元,与上年持平,占地区生产总值比重为38.0%。其中,批发和零售业实现增加值10.49亿元,下降6.8%;交通运输、仓储和邮政业实现增加值9.50亿元,增长4.3%;住宿和餐饮业实现增加值3.43亿元,下降1.9%;金融业实现增加值12.64亿元,增长3.4%;房地产业实现增加值9.14亿元,下降3.5%;其他服务业实现增加值49.56亿元,增长0.6%。全年规模以上服务业企业实现营业收入59.52亿元,比上年增长9.2%。

【城乡发展】 2022年,沙坡头区完成金河一期、新花园两个老旧小区改造提升,开工建设香山悦府、锦宸湾等17个房地产开发项目。建立健全物业管理体制机制,组建沙坡头区物业管理专家库,打造"红色物业"示范点6个,新增配建充电端口3400多个。完成农村自建房安全整治535户,改造危房和抗震宜居农房503户,建成农村公路6条31公里,高标准完成农村可再生能源应用和清洁取暖试点示范项目。实施常乐镇康乐村、宣和镇海和村污水治理特许经营项目,新建一体化污水处理设备两座。全面推行城乡环卫市场化运营,城市道路机械清扫率达84.1%,创新推行"两次六分、四级联动"垃圾分类治理模式,成功创建自治区农村生活垃圾分类和资源化利用三级示范县区。

【工业经济】 2022年,沙坡头区规模以上工业增加值与上年持平。轻重工业"1增1降"。全年规模以上重工业增加值下降0.4%,占规上工业增加值的94.4%;轻工业增长7.7%,占比5.6%。三大门类"2增1降"。制造业增长2.3%,占规上工业增加值的72.1%,比上年提高4.8个百分点;采矿业增长33.4%,占比8.6%;电力、热力、燃气及水生产和供应业下降19.1%,占比19.3%。18个行业大类中,有9个行业增加值比上年增长,行业增长面为50%。重点监测六大行业"2增3降1持平"。其中,黑色金属冶炼和压延加工业增长4.5%,计算机、通信和其他电子设备制造业增长4.3%;农副食品加工业,非金属矿物制品业,电力、热力生产和供应业增速下降明显,同比分别下降10.9%、8.7%和21.4%;化学原料和化学制品制造业与上年持平。主要工业产品产量有增有降。其中,碳化钙(电石)产量17.9万吨,增长3.3%;单晶硅产量8393吨,增长9.6%;铁合金76.7万吨,下降3.1%。

【现代农业】 2022年,沙坡头区实现农林牧渔业总产值75.11亿元,比上年增长3.9%。粮食生产稳定发展。全年粮食播种总面积27.65万亩,比上年增长1.7%,产量15.58万吨,比上年减少0.31万吨,下降1.9%。其中,夏粮产量0.57万吨,增长128.8%;秋粮15万吨,下降4%。分品种看,小麦产量0.57万吨,是去年的2.3倍;水稻1.24万吨,下降38.2%;玉米13.63万吨,增长0.3%。畜牧业生产增长较快。12月末,沙坡头区生猪存栏23.55万头,增长32.2%;牛存栏10.34万头,增长14.4%;奶牛存栏6.82万头,增长21.8%;羊存栏26.89万只,下降11.9%。全年生猪出栏30.86万头,增长14.8%;牛出栏2.16万头,增长8.7%;羊出栏19.55万只,增长29.6%。主要农产品供给充足。肉类总产量3.6万吨,增长13.8%;奶产量26.19万吨,增长12.2%;蛋产量3.05万吨,下降9.9%。

【三产服务业】 2022年,沙坡头区实施沙漠野奢酒店、"三村一域"等文化旅游项目13个,迎水桥镇入选全国乡村旅游重点镇,沙坡头景区跻身全国旅游客运精品航线试点,南岸民宿喜获"全国首批甲级旅游民宿",漠贝酒庄成功创建国家3A级旅游景区,"星星的故乡"文旅IP获评全国文化和旅游领域改革创新优秀案例,举办乡村文化旅游节等重大节事活动8个,累计接待游客645万人次,实现旅游收入40.2亿元。协同建设全国一体化算力网络宁夏枢纽,建成运营国家(中卫)新型互联网交换中心,云计算大数据产业成为经济高质量发展的重要引擎。

【招商引资】 2022年,沙坡头区深入开展"扩大有效投资攻坚年"行动,实施中部干旱带引水上山、嘉旭穆和储能电站等项目140个;签约落地中卫万达广场等项目70个,到位资金130亿元,增长151%。争取项目资金19.52亿元,新增债券资金2.3亿元。

【固定资产投资】 2022年,沙坡头区固定资产投资(不含农户)同比增长35.2%,连续三年呈两位数以上增长,增速较自治区高25个百分点。从项目看,全年新入库固定资产投资项目153个,比上年增长8.5%,其中5000万元以上项目132个,比上年增长14.8%。分产业看,在县属投资中,第一产业投资下降13.6%,占县属投资的4.3%;第二产业投资增长80.2%,占比62.8%;第三产业投资增长33%,占比32.9%。部分行业增势强劲。制造业投资增长6.8%,电力、热力、燃气及水生产和供应业投资增长144.6%,建筑业投资增长12.4%,交通运输、仓储和邮政业投资是上年的4.3倍,信息传输软件和信息技术服务业投资增长74.2%,租赁和商务服务业投资是上年的6.8倍。工业投资提供强大支撑。工业投资同比增长80.2%,较上年加快69.1个百分点,占县属投资的62.7%,对县属投资增长的贡献率为78.9%,拉动县属投资增长43.3个百分点。其中,新能源投资是上年同期的两倍。

【项目建设】 2022年,沙坡头区加快推动"六新六特六优"产业发展,持续用力抓产业、促转型、强创新。工业实力稳步增强,实施茂烨冶金硅铁矿热炉智能化平台等工业技改项目17个,新增诺航环保等规上工业企业10家,开工建设"宁电入湘"光伏大基地等新能源项目12个,新能源总装机容量达4.6GW。培育"专精特新"、中小企业等企业4家,全社会R&D经费投入4.14亿元,投入强度达到1.76%。现代农业高质高效,启动日光温室维修改造、苹果产业高质量发展三年行动,改造供港蔬菜基地10家、日光温室1370座。巩固提升绿色有机蔬菜、硒砂瓜、精品富硒苹果、枸杞四大特色农产品质量,种植瓜菜8.48万亩,培育林果示范基地7个2700亩,打造有机肥替代现代化肥示范园6个3000亩,建成高标准农田9.84万亩,韩闸韭菜荣膺"全国名特优新农产品"。建成阜民丰等规模养殖场32家,奶牛存栏、肉牛饲养量分别达到6.85万头、7.19万头,跻身"互联网+"农产品出村进城工程试点县、奶业生产能力提升整县推进试点县。

【城市建设】 2022年,沙坡头区开工建设香山悦府、锦宸湾等商业开发项目17个,改造提升金河一期、新花园等一批老旧小区,实施城市人行道、应理湖基础设施、历史文化街区仿古建筑维修改造等项目11个,城市面貌焕然一新。新改扩建城市道路10条7.18公里,建成新墩桥、文昌桥、利民桥,城区交通更畅通,群众出行更便捷。成立物业管理办公室,打造"红色物业"示范点6个,建成小微公园11个,新增城区绿化面积68.57万平方米,香山湖湿地公园获批"国家级湿地公园",全国文明城市创建取得阶段性成效。

【美丽乡村建设】 2022年,沙坡头区坚持建管并重、内外兼修,加快乡村建设步伐,编制完成"多规合一"实用性村庄规划33个。创新多元化投入机制,实施宣和村大村庄项目,建设白桥、何滩等高质量美丽宜居村庄4个,完成农村自建房安全整治535栋,建成抗震宜居农房528户,新建农村公路31公里。镇罗镇、迎水桥镇何滩村入选全国乡村治理示范镇(村),柔远镇冯庄村被评为自治区级乡村治理示范村,沙坡头区荣获"全区农村生活垃圾分类和资源化利用三级示范县区"。

【深化改革】 2022年,沙坡头区持续深化"放管服"改革,全面推行"一网通办""一窗受理、集成服务"审批模式,网上可办率达87.26%,不见面可办率达79%。国企改革三年行动全面收官,国有企业收入、利润、资产总额同比增长10%。"六权"改革成效显著,"五块地"确权进度位居全区前列。率先收取工业用水权有偿使用费2012.34万元,颁发确权证书447本,用水权、排污权实现首单交易。农业农村改革蹄疾步稳,累计办理农村产权抵押贷款6.25亿元,培育农业生产托管服务主体78个,苹果防霜冻纳入农业生产社会化服务典型经验在中国农业生产托管万里行走进宁夏高峰论坛现场推介,"五制八统一"社会化托管服务模式被农业农村部列入全国农业社会化服务典型,高标准创建全国农业社会化服务创新试点县、全国综合减灾示范县。农业农村局被评为全国农村集体产权制度改革工作先进集体。积极推行村党支部领办合作社发展模式,成立合作社50个,参社入股群众4万余人,村集体增收2500余万元,带动群众增收2000余万元。

【能耗双控】 2022年,沙坡头区围绕能耗"双控"目标,积极推进节能降耗措施,能耗增幅明显回落,沙坡头区规上工业综合能耗同比下降0.9%,单位工业增加值能耗同比下降1%。

社会事业

【人口发展与变化】 2022年末,沙坡头区常住总人口40.3万人。其中,乡村人口14.63万人,占总人口的36.30%;城镇人口25.67万人,城镇化率63.7%。出生率10.19‰,死亡率7.45‰,自然增长率2.74‰。

【居民收支】 2022年,沙坡头区常住人口人均可支配收入24053元,比上年增长5.3%。其中,城镇常住人口人均可支配收入35559元,比上年增长5%;农村常住人口人均可支配收入16825元,比上年增长5.6%。城乡人口收入比(以农村人口人均可支配收入为1)由上年的2.12:1下降至2.11:1,比自治区小0.33,比中卫市小0.25,城乡收入情况相对均衡。

【生态环保】 2022年,中央第四生态环境保护督察组反馈的48件信访投诉件已全面完成整改。扎实推进"四尘同治""五水共治""六废联治",实施众泰工贸等环保技改项目4个,整治涉煤企业10家,空气质量优良天数比例达到83%。压紧压实河湖长制责任,实施沙坡头区水系连通及水美乡村试点县等项目,建成康乐、海和、凯歌村一体化污水处理设备3座,重点入黄排水沟水质稳定持续达到Ⅳ类及以上,黄河过境段水质继续保持Ⅱ类进Ⅱ类出。扎实开展农业面源污染治理,规模畜禽养殖场粪污资源综合利用率达到96%、农作物秸秆回收利用率达到88%。修复治理各类矿山85个、草原0.8万亩。依法稳妥有序推进压砂地退出和生态修复工作,完成25.01万亩非确权压砂地退出任务。高标准打造定武高速中卫出入口至常乐镇嵊岘子沟植绿增绿、环境整治"闭合圈"。完成国土绿化面积3.2万亩370万株，森林覆盖率17.81%，比上年提高0.21个百分点。

【民生保障】 2022年，沙坡头区社会保障水平不断提高，10件民生实事全部办结。2022年，沙坡头区共有各类救助对象29433户32666人，共计发放救助资金1.32亿元，为4530名困难群众发放临时救助资金905万元，切实保障困难群众基本生活。全年共争取民政项目资金781万元，实施文昌镇蔡桥村、双桥村等4个农村老饭桌改建、第一中心敬老院安全性改造、城乡公益性墓地等项目，夯实民生保障基础。投资27.4万元在滨河镇新河社区打造了中卫市第一家地名文化展馆，引领沙坡头区地名文化进社区。构建了区、镇、村三级劳务服务体系，新增城镇就业7033人，转移农村劳动力5.46万人，完成铁杆庄稼保参保24596人，发生赔付案件2起，共赔付资金52万元，切实加强转移就业人员的意外风险保障。托底安置公益性岗位2325个，核拨岗位补贴3008.28元。开展帮扶家庭劳动力培训350人，目前已结业250人。开展劳务经纪人及中介培训班2期177人并颁发资格证书。

【教　育】 2022年，沙坡头区坚持以教育质量提升行动为主线，着力推动学前教育普及普惠发展，学前3年幼儿入园率达96.22%，普惠性幼儿园覆盖率达81.86%，公办幼儿园幼儿占比由2021年的47.01%提升至51.62%。九年义务教育巩固率达100%，初中三年巩固率达100%，通过随班就读、送教上门、特教学校就读等形式，确保适龄残疾儿童少年入学安置率达100%，为5615名各学段学生发放各类补助资金262.97万元，确保学生不因贫失学，群众对教育满意度持续提升。2022年中考上线率为57.50%，同比增长2.89%，中考总体水平保持领先。全面实施幼儿园"摇号入园"、中小学起始年级"阳光分班"，确保入园招生公开透明。概算总投资1.82亿元，组织实施续建、新建及改扩建等项目14个，优质义务教育资源扩面提升。加强"互联网+教育"融合应用，投入2290余万元，完成中卫市第五小学、第五中学"互联网+教育"标杆校等设备采购项目9个，中卫十一小代表沙坡头区参展自治区"互联网+教育"示范区建设成果展，其《探究人工智能走进小学数学课堂的有效路径》被评选为2021年度全国人工智能教育应用典型案例。全面实施"大思政"建设行动，评选发布"十佳校园德育品牌"，抢抓"自治区级体教融合示范区"发展机遇，积极打造中卫五小、中卫九小等8所体教融合示范校，成功举办沙坡头区第三届中小学生合唱艺术节，打造沙坡头区级劳动教育基地2所，组织17所学校6100余名师生参与劳动教育研学活动，"五育并举"更加凸显。持续巩固校外培训机构治理成果，多部门联合对培训机构进行拉网式全覆盖突击检查200余次，将学科类校外培训机构从96所压减至2所，压减率为97.9%，"双减"成果在全区各市县交流。全力实施新时代强师工程，完成"县管校聘"改革，2477名教师通过竞聘聘用到相应岗位，队伍建设更加专业高质。

【医疗卫生】 推动健康水平提升行动，完成妇女宫颈癌、乳腺癌筛查各1.68万人，新生儿疾病筛查3209人，七种慢病机会性筛查4821人，65岁以上老年人免费健康体检3.6万人，人均预期寿命提升至77.03岁。深入推动公立医院改革，巩固深化县域医共体和"互联网+医疗健康"建设，对标三级乙等医院发展目标，全力推动实施总建筑面积达3.4万平方米的沙坡头区人民医院迁建项目。启动实施兴仁镇中心卫生院发热门诊项目，建成宣和镇中心卫生院发热门诊、国家级中医传承工作室和两家自治区级优质服务托育机构,成功创建2022年全国示范性老年友好型社区。争取公立医院改革与高质量发展项目资金6411万元,启动沙坡头区人民医院卒中、创伤、胸痛3个中心建设,完成骨科等3个自治区级重点专科建设,建成处方审核和慢病管理两大中心,创建康复医疗服务试点。顺利承接沙坡头区文昌、滨河社区卫生服务中心,城市社区和公共卫生服务体系不断完善。医疗水平提质增效。借力"组团式"专家团队帮扶机遇,打造区健康总院微创外科、眼科等区域优势专科,开展了沙坡头区首例腹腔镜下直肠癌根治术、首例三叉神经球囊压迫术,在中卫市率先开设眼科治疗中心,填补眼后结、眼视光治疗领域空白。

【退役军人事务】 2022年,沙坡头区共有退役军人7330人,各类优抚对象1568人,发放各类抚恤补助资金1568人1157.21万元。为303名现役军人和12名预备消防士发放家庭优待金884.95万元。打造沙坡头区退役军人创业孵化基地一处。完成4名安排工作退役士兵安置任务,接收自主就业退役士兵105名,举办适应性培训班两期。为1名荣立二等功、27名荣立三等功现役军人家庭送立功喜报。积极争取各级单位、社会企业等帮扶资金,为困难退役军人发放慰问金、慰问品17万余元。春节、八一期间走访慰问7个驻地部队、671名优抚对象、9名边海防现役军人家属和21名抗美援朝出国作战人员。招募崇军合作单位520家,为120名春、秋季入伍新兵举行欢送仪式,新悬挂光荣牌154块。沙坡头区退役军人服务中心荣获"全国退役军人服务保障先进单位"称号。9月,沙坡头区退役军人马永庆荣膺"全国最美退役军人"。

【乡村振兴】 2022年,沙坡头区紧盯防止规模性返贫和"两个高于"目标,严格落实"四个不摘"要求,常态化开展防返贫动态监测帮扶和"四查四补"工作,消除"三类监测对象"风险54户213人,累计外出务工就业8826人,脱贫人口人均纯收入达到14549元,增速14.4%;监测对象人均纯收入达到13572元,增速26.6%。扎实推进巩固拓展脱贫攻坚成果同乡村振兴有效衔接,投入资金3.85亿元,实施永康镇彩达村、双达村苹果示范园,康乐敬农移民区"出户入园"养殖等项目71个,累计发放产业奖补、小额信贷贴息等扶持资金2320.35万元。沙坡头区获评"中国乡村振兴十大示范县市"。

【社会治理】 2022年,沙坡头区统筹抓好七大领域社会治理,调处化解矛盾纠纷2035件,网上信访"三率"指标、初信初访化解率均达95%以上,化解信访积案154件。常态化开展扫黑除恶斗争,深入推进禁毒防范、电信网络诈骗和养老诈骗专项工作,全区刑事发案率同比下降29.8%。成功创建新墩花园全国民主法治示范社区1个、自治区级文明单位7个、民族团结进步示范点3个。全面贯彻党的民族政策,宗教和顺局面持续巩固。深入推进"食品药品安全区"创建,全力保障人民群众饮食用药安全。全国综合减灾示范县区创建工作初步通过自治区考评验收,安全生产专项整治三年行动完美收官。沙坡头区荣获平安宁夏建设示范县。

大事记

1月

1日 沙坡头区人民政府召开2022年第1次（二届政府第6次）常务会，区委副书记、区长宗立冬主持。

5日 中卫市委副书记、市长马洪海到沙坡头区调研中央环保督察转办件办理情况，区委副书记、区长宗立冬，区委常委、副区长龚涛陪同。

△ 中卫市副市长马自忠到沙坡头区香山乡调研压砂地退出及生态修复工作情况，副区长王文忠陪同。

6日 水利部办公厅副主任李晓琳到沙坡头区东园镇调研黑水沟水利工程进度情况，区委副书记、区长宗立冬陪同。

19日 自治区工信厅副厅长刘红宁到宁夏物华民爆有限公司开展岁末年初安全生产专项检查。

25日 中卫市委常委、副市长佘瑞东到沙坡头区慰问部分单位、个人的工作及生活情况，副区长周晓梅陪同。

26日 中卫市委书记张利一行到沙坡头区开展春节慰问活动，区委副书记、区长宗立冬陪同。

△ 沙坡头区人民医院在微创外科、麻醉科的通力协作下，成功为一位120公斤的患者行腹腔镜下减重代谢手术，完成中卫市首例减重代谢手术。

26—29日 沙坡头区总工会慰问组一行先后到中卫市银河冶炼有限公司、饿了么等12家企业，为73名一线职工发放慰问金9.3万元。

27日 中卫市委副书记、市长马洪海到沙坡头区调研安全生产工作情况，区委副书记、区长宗立冬陪同。

29日 自治区党委副书记陈雍、中卫市委书记张利、沙坡头区委书记郭爱迪等，到文昌阁社区看望慰问社区干部，指导基层治理工作，文昌镇党委书记刘吉祥，党委副书记、镇长马晓莉陪同。

2月

8日 中卫市委副书记、市长马洪海到沙坡头区调研高速公路出口美化亮化和春节氛围营造工作情况，沙坡头区委副书记、区长宗立冬陪同。

△ 中卫市委书记张利到沙坡头区调研全民健身中心十六运场馆建设情况，沙坡头区委常委、副区长龚涛陪同。

△ 沙坡头区委书记郭爱迪到沙坡头区新墩花园小区调研物业管理相关工作情况，副区长王文忠陪同。

10日 沙坡头区委常委、宣传部部长沈红菊到世纪花园社区调研新时代文明实践工作，文昌镇党委书记刘吉祥、党委副书记姚国强陪同。

15日 中卫市委书记张利到沙坡头区调研物业管理相关工作情况，副区长王文忠陪同。

21日 中卫市委副书记、市长马洪海到沙坡头区鸣钟村、莫楼村调研乡村振兴工作，区委副书记、区长宗立冬陪同。

23日 中卫市副市长杨照明一行到中卫电商谷、中卫市家政服务行业协会、向阳步行街调研商贸产业发展情况。

△ 自治区党委统战部副部长柴建国一行到沙坡头区调研统战工作，市委常委、统战部部长万学道，统战部副部长、民宗局局长马震，以及沙坡头区委常委、统战部部长穆怀中陪同调研。调研组先后深入非公经济企业中卫市金帝冷冻食品有限责任公司、铸牢中华民族共同体意识示范点中卫市第九小学、新的社会阶层人士实践创新基地宁夏阳光大麦地文化产业园、"和谐寺观教堂"太平寺调研，对沙坡头区统战工作整体给予肯定，并指出存在的问题，进一步促进沙坡头区统一战线工作提质增效，进一步完善大统战工作格局。

△ 沙坡头区委召开统战工作会议。市人大常委会副主任、区委书记郭爱迪出席会议并讲话。会议传达学习了中央民族工作会议、全国宗教工作会议、全国统战部长会议、全国民委主任会议、全区统战部长会议和市委统战工作会议精神，区委常委、统战部部长穆怀中总结2021年沙坡头区统战工作，安排部署2022年工作。区委副书记、区长宗立冬主持会议，马晓东、高怀雷、张艳霞等区领导出席会议，区直各部门、各乡镇、各民主党派、工商联主要负责同志及区委统战部全体干部共70人参加了会议。

28日 沙坡头区委常委、宣传部部长沈红菊调研世纪花园社区辖区城市悦读书房情况，文昌镇党委书记刘吉祥，党委副书记姚国强陪同。

3月

8日 中卫市副市长马自忠到沙坡头区香山乡督办供水工程，区委常委、副区长马立明陪同。

△ 沙坡头区人民医院疼痛科成功完成中卫市首例三叉神经球囊压迫术，沙坡头区人民医院护理部成立医院首支急救护理小分队。

△ 自治区政协副主席郑震一行到沙坡头区督查调研中央和自治区党委政协工作会议精神情况，中卫市政协主席杨文生、区政协主席冯玉森陪同调研。

9日 沙坡头区委副书记、代区长丁志军到沙坡头区宣和镇海和村调研乡村振兴工作及项目建设情况。

10日 自治区党委常委、组织部部长石岱到沙坡头区宣和镇海和村调研乡村振兴工作，到香山乡、兴仁镇调研压砂地退出种植和生态修复工作，区委副书记、代区长丁志军陪同。

11日 中卫市委书记张利到沙坡头区宣和镇调研春耕备耕、植绿增绿工作，到香山乡、兴仁镇调研压砂地退出种植和生态修复工作，区委副书记、代区长丁志军，区委常委、副区长马立明陪同。

12日　沙坡头区压砂地退耕及生态修复工作启动，沙坡头区政协主席冯玉森牵头包抓香山乡，政协机关包抓香山乡深井村。

14日　沙坡头区人民政府召开2022年第4次常务会，区委副书记、代区长丁志军主持。

16日　中卫市委副书记、市长马洪海到沙坡头区调研第一批重大项目集中开工现场情况，区委副书记、代区长丁志军陪同。

21日　中卫市副市长马自忠到沙坡头区文昌镇、滨河镇调研城市建城区建筑围挡拆除及环境整治工作情况，副区长高怀雷陪同。

24日　中卫市副市长杨照明到沙坡头区调研宁钢热电铁路专用线项目工作，副区长王文忠陪同。

25日　中卫市委书记张利到沙坡头区会见国家电投集团铝电投资公司党委书记、董事长冯建清一行，区委副书记、代区长丁志军陪同。

28日　沙坡头区委副书记、代区长丁志军到沙坡头区常乐镇调研植绿增绿工作。

30日　中卫市委书记张利到沙坡头区调研城市环境治理工作，区委副书记、代区长丁志军陪同。

4月

1日　沙坡头区委副书记、代区长丁志军调研沙坡头区香山乡、兴仁镇水利工程及重点项目建设情况。

2日　中卫市副市长马自忠调研"四大提升行动"及农业产业发展工作情况，区委常委、副区长马立明陪同。

5日　沙坡头区人民医院微创外科成功为一位老年患者实施腹腔镜直肠癌根治术，微创外科成功开展首例腹腔镜下膈疝修补术。

7日　自治区政协副主席洪详调研弘兴达苹果产业，副区长王文忠陪同。

8日　沙坡头区委书记宗立冬调研农村改革工作，区委常委、副区长马立明陪同。

12日　中卫市委副书记、市长马洪海调研第二轮中央生态环保督察反馈问题整改工作，区委副书记、代区长丁志军陪同。

15日　自治区党委副书记陈雍、副主席王和山参加2022全区"三个百万亩"高效节水工程建设现场会，区委副书记、代区长丁志军和区委常委、副区长马立明陪同。

19日　沙坡头区委副书记、代区长丁志军到镇罗镇宁夏中卫市银河冶炼有限公司调研指导工作。

20日　自治区人大常委会副主任、总工会主席沈左权带领自治区总工会调研组到沙坡头区调研工会联合会（联合工会）组织建设、活动开展、小微企业工会经费返还等工作。

22日　沙坡头区人民政府召开2022年第6次常务会议，区委副书记、代区长丁志军主持。会议传达学习了有关法律、会议及文件精神，研究审定了沙坡头区双拥工作、沙坡头区安全生产工作和沙坡头区财政局关于实施2022年农村公益事业财政奖补项目等事宜。区委常委、副区长马立明，区委常委、副区长龚涛，副区长周晓梅、高怀雷、王文忠出席会议。

△　沙坡头区妇联联合区委宣传部、区教育局、中卫新华书店有限公司在沙坡头区香山乡三眼井教学点举办"爱心助成长　书香满校园"捐赠活动暨2022年"亲子共沐书香　强国复兴有我"家庭亲子阅读活动。

26日　沙坡头区政府召开2022年第一季度经济形势分析研判调度座谈会,区委副书记、代区长丁志军主持。

5月

1日　自治区教育厅厅长王成峰调研教育培训机构,副区长周晓梅陪同。

△　沙坡头区委副书记、代区长丁志军到滨河镇应理嘉苑督导检查五一劳动节安全生产、值班值守工作情况。

8日　自治区、中卫市召开第二批重大项目集中开工活动,中卫市召开建设黄河流域生态保护和高质量发展先行市2022年第四次推进会,区委副书记、代区长丁志军,区委常委、副区长马立明,区委常委、副区长龚涛参加。

9日　沙坡头区委书记宗立冬到区政协机关走访调研,区政协党组书记、主席冯玉森参加座谈并汇报区政协工作开展情况,区政协副主席梁清江、何建忠、张艳霞及区委组织部、编办、区政协机关干部参加调研。

10日　中卫市委书记张利看望"三同"实践锻炼学员暨调研巩固拓展脱贫攻坚成果同乡村振兴有效衔接工作,区委副书记、代区长丁志军陪同。

12日　中卫市委书记张利调研城市内涝治理及防洪防汛工作,区委副书记、代区长丁志军陪同。

13日　沙坡头区召开中卫黄河大桥旧桥风险隐患处置工作专题会议,区委副书记、代区长丁志军主持。

17日　沙坡头区人民政府召开2022年第8次常务会,区委副书记、代区长丁志军主持。

19日　自治区政法委,石嘴山市委统战部、农业农村局领导到镇罗镇乡村治理中心开展调研工作。

23日　沙坡头区委书记宗立冬调研何滩村产业发展、乡村建设等情况,区委常委、副区长龚涛陪同。

26日　中卫市"美丽庭院"建设推进会在沙坡头区迎水桥镇何滩村召开。市妇联党组书记、主席刘淑梅,市住房和城乡建设局、农业农村局、乡村振兴局相关负责人,各县(区)妇联主席、副主席,乡(镇)、村妇联主席代表,沙坡头区"美丽庭院"建设示范户代表等40余人参加会议。

29日　国家自然资源西安督察局督察沙坡头区土地整改相关工作,副区长王文忠陪同。

31日　自治区政协副主席马秀珍等调研沙坡头区水资源优化配置和高效管理工作,区委副书记、代区长丁志军陪同。

6月

1日　中卫市委书记张利调研督办全市乡村旅游推进情况,区委副书记、代区长丁志军陪同。

4日　沙坡头区召开自治区第五督导组督导稳经济保增长促发展政策落实工作部署会,区委副书记、代区长丁志军主持。

7日　沙坡头区人民政府召开2022年第9次常务会,区委副书记、代区长丁志军主持。会上集中传达学习了有关法律及会议精神,安排部署了有关工作,研究审定了《关于推进集体林地"三权分置"改革工作的实施方案(送审稿)》《沙坡头区第三次全国土壤普查试点工作实施方案(送审稿)》《关于贯彻落实〈自治区建设黄河流域生态保护和高质量发展先行区2022年工作要点〉分工方案(送审稿)》等文件。区委常委、副区长马立明,区委常委、副区长龚涛,副区长周晓梅出席会议。

8日 中卫市委副书记、市长马洪海会见宁夏国有资本运营集团有限责任公司党委副书记、总经理王勇一行,区委副书记、代区长丁志军陪同。

△ 沙坡头区委书记宗立冬分别到宁夏普天瑞农农业有限公司、观音村调研指导日光温室大棚维修改造工作。

14日 沙坡头区妇联召开一届四次执委(扩大)会议,区委常委、宣传部部长沈红菊出席会议并讲话,沙坡头区妇联一届执委、常委,各乡镇妇联主席、区直各部门妇委会主任共34人参加会议。

20日 沙坡头区召开2021年度巩固拓展脱贫攻坚成果同乡村振兴有效衔接考核评估发现问题整改及经济运行调度推进会、第一次约谈会,区委副书记、代区长丁志军主持。

21日 自治区党委常委、副主席买彦州,副主席王和山到沙坡头区调研,区委副书记、代区长丁志军陪同。

24日 中卫市委副书记、市长马洪海调研鸣钟村乡村振兴工作,区委副书记、代区长丁志军陪同。

27日 中卫市委副书记、市长马洪海调研沙坡头区稳经济保增长促发展工作,区委副书记、代区长丁志军陪同。

28日 自治区政协副主席许宁调研市县政协"激发委员履职热情、强化委员担当"工作,沙坡头区政协主席冯玉森参加专题调研座谈会,交流汇报沙坡头区政协委员履职工作情况。

7月

3日 沙坡头区召开应对国务院联防联控机制综合组宁夏组来卫督查工作会议,沙坡头区委副书记、区长丁志军主持。

13日 沙坡头区人大常委会检查组对沙坡头区贯彻实施《宁夏回族自治区促进民族团结进步工作条例》情况进行执法检查,副区长高怀雷陪同。

14日 最高人民法院党组书记、院长周强到镇罗镇乡村治理中心调研中心运转情况。

19日 沙坡头区人民政府召开2022年第11次(二届政府第16次)常务会、区长第9次办公会、区政府党组第7次会议,区委副书记、区长丁志军主持。

21日 中卫副市长马自忠、陈贵贞调研高庙周围环境整治工作,副区长高怀雷陪同。

26日 沙坡头区委副书记、区长丁志军到兴仁镇调研压砂地转产配套蓄水池项目建设、兴仁镇污水处理厂及集镇供热管网改造项目规划实施情况,并召开兴仁镇重点项目、重点工作调研座谈会。

8月

1日 沙坡头区委副书记、区长丁志军主持召开自治区县域经济观摩沙坡头区暨硒砂瓜雹灾救助事宜安排部署会议,解决永康镇、常乐镇硒砂瓜受灾问题。

3日 沙坡头区委副书记、区长丁志军主持召开2022年沙坡头区人民政府第12次(二届政府第17次)常务会。

19日 中卫市委常委、组织部部长于建文到镇罗镇"农字号"人才工作站调研。

22日 教育部调研全区中小学校开展铸牢中华民族共同体意识教育、校园文化环境创设、国家统编教材使用等情况,副区长周晓梅陪同。

23日 中卫市市长马洪海调研督导沙坡头区经济社会发展工作,重点调研中卫黄河大桥、万达广场、沙坡头区人民医院迁建和沙坡头区档案馆项目选址情况,区委副书记、区长丁志军陪同。

25日 沙坡头区人民政府召开2022年第13次(二届政府第18次)常务会,区委副书记、区长丁志军主持。

9月

3日 沙坡头区召开2022年创建全国综合减灾示范县推进会、2022年沙坡头区创建全国综合减灾示范县推进会,区委常委、副区长马立明主持。

6日 沙坡头区委副书记、区长丁志军到宣和镇及兴仁镇冬季调研供暖、乡村建设、苹果产业发展、压砂地退出后续发展、乡村振兴项目,现场就宣和镇集污管网、香山乡后续产业发展等对相关负责人进行安排部署。

9日 中卫市市长马洪海调研教育工作暨看望慰问教师,区委副书记、区长丁志军陪同。

14日 沙坡头区召开苹果产业发展座谈会,区委副书记、区长丁志军主持。会上就沙坡头区苹果发展路径、产业链延伸、品种选育、政策保障、防灾措施等进行详细安排部署。

10月

26日 沙坡头区委副书记、区长,中卫工业园区党工委副书记丁志军陪同中卫市委书记张利调研督办沙坡头区贯彻落实党的二十大精神暨统筹疫情防控和经济社会发展情况。

△ 沙坡头区副区长王文忠陪同中卫市委副书记、市长马洪海调研黄河大桥旧桥改造事宜。

28日 沙坡头区委副书记、区长,中卫工业园区党工委副书记丁志军召开2022年沙坡头区人民政府第15次(二届政府第20次)常务会,会上就经济形势分析调度、巩固拓展脱贫攻坚成果同乡村振兴有效衔接问题整改、设施农业改造提升等重点工作进行部署。

11月

10日 沙坡头区委副书记、区长,中卫工业园区党工委副书记丁志军陪同自治区副主席陈春平一行,调研常乐镇康乐村环境综合整治及产业发展情况、光明生态智慧牧场及产业发展情况。

11日 沙坡头区妇联在文昌镇蔡桥路社区开展"情牵一线 温暖童心"沙坡头区2022年度"恒爱行动——百万家庭亲情一线牵"活动启动仪式。

17日 自治区党委常委、组织部部长石岱一行到滨河镇槐树北巷社区观摩调研党建和新业态党建工作。

18日 沙坡头区委副书记、区长,中卫工业园区党工委副书记丁志军主持召开水发集团考察沙坡头区产业发展座谈会。会上听取沙坡头区与水发集团前期洽谈情况,并就双方下一步合作进行深入交流。

12月

5日 沙坡头区委副书记、区长,中卫工业园区党工委副书记丁志军召开2022年沙坡头区人民政府第16次常务会。会上研究了2023年项目谋划等重点工作。

△ 中卫市委书记、市人大常委会党组书记张利到滨河镇美丽渠小微公园和新墩花园小区调研督办2022年民生实事办理情况。

8日 沙坡头区委副书记、区长，中卫工业园区党工委副书记丁志军主持召开沙坡头区疫情防控智慧化监管平台项目推进会。会上就新政策背景下智慧化监管平台项目实现功能进行讨论研究。

12日 中卫市沙坡头区总工会正式挂牌成立。中卫市总工会党组成员、副主席吴春玲，区委常委、宣传部部长沈红菊共同为沙坡头区总工会揭牌。区人大常委会副主任、总工会主席武建国，区委机构编制委员会主任张睿华，文昌镇党委书记刘吉祥，滨河镇武装部长周茜及沙坡头区总工会全体领导干部、社区干部代表参加了揭牌仪式及慰问活动。

△ 沙坡头区妇女联合会在沙坡头区社会事业大楼正式挂牌，中卫市妇女联合会主席刘淑梅，沙坡头区委常委、宣传部部长沈红菊，沙坡头区委编委会主任张睿华一行出席揭牌仪式，区群团工作委员会党组书记马丽主持，区委常委、宣传部部长沈红菊讲话，区妇联全体领导干部参加仪式。

20—22日 政协中卫市沙坡头区第二届委员会第二次全体会议在中卫宸宇红宝宾馆召开。沙坡头区党政领导出席会议，听取委员发言，参加分组讨论。会议审议了二届常委会所作的工作报告和提案工作情况报告；审议了区政协2023年协商民主工作计划和二届二次提案审查情况的报告；补选吕生文、吴少华、黄军生为政协二届委员会常务委员。委员们列席了沙坡头区第二届人民代表大会第三次会议，听取讨论了沙坡头区人民政府工作报告和其他报告等。

21—23日 中卫市沙坡头区第二届人民代表大会第三次会议在中卫宸宇红宝宾馆召开。

22日 沙坡头区委副书记、区长，中卫工业园区党工委副书记丁志军陪同中卫市委副书记、市长马洪海调研众泰工贸有限公司运营情况。

23日 沙坡头区委副书记、区长，中卫工业园区党工委副书记丁志军召开沙坡头区关心关爱医务人员专题会议，审定《进一步落实关心关爱医务人员工作方案》。

中共中卫市沙坡头区委员会

综 述

【概　况】 2022年，沙坡头区认真落实国务院稳住经济大盘和自治区、中卫市稳经济保增长促发展工作部署，研究制定"稳保促"23条措施，构建"1+7+1+N"政策落实体系，建立"政银企"深化金融改革运行机制，设立助力乡村振兴基金池，新增退税减税降费11.79亿元，累计举办促销活动7场次，带动消费1.04亿元。深入开展"扩大有效投资攻坚年"行动，落地招引项目70个，到位资金34.6亿元。牢固树立"大抓发展、抓大发展、抓高质量发展"理念，聚焦中央和自治区政策导向和资金投向，谋划储备2023年项目100个，计划总投资144.21亿元，年度计划投资83.29亿元。紧盯年初确定的157个项目，开工建设120个，完成投资50亿元，开工率76.43%，积极争取上级资金16.3亿元，新增债券资金1.1亿元。

【从严治党】 2022年，沙坡头区深入学习宣传贯彻党的二十大精神和自治区第十三次党代会精神，扎实开展习近平总书记视察宁夏重要讲话和重要指示批示精神"大学习、大讨论、大宣传、大实践"活动，持续推进党史学习教育常态化长效化。大力实施基层党组织整顿提升行动，打造农村基层党建示范品牌15个，整顿提升软弱涣散及重点难点村党组织22个，全面推行导师帮带制，106名导师精准帮带对象120名，成立"饿了么"全市首个新业态领域党支部。实施"招硕引博"工程，引进专家团队4个，招录急需紧缺高层次人才6名，引进专业社会工作者15名入驻乡镇社工站开展服务。认真落实中央八项规定精神及自治区加强作风建设"八条禁令"，扎实开展工程建设政府采购、违规收送红包礼金和不当收益及违规借转贷或高额放贷等领域专项整治，主动申报问题党员干部41人，依规依纪依法处置问题线索172件，立案审查调查46人，给予党纪政务处分60人，收缴违纪违规资金27万元，持续释放高压反腐鲜明信号。

【产业转型】 2022年，沙坡头区工业转型步伐加快，实施三元中泰4×45000KVA矿热炉改造升级等17个工业技改项目，"宁电入湘"光伏大基地、嘉旭穆和储能电站等11个新能源项目开工建设，总装机容量达3.6GW，1—9月份规模以上工业能耗下降3.6%，单位工业增加值能耗下降12.1%。培育"专精特新"示范、技术标杆等企业41家，R&D经费投入4.14亿元，全社会R&D投入强度1.76%，居全市第1。现代农业发展高质高效，改造供港蔬菜生活基地10家，提升改造日光温室大棚1370座，种植粮食、蔬菜33.49万亩、8.48万亩，培育苹果、枸杞示范基地4个1000亩，奶牛存栏、肉牛饲养量分别达到6.78万头、6.57万头，"韩闸韭菜"入选全国名特优新农产品。文旅产业发展势头强劲，实施鸣钟、鸣沙、沙坡头村"三村一域"等乡村旅游项目，黄河宿集、田园农庄被评为自治区五星级乡村旅游示范点，中卫南岸民宿被评为全国首批甲级旅游民宿，成功举办"5·19中国旅游日"等活动，累计接待游客644.97万人次，实现旅游总收入44.11亿元。

【城乡协调发展】 2022年，沙坡头区完成金河一期、新花园两个老旧小区改造提升，开工建设香山悦府、锦宸湾等17个房地产开发项目。建立健全物业管理体制机制，组建沙坡头区物业管理专家库，打造"红色物业"示范点6个，新增配建充电端口3400余个。完成农村自建房安全整治535户，改造危房和抗震宜居农房503户，建成农村公路6条31公里，高标准完成农村可再生能源应用和清洁取暖试点示范项目。实施常乐镇康乐村、宣和镇海和村污水治理特许经营项目，新建一体化污水处理设备两座。全面推行城乡环卫市场化运营，城市道路机械清扫率达84.1%，创新推行"两次六分、四级联动"垃圾分类治理模式，成功创建自治区农村生活垃圾分类和资源化利用三级示范县区。

【生态环保】 2022年，沙坡头区全面落实河湖长制，加快推进沙坡头区水系连通及水美乡村试点县项目，河湖"四乱"存量问题全面清零，重点入黄排水沟水质均达到Ⅳ类及以上标准。完成85个问题矿山修复治理，累计清理露天堆放煤炭、物料14.7万吨，加大秸秆焚烧管控和"散乱污"企业整治力度，全年优良天数比例达到自治区考核标准。扎实开展农业面源污染治理，畜禽粪污处理资源化利用率达96%以上，完成绿化2000亩40余万株、草原修复治理8.8万亩。依法稳妥有序推进压砂地退出和生态修复工作，25.01万亩非确权地退出种植，高标准农田和高效节水项目建设扎实推进。办理办结中央第四生态环境保护督察组反馈信访投诉转办件47件，办结率97.92%。

【人民生活】 2022年，沙坡头区深入实施"六大提升行动"，全面落实社会救助各项政策，累计发放各类救助资金1.3亿元。深入开展"10+N"就业服务等专项活动，城镇新增就业6182人，转移农村劳动力就业5.46万人，劳务收入达6.6亿元。扎实推进巩固脱贫攻坚成果同乡村振兴有效衔接，累计消除"三类监测对象"风险54户213人，发放产业奖补、小额信贷贴息等扶持资金1725.33万元，整改完成国家考核反馈问题56个、自治区调研督导反馈问题57个。持续深化"互联网+教育"，打造标杆校3所，体教融合示范校8所，普惠性幼儿园覆盖率达81.86%。巩固深化县域医共体和"互联网+医疗健康"建设，建成宣和镇中心卫生院发热门诊，建设国家级、自治区级基层中医专家传承工作室两个、初级创伤中心1个。

【社会治理】 2022年，沙坡头区统筹推进县域社会治理，深化"四议两公开"制度，扎实推进"两员三长"网格化服务管理模式，坚持和发展新时代"枫桥经验"，排查化解矛盾风险隐患1918件，化解率84.9%。常态化开展扫黑除恶专项斗争，累计追缴、没收涉黑涉恶财产720余万元。扎实推进打击治理电信网络诈骗犯罪和打击整治养老诈骗专项行动，安装注册国家反诈中心APP17.41万人，止付金额超1.5亿元。深化文明创建活动，创建全国民主法治示范社区1个，创建自治区文明村镇、单位、校园7个，创建自治区民族团结进步示范点4个。深入开展全国综合减灾示范区创建，新墩花园等4个社区荣膺全国综合减灾示范社区。持续开展安全生产专项整治三年行动，年内未发生重特大安全生产事故。

【深化改革】 2022年，沙坡头区抢抓国家、自治区试点改革机遇，高标准创建全国农业社会化服务创新试点县、全国综合减灾示范县，苹果晚霜冻防控纳入农业社会化服务项目典型做法在中国农业生产托管万里行走进宁夏高峰论坛上现场交流。扎实推进"六权"改革，全面完成用水权确权工作，率先收取工业用水权有偿使用费2012.34万元；农村承包土地和宅基地实现"应确尽确"，累计办理农村产权抵押担保贷款3912笔4.27亿元，盘活闲置宅基地和闲置房屋300余套、建设用地470亩；发放林权类不动产权证9本327.71亩，试点推动兴仁村集体林地权籍调查、落宗上图315户6203.42亩，扎实推进"三权分置"改革，探索发展林下经济2000余亩；健全完善排污权储备制度，将因产业结构调整关停或淘汰的17家企业纳入政府储备排污权，审批建设项目环境影响评价15个。积极探索推行党支部领办合作社发展模式，在11个乡镇49个村成立合作社46个，吸引群众参社入股4万人，村集体增收2553.6万元，带动群众增收1991.49万元。

重要会议

【第13次常委会会议】 2022年1月5日召开。会议传达学习习近平总书记在中共中央政治局专题民主生活会、全国政协新年茶话会上的重要讲话精神，对党史学习教育作出的重要指示精神，二〇二二年新年贺词，给中国国家话剧院艺术家的回信，陈润儿在自治区党委2021年第44次、第46次常委会会议上的讲话精神，雷东生在全区公务服务工作会议、全区档案干部培训班开班式上的讲话精神，安排部署贯彻落实工作；听取区纪委监委2021年落实党风廉政建设监督责任情况汇报，安排部署下一阶段工作；听取沙坡头区关于开展工程建设政府采购等重点领域突出问题专项治理工作汇报，安排部署下一阶段工作；听取区委各部门、区群团委2021年工作汇报及2022年工作思路，安排部署下一阶段工作；听取2021年度区委常委会会议决定事项办理情况汇报，安排部署下一阶段工作；听取自治区、中卫市考核沙坡头区效能目标任务自查情况汇报，安排部署下一阶段工作；研究区委办公室《关于审定〈中共中卫市沙坡头区委 区人民政府2022年工作要点(送审稿)〉的请示》；研究区政府党组《关于审定〈沙坡头区全面推行林长制的实施方案(送审稿)〉的请示》《关于审定〈沙坡头区压砂地退出和生态修复推进方案(送审稿)〉的请示》《关于审定〈沙坡头区农村污水治理特许经营项目实施方案(送审稿)〉〈沙坡头区农村污水治理特许经营项目财政承受能力论证报告(送审稿)〉〈沙坡头区农村污水治理特许经营项目物有所值评价报告(送审稿)〉的请示》《关于划转中卫市玉龙水电建筑安装有限公司股权的请示》《关于审定〈中卫市玉龙水电建筑安装有限公司改革方案(送审稿)〉〈中卫市玉龙水电建筑安装有限公司组织架构和人员配备方案(送审稿)〉的请示》；研究区委组织部《关于审定〈沙坡头区2021年度党费收缴、使用和管理情况的报告(送审稿)〉的请示》《关于审定〈沙坡头区属国有企业领导人员管理办法(试行)(送审稿)〉的请示》《关于审定〈沙坡头区2021年干部选拔任用工作报告(送审稿)〉的请示》；研究了区委办公室《关于审定〈沙坡头区委常委会党史学习教育专题民主生活会方案(送审稿)〉的请示》。

【第14次常委会会议】 2022年1月7日召开。研究干部事宜;研究对有关干部的处分事宜。

【第15次常委会会议】 2022年1月12日召开。传达学习习近平总书记在省部级主要领导干部学习贯彻党的十九届六中全会精神专题研讨班开班式上、北京考察2022年冬奥会、冬残奥会筹办备赛工作时的重要讲话精神,中共中央政治局常务委员会会议精神,陈润儿在全区党史学习教育总结会议上的讲话精神,市委经济工作会议暨重点项目谋划推进会精神,安排部署贯彻落实工作;听取区委班子成员履行全面从严治党"一岗双责"情况汇报,安排部署下一阶段工作;听取沙坡头区撤镇设街道办事处工作汇报,安排部署下一阶段工作;研究了区政府党组《关于审定〈沙坡头区2022年春节走访慰问活动方案(送审稿)〉的请示》《关于审定实施沙坡头区滨河全民健身中心配套工程项目的请示》;研究关于召开区委二届二次全会相关事宜;研究区委组织部《关于审定沙坡头区出席中国共产党宁夏回族自治区第十三次代表大会代表候选人推荐人选的请示》《关于终止俞扬等2名同志中国共产党中卫市沙坡头区第二次代表大会代表资格的请示》;研究区委政法委《关于审定平安宁夏建设先进集体和先进个人的请示》。

【第16次常委会会议】 2022年1月14日召开。听取各组关于《在中国共产党中卫市沙坡头区第二届委员会第二次全体会议上的报告》,宗立冬总结2021年经济工作、安排部署2022年经济工作的讲话,《关于贯彻落实〈中共宁夏回族自治区委员会关于贯彻落实中共中央　国务院关于以铸牢中华民族共同体意识为主线推进新时代党的民族工作高质量发展的意见的实施意见〉的实施方案(草案)》《中共中卫市沙坡头区委员会关于免去汪文奎等3名同志区委委员、候补委员的决定(草案)》《沙坡头区出席中国共产党第二十次全国代表大会代表候选人推荐人选名单(草案)》《中国共产党中卫市沙坡头区第二届委员会第二次全体会议决议(草案)》审议讨论情况的汇报。

【第17次常委会会议】 2022年1月17日召开。传达学习习近平总书记对政法工作作出的重要指示精神,中央政法工作会议精神,中共中央办公厅秘书局《关于做好2022年全面推进乡村振兴重点工作的意见》,自治区党委农村工作会议精神,张利在指导区委常委会党史学习教育专题民主生活会时的讲话精神,并安排部署贯彻落实工作;督办重点工作;研究区委办公室《关于审定〈中共中卫市沙坡头区第二届委员会常务委员会工作规则(送审稿)〉的请示》;开展乡镇党委和区直党(工)委书记抓基层党建述职评议考核暨党委(党组)"一把手"述责述廉;研究党的建设有关工作;研究干部事宜。

【第18次常委会会议】 2022年1月26日召开。传达学习习近平总书记在中共中央政治局会议、中共中央政治局第三十六次集体学习、2022年世界经济论坛视频会议、中国同中亚五国建交30周年视频峰会上的重要讲话精神,对党的建设研究工作作出的重要指示精神,与越共中央总书记阮富仲互致新春贺信、同白俄罗斯总统卢卡申科就中白建交30周年互致贺电、同以色列总统赫尔佐格就中以建交30周年互致贺电、就汤加火山爆发造成严重灾害向汤加国王图普六世致慰问电精神,安排部署贯彻落实工作;传达学习《关于加强新时代烈士褒扬工作的意见》精神,安排部署贯彻落实工作;传达学习自治区十二届人大五次会议精神,研究贯彻落实意见;传达学习自治区政协十一届五次会议精神,研究贯彻落实意见;研究党风廉政建设和反腐败斗争有关工作(套开区党风廉政建设和反腐败斗争工作领导小组2022年第1次会议);研究疫情防控有关工作(套开区应对新冠肺炎疫情工作领导小组第16次会议);研究生态环保有关工作(套开区生态环境保护领导小组2022年第1次会议);听取2021年安全生产和防灾减灾救灾工作汇报,安排部署下一阶段工作。

【第19次常委会会议】 2022年2月9日召开。传达学习习近平总书记赴山西看望慰问基层干部群众、视察慰问中部战区、同党外人士共迎新春时的重要讲话精神,致首届全球媒体创新论坛的贺信,安排部署贯彻落实工作;听取重点流域水环境综合治理等3个中央预算内投资项目谋划申报工作汇报,安排部署下一阶段工作;听取物业管理工作汇报,安排部署下一阶段工作;研究区政府党组《关于审定实施沙坡头区宣和镇宣和村集污管网项目的请示》《关于审定拨付2021年农村人居环境整治资金的请示》《关于审定拨付乡镇压砂地退出和生态修复资金的请示》《关于审定拨付沙坡头区压砂地退出和生态修复项目清砂工程费的请示》;研究区委组织部《关于审定〈沙坡头区事业单位管理岗位职员等级晋升制度工作实施方案(试行)(送审稿)〉的请示》《关于审定沙坡头区补推出席中国共产党宁夏回族自治区第十三次代表大会代表候选人推荐人选的请示》。

【第20次常委会会议】 2022年2月11日召开。研究干部事宜。

【第21次常委会会议】 2022年2月21日召开。宣布领导干部任职。

【第22次常委会会议】 2022年3月7日召开。研究区人武部《关于表彰沙坡头区2021年度民兵工作先进单位和民兵工作先进个人的请示》;研究区群团委党组《关于审定上报2022年度全国工人先锋号和自治区五一劳动奖章、工人先锋号的请示》《关于审定上报2022年度自治区三八红旗手(集体)的请示》《关于审定上报"全国向上向善好青年""第26届中国青年五四奖章""全国优秀共青团员""全国优秀共青团干部"推荐人选的请示》;研究区委组织部《关于审定沙坡头区补推出席中国共产党宁夏回族自治区第十三次代表大会代表候选人推荐人选的请示》《关于审定第十三届自治区党委委员、候补委员候选人初步人选建议人选的请示》;研究干部事宜。

【第23次常委会会议】 2022年3月14日召开。传达学习习近平总书记考察海南省、山东省和东北三省时关于粮食工作重要讲话精神及习近平总书记关于粮食安全党政同责的重要论述,在中共中央政治局会议上、中共中央政治局第三十七次集体学习时、中央党校(国家行政学院)中青年干部培训班开班式上、中央全面深化改革委员会第二十四次会议上的重要讲话精神,认真审阅有关同志述职报告时提出的重要要求精神,给中国冰雪健儿的回信;传达学习全区领导干部学习贯彻党的十九届六中全会精神专题研讨班、全区保密工作会议、全区机要密码和电子政务内网工作会议、全区党内法规工作会议精神,《自治区党委党内法规和规范性文件制定规范》《中共中卫市沙坡头区第二届委员会常务委员会工作规则》,安排部署贯彻落实工作;传达学习自治区深入实施"四大提升行动"全面促进乡村振兴部署会、自治区新材料产业高质量发展现场会、自治区党委常委会会议暨推动黄河流域生态保护和高质量发展先行区建设领导小组会议精神(书面),安排部署贯彻落实工作;传达学习全国、全区组织部长会议精神,自治区党委人才工作会议精神,安排部署贯彻落实工作;传达学习全国、全区宣传部长会议精神,市委宣传工作会议精神,安排部署贯彻落实工作;传达学习全国、全区统战部长会议精神,市委统战暨民族宗教工作会议精神,安排部署贯彻落实工作;传达学习自治区党委政法工作会议、全区反诈人民战争工作部署会精神,市委政法工作会议、全市反诈人民战争工作部署会精神,安排部署贯彻落实工作;听取违法违规占用耕地问题整改工作汇报,安排部署下一阶段工作;套开区委全面依法治区委员会第四次会议;套开区委农村工作领导小组2022年第1次会议;套开区委审计委员会第6次会议;套开区备战自治区第十六届运动会工作领导小组第1次会议;研究区纪委监委《关于审定〈2022年沙坡头区全面从严治党党风廉政建设和反腐败工作主要任务分工方案(送审稿)〉的请示》《关于审定〈2022年"沙坡头区领导干部廉政警示教育周"活动方案(送审稿)〉的请示》;研究区委办公室《关于审定〈沙坡头区委组织、宣传、政法工作会议方案(送审稿)〉的请示》;研究区委巡察办《关于审定〈中共中卫市沙坡头区二届委员会巡察工作规划(2022年—2026年)(送审稿)〉的请示》;研究区政府党组《关于审定〈中卫市黄河流域沙坡头区段生态保护和高质量发展规划(送审稿)〉的请示》《关于审定〈沙坡头区深入推进"四大提升行动"工作实施方案(送审稿)〉的请示》《关于审定〈沙坡头区2022年国土绿化工作方案(送审稿)〉的请示》;研究《关于审定〈沙坡头区涉粮问题专项巡察反馈意见整改方案(送审稿)〉的请示》《关于审定沙坡头区2022年第二批乡村振兴项目有关事宜的请示》《关于实施沙坡头区2022年农村公路建设项目有关事宜的请示》《关于调整沙坡头区康乐移民新建万头肉牛养殖场项目建设内容有关事宜的请示》《关于实施中卫市沙坡头区智慧监管项目(一期)的请示》《关于实施2022年6个城市人行道基础设施改造维修项目的请示》;研究区人大常委会党组《关于审定〈中卫市沙坡头区人大常委会2022年工作要点(送审稿)〉的请示》;研究区委组织部《关于审定全国和全区"人民满意的公务员""人民满意的公务员集体"评选表彰推荐对象的请示》。

【第24次常委会会议】 2022年4月2日召开。传达学习习近平总书记在中共中央政治局常务委员会会议上、中央政协工作会议暨庆祝中国人民政治协商会议成立70周年大会上、同法国德国领导人举行视频峰会上的重要讲话精神,对东航客机坠毁作出重要指示精神,致第四届中古两党理论研讨会的贺信,给武警上海市总队执勤第四支队十中队全体官兵的回信;传达学习自治区传达贯彻全国两会精神会议、自治区党委常委会会议暨自治区党的建设领导小组会议、自治区党委统一战线工作领导小组2022年第1次会议、自治区党委全面依法治区委员会第六次会议和自治区党委审计委员会第七次会议精神,梁言顺同志调研闽宁镇、宁东能源化工基地时的讲话精神(书面),安排部署贯彻落实工作;传达学习全国新冠肺炎疫情防控工作电视电话会议精神和陈润儿在自治区党委2022年第9次常委会会议上研究部署疫情防控工作时的讲话精神(书面),安排部署贯彻落实工作;传达学习全区领导干部廉政警示教育大会精神,自治区工程建设政府采购等重点领域突出问题专项治理工作领导小组第三次会议精神,《宁夏回族自治区领导干部插手干预工程建设政府采购项目登记报告办法》,全市领导干部警示教育大会精神,中卫市工程建设政府采购等重点领域突出问题专项治理工作领导小组第三次会议精神(书面),安排部署贯彻落实工作;传达学习中央第四生态环境保护督察组督察宁夏情况反馈会精神和陈润儿在自治区党委2022年第9次常委会会议上研究中央第四生态环境保护督察组反馈问题整改工作时的讲话精神（书面），研究贯彻落实意见；听取压砂地退出和生态修复、卫生厕所整改、供港蔬菜基地生活区拆除改建工作汇报，安排部署下一阶段工作；通报2021年招商引资工作情况，听取一季度招商引资工作汇报，安排部署下一阶段工作；套开区委全面深化改革委员会第八次会议；研究区委组织部《关于命名沙坡头区2021年度党建工作示范乡镇、示范村的请示》《关于审定〈沙坡头区村干部管理考核办法（试行）（送审稿）〉的请示》《关于终止陈鸿庆中国共产党中卫市第五次代表大会代表资格的请示》；研究区政府党组《关于审定〈沙坡头区2022年财政扶持壮大村级集体经济项目实施方案（送审稿）〉的请示》《关于审定拨付乡镇非确权压砂地退出和生态修复补助资金的请示》《关于审定〈沙坡头区建筑垃圾资源综合利用特许经营项目实施方案（送审稿）〉的请示》《关于增加中卫市玉龙水电建筑安装有限公司注册资本金的请示》《关于审定拨付疫情防控应急储备物资费用的请示》；研究区委督查检查考核工作领导小组办公室《关于审定2021年度沙坡头区效能目标管理考核结果的请示》；研究干部事宜。

【第25次常委会会议】 2022年4月8日召开。研究干部事宜。

【第26次常委会会议】 2022年4月19日召开。研究干部事宜。

【第27次常委会会议】 2022年4月27日召开。传达学习《习近平论坚持总体国家安全观（2022年）》《中华人民共和国国家安全法》（书面），安排部署贯彻落实工作；传达学习习近平总书记在中央全面深化改革委员会第二十五次会议上、在博鳌亚洲论坛2022年年会开幕大会上、在北京冬奥会冬残奥会总结表彰大会上、参加首都义务植树活动时、在海南考察时、视察文昌航天发射场时的重要讲话精神，致首届全民阅读大会的贺信，给北京科技大学老教授的回信，就气候变化问题给英国小学生的复信（书面），安排部署贯彻落实工作；传达学习全国安全生产电视电话会议、市委安全生产专题会议精神（书面），安排部署贯彻落实工作；传达学习全区一季度经济形势分析会精神，梁言顺在自治区党委2022年第13次常委会会议听取一季度全区经济运行情况汇报时、调研中卫经济社会发展情况时、明察暗访安全生产时的讲话精神，全市一季度经济形势分析会精神（书面），安排部署贯彻落实工作；传达学习习近平总书记2016年、2020年视察宁夏重要讲话精神（书面），听取沙坡头区关于贯彻落实习近平总书记重要指示批示精神"回头看"情况汇报，安排部署下一阶段工作；听取香山乡三眼井村磙子井队农户抢种硒砂瓜处置和永康镇硒砂瓜清退工作情况汇报，安排部署下一阶段工作；研究党的建设有关工作（套开区党的建设领导小组2022年第2次会议）；研究统一战线有关工作（套开区委统一战线工作领导小组2022年第1次会议）；研究区政府党组《关于审定〈沙坡头区"扩大有效投资攻坚年"活动实施方案（送审稿）〉的请示》《关于审定实施中卫市第九小学综合楼建设项目的请示》《关于审定实施中卫市第四中学综合楼建设项目的请示》《关于审定〈沙坡头区规范公务员工资津贴补贴实施方案（送审稿）〉和〈沙坡头区规范事业单位工作人员津贴补贴实施方案（送审稿）〉的请示》；研究区人大常委会党组《关于审定〈中卫市沙坡头区人大常委会补选部分区第二届人民代表大会代表的实施方案（送审稿）〉的请示》；研究区委组织部《关于审定沙坡头区第二届人民代表大会代表和常务委员会委员补选建议人选的请示》。

【第28次常委会会议】 2022年5月7日召开。研究干部事宜。

【第29次常委会会议】 2022年5月10日召开。传达学习习近平总书记在中共中央政治局常务委员会会议、中共中央政治局会议、十九届中共中央政治局第三十八次集体学习、中央财经委员会第十一次会议、中国人民大学考察时的重要讲话精神，致首届大国工匠创新交流大会、青蒿素问世50周年暨助力共建人类卫生健康共同体国际论坛的贺信，给中国航天科技集团空间站建造青年团队的回信，安排部署贯彻落实工作；传达学习习近平总书记、李克强总理对湖南长沙居民自建房倒塌事故作出的重要指示批示精神，全国、全区自建房安全专项整治电视电话会议精神（书面），听取沙坡头区自建房等建筑安全隐患排查整治进展情况汇报，安排部署下一阶段工作；传达学习习近平总书记在中央政治局常委会会议听取2021年度巩固拓展脱贫攻坚成果同乡村振兴有效衔接考核评估情况汇报时的重要讲话精神，全国2021年度巩固拓展脱贫攻坚成果同乡村振兴有效衔接考核评估发现问题整改工作电视电话会议精神，自治区2021年度巩固拓展脱贫攻坚成果同乡村振兴有效衔接工作集体约谈会、2021年度巩固拓展脱贫攻坚成果同乡村振兴有效衔接考核评估发现问题整改工作部署会精神，审定《沙坡头区2021年度巩固拓展脱贫攻坚成果同乡村振兴有效衔接考核评估问题整改方案（送审稿）》，安排部署下一阶段工作；听取林长制推进落实情况工作汇报，安排部署下一阶段工作；研究国家安全有关工作（套开区委国家安全委员会2022年第1次会议）；研究平安建设有关工作（套开平安沙坡头区建设协调小组2022年第1次会议）；研究基层治理有关工作（套开县域治理领导小组2022年第1次推进会）；研究区委办公室《关于成立更名撤销调整规范有关议事协调机构的请示》；研究区政府党组《关于审定〈中卫市沙坡头区深化应急管理综合行政执法改革实施方案（送审稿）〉的请示》；研究区委组织部《关于审定沙坡头区委管理领导干部2021年度考核等次的请示》；研究干部事宜。

【第30次常委会会议】 2022年5月17日召开。传达学习《习近平总书记关于体育工作重要论述的时代使命与实现方略》（书面），安排部署贯彻落实工作；传达学习《中华人民共和国民法典》节选篇目（书面），安排部署贯彻落实工作；传达学习《中华人民共和国军人地位和权益保障法》《习近平总书记关于退役军人工作重要论述》及自治区双拥工作会议精神（书面），安排部署贯彻落实工作；围绕贯彻落实习近平法治思想进行交流研讨；观看《精神之光——中卫市沙坡头区抗美援朝退役军人纪实》；传达学习习近平总书记在庆祝中国共产主义青年团成立100周年大会上的重要讲话精神，梁言顺在自治区党委2022年第18次常委会会议传达学习时的讲话精神，安排部署贯彻落实工作；传达学习第三十五次全国、全区"扫黄打非"工作电视电话会议，中卫市"扫黄打非"工作领导小组会议精神；自治区党委应对新冠肺炎疫情工作领导小组第27、28次会议精神（书面），安排部署贯彻落实工作；研究全面依法治区有关工作（套开区委全面依法治区委员会第五次会议）；研究党史学习教育领导小组办公室《关于审定〈关于巩固拓展党史学习教育成果推动党史学习教育常态化长效化的实施方案（送审稿）〉的请示》；研究区政府党组《关于审定〈中卫黄河大桥旧桥安全隐患治理工作方案（送审稿）〉的请示》《关于解决中卫市第三污水处理厂集污管网项目房屋征收补偿资金的请示》；研究区人大常委会党组《关于审定中卫市沙坡头区第二届人民代表大会第二次会议相关事宜的请示》；研究区委组织部《关于审定中卫市沙坡头区第二届人民代表大会第二次会议有关事宜的请示》；研究干部事宜。

【第31次常委会会议】 2022年6月2日召开。传达学习习近平总书记在中共中央政治局会议、中共中央政治局第三十九次集体学习时的重要讲话精神，庆祝中国国际贸易促进委员会建会70周年大会暨全球贸易投资促进峰会、金砖国家外长会晤开幕式上的致辞，致金砖国家政党、智库和民间社会组织论坛，中国宋庆龄基金会成立40周年，中国儿童中心成立40周年的贺信，给南京大学的留学归国青年学者的回信，关于档案工作、历史学习与研究、文化遗产保护重要论述摘编，全区学习贯彻习近平总书记在庆祝中国共产主义青年团成立100周年大会上的重要讲话精神座谈会，梁言顺在中卫市调研黄河黑山峡河段、文化旅游产业发展情况时的讲话精神，安排部署贯彻落实工作；传达学习了全国巡视工作会议暨第十九届中央第九轮巡视动员部署会议精神，研究贯彻落实意见；传达学习全国稳住经济大盘电视电话会议精神，梁言顺在自治区党委常委会会议、张雨浦在全区"稳经济、保增长、促发展"电视电话会议、张利在全市工业园区"稳经济、保增长、促发展、守安全"座谈会上的讲话精神，安排部署贯彻落实工作；传达学习《自治区党委统一战线工作领导小组关于印发〈宁夏回族自治区县乡村宗教事务管理责任落实办法（试行）〉的通知》，安排部署贯彻落实工作；传达学习《自治区党委组织部 政法委 公安厅 司法厅 高级人民法院 人民检察院印发〈关于在全区政法机关实施"3331工程"加强优秀年轻干部培养选拔工作的意见〉的通知》，研究贯彻落实意见；听取沙坡头区2022年1—5月份信访工作汇报，安排部署自治区第十三次党代会期间信访维稳及下一阶段工作；研究网信有关工作（套开区委网络安全和信息化委员会第四次会议）；研究区委统战部《关于审定〈沙坡头区2022年度政党协商计划（送审稿）〉的请示》；研究区纪委监委《关于审定〈沙坡头区开展水利工程建设领域突出问题整治专项监督实施方案（送审稿）〉的请示》；研究区纪委监委《关于审定〈沙坡头区开展矿山治理专项监督实施方案（送审稿）〉的请示》；研究区政府党组《关于审定拨付沙坡头区义务教育薄弱环节改善与能力提升项目资金的请示》；研究区委组织部《关于对马进琴等11名同志连续三年年度考核优秀记三等功的请示》。

【第32次常委会会议】 2022年6月27日召开。传达学习习近平总书记在中央政治局会议、中央政治局第四十次集体学习时、中央全面深化改革委员会第二十六次会议、四川考察时的重要讲话精神，在金砖国家工商论坛开幕式上的主旨演讲，致2022年六五环境日国家主场活动、《大公报》创刊120周年的贺信，给陆军步兵学院2022届全体学员的回信（书面），安排部署贯彻落实工作；传达学习自治区第十三次党代会精神，梁言顺在十三届自治区党委一次全会，2022年第1次、第2次常委会会议，带领新一届自治区党委常委班子在将台堡接受长征精神再教育时的讲话精神，自治区建设黄河流域生态保护和高质量发展先行区推进会精神（书面），安排部署贯彻落实工作；传达学习自治区党委《关于深入学习宣传贯彻自治区第十三次党代会精神的通知》、中卫市委《关于深入学习宣传贯彻自治区第十三次党代会精神的通知》精神（书面），审议《中共中卫市沙坡头区委员会关于深入学习宣传贯彻自治区第十三次党代会精神的通知(送审稿)》《中共中卫市沙坡头区委员会办公室关于印发〈自治区第十三次党代会精神宣讲工作方案〉的通知(送审稿)》,安排部署贯彻落实工作;传达学习了《中央办公厅 国务院办公厅关于印发〈地方党委和政府领导班子及其成员粮食安全责任制规定〉的通知》,安排部署贯彻落实工作;传达学习《中卫市领导干部请托插手干预重大事项记录报备制度(试行)》,安排部署贯彻落实工作;听取二届区委第一轮巡察工作汇报,安排部署下一阶段工作;听取沙坡头环卫市场化运行工作汇报,安排部署下一阶段工作;研究国家安全有关工作(套开区委国家安全委员会2022年第2次会议);研究区委办公室《关于审定〈沙坡头区处级领导包抓乡镇联系行政村分工方案(送审稿)〉的请示》;研究区政协党组《关于审定〈关于加强和改进新时代沙坡头区政协工作的实施意见(送审稿)〉的请示》;研究区委组织部《关于审定〈沙坡头区2022年"七一"前夕走访慰问活动方案(送审稿)〉的请示》;研究区委统战部《关于审定〈沙坡头区建设铸牢中华民族共同体意识示范区实施方案(送审稿)〉的请示》;研究区政府党组《关于审定〈关于贯彻落实自治区建设黄河流域生态保护和高质量发展先行区2022年工作要点分工方案(送审稿)〉的请示》《关于审定〈沙坡头区稳经济保增长促发展23条政策措施(送审稿)〉的请示》《关于审定实施沙坡头区永康镇永新小学综合楼建设项目的请示》;研究区委全面依法治区委员会办公室《关于审定〈沙坡头区关于落实中央依法治国办法治政府建设督察反馈意见的整改报告(送审稿)〉的请示》;研究区纪委监委《关于审定〈关于进一步强化监督检查推动乡村振兴重点任务落实的工作方案(送审稿)〉的请示》《关于审定〈沙坡头区基层小微权力"监督一点通"服务平台试点应用工作实施方案(送审稿)〉的请示》;研究干部事宜。

【第33次常委会会议】 2022年7月19日召开。传达学习习近平总书记在金砖国家领导人第十四次会晤时、主持全球发展高层对话会上、新疆考察时、湖北武汉考察时、视察香港时、庆祝香港回归祖国25周年大会暨香港特别行政区第六届政府就职典礼上的重要讲话精神,就研究吸收网民对党的二十大相关工作意见建议作出的重要指示精神,《习近平谈治国理政》(第四卷),致世界互联网大会国际组织成立的贺信,给种粮大户、参加海峡青年论坛的台湾青年、中国国家博物馆老专家的回信,周强来宁调研时的讲话精神,梁言顺来卫调研时的讲话精神,安排部署贯彻落实工作;传达学习中央办公厅《纪检监察机关派驻机构工作规则》、全区违规收送红包礼金和不当收益及违规借转贷或高额放贷专项整治工作动员会议精神,审定《沙坡头区开展违规收送红包礼金和不当收益及违规借转贷或高额放贷专项整治工作方案(送审稿)》,安排部署下一阶段工作;传达学习《机构编制违规违纪违法行为处理和问责规则(试行)》,安排部署贯彻落实工作;听取上半年农村人居环境整治提升工作汇报,安排部署下一阶段工作;研究区委办公室《关于审定〈中卫市沙坡头区落实自治区第十三次党代会报告任务分工方案(送审稿)〉的请示》;研究区政府党组《关于审定实施2022年沙坡头区农村生活污水治理特许经营项目的请示》《关于审定〈沙坡头区贯彻落实自治区党委涉粮问题专项巡视反馈意见整改方案(送审稿)〉的请示》《关于审定〈沙坡头区2022年巩固拓展脱贫攻坚成果同乡村振兴有效衔接扶持政策方案(送审稿)〉的请示》《关于审定〈2022年沙坡头区日光温室维修改造实施方案(送审稿)〉的请示》《关于审定〈沙坡头区第三次全国土壤普查试点工作实施方案(送审稿)〉的请示》《关于审定〈沙坡头区2022年"八一"建军节慰问活动方案(送审稿)〉的请示》《关于拨付沙坡头区压砂地退出和生态修复工作经费的请示》《关于对沙坡头区行政物业外包管理项目进行公开招标的请示》。

【第34次常委会会议】 2022年7月26日召开。研究干部事宜。

【第35次常委会会议】 2022年8月23日召开。传达学习习近平总书记对做好青海大通县山洪灾害救援处置工作的重要批示精神,听取沙坡头区防灾减灾救灾工作情况汇报,安排部署下一步工作;传达学习十三届自治区党委2022年第12次常委会(扩大)会议、五届市委2022年第41次常委会(扩大)会议精神,安排部署贯彻落实工作。

【第36次常委会会议】 2022年8月23日召开。宣布市委干部职务任免决定。

【第37次常委会会议】 2022年8月23日召开。传达学习《习近平谈治国理政》(第四卷)篇目《续写马克思主义中国化时代化新篇章》及《习近平论互联网建设与管理(2022年)》,安排部署贯彻落实工作;传达学习《习近平论强军兴军(2022年)》,安排部署贯彻落实工作;围绕"学习宣传贯彻自治区第十三次党代会精神"进行交流研讨;传达学习习近平总书记在中央政治局第四十一次集体学习时、省部级主要领导干部"学习习近平总书记重要讲话精神,迎接党的二十大"专题研讨班上、辽宁考察时、参观中国人民革命军事博物馆时的重要讲话精神,致中国共产党与世界马克思主义政党论坛、全球重要农业文化遗产大会、世界青年发展论坛、世界职业技术教育发展大会、国际民间社会共同落实全球发展倡议交流大会、第二届中非和平安全论坛的贺信,给"中国好人"李培生胡晓春的回信,刘焕鑫来宁调研巩固拓展脱贫攻坚成果同乡村振兴有效衔接工作时、梁言顺在全区上半年经济形势分析会上的讲话精神,全区全面深化改革推进落实会议暨党委改革系统专题培训班精神,自治区党委全面深化改革委员会第十九次会议精神,中卫市五届四次全会精神,安排部署贯彻落实工作;传达学习宁夏军区党委第一书记梁言顺在军区党委常委会会议上的讲话,安排部署贯彻落实工作;传达学习《全面从严治党党风廉政建设》《落实中央八项规定精神加强作风建设正负面清单》,中共中央办公厅《关于加强新时代廉洁文化建设的意见》,自治区党委办公厅《关于加强新时代廉洁文化建设的实施意见》《关于重申公务接待有关规定要求的通知》(书面),审议《关于贯彻落实加强新时代廉洁文化建设实施意见的分工方案(送审稿)》,安排部署下一阶段工作;传达学习自治区党委办公厅《关于印发〈全区开展违规收送红包礼金和不当收益及违规借转贷或高额放贷专项整治工作方案〉的通知》,全区违规收送红包礼金和不当收益及违规借转贷或高额放贷专项整治工作推进会精神,中卫市纪委监委《关于7起违规收送红包礼金和不当收益及违规借转贷或高额放贷典型问题的通报》(书面);研究区委办公室《关于审定〈沙坡头区委常委会开展违规收送红包礼金和不当收益及违规借转贷或高额放贷专项整治专题民主生活会方案(送审稿)〉的请示》,围绕"违规收送红包礼金和不当收益及违规借转贷或高额放贷专项整治典型案例和五个检视内容"进行交流研讨;听取区委组织部软弱涣散党组织和重点难点村党组织整顿进展情况汇报和部分处级领导包抓联系软弱涣散党组织整顿进展情况汇报(书面),安排部署下一阶段工作;研究区委组织部《关于审定〈沙坡头区党建引领乡村治理试点县(区)创建工作实施方案(送审稿)〉的请示》;听取了二十大维稳安保工作情况汇报,研究区委政法委《关于审定〈沙坡头区治理早婚早育社会问题专项行动工作方案(送审稿)〉的请示》,安排部署下一阶段工作;研究统一战线有关工作(套开区委统一战线工作领导小组2022年第2次会议);研究"大学习、大讨论、大宣传、大实践"活动有关工作(套开沙坡头区广泛开展习近平总书记视察宁夏重要讲话和重要指示批示精神"大学习、大讨论、大宣传、大实践"活动动员部署会);研究区政府党组《关于审定〈2022年中央补助地方公共文化服务体系建设补助资金使用计划(送审稿)〉的请示》;研究干部事宜。

【第38次常委会会议】 2022年9月9日召开。传达学习中央政治局会议精神,习近平总书记在中央全面深化改革委员会第二十七次会议上的重要讲话精神,对四川甘孜泸定县6.8级地震作出的重要指示精神,同韩国总统尹锡悦就中韩建交30周年互致贺函,致2022年中国国际服务贸易交易会、第五届中非媒体合作论坛、图伊马来阿利法诺连任萨摩亚国家元首的贺信,给外文出版社的外国专家、北京师范大学"优师计划"师范生的回信,给"里斯本丸"号船幸存者家属复信,就巴基斯坦发生严重洪灾向巴基斯坦总统阿尔维致慰问电,安排部署贯彻传达学习全区"六权"改革推进会精神,安排部署贯彻落实工作;传达学习《习近平论民族和宗教工作(2022年)》,安排部署贯彻落实工作;听取了上半年禁毒工作汇报,安排部署下一阶段工作;传达学习十三届自治区党委2022年第13次常委会和五届市委2022年第44次常委会会议精神,听取生态环境、安全生产领域风险隐患大起底大排查大整治工作进展情况汇报,安排部署下一阶段工作;传达学习中卫市党的二十大维稳安保工作推进会及更高水平的平安中卫建设工作会议精神,听取信访矛盾纠纷排查化解工作汇报,研究区信访工作联席会议办公室《关于审定〈沙坡头区维护社会稳定信访领域风险隐患职责清单(送审稿)〉的请示》,安排部署下一阶段工作;听取上半年落实党风廉政建设监督责任情况汇报和区委班子成员上半年履行全面从严治党"一岗双责"情况汇报,安排部署下一阶段工作;研究区委政研室《关于审定〈关于广泛开展习近平总书记视察宁夏重要讲话和重要指示批示精神"大学习、大讨论、大宣传、大实践"活动的实施方案(送审稿)〉的请示》《关于审定〈沙坡头区"抓产业、办实事、强治理、转作风"三年行动实施方案(送审稿)〉的请示》《关于审定〈沙坡头区"大学习、大讨论、大宣传、大实践"活动"抓产业、办实事、强治理、转作风"三年行动工作推进机制(送审稿)〉的请示》;研究区委督检考办《关于审定〈2022年度沙坡头区效能目标管理考核实施方案(送审稿)〉的请示》;研究人才有关工作(套开区委人才工作领导小组2022年第1次会议);研究区政府党组《关于实施2022年香山乡红圈村、兴仁镇兴仁村高标准农田建设项目的请示》《关于实施沙坡头区2022年兴仁镇兴仁村、西里村现代高效节水农业项目的请示》《关于审定实施乌玛高速东段(中卫北—中宁交界处)沿线绿化项目的请示》《关于拨付沙坡头区"十二五"生态移民区2021年度土地培肥改良以奖代补资金的请示》《关于拨付兴仁镇压砂地转产配套蓄水池工程用地补偿资金的请示》;研究区委组织部《关于追授韩兴华同志为沙坡头区"优秀共产党员"的请示》。

【第39次常委会会议】 2022年9月14日召开。研究干部事宜。

【第40次常委会会议】 2022年10月26日召开。传达学习中国共产党第十九届中央委员会第七次全体会议、中国共产党第二十次全国代表大会、中国共产党第二十届中央委员会第一次全体会议、中国共产党第二十届中央纪律检查委员会第一次全体会议精神，习近平总书记在参加党的二十大广西代表团讨论时、闭幕大会上、新一届中共中央政治局常委同中外记者见面时、出席军队领导干部会议时、上海合作组织成员国元首理事会第二十二次会议上、参观"奋进新时代"主题成就展时的重要讲话精神，中央政治局会议、自治区党委常委会、自治区传达贯彻党的二十大精神会议、全区经济工作座谈会、平安宁夏建设表彰大会、"西部数谷"算力产业大会精神（书面），安排部署贯彻落实工作；听取沙坡头区巩固拓展脱贫攻坚成果同乡村振兴有效衔接问题整改及迎检工作准备情况汇报，安排部署下一阶段工作；研究深化改革有关工作（套开区委全面深化改革委员会第9次会议）；研究农业农村有关工作（套开区委农村工作领导小组2022年第2次会议）；研究区政府党组《关于审定实施沙坡头区宣和镇宣和村美丽宜居村庄建设项目的请示》《关于审定实施沙坡头区峡门水库大坝除险加固工程的请示》《关于审定实施中卫市沙坡头区综合档案馆建设项目的请示》《关于审定实施沙坡头区香山、兴仁产业结构调整项目的请示》《关于审定拨付沙坡头区校车租赁费政府财政预算资金的请示》《关于审定拨付2022年春小麦种植补贴及玉米大豆带状复合种植补贴资金的请示》《关于审定实施中卫市沙坡头区人民医院迁建项目的请示》《关于审定实施沙坡头区2022年度公立医院改革与高质量发展示范项目的请示》。

【第41次常委会会议】 2022年11月3日召开。传达学习了二十届中共中央政治局第一次集体学习会精神，十三届自治区党委2022年第19次常委会会议精神，黄河流域生态保护和高质量发展先行区建设中卫市2022年第八次推进会暨第三季度经济工作分析会（书面），安排部署贯彻落实工作；传达学习中央政治局会议精神，习近平总书记在带领中共中央政治局常委瞻仰延安革命纪念地时、陕西延安和河南安阳考察时、会见越共中央总书记阮富仲时、会见C919大型客机项目团队代表并参观项目成果展览时的重要讲话精神，关于审计工作的重要讲话和重要指示批示精神，致第31届阿拉伯国家联盟首脑理事会会议、2022年世界城市日全球主场活动暨第二届城市可持续发展全球大会、中国国际可持续交通创新和知识中心成立、美中关系全国委员会年度晚宴的贺信，安排部署贯彻落实工作；传达学习《中共中央办公厅关于印发〈中国共产党处分违纪党员批准权限和程序规定〉的通知》《中共中央办公厅印发〈十九届中央政治局贯彻执行中央八项规定情况报告〉〈关于党的十九大以来整治形式主义为基层减负工作情况的报告〉的通知》《中共中央办公厅关于浙江省嘉兴市违规扩建南湖宾馆问题查处情况的通报》精神，梁言顺在《中共中央办公厅关于印发〈中国共产党处分违纪党员批准权限和程序规定〉的通知》上的批示精神，自治区、中卫市工程建设政府采购等重点领域突出问题专项治理工作领导小组第四次会议精神，听取沙坡头区工程建设政府采购等重点领域突出问题专项治理工作进展情况汇报，安排部署贯彻落实工作；研究关于召开区委二届三次全会事宜；研究区委办公室《关于审定〈中共中卫市沙坡头区委员会关于学习宣传贯彻党的二十大精神的实施方案（送审稿）〉的请示》；研究疫情防控有关工作（套开区委应对新冠肺炎疫情工作领导小组第45次会议）；研究退役军人有关工作（套开区委退役军人事务工作领导小组2022年第1次会议）。

【第42次常委会会议】 2022年11月5日召开。听取各组关于党的二十大精神讨论情况、《中共中卫市沙坡头区委员会关于深入学习宣传贯彻党的二十大精神的实施方案》和《中国共产党中卫市沙坡头区第二届第三次全体会议决议》审议讨论情况的汇报。

【第43次常委会会议】 2022年11月10日召开。研究干部事宜。

【第44次常委会会议】 2022年11月16日召开。宣布市委干部职务任免决定。

【第45次常委会会议】 2022年11月30日召开。传达学习中国共产党第二十次全国代表大会报告、中国共产党第二十次全国代表大会关于十九届中央纪律检查委员会工作报告的决议、中国共产党第二十届中央委员会第一次全体会议公报、中国共产党第二十届中央纪律检查委员会第一次全体会议公报、十九届中央纪律检查委员会向中国共产党第二十次全国代表大会所作的工作报告、《中国共产党章程》、中国共产党宁夏回族自治区第十三届委员会第二次全体会议公报、中国共产党中卫市第五届委员会第五次全体会议公报、中国共产党中卫市沙坡头区第二届委员会第三次全体会议决议；传达学习中共中央政治局常务委员会会议精神，习近平总书记在视察军委联合作战指挥中心、出席二十国集团领导人第十七次峰会、亚太经合组织第二十九次领导人非正式会议时的重要讲话精神，在第五届中国国际进口博览会开幕式上的致辞，向"杂交水稻援外与世界粮食安全"国际论坛发表的书面致辞，国务院联防联控机制电视电话会议、自治区党委常委会会议、自治区新冠肺炎疫情防控工作电视电话会议精神，安排部署贯彻落实工作；听取2022年度自治区、中卫市考核沙坡头区效能目标任务自查情况汇报，安排部署下一阶段工作；听取沙坡头区2023年项目谋划情况汇报，安排部署下一阶段工作；传达学习习近平总书记对河南安阳市凯信达商贸有限公司火灾事故作出的重要指示精神，自治区党委常委会2022年第24次会议精神，梁言顺批示精神，听取沙坡头区2022年安全生产、消防和防灾减灾救灾工作汇报，安排部署下一阶段工作；研究区委政研室《关于审定〈深入开展党的二十大和习近平总书记视察宁夏重要讲话和重要指示批示精神"大学习、大讨论、大宣传、大实践"活动的实施方案(送审稿)〉的请示》；研究区委宣传部《关于审定〈沙坡头区党的二十大精神宣讲工作方案(送审稿)〉的请示》；研究区委办公室《关于成立更名调整规范有关议事协调机构的请示》；研究平安建设有关工作(套开平安沙坡头区建设协调小组2022年第2次会议)；研究区群团工作委员会《关于审定〈全面加强新时代少先队工作的实施方案(送审稿)〉的请示》《关于审定〈共青团基层组织改革工作实施方案(送审稿)〉的请示》《关于审定〈共青团基层组织改革工作实施方案(送审稿)〉的请示》；研究区委组织部《关于审定沙坡头区出席自治区第十三届人民代表大会代表候选人初步人选建议人选的请示》；研究干部事宜。

【第46次常委会会议】 2022年12月6日召开。传达学习党中央、全国人大常委会、国务院、全国政协、中央军事委员会告全党全军全国各族人民书，习近平总书记致联合国/中国空间探索与创新全球伙伴关系研讨会、发展中国家科学院第16届学术大会暨第30届院士大会、第四届中俄能源商务论坛的贺信，安排部署贯彻落实工作；听取沙坡头区二届人大一次会议代表建议和政协二届一次会议委员提案办理情况，2022年10件民生实事办理情况和2023年10件民生实事谋划情况汇报，安排部署下一阶段工作；研究关于召开区委二届四次全会事宜;研究疫情防控有关工作(套开区委应对新冠肺炎疫情工作领导小组第54次会议);研究区政府党组《关于审定〈沙坡头区2022年预算执行情况和2023年预算草案的报告(送审稿)〉的请示》《关于审定〈沙坡头区2022年财政预算调整方案(送审稿)〉的请示》《关于审定实施沙坡头区苹果产业国家农村产业融合发展示范园建设项目的请示》《关于审定实施沙坡头区峡门供水工程泵站管线消缺工程一期项目的请示》。

【第47次常委会会议】 2022年12月6日召开。听取各分组关于宗立冬代表区委常委会向全会所作的工作报告讨论情况和《中国共产党中卫市沙坡头区第二届委员会第四次全体会议决议(讨论稿)》审议情况的汇报。

【第48次常委会会议】 2022年12月19日召开。传达学习中共中央政治局会议、中央经济工作会议精神,习近平总书记在党外人士座谈会征求对经济工作意见和建议时、在首届中国—阿拉伯国家峰会开幕式上的重要讲话和对非物质文化遗产保护工作作出的重要指示精神,致国史学会成立30周年的贺信,自治区党委常委会会议、中卫市委五届六次全体会议、市两会精神,安排部署贯彻落实工作;传达学习中央办公厅《推进领导干部能上能下规定》、自治区党委办公厅《宁夏回族自治区推进领导干部能上能下实施细则》和自治区党委组织部《关于在自治区人大政府政协领导班子换届期间进一步严肃换届纪律的通知》,安排部署贯彻落实工作;研究中卫市沙坡头区第二届人民代表大会第三次会议相关事宜;研究政协中卫市沙坡头区第二届委员会第二次全体会议相关事宜;研究中卫市沙坡头区第二届人民代表大会第三次会议、政协中卫市沙坡头区第二届委员会第二次全体会议有关人员名单相关事宜;研究林长制有关工作(套开沙坡头区全面推行林长制工作第1次会议);研究区政府党组《关于审定实施沙坡头区农村生活污水智慧化平台建设项目的请示》。

组织工作

【干部选拔任用】 2022年,沙坡头区共调整任免干部10批354人次,其中提拔99名,重用19名,调任14名,晋升职级58名。开展优秀年轻干部培育"薪火计划",将150名优秀年轻干部纳入后备力量储备库,并建立"一人一档"定期记录干部成长情况。根据年轻干部自身优势和能力专业特长,"精挑"14名优秀年轻干部担任镇长(局长)助理,"特选"20名年轻干部进行乡镇、部门"双向挂职交流","下派"52名年轻干部担任驻村第一书记和工作队员。

【干部教育培训】 2022年,沙坡头区深入实施干部政治能力和专业能力提升"两大工程"、优秀年轻干部培育"薪火计划",以党支部领办合作社为契机,整合村级资源成立沙坡头区乡村振兴体验中心。大力推行领导干部"上讲台"机制,创新建立干部教育培训"师资库",实行"区级领导旁听点评"制度,确定干部教育培训"红黑榜"。制定《2022年沙坡头区干部教育培训项目计划》,举办主体培训班23期培训3100余人次,组织645名干部参加宁夏干部教育培训网络学院培训学习,选派34名领导干部参加上级部门培训。

【干部监督管理】 2022年,沙坡头区认真落实领导干部政治素质考察办法,强化考核"指挥棒"作用,对平时考核"好"等次较多的46名干部提拔重用、晋升职级,对平时考核排名靠后的4名领导干部进行调整、改任非领导职务,倒逼干部主动担当作为。严格落实经济责任审计、离任工作交接等制度，督促132名领导干部完成离任交接，集中开展任前谈话4批85人次，对3名领导干部进行任期经济责任审计。定期对各单位领导干部出国（境）工作进行抽查，对1名违规因私出国（境）干部进行处理。充分发挥"12380"综合举报受理平台作用，受理核查举报件4件。实行"城区乡镇交流"机制，为6名长期在河南片区乡镇工作的领导干部解决"进城"问题。认真落实"三个区分开来"，对从领导岗位退下来的不适宜担任现职干部纳入后续跟踪管理名单，对影响期满后表现优秀的12名领导干部重新识别重用。

【人事工资管理】 2022年，沙坡头区根据年度考核结果完成321名公务员、4185名事业单位工作人员晋档晋级；完成4322名沙坡头区机关事业单位工作人员工资调标，调整事业编工资标准3806人；高质量完成宁夏人社一体化系统人事工资版块上线运行工作，完成了158个单位，4206名干部信息的线上转移工作；批复2022年课后服务绩效工资增量1575.542万元，小学绩效工资核增2022年校（园）长津贴、班主任津贴和寄宿制学校绩效工资总量共计799.2207万元；核发1894名在编在岗干部应休未休年休假补贴1125万元，每月及时审核干部统发工资，审批到龄干部退休161人。科学制定公务员及事业单位工作人员招录（聘）计划，2022年，招录到岗选调生14人、公务员14人、公开招聘事业编89人、自主公开招聘硕士研究生6名；安置两名退役军人到事业单位工作、1名订单定向医学生到乡镇卫生院工作；新招募"三支一扶"高校毕业生240名、高校毕业生到机关事业单位实习124名。制定印发《沙坡头区事业单位管理岗位职员等级晋升制度工作实施方案》，对31名事业单位干部晋升职员等级（其中九级管理岗位3人，八级职员10人，七级职员18人）。适时调整优化16个事业单位岗位设置方案，对839名事业单位专业技术人员聘任晋级（其中79人聘任"双定向"专业技术岗位），对11名工勤技能人员聘任技术工二级岗位，6名工勤技能人员聘任技术工一级岗位，聘任特设专业技术三级岗位1人。修订印发《沙坡头区干部人事调动管理规定》，组织召开人事调配会3次，调整干部62人，其中：调入17人、调出24人、区内调配21人。及时完成2021年度干部考核工作，提高乡镇干部年度考核优秀等次比例，评定优秀等次788人，每人发放1500元奖金；对11名连续三年考核优秀公务员记三等功，每人发放3000元奖金。

【基层组织建设】 2022年，沙坡头区印发《沙坡头区关于推行村党支部领办合作社的实施方案》，由区级领导带队，先后组织镇、村党组织书记等151人赴山东烟台实地考察、借鉴经验。制定《沙坡头区村党支部领办合作社扶持政策》，11个乡镇57个村成立党支部领办土地股份合作社、旅游股份合作社、种植养殖类股份合作社、置业股份合作社等6类合作社项目52个，累计吸收4万余名群众入股，年内累计为村集体增收2500余万元，带动9000余名群众增收2017万元。探索实施驻村干部片区管理机制，将50支驻村工作队划分18个片区，各片区组织开展观摩交流30余次。围绕"项目+资金+责任"捆绑落实，各驻村工作队积极作为，协调帮扶单位、帮扶责任人组织进村入户10000余人次，化解矛盾纠纷600多件，累计争取项目资金8000余万元。建立区镇村三级管理考核和季度汇报制度，乡镇党委负责直接管理，每月组织召开驻村干部工作例会，及时了解驻村干部工作推进等情况。打造出迎水桥沙坡头村、鸣钟村、鸣沙村"三村一域""党支部领衔沙钟鸣、激活乡村振兴新引擎"，迎水桥镇何滩村"五强化五在前"，沙坡头区东园镇黑山村"红轴聚能、筑梦黑山",镇罗镇凯歌村党建+"四色驿站",宣和镇旧营村"四联四促",常乐镇康乐移民区"党群就业服务矩阵"等党建示范品牌10余个,全面打造河北灌区、河南灌区、南山台扬黄灌区、兴仁香山地区4条农村"党建引领乡村振兴示范线"。制定《沙坡头区村干部管理考核办法(试行)》,聚焦村干部"储备、任免、培训、监管、考核、激励"六个方面。创新建立村(社区)干部人事档案,将通过法定程序选举产生或乡(镇)任命的1093名现任村(社区)"两委"干部纳入集中建档对象。大力实施"两个带头人"工程,培养致富带头人2153名、村级后备力量465名。全面推行导师帮带制,选好帮带导师106名,确定帮带对象120名,精准建立126对帮带关系,全面提高年轻村干部解决复杂问题、处置突发事件的实践本领。制定印发《沙坡头区党建引领乡村治理试点县(区)创建工作实施方案》,2022年已申报自治区级乡村治理示范县(区)1个、乡村治理示范乡镇2个、乡村治理示范村4个。制定《关于加强新业态新就业群体党建工作的若干措施》,建立"156"工作机制,指导成立新业态党支部4个,依托城市社区党组织,打造"大漠味集"向阳商圈党建联盟、四季鲜市场"党建领航、四季绽放"党建示范品牌,以"网红经济"为切口探索网络主播群体党建工作,团结凝聚本土网络达人,弘扬主旋律,传播正能量,宣传推介中卫。在城市核心商圈打造新业态新就业群体党群服务中心,依托社区阵地、商圈市场、物业场所建设"暖心驿站"12处,开展"卫民蓝骑士""卫民红先锋"培育行动,35名从业人员递交入党申请书,12人被确定为入党积极分子,引导参与服务活动200余次。

【区直机关工委】 2022年,沙坡头区以创建"五型"模范机关为抓手,健全完善机关党组织书记抓党建"四个清单",压实机关党组织书记主体责任。推行党建品牌项目化管理,紧盯"三可四有"创建目标,精心指导打造沙坡头区政协"党建引领 凝聚共识 履职为民"、区群团委"群心向党"、区委编办"同心向党 编制未来"、区退役军人事务局"党旗红 橄榄绿"、区审计局"红色审计啄木鸟"等13个机关党建示范品牌,认定命名区政协办公室等11个机关单位为2021年度"让党中央放心、让人民群众满意"模范机关,指导12个机关单位制定2022年度模范机关创建方案,持续深化巩固三强九严成果。

【老干部工作】 2022年,沙坡头区制定印发《沙坡头区2022年离退休干部工作要点》《2022年沙坡头区离退休干部党建工作任务清单》,推动离退休干部党建工作纵深发展。依托社区阵地增设老年大学教学点两个,拓宽老年教育覆盖面,多层次、立体式开展学习教育,进一步提升沙坡头区老年大学教学水平。完成"9·9公益日"网络募捐活动,筹集资金31.5万元,位列自治区各市、县(区)第5名。

宣传工作

【概　况】 2022年,沙坡头区坚持以习近平新时代中国特色社会主义思想为指导,认真贯彻落实全国、全区宣传部长会议和市委宣传工作会议精神,突出迎接宣传贯彻党的二十大工作主线,大力营造宣传贯彻自治区第十三次党代会良好氛围,自觉担当"举旗帜、聚民心、育新人、兴文化、展形象"使命任务,确保宣传工作正能量充沛、主旋律高昂,为经济高质量发展、社会和谐稳定提供坚强思想保证。

【理论学习】 2022年,沙坡头区委宣传部把习近平新时代中国特色社会主义思想作为区委理论学习中心组和干部理论学习的重要内容,制定印发了《2022年沙坡头区党委(党组)理论学习中心组专题学习重点内容计划(暂定)》等各类重点工作安排部署文件,科学谋划全年理论武装工作。党的二十大召开后,沙坡头区迅速行动,召开了沙坡头区学习贯彻党的二十大精神宣讲动员备课会,对沙坡头区党的二十大精神宣讲工作进行了安排部署。严格落实《沙坡头区党委(党组)理论学习中心组学习实施办法》,通过集中学习、研讨交流、专题辅导讲座、理论征文等方式,丰富党委(党组)理论学习中心组学习和干部理论学习,切实提高学习针对性和实效性。全年共组织开展区委理论学习中心组学习15次,交流研讨8次65人次,专题辅导讲座5场次;乡镇、部门开展党委(党组)理论学习中心组学习350余次、干部理论学习2600余次。巡听旁听15个部门(单位)理论学习中心组学习。

【理论宣讲】 2022年,沙坡头区委宣传部坚持分层宣讲、分类指导,制定印发《沙坡头区党的二十大精神宣讲工作方案》《沙坡头区深化学习贯彻习近平新时代中国特色社会主义思想暨习近平总书记视察宁夏重要讲话和重要指示批示精神宣讲工作方案》《自治区第十三次党代会精神宣讲工作方案》《中卫市第五次党代会精神宣传宣讲工作方案》等宣讲文件,通过沙坡头区"塞上之光"宣讲团、"老兵红色宣讲团"、"塞上巾帼"宣讲队等宣讲资源,开展对象化、分众化、互动化、通俗化宣讲活动。利用抖音"邻里佳音"共享直播间、饿了么新业态党支部、"沙坡头区发布"微信视频号"云宣讲"专栏等线上宣讲形式,各级领导干部及广大群众以身边事、小切口讲述大道理,推动党的创新理论走深走实。全年开展各类宣讲活动1040余场次。持续开展习近平新时代中国特色社会主义思想"七进"和学校"三进"1500余场次。开展朔方人文科学大讲堂沙坡头区分讲堂12场次。征集"党的二十大精神""奋进新征程 建功新时代""自治区第十三次党代会精神"等主题理论征文57篇。推选三名选手参加中卫市第五届基层理论"微宣讲"比赛,分别取得二等奖、三等奖、优秀奖,其中两名选手被推选参加自治区级比赛,取得优秀奖。举办了沙坡头区"学原文 铭初心 践使命"线上知识竞赛活动,活动期间参与人次达1650余人,知识点传播达10418次,活动访问量达7100余次,营造了浓厚学习氛围。

【"学习强国"学习平台注册使用和管理】 2022年,沙坡头区委宣传部高度重视用好"学习强国"学习平台,坚持将"学习强国"学习平台的推广使用作为推动沙坡头区广大党员干部及群众"大学习"的有力抓手,督促党员干部积极参学。截至12月底,沙坡头区"学习强国"App用户总数15773人,其中党员10657人,非党员5116人。举办沙坡头区第三届"学习强国"学习平台达人挑战赛,通过竞赛方式有效检验广大干部学习成效,实现以赛促学、以学促赛,进一步提高"学习强国"学习平台影响力。

【党史学习教育】 2022年,沙坡头区委宣传部制定印发《关于巩固拓展党史学习教育成果推动党史学习教育常态化长效化的实施方案》,从5个方面明确重点工作18项,建立党史学习教育常态化长效化机制。做好《百年初心成大道——党史学习教育案例编选》学习使用。

【新时代文明实践中心建设试点和志愿服务】 2022年,沙坡头区委宣传部制定新时代文明实践中心(所、站)"五有"标准工作清单,实行"双文融合"模式,推动新时代文明实践所(站)与基层综合性文化服务中心融合发展、共建共管。深入贯通、整合拓展党群服务中心、乡村振兴体验中心、地名文化馆、乡土课堂、诸葛驿站等资源,不断完善宣、教、文、科、体五大服务平台建设。依托新时代文明实践所(站)打造"雷锋银行""爱心超市""爱心驿站""爱心发屋"等各具特色的乡风文明积分制载体，不断激发群众参与文明实践的热情，以"小积分"撬动"大文明"。辖区共有91个新时代文明实践所(站)建立了乡风文明积分制。联动社会资源注入，依托新时代文明实践所(站)为摄协、美协、朗协等社会组织设立采风、写生、创作工作室，积极引导辖区社会组织培育中心、义工联合会、社工服务中心等行业协会及民间团体入驻，为文明实践添动力、增活力。截至目前，区志愿服务总队共辖理论宣讲、文化惠民、卫生健康等专业及特色志愿服务队1063支。办好"初心宣讲队"，成立"塞上之光"宣讲团，做优"黄河岸边生态讲堂"，开展各类宣讲活动840余场次，培育特色志愿服务项目80个。开展"千名文艺志愿者进基层"主题实践活动，组织11家文艺协会及文艺志愿者下沉新时代文明实践中心(所、站)，结合"强国复兴有我""我们的节日""三下乡"等主题活动，大力开展文艺演出、培训辅导、非遗展示等文明实践活动，创作编排《老杠头的幸福生活》等17个移风易俗主题文艺节目在农村巡演，实现促进艺术传播交流、推动全民终身学习、丰富群众精神生活三向共赢。2022年以来，共开展各类文明实践活动2.4万余场次。

【新闻宣传】 2022年，沙坡头区突出迎接学习宣传贯彻党的二十大这根主线，"大学习、大讨论、大宣传、大实践"活动和"抓产业、办实事、强治理、转作风"三年行动这两根红线，及时开设"奋进新征程 建功新时代""大学习、大讨论、大宣传、大实践""抓产业、办实事、强治理、转作风""深入学习宣传贯彻党的二十大精神"等专栏100个。成功举办首届"沙坡头区媒体行"采风活动暨记者答谢会。与新华社、宁夏日报、宁夏电视台、中卫市新闻传媒集团深度合作，刊发《中卫日报沙坡头区周刊》80期，播出《沙坡头区新闻》220期，在中央、自治区、中卫市媒体上稿3500余篇。"魅力沙坡头"客户端发稿3000余条，沙坡头区发布公众号发稿2500余条，推出宁夏日报专版6期，制作新时代文明实践、人居环境整治、"塞上之光"宣讲团等宣传片13个，在宁夏电视台经济频道推出1分钟形象宣传片7个，利用抖音、快手、视频号等5个新媒体平台推出短视频300期，播放量累计达350万+。及时转发重点稿件350余篇，转发频次达25万余次。

【国防教育】 2022年，沙坡头区委宣传部制定印发《2022年沙坡头区国防教育工作要点》《关于做好2022年度〈国防教育〉杂志订阅工作的通知》《2022年国防教育活动图片报送计划》等，对沙坡头区国防教育工作进行认真安排部署，明确工作任务，细化工作措施，促使国防教育工作顺利推进。开展国防教育主题宣讲活动和国防形势政策报告会60余场次。精心谋划沙坡头区第22个"全民国防教育日"活动，通过打造"1+X"品牌(全民国防教育一阵地，党旗下重温入党誓词、瞻仰照片追忆革命先烈、聆听国防教育形势政策报告会、宣讲会、观看主题电影等多种形式)，深化主题教育感召力。各乡镇、各部门(单位)结合实际开展国防教育"七进"各类主题活动500余场次。常态化开设"全民国防教育"专栏，发布相关稿件200余篇。组织各级党组织观看《决胜时刻》《最可爱的人》等红色主旋律影片和军旅题材影片50场次，推动全民国防教育成为广大干部群众的"抢修课"。

【社会主义核心价值观建设】 2022年，沙坡头区委宣传部贯彻落实《新时代公民道德建设实施纲要》《新时代爱国主义教育实施纲要》，结合创建全国文明城市，广泛设置社会主义核心价值观景观小品 200 余个,利用阅报栏、文化长廊等阵地广泛开展社会主义核心价值观、中国特色社会主义和中国梦宣传教育等活动 500 余场次,打造两个乡村"复兴少年宫"试点学校。

【先进典型选树】 2022 年,沙坡头区委宣传部坚持常态化开展"我推荐、我评议身边好人"、宁夏好人等各级各类先进典型的选树宣传活动。推荐上报"我推荐、我评议身边好人"、"宁夏好人"、自治区"新时代好少年"候选人 28 人,其中 1 人荣登"中国好人榜",3 人入列"中国好人榜"宁夏拟推荐候选人公示名单、2 人被评为 2022 年第三季度"宁夏好人"、1 人被评为自治区"新时代好少年"。持续开展"记录最美榜样 讴歌时代先锋——最美沙坡头区人"系列宣传 70 期、"劳动者之歌——致敬平凡的劳动者"系列宣传 8 期,以道德榜样释放乡风文明正能量。

【文明村镇(单位)创建】 2022 年,文昌镇东关村、滨河镇长安社区、中卫市第二小学等 7 个村镇、单位、校园被评为自治区文明村镇、文明单位、文明校园,1 个社区被评为自治区学雷锋志愿服务"四个十佳"先进典型志愿服务社区,55 个村(社区)开展农村精神文明建设"百乡千村万户"行动,组织文昌镇雍楼村等 6 个全国文明村镇开展"城乡文明创建巡礼"主题宣传活动,指导文昌镇黄湾村等 6 个自治区级文明村镇、单位做好到届复验工作。截至 2022 年度,指导创建各级文明村镇 102 个、文明单位 50 个、文明校园 25 所,文明校园文明家庭 45 户。

【创建第七届全国文明城市】 2022 年,沙坡头区成立由区委书记、区长任双总指挥的创城工作指挥部,制定印发《沙坡头区创建第七届全国文明城市 2022 年工作要点》,全力推进全国文明城市创建工作,把目标任务明确到岗、细化到人、指导到点。建立督导、督办、纠治三项机制,选优抽调 6 名处级、科级干部充实督导工作,积极发挥人大、政协、纪委监委、"两办"督查室及新闻媒体等各方监督作用,定期督查各点位创建工作落实情况。组织调研督导 10 余次,组织业务培训 1 次,制发工作提示单 17 个、督办通知单 25 个,紧盯督办整改突出问题 2560 余件。聚焦问题短板,全力破解创建难题。厘清城市基础设施"病历"清单,整合资金 7200 余万元,实施"6+2"城市基础设施改造提升项目,改造维修城区主次干道及商业街区人行道 13 条 8 万余平方米。开工建设滨河镇全民健身步道、长安社区多功能运动场、10 座公厕,加快推进金河一期、新花园两个老旧小区改造提升项目进度,全民健身中心、应理湖基础设施改造和鼓楼周边历史文化街区仿古建筑维修改造项目基本完工。投资 1000 余万元,新增环卫作业车辆 40 辆,打造"智慧环卫"云平台。扎实开展市容市貌集中整治和"飞线充电"行动,设置便民摊点 1000 余个,增设施划免费停车位 1000 余个,清除"牛皮癣"4000 余处,新增配建充电端口 454 个。强化宣传引导,大力营造创建氛围。坚持全域创建、全民创建,在 33 个社区设置文明出行劝导岗,全面掀起全民创建热潮。先后投入创城宣传经费 20 余万元,增设、修补公益广告牌、精神文明宣传栏 260 余处,制作志愿者"红马甲"1300 件,发放创城宣传品 5 万余件、调查问卷 7.8 万余份,做到户外宣传和入户宣传共同发力、同频共振。依托区、乡、村三级 210 个新时代文明实践中心(所、站),开展政策理论宣讲、文化惠民演出等各类活动 2800 余场次,惠及群众 30 余万人;启动"塞上之光"宣讲活动,持续打响"山里红""赶集行动"等志愿服务品牌,不断提升全民道德水平和文明素养。优化物管服务,着力提升创建基础。建立守信联合激励、失信联合惩戒和"红黑名单"奖惩机制，深入推进居民自治组织建设，共成立业委会小区178个，覆盖率52.98%。建立物业管委会代管机制，实现居民共建共治共享。健全完善物业领域矛盾纠纷调处机制，充分发挥"社区吹哨、部门报到"基层治理机制作用，物业纠纷调解委员会成功调解诉前案件340余起，当场履行232起，金额达62万元。注重德育实践，抓好未成年人思想道德建设。开展"扣好人生第一粒扣子""小手拉大手、共建文明城"等主题教育实践活动150余场次，组织集中入团、入队仪式40余场次，1人被评为2022年度宁夏"新时代好少年"，选拔320名沙坡头区级"五育之星"。以"德育品牌建设年"为抓手，深入开展培育和践行社会主义核心价值观进教材、进课堂、进头脑活动，征集习近平新时代中国特色社会主义思想"三进"精品课例、中小学思政课教学案例及实录560节，开展共青团、少先队各类活动48场次，打造"乡村复兴少年宫"3个、建立社区"青年之家""心理健康辅导站"33个，开展弘扬雷锋精神、爱国主义教育及法治教育宣传等活动100余场次，有效推进未成年人思想道德建设工作开创新局面。

【移风易俗】 2022年，沙坡头区委宣传部制定印发《关于进一步推进移风易俗突出问题专项治理工作方案》，召开沙坡头区移风易俗工作业务知识培训会、移风易俗宣传浸润行动安排部署会、移风易俗工作推进会，指导辖区村（社区）结合各自实际，规范红白事办理的具体规定和流程，重新修订具有约束效应的村规民约（居民公约），明确操办婚丧喜庆事宜的"红线""底线"，结合移风易俗宣传浸润专项行动、农村移风易俗宣传月活动，制作《推动移风易俗 倡树文明新风》音频、短视频、公益广告15个，印制发放移风易俗倡议书12000余份。围绕"拒绝高额彩礼 推进移风易俗"主题，结合文化科技卫生"三下乡"等活动，组织编排《老杠头的幸福生活》等移风易俗文艺节目17个，充分利用新时代文明实践广场等阵地，依托"塞上巾帼宣讲队"，开展"拒绝高额彩礼 推进移风易俗"志愿服务活动30余场次，移风易俗宣讲宣传100余场次，引导群众婚事新办、丧事简办、厚养薄葬。

【扫黄打非】 2022年，沙坡头区组织召开"扫黄打非"工作领导小组会、推进会两次，制订印发"扫黄打非"行动方案，安排部署2022年全年"扫黄打非"工作任务。持续做好文化市场执法检查，全年共开展11次专项检查行动，共出动执法人员70余人次，检查点位200余个，督促整改各项问题60余个，有效净化文化市场环境和网络环境。为进一步落实"扫黄打非"基层站点建设要求，推动基层"扫黄打非"工作与相关平台有效融合，积极打造滨河镇槐树北巷社区"扫黄打非"基层示范站点，荣获第六批全国"扫黄打非"进基层示范点荣誉称号。着眼保护未成年人健康成长，结合"扫黄打非"工作，策划组织开展"绿书签行动"、版权宣传活动周等主题活动，发放宣传品3000余份，大力倡导青少年绿色阅读、文明上网。制订沙坡头区"全民阅读"活动全年工作计划，并印发工作方案，组织开展农家书屋百姓线上点单选书活动。加强对内部资料性出版物准印证和出版物经营许可证的审批管理，共办理内部资料性出版物准印证71件、出版物经营许可证8件。

统战工作

【概　况】 沙坡头区委统战部是区委主管统一战线工作的工作机构。全区有3个民主党派组织，民革沙坡头区工委、民盟沙坡头区委会、民进中卫总支，共有在册会员337人，下设19个支部。

【民族工作】 2022年,沙坡头区制定《关于贯彻落实〈以铸牢中华民族共同体意识为主线推进新时代党的民族工作高质量发展的意见〉的实施方案》及建设铸牢中华民族共同体意识示范区配套文件5个,抓纲举目,突出重点,坚持以自治区"5585"创建模式为牵引,深化"育苗建设93596"和"红石榴铸魂圆梦63688"工程,探索制定乡镇、农村创建标准,为全区各级党政机关、企事业单位、学校、乡镇、村、社区、企业投身示范区建设工作提供"指导手册",全面铺开示范区创建工作。积极争取财政资金91万余元,探索建立常乐镇等3个铸牢中华民族共同体意识教育、学习、实践基地,推动建设"黄河岸边石榴红"等一批体现中华民族共同体意识、具有中华文化特征、彰显中华民族文化视觉形象的有形阵地,重点打造"杞香花开籽同心""梦之巢"等20个铸牢中华民族共同体意识特色品牌。持续推进铸牢中华民族共同体意识"八进"活动,以乡村、机关、社区、企业、学校为主阵地,大力实施民族团结进步创建"五大工程"。坚持把民族团结进步创建工作与文明城市、全域旅游、平安建设有机融合、一体推进,夯实民族团结进步的社会基础。结合开展"大学习、大讨论、大宣传、大实践"活动,举办民族政策理论培训班1期150余人次,在村(社区)干部、入党积极分子等培训班进行铸牢中华民族共同体意识专题辅导。以"民族团结进步月"活动为载体,面向各族群众开展征文比赛、演讲比赛、手工作品才艺比赛等铸牢中华民族共同体意识系列主题活动,参与人数56万余人次。以"献礼党的二十大 沙漠水城一家亲"为主题的文艺晚会,主题氛围浓厚,群众反响热烈。争取少数民族发展项目资金503万元,支持民族品牌企业贴息贷款资金79.87万元,汇聚起各族群众脱贫攻坚、全面建成小康社会的强大合力。"沙漠水城共圆梦——文旅融合促进各民族交往交流交融项目"获国家民委"三项计划"试点示范项目,获得国家奖补资金30万元。成功创建全国民族团结进步示范单位两个、自治区民族团结进步示范单位5个、市级铸牢中华民族共同体意识示范单位20个,为中卫市加快建设铸牢中华民族共同体意识示范市作出重大贡献。

机构编制

【新增机构】 2022年,沙坡头区设立中卫市市场监督管理局沙坡头区分局,下设7个市场监督管理所。分局的设立完善了市、区、乡三级市场监管体系,建立起"市区一体管理、大队专业执法、基层所综合监管"的基层市场监管运行模式,为构建上下贯通、条块结合、闭环管理、监管有力的市场监管体系奠定坚实基础。组建沙坡头区应急管理综合行政执法大队,实行"局队合一"管理体制。同时与乡镇综合执法办公室(应急管理办公室)相互联动,统一承担辖区内应急管理综合行政执法工作,着力构建起职责明晰、系统集成、协同高效的应急管理综合行政执法体系。组建沙坡头区国防动员办公室,将办公室设在沙坡头区发展和改革局,深化国防动员体制机制改革。设立沙坡头区疾病预防控制中心,健全完善基层疾病预防控制体系。将沙坡头区总工会、共青团沙坡头区委、沙坡头区妇女联合会纳入机构编制管理,健全群团组织。设立中卫市沙坡头区文昌、滨河社区卫生服务中心,补齐基层公共卫生服务短板。

【调整机构设置】 2022年,沙坡头区在农业技术推广服务中心增挂"沙坡头区农机安全监理站"牌子,规范合法行使农业机械登记备案、牌证合法、安全检验和驾驶操作证审验等职责。将沙坡头区住房城乡建设和交通局所属事业单位沙坡头区村镇建设服务中心更名为沙坡头区城乡建设和物业服务中心,增加物业监管相关职能职责,为沙坡头区物业规范管理、矛盾纠纷协调处理、基层社会治理提供体制机制保障。

【职能调整】 2022年,沙坡头区将党史研究相关工作明确到沙坡头区委办公室(挂沙坡头区档案局牌子)承担,进一步发挥党史的教育功能和历史借鉴作用。明确各单位对相关领域校外培训机构的监管职责,沙坡头区教育局负责中小学学科类培训机构的管理,沙坡头区旅游和文化体育广电局负责文化艺术类和体育培训类培训机构的管理,沙坡头区科学技术局负责科普知识培训机构的管理,各行业主管部门积极落实行业监管责任;沙坡头区民政和社会保障局负责做好社会组织管理工作。在中卫市妇幼保健院加挂沙坡头区妇幼保健院牌子,由中卫市妇幼保健院履行相关职能。将沙坡头区委外事工作委员会办公室,由设在沙坡头区政府办公室调整为设在沙坡头区委办公室,沙坡头区人民政府外事办公室与沙坡头区委外事工作委员会办公室合署办公,实行一套工作机构、两个机关名称。进一步加强党对外事工作的集中统一领导。厘清执法部门职责边界。按照"专业的事由专业部门统筹指挥,专业的执法事项由专业执法机构负责"的原则,将沙坡头区综合执法局承担的市公安局1项、市生态环境局2项、市自然资源局13项、市交通运输局10项共26项执法事项交回原单位承担,压实了行业部门监管责任,规范行政执法范围,强化城市管理职能。厘清建设工程消防设计审核及验收职责边界。明确沙坡头区住房城乡建设和交通局负责沙坡头区发展和改革局核准项目建设工程、城市建成区以外(不含工业园区)建设工程消防设计审核及验收,理顺与市住建局职责关系。

政策研究

【全面深化改革】 2022年,区委改革办充分发挥统筹各方、协调联动作用,健全完善改革协同推进责任体系,筹备召开区委深改委会议、用水权、土地权推进会等5次,精心制定2022年全面深化改革工作要点、区直部门重点改革任务清单《关于贯彻落实自治区第十三次党代会精神继续推进全面深化改革的意见的落实方案》等改革文件,明确重点改革任务87项,谋划自主创新改革任务14项,细化分解改革事项350项(含"六权"改革事项57项),指导部门制定《沙坡头区农业水价综合改革精准补贴及节水奖励办法(试行)》等改革文件60余个,改革"最先一公里"的谋划能力和"中间一公里"的统筹能力不断增强。强化改革督查和跟踪问效,建立重点任务落实台账,实行"项目化、清单化"和月度提醒制度,聚焦"六权"改革和重点领域改革调研督查9次,下发改革通报、工作提示单6期,牵头组织"六权"改革主责单位赴青铜峡、平罗等地观摩学习典型经验,协调解决改革突出问题30余件,全力打通重点改革任务落地"最后一公里"。坚持典型引领、示范先行,创新实施改革"四比四看"活动,不断深化改革典型经验挖掘整理,编发《沙坡头区全面深化改革信息》27期,挖掘整理改革经验典型案例110余篇,其中《沙坡头区:砥砺奋进新时代 聚力"六权"谱新篇》等60余篇改革动态先后在人民日报、经济日报等中央、自治区级主流媒体刊登,在宁夏日报刊登"六权"改革专版,《宁夏中卫市沙坡头区以创建全域旅游示范区为契机推动全域旅游高质量发展》入选《中国改革年鉴——地方全面深化改革典型案例卷二》,自治区深化土地权改革培训班、"互联网＋教育"示范区建设成果现场观摩会等在沙坡头区举办,苹果防霜冻纳入农业生产社会化服务典型经验在中国农业生产托管万里行走进宁夏高峰论坛现场推介,"五制八统一"社会化托管服务模式入选全国农业社会化服务典型,全国农业社会化服务创新试点县等7项国字号、宁字号改革试点成效显著,全面深化改革的知晓度和影响力不断提升。

【调查研究】 2022年,区委政研室以开展党的二十大精神和习近平总书记视察宁夏重要讲话和重要指示批示精神"大学习、大讨论、大宣传、大实践"活动为抓手,结合"抓产业、办实事、强治理、转作风"三年专项行动,聚焦产业转型、乡村振兴、农业农村发展等重点领域,制定了区级领导和各乡镇、各部门(单位)调研课题清单,紧盯产业发展、全面深化改革等重点工作,深入开展调查研究,形成《沙坡头区应对9·20中宁突查疫情工作存在的问题及对策建议》《推动土地权改革赋能乡村振兴的调查与思考》等调研报告6篇,积极配合自治区党委、市委政研室做好公立医院改革、草原补偿等调研工作,编辑印发《调查与思考》和《政研信息》共3期。

【以文辅政】 2022年,区委政研室紧盯区委重大会议安排,高质高效完成区委二届二次全会、二届四次全会工作报告等重要文稿起草任务。聚焦区委重点工作和重大决策部署落地落实,精心起草2022年、2023年区委工作要点、《关于广泛开展党的二十大精神和习近平总书记视察宁夏重要讲话和重要指示批示精神"大学习、大讨论、大宣传、大实践"活动的实施方案》、区委书记专访等综合性文稿20余篇,撰写《抢抓机遇担使命 乘势扬帆再起航 奋力奏响沙坡头区高质量发展最强音》等理论文章两篇,并在《宁夏工作研究》刊登。

【党史研究】 2022年,区委政研室严格按照自治区、市党史研究室有关要求,圆满完成《宁夏脱贫攻坚口述实录》《中卫市脱贫攻坚口述实录》中涉及沙坡头区重大决策、重要成就、重大事件和重要人物典型事迹撰写上报工作,先后上报典型人物10名、先进集体4个。

网络安全和信息化管理

【概 况】 沙坡头区委网信办下设事业单位沙坡头区网络安全应急与监控举报中心,共核定编制8名,行政编制5名,事业编制3名。主要承担网络宣传、依法管网治网、网络安全保障等工作。2022年,先后有效应对涉压砂地退出、生态环保等民生领域的舆情,为沙坡头区统筹经济社会发展提供了良好网上舆论氛围、可靠的网络安全保障。

【网络宣传】 2022年,沙坡头区委网信办持续做好习近平总书记重要活动重要讲话精神和党的二十大、自治区第十三次党代会精神的网上宣传,统筹属地政务网站、新媒体平台转载推送各类稿件、视频80余篇,阅读量达36万人次。围绕"端午""国庆"等重要节日,综合运用网站、"两微一端"等宣传渠道,积极创作推出图文、视频等网络作品500余个。严格落实《关于加强网络文明建设的意见》,督促各责任单位主动认领任务,统筹抓好网络文明建设各项工作。结合文明城市创建,制作推送"创文创卫""防骗反诈"等网宣作品30余个。

【网络安全保障】 2022年,沙坡头区制定印发《全国两会期间网络安全保障工作方案》《关于全力做好党的二十大网络安全保障暨应急处置工作方案》等文件,进一步压实了网络安全责任,有效保障会议期间不发生网络安全事件。举办了"网络安全为人民,网络安全靠人民"网络安全宣传周活动,通过开展线上知识竞赛,组织相关部门相继开展校园日、电信日、法治日、个人信息保护日等系列主题活动。对4个乡镇及9个重点部门网络安全工作进行督查,发现责任落实不到位、制度不健全、防护措施不够等问题15个,及时反馈并督促整改。

【网络综合治理】 2022年,沙坡头区委网信办对政务及自媒体账号进行详细摸底,排查政务网站4个,公众号31个,微博28个,微信群770余个,梳理5000以上粉丝量自媒体短视频账号133个,为下一步网络综合治理工作奠定了基础。召开网络主播座谈会两期,邀请粉丝量多、影响力较大的自媒体平台50余个,就助力经济发展、自媒体运营存在的问题及未来发展方向等进行座谈。扎实开展"清朗""净网""扫黄打非"等专项行动,排查涉黄涉赌等不良网站21个,封禁15个;约谈违规主播9人次,封禁短视频账号5个,提请公安机关行政处罚1起;排查整改政治类错误信息3条,并约谈相关责任人。

【队伍建设】 2022年,沙坡头区委网信办举办为期3天的网络意识形态工作专题培训班,邀请区委党校专业老师及网信系统业务骨干,围绕网络舆论引导处置、网络意识形态及阵地管理、网络安全应急处置等内容进行授课,120余名乡镇、部门分管领导、业务干部参训。将自媒体行业发展提上议事日程,与区委组织部、区委宣传部、区文旅广电局等部门多次召开联席会议,通过争取经费、建立阵地、成立组织、健全制度、出台激励政策等系列保障措施,为自媒体平台搭建平台,激发自媒体平台内生动力。

沙坡头区人民代表大会

综 述

【概　况】 2022年,沙坡头区人大常委会共筹备召开人民代表大会两次,常委会会议7次,主任会议13次,听取和审议"一府两院"工作报告44项,开展视察、执法检查、专题调研6次,依法作出重大事项决议决定10项,督办代表意见建议23件、民生实事10件。

【代表人数】 2022年,文昌镇中央、自治区、市属机关企事业单位东选区选出的刘晓忠,文昌镇中卫市工业园区选区选出的朱斌,滨河镇槐树北巷社区选区选出的景慧,常乐镇大路街村选区选出的吴佳伟4名区二届人大代表因工作变动调离沙坡头区,根据代表法第四十九条的规定,刘晓忠、朱斌、景慧、吴佳伟的代表资格自行终止。永康镇艾湾村选区选出的孙家骥,文昌镇机关、辖区学校、派出所、雍楼村选区选出的宋学强,迎水桥镇杨渠村选区选出的潘长涛3名区二届人大代表因工作调动,提出辞去区二届人大代表职务,区二届人大常委会第八次会议决定接受他们的辞职,根据代表法第四十九条的规定,孙家骥、宋学强、潘长涛的代表资格终止。根据选举法第五十六的规定,潘长涛担任的区人大常委会委员职务同时终止;宣和镇何营村选区选出的张志斌,香山乡红圈、新水村选区选出的王雪杉,香山乡三眼井、深井村选区选出的杜新宏3名区二届人大代表因工作调整,提出辞去区二届人大代表职务,区二届人大常委会第四次和第八次会议分别决定接受他们的辞职,根据代表法第四十九条的规定,张志斌、王雪杉、杜新宏的代表资格终止。根据选举法第五十六条的规定,张志斌、王雪杉、杜新宏担任的区人大常委会委员职务同时终止。香山乡梁水、黄泉村选区选出的区二届人大代表张学统,因个人原因提出辞去区二届人大代表职务,区二届人大常委会第四次会议决定接受张学统的辞职,根据代表法第四十九条规定,张学统的代表资格终止。宣和镇曹山村、曹山小学、敬农村选区选出的黄科因病去世,根据代表法第四十九条规定,黄科的代表资格自然终止。截至12月31日,沙坡头区第二届人民代表大会实有代表211名,出缺12名。

【决定重大事项】 2022年,区人大常委会依法作出重大决议决定10项:沙坡头区人民代表大会常务委员会关于接受宗立冬辞去沙坡头区区长职务请求的决定；沙坡头区人民代表大会常务委员会关于丁志军为中卫市沙坡头区代理区长的决定；沙坡头区人民代表大会常务委员会关于接受郭爱迪等12人辞去沙坡头区第二届人民代表大会代表职务请求的决定；沙坡头区人民代表大会常务委员会关于召开沙坡头区第二届人民代表大会第二次会议的决定；沙坡头区人民代表大会常务委员会关于接受任自勇等2人辞去中卫市第五届人民代表大会代表职务请求的决定；中卫市沙坡头区人民代表大会常务委员会关于接受孙家骥等4人辞去沙坡头区第二届人民代表大会代表职务请求的决定；关于接受房守忠辞去中卫市第五届人民代表大会代表职务请求的决定；沙坡头区人民代表大会常务委员会关于批准2021年财政决算的决议；沙坡头区人民代表大会常务委员会关于批准调整2022年沙坡头区财政预算的决议；沙坡头区人民代表大会常务委员会关于召开沙坡头区第二届人民代表大会第三次会议的决定。

【人事任免】 2022年，区人大常委会先后依法任免国家机关工作人员65人次，接受辞去沙坡头区区长职务1人次、区人大常委会委员职务9人次、市五届人大代表职务3人次、区二届人大代表职务16人次；决定任命代理区长1人次；依法补选沙坡头区区长1人次、区人大常委会委员7人次、市五届人大代表8人次、区二届人大代表12人次。

【视察检查调研】 2022年，区人大常委会共组织开展视察、检查、调研活动6次，分别为：关于沙坡头区2021年度环境状况和环境保护目标任务完成情况的视察；关于沙坡头区居民小区物业管理工作情况的调研；关于沙坡头区养老服务体系建设情况的调研；关于沙坡头区美丽乡村建设行动实施情况的视察；关于沙坡头区贯彻实施《宁夏回族自治区促进民族团结进步工作条例》情况的执法检查；关于沙坡头区创建"全国综合减灾示范区"工作情况的调研。

【代表工作】 2022年，区人大常委会划拨经费31万元，指导各乡镇按照标准建设人大代表之家11个，高标准打造人大代表工作室20个，重点打造代表工作示范点5个，创新建设"芳姐"个人代表工作室，为代表履职搭建优质平台。加强代表工作微平台建设，通过微信平台征集人大代表意见建议23条，发布沙坡头区工作动态信息105条。深化代表小组活动制度，将辖区内自治区、中卫市、沙坡头区和乡镇四级人大代表混编为105个代表小组，统一规范代表活动室制度17项，开展代表小组活动94场次，形成以代表小组开展活动机制。共收集自治区、中卫市及沙坡头区人代会代表建议66条，办理39条，其中关于提请自治区制定防范和处置非法集资条例的建议被采纳并立法。共组织开展"两代表一委员"联合接待日活动43场次，收集意见建议215条，现场答复102条，已办理85条，正在办理28条；开展集中走访联系代表活动11场次，邀请57名基层人大代表列席人大常委会会议、29名人大代表参加"三查（察）"活动，为32名常委会组成人员制作了联系人大代表信息卡，联系代表便利化、常态化，激发委员和代表履职热情，发挥代表"桥梁纽带"作用。指导11个人大代表之家和105个代表活动小组根据辖区实际和工作需要，围绕乡镇中心工作、群众急难愁盼问题等方面确定学习和活动主题50多个。评选先进代表活动小组12个、优秀人大代表24名、提出高质量意见建议的人大代表11名。组织人大代表、乡镇人大主席和人大工作者共计50余人赴吴忠市等地参加代表履职及乡村振兴观摩学习培训，提升代表履职能力和水平。为代表发放交通通信补贴23.36万元，订阅《中国人大》杂志383本,赠送新修订的《组织法》248本、《人大代表履职教程》230本;为无固定收入的代表发放务工补贴1.23万元,及时向代表提供区人大常委会公报,为代表充分履职创造良好条件。

重要会议

【沙坡头区第二届人民代表大会第二次会议】 2022年5月24—25日,沙坡头区第二届人民代表大会第二次会议在中卫宸宇红宝宾馆召开,大会实出席代表196人,会期两天。会议依法补选丁志军为沙坡头区区长,马彦荣、王毅、刘辉、刘文祥、罗华盛、崔小凤、魏建明为沙坡头区第二届人民代表大会常务委员会委员。

【沙坡头区第二届人民代表大会第三次会议】 2022年12月21—23日,沙坡头区第二届人民代表大会第三次会议在中卫宸宇红宝宾馆召开,大会实出席代表146人,会期3天。会议听取和审议《沙坡头区人民政府工作报告》;审查和批准《沙坡头区2022年国民经济和社会发展计划执行情况与2023年国民经济和社会发展计划草案的报告》,批准《沙坡头区2023年国民经济和社会发展计划》;审查和批准《沙坡头区2022年预算执行情况和2023年预算草案的报告》,批准沙坡头区2023年预算;听取和审议《沙坡头区人大常委会工作报告》《沙坡头区人民法院工作报告》《沙坡头区人民检察院工作报告》。

【区二届人大常委会第三次会议】 2022年2月24日,沙坡头区第二届人大常委会第三次会议在区行政中心六楼东会议室召开。区人大常委会主任张冠华,副主任赵艳忠、马晓东、韩进军及委员共30人出席会议。张冠华主持会议。会上学习《中华人民共和国全国人民代表大会和地方各级人民代表大会代表法》、自治区两会及中卫市两会精神,听取和审议区人民政府关于沙坡头区2021年环境状况和环境保护目标任务完成情况、2020年度沙坡头区本级预算执行和其他财政收支审计查出问题整改情况、人大常委会审议政府专项工作报告和常委会调研报告提出意见建议办理情况的报告,听取和审议区人大常委会视察组《关于沙坡头区2021年环境状况和环境保护目标任务完成情况的视察报告》,依法任免15名国家机关工作人员。

【区二届人大常委会第四次会议】 2022年3月24日,沙坡头区第二届人大常委会第四次会议在区行政中心六楼东会议室召开。区人大常委会主任张冠华,副主任赵艳忠、马晓东、韩进军及委员共25人出席会议。张冠华主持会议。会上学习《中华人民共和国全国人民代表大会和地方各级人民代表大会选举法》《中华人民共和国地方各级人民代表大会和地方各级人民政府组织法》、关于《中华人民共和国地方各级人民代表大会和地方各级人民政府组织法(修正草案)》的说明、习近平总书记在中央人大工作会议上的重要讲话和全国两会精神,听取区政府组成部门2022年工作思路谋划情况及推进措施情况报告,审议了区人民政府关于提请丁志军任沙坡头区副区长的议案、宗立冬辞去沙坡头区区长的辞职案及区人大常委会主任会议关于提请丁志军代理中卫市沙坡头区区长职务的议案,听取区人民法院关于区人大常委会调研一站式多元解纷机制及一站式诉讼服务中心建设工作情况提出意见建议研究办理情况的报告、区人民检察院关于区人大常委会调研未成年人综合保护"中心+平台"工作开展情况提出意见建议研究办理情况的报告,审议《中卫市沙坡头区人大常委会2022年工作要点》《中卫市沙坡头区人大常委会2022年监督工作计划》《中卫市沙坡头区人大常委会2022年代表工作计划》《中卫市沙坡头区人大常委会2022年法律学习工作计划》，审议郭爱迪、汪文奎、景兆栋、徐斌、卢珊、张雁、王正山、段立武、张志斌、王雪杉、徐宏亮、张学统辞去人大代表的辞职案。

【区二届人大常委会第五次会议】 2022年5月18日，中卫市沙坡头区第二届人大常委会第五次会议在区行政中心六楼东会议室召开。区人大常委会主任张冠华，副主任赵艳忠、马晓东、韩进军及委员共24人（1人请假）出席会议。张冠华主持会议。会上学习《中华人民共和国立法法》《信访工作条例》，听取和审议区人民政府关于沙坡头区居民小区物业管理工作情况报告、百万移民致富提升行动实施情况报告、政府债务风险防范和管理情况报告、区人大常委会调研组关于沙坡头区居民小区物业管理工作情况报告及区人大常委会代表资格审查委员会关于补选代表的资格审查报告，评议了区旅游和文体广电局工作，审议区人大常委会主任会议关于提请李鹏任沙坡头区第二届人大常委会代表资格审查委员会委员的议案、区人民政府关于提请免去李天军区卫生健康局局长职务及黄宗玺任区卫生健康局局长的议案，审议中卫市沙坡头区第二届人民代表大会第二次会议方案、会议议程草案、会议日程草案、各项名单草案、选举办法草案、召开会议的决定草案及会议有关草案。

【区二届人大常委会第六次会议】 2022年6月29日，沙坡头区第二届人大常委会第六次会议在区行政中心六楼东会议室召开。区人大常委会主任张冠华，副主任赵艳忠、马晓东、韩进军、武建国及委员共25人（7人请假）出席会议。张冠华主持会议。会上学习《中华人民共和国乡村振兴促进法》，听取区人民政府关于沙坡头区养老服务体系建设情况的报告、关于区人大常委会调研沙坡头区企业国有资产管理情况提出意见建议研究办理情况的报告，听取区人大常委会调研组关于沙坡头区养老服务体系建设情况的调研报告，听取和审议区监察委员会关于开展廉政教育工作情况的专项报告、区人民法院关于刑事审判工作的专项报告、区人民检察院关于刑事检察工作的专项报告，审议区人民检察院关于提请任命张庚、郭瑶为沙坡头区人民检察院检察委员会委员，葛红艳、潘鹏、马静洁、梁金凤、王荣为沙坡头区人民检察院检察员的议案，审议房守忠辞去中卫市第五届人民代表大会代表职务的议案，听取区政府组成部门2022年上半年工作推进情况报告并进行满意度测评，评议区综合执法局工作。

【区二届人大常委会第七次会议】 2022年8月25日，沙坡头区第二届人大常委会第七次会议在区行政中心六楼东会议室召开。区人大常委会主任张冠华，副主任马晓东、韩进军、武建国及委员共24人（8人请假）出席会议。张冠华主持会议。会上学习《中华人民共和国审计法》，听取区人民政府关于沙坡头区美丽乡村建设行动实施情况的报告、沙坡头区贯彻实施《宁夏回族自治区促进民族团结进步工作条例》情况的报告、区人大常委会视察沙坡头区2021年民生实事推进和区一届人大八次会议代表建议办理情况提出意见建议研究办理情况的报告、区人大常委会视察沙坡头区2021年环境状况和环境保护目标任务完成情况提出意见建议研究办理情况的报告及沙坡头区推进"基层综合执法改革"工作情况的专项报告；听取区人大常委会视察组关于沙坡头区美丽乡村建设行动实施情况的视察报告、区人大常委会检查组关于沙坡头区贯彻实施《宁夏回族自治区促进民族团结进步工作条例》情况的检查报告；听取和审议区人民政府关于《沙坡头区2022年上半年国民经济和社会发展计划执行情况的报告》《关于2021年沙坡头区决算(草案)和2022年上半年预算执行情况的报告》及《关于2021年度预算执行和其他财政收支情况的审计报告》；听取和审议区人大常委会财政经济工作委员会《关于沙坡头区2021年财政决算草案审查结果的报告》，批准2021年沙坡头区决算；听取区人民法院和区人民检察院2022年上半年工作情况的报告；评议区卫健局工作；审议通过关于修订中卫市沙坡头区人大常委会议事规则、组成人员守则的决定(草案)。

【区二届人大常委会第八次会议】 2022年12月8日，沙坡头区第二届人大常委会第八次会议在区行政中心六楼东会议室召开。区人大常委会主任张冠华，副主任赵艳忠、马晓东及委员共26人（6人请假）出席会议。张冠华主持会议。会上学习《中华人民共和国宪法》、党的二十大精神，听取区人民政府《关于沙坡头区创建"全国综合减灾示范区"工作情况的报告》和《2021年度国有资产管理情况的综合报告》、区人大常委会调研组《关于沙坡头区创建"全国综合减灾示范区"工作情况的调研报告》、区人大常委会《2022年规范性文件备案审查工作情况的报告》；听取和审议区人民政府《关于沙坡头区2021年度行政事业单位国有资产管理情况的报告》和《2022年沙坡头区财政预算调整方案的议案》、区人大常委会财政经济工作委员会《关于2022年沙坡头区财政预算调整方案的审查报告》，批准2022年财政预算调整方案；听取区人民政府《关于区人大常委会调研沙坡头区居民小区物业管理工作情况提出意见建议研究办理情况的报告》、区监察委员会《关于区人大常委会审议区监察委员会开展廉政教育工作情况报告审议意见》落实情况的报告及区旅游和文体广电局、综合执法局落实区人大常委会工作评议整改情况的报告，并进行了满意度测评；评议区住建和交通局工作；审议任自勇、马立芹辞去中卫市第五届人民代表大会代表的辞职案和孙家骥、宋学强、杜新宏、潘长涛辞去沙坡头区第二届人民代表大会代表的辞职案；审议张福平、武勇、吴晓利、陈敏、王萍的免职案，依法任命徐郑应为沙坡头区副区长，何佳凤为沙坡头区统计局局长，吴晓利为沙坡头区人民法院副院长、审判委员会委员；补选康俊杰、李晓军、靳军、严静、丁志军、陈义俊、王璞、闻佳8同志为中卫市第五届人民代表大会代表。

【区二届人大常委会第九次会议】 2022年12月19日，沙坡头区第二届人大常委会第九次会议在区行政中心六楼东会议室召开。区人大常委会主任张冠华，副主任赵艳忠、马晓东、韩进军、武建国及委员共25人（5人请假）出席会议。张冠华主持会议。会上学习《中华人民共和国环境保护法》，听取区人民政府《关于2022年沙坡头区重点项目建设情况的报告》《2022年环境状况和环境保护目标任务完成情况的报告》、贯彻实施《宁夏回族自治区建设黄河流域生态保护和高质量发展先行区促进条例》情况的报告；听取和审议区人民政府《关于2021年度沙坡头区本级预算执行和其他财政收支审计查出问题整改落实情况的报告》《2022年民生实事推进情况的报告》《区二届人大一次会议代表建议办理情况的报告》并进行满意度测评；听取区人民政府《关于区人大常委会调研沙坡头区养老服务体系建设情况提出意见建议研究办理情况的报告》、区人民法院《关于区人大常委会审议区人民法院刑事审判工作专项报告审议意见落实情况报告》、区人民检察院《关于区人大常委会审议区人民检察院刑事检察工作专项报告审议意见落实情况报告》、区政府组成部门2022年度工作目标任务完成情况的报告,并进行了满意度测评;审议区人大常委会代表资格审查委员会关于沙坡头区第二届人民代表大会代表变动情况的报告、中卫市沙坡头区第二届人民代表大会第三次会议方案、会议议程草案、会议日程草案、各项名单草案、会议有关草案、中卫市沙坡头区人大常委会工作报告(稿)及区人大常委会《关于召开中卫市沙坡头区第二届人民代表大会第三次会议的决定(草案)》。

【宪法宣誓】 2022年2月24日,区二届人大常委会第三次会议任命的8名国家机关工作人员在沙坡头区行政中心六楼东会议室进行任职宪法宣誓。3月24日,区二届人大常委会第四次会议决定任命的1名代理区长在沙坡头区行政中心六楼东会议室进行任职宪法宣誓。5月18日,区二届人大常委会第五次会议决定任命的1名国家机关工作人员在沙坡头区行政中心六楼东会议室进行任职宪法宣誓。5月25日,区二届人大二次会议补选的1名沙坡头区区长和7名区人大常委会委员在中卫宸宇红宝宾馆东楼2号会议中心进行任职宪法宣誓。6月29日,区二届人大常委会第六次会议决定任命的7名区人民检察院检察委员会委员、检察员在沙坡头区人民检察院会议室进行任职宪法宣誓。12月8日,区二届人大常委会第八次会议决定任命的3名国家机关工作人员在沙坡头区行政中心六楼东会议室进行任职宪法宣誓。

【公 报】 2022年,共印发中卫市沙坡头区人民代表大会常务委员会公报7期。如下表:

沙坡头区人民代表大会常务委员会发布公报一览表

序 号	发布机构	发布时间	内　容
〔二届〕1号	沙坡头区人民代表大会常务委员会	3月24日	根据郭爱迪、汪文奎、景兆栋、徐斌、卢珊、张雁、王正山、段立武、张志斌、王雪杉、徐宏亮、张学统的请求,依照《中华人民共和国全国人民代表大会和地方各级人民代表大会选举法》第五十五条的有关规定,沙坡头区第二届人民代表大会常务委员会第四次会议决定:接受郭爱迪、汪文奎、景兆栋、徐斌、卢珊、张雁、王正山、段立武、张志斌、王雪杉、徐宏亮、张学统辞去沙坡头区第二届人民代表大会代表职务的请求。同时,根据《中华人民共和国全国人民代表大会和地方各级人民代表大会选举法》第五十六条的有关规定,卢珊、张雁、王正山、段立武、张志斌、王雪杉、徐宏亮7名同志的沙坡头区第二届人民代表大会常务委员会委员的职务相应终止。
〔二届〕2号	沙坡头区人民代表大会常务委员会	5月18日	中卫市沙坡头区第二届人民代表大会常务委员会第五次会议于2022年5月18日通过,任命:李鹏为沙坡头区第二届人大常委会代表资格审查委员会委员。
〔二届〕3号	沙坡头区人民代表大会常务委员会	5月18日	自治区人大常委会确定沙坡头区第二届人民代表大会代表名额223名,沙坡头区二届人大常委会第四次会议公告后,实有沙坡头区第二届人民代表大会代表208名,出缺15名。 2022年5月16日沙坡头区文昌镇中央、自治区、市属机关企事业单位东选区,文昌镇沙坡头区属机关企事业单位东选区,文昌镇机关、辖区学校、派出所、雍楼村选区,文昌镇民族巷社区选区,东园镇冯桥、北湖村选区,柔远镇夹渠村选区,镇罗镇镇西村、镇罗村选区,宣和镇机关、驻建单位、林昌村、宣和村选区,永康镇沙滩村选区,常乐镇大路街村选区,常乐镇枣林村选区,驻地部队选区分别补选刘晓忠、丁志军、宋学强、刘文祥、王毅、崔小凤、朱政祖、祁洋、刘辉、吴佳伟、马彦荣、魏建明为沙坡头区第二届人民代表大会代表。沙坡头区二届人大常委会第五次会议审议同意代表资格审查委员会的审查报告,确认刘晓忠、丁志军、宋学强、刘文祥、王毅、崔小凤、朱政祖、祁洋、刘辉、吴佳伟、马彦荣、魏建明的代表资格有效。 截至目前,沙坡头区第二届人民代表大会代表实有220名,出缺3名。

续 表

序 号	发布机构	发布时间	内 容
〔二届〕4号	沙坡头区人民代表大会常务委员会	12月8日	中卫市沙坡头区第二届人民代表大会常务委员会第八次会议于2022年12月8日补选中卫市第五届人民代表大会代表8人,名单如下(按姓名笔画排列): 丁志军(回族)、王璞、李晓军、严静(女)、陈义俊、闻佳(女)、康俊杰、靳军。 以上代表,须报中卫市人民代表大会常务委员会代表资格审查委员会审查。
〔二届〕5号	沙坡头区人民代表大会常务委员会	12月19日	中卫市沙坡头区第二届人民代表大会代表总名额为223名,沙坡头区二届人大常委会第五次会议公告后,实有代表211名,出缺12名。 　　今年以来,文昌镇中央、自治区、市属机关企事业单位东选区选出的刘晓忠、文昌镇中卫市工业园区选区选出的朱斌、滨河镇槐树北巷社区选区选出的景慧、常乐镇大路街村选区选出的吴佳伟4名区二届人大代表因工作变动调离沙坡头区,根据代表法第四十九条的规定,刘晓忠、朱斌、景慧、吴佳伟的代表资格自行终止。 　　永康镇艾湾村选区选出的孙家骥、文昌镇机关、辖区学校、派出所、雍楼村选区选出的宋学强、迎水桥镇杨渠村选区选出的潘长涛3名区二届人大代表因工作调动,提出辞去区二届人大代表职务,区二届人大常委会第八次会议决定接受他们的辞职,根据代表法第四十九条的规定,孙家骥、宋学强、潘长涛的代表资格终止。根据选举法第五十六条的规定,潘长涛担任的区人大常委会委员职务同时终止。 　　宣和镇何营村选区选出的张志斌、香山乡红圈、新水村选区选出的王雪杉、香山乡三眼井、深井村选区选出的杜新宏3名区二届人大代表因工作调整,提出辞去区二届人大代表职务,区二届人大常委会第四次和第八次会议分别决定接受他们的辞职,根据代表法第四十九条的规定,张志斌、王雪杉、杜新宏的代表资格终止。根据选举法第五十六条的规定,张志斌、王雪杉、杜新宏担任的区人大常委会委员职务同时终止。 　　香山乡梁水、黄泉村选区选出的区二届人大代表张学统,因个人原因,提出辞去区二届人大代表职务,区二届人大常委会第四次会议决定接受张学统的辞职,根据代表法第四十九条规定,张学统的代表资格终止。 　　宣和镇曹山村、曹山小学、敬农村选区选出的区二届人大代表黄科因病去世,根据代表法第四十九条的规定,黄科的代表资格自然终止。 　　本次区人民代表大会个别代表的代表资格变动后,中卫市沙坡头区第二届人民代表大会实有代表211名。
〔二届人大二次会议〕1号	沙坡头区第二届人民代表大会	5月25日	中卫市沙坡头区第二届人民代表大会第二次会议于2022年5月25日补选丁志军(回族)为中卫市沙坡头区区长。
〔二届人大二次会议〕2号	沙坡头区第二届人民代表大会第二次会议主席团	5月25日	中卫市沙坡头区第二届人民代表大会第二次会议于2022年5月25日补选中卫市沙坡头区第二届人民代表大会常务委员会委员7名,名单如下(按姓名笔画排序): 马彦荣(回族)、王毅、刘辉、刘文祥、罗华盛(回族)、崔小凤(女)、魏建明。

沙坡头区人民政府

综 述

【经济发展】 2022年，沙坡头区预计全年实现地区生产总值271亿元，同比增长7%。固定资产投资同比增长20%。规模以上工业增加值同比增长6%。社会消费品零售总额同比增长2%。主要经济指标总体平稳，稳中向好。系统出台"稳保促"一揽子政策措施23条，制定含金量6.15亿元的巩固拓展脱贫攻坚成果同乡村振兴有效衔接、日光温室维修改造、苹果产业高质量发展等扶持政策。精准打好政策"组合拳"，办理留抵退税10.47亿元，减免"六税两费"2803万元，为20家企业争取奖励补贴资金2136万元，减税降费政策落地见效，政策红利充分释放。着力激发消费活力，投放1100万元开展"乐享夏至·约惠沙坡头"惠民促销系列活动，带动消费1.7亿元，稳住了市场预期，有效激发经济发展的活力和动力。深入开展"扩大有效投资攻坚年"行动，实施中部干旱带引水上山、嘉旭穆和储能电站等项目140个；签约落地中卫万达广场等项目70个，到位资金130亿元，增长151%。向上争取项目资金19.52亿元，新增债券资金2.3亿元。全力做好宁钢热电铁路专用线、338国道改造、下河沿黄河大桥等重点项目建设服务保障工作，中兰客专即将通车。

【产业转型】 2022年，沙坡头区加快推动"六新六特六优"产业发展，持续用力抓产业、促转型、强创新。工业实力稳步增强，实施茂烨冶金硅铁矿热炉智能化平台等工业技改项目17个，新增诺航环保等规上工业企业10家，开工建设"宁电入湘"光伏大基地等新能源项目12个，新能源总装机容量达4.6GW。培育"专精特新"、中小企业等企业4家，全社会R&D经费投入4.14亿元，投入强度达到1.76%。现代农业高质高效，启动日光温室维修改造、苹果产业高质量发展三年行动，改造供港蔬菜基地10家、日光温室1370座。巩固提升绿色有机蔬菜、硒砂瓜、精品富硒苹果、枸杞四大特色农产品质量，种植瓜菜8.48万亩，培育林果示范基地7个2700亩，打造有机肥替代现代化肥示范园6个3000亩，建成高标准农田9.84万亩，韩闸韭菜荣膺"全国名特优新农产品"。建成阜民丰等规模养殖场32家，奶牛存栏、肉牛饲养量分别达到6.85万头、7.19万头，跻身"互联网+"农产品出村进城工程试点县、奶业生产能力提升整县推进试点县。现代服务业负"疫"前行，实施沙漠野奢酒店、"三村一域"等文化旅游项目13个，迎水桥镇入选全国乡村旅游重点镇，沙坡头景区跻身全国旅游客运精品航线试点，南岸民宿喜获"全国首批甲级旅游民宿"，漠贝酒庄成功创建国家3A级旅游景区，"星星的故乡"文旅IP获评全国文化和旅游领域改革创新优秀案例，举办乡村文化旅游节等重大节事活动8个，累计接待游客645万人次，实现旅游收入40.2亿元。协同建设全国一体化算力网络宁夏枢纽，建成运营国家（中卫）新型互联网交换中心，云计算大数据产业成为经济高质量发展的重要引擎。

【城乡建设】 2022年，沙坡头区更大力度推进城市更新行动，开工建设香山悦府、锦宸湾等商业开发项目17个，改造提升金河一期、新花园等一批老旧小区，实施城市人行道、应理湖基础设施、历史文化街区仿古建筑维修改造等项目11个，城市面貌焕然一新。新改扩建城市道路10条7.18公里，建成新墩桥、文昌桥、利民桥，城区交通更畅通，群众出行更便捷。成立物业管理办公室，打造"红色物业"示范点6个，建成小微公园11个，新增城区绿化面积68.57万平方米，香山湖湿地公园获批"国家级湿地公园"，全国文明城市创建取得阶段性成效。坚持建管并重、内外兼修，加快乡村建设步伐，编制完成"多规合一"实用性村庄规划33个。创新多元化投入机制，实施宣和村大村庄项目，建设白桥、何滩等高质量美丽宜居村庄4个，完成农村自建房安全整治535栋，建成抗震宜居农房528户，新建农村公路31公里。镇罗镇、迎水桥镇何滩村入选全国乡村治理示范镇（村），柔远镇冯庄村被评为自治区级乡村治理示范村，沙坡头区荣获"全区农村生活垃圾分类和资源化利用三级示范县区"。

【深化改革】 2022年，沙坡头区持续深化"放管服"改革，全面推行"一网通办""一窗受理、集成服务"审批模式，网上可办率达87.26%，不见面可办率达79%。国企改革三年行动全面收官，国有企业收入、利润、资产总额同比增长10%。"六权"改革成效显著，"五块地"确权进度位居全区前列。率先收取工业用水权有偿使用费2012.34万元，颁发确权证书447本，用水权、排污权实现首单交易。农业农村改革蹄疾步稳，累计办理农村产权抵押贷款6.25亿元，培育农业生产托管服务主体78个，苹果防霜冻纳入农业生产社会化服务典型经验在中国农业生产托管万里行走进宁夏高峰论坛现场推介，"五制八统一"社会化托管服务模式被农业农村部列入全国农业社会化服务典型，高标准创建全国农业社会化服务创新试点县、全国综合减灾示范县，农业农村局被评为全国农村集体产权制度改革工作先进集体。积极推行村党支部领办合作社发展模式，成立合作社50个，参社入股群众4万余人，村集体增收2500余万元，带动群众增收2000余万元。

【巩固脱贫成效】 2022年，沙坡头区紧盯防止规模性返贫和"两个高于"目标，严格落实"四个不摘"要求，常态化开展防返贫动态监测帮扶和"四查四补"工作，消除"三类监测对象"风险54户213人，累计外出务工就业8826人，脱贫人口人均纯收入达到14549元，增速14.4%；监测对象人均纯收入达到13572元，增速26.6%。扎实推进巩固拓展脱贫攻坚成果同乡村振兴有效衔接，投入资金3.85亿元，实施永康镇双达彩达村苹果示范园、康乐敬农移民区"出户入园"养殖等项目71个，累计发放产业奖补、小额信贷贴息等扶持资金2320.35万元。沙坡头区获评"中国乡村振兴十大示范县市"。

【生态建设】 2022年，中央第四生态环境保护督察组反馈48件信访投诉件全面完成整改。扎实推进"四尘同治""五水共治""六废联治"，实施众泰工贸等环保技改项目4个,整治涉煤企业10家,空气质量优良天数比例达到83%。压紧压实河湖长制责任,实施沙坡头区水系连通及水美乡村试点县等项目,建成康乐、海和、凯歌村一体化污水处理设备3座,重点入黄排水沟水质稳定持续达到Ⅳ类及以上,黄河过境段水质继续保持Ⅱ类进Ⅱ类出。扎实开展农业面源污染治理,规模畜禽养殖场粪污资源综合利用率达到96%、农作物秸秆回收利用率达到88%。修复治理各类矿山85个、草原0.8万亩。依法稳妥有序推进压砂地退出和生态修复工作,完成25.01万亩非确权压砂地退出任务。高标准打造定武高速中卫出入口至常乐镇崾岘子沟植绿增绿、环境整治"闭合圈"。完成国土绿化面积3.2万亩370万株,森林覆盖率17.81%,比上去年提高0.21个百分点。

【社会事业】 2022年,沙坡头区深入实施"六大提升行动",民生支出占一般公共预算支出的比重达到86.84%。实施水毁农村公路修缮、水利设施受灾抢修等一批基础设施项目,10件民生实事全部办结,解决了一大批群众急难愁盼问题,民生服务更有"温度",民生福祉更有"质感"。构建了区、镇、村三级劳务服务体系,新增城镇就业7033人,转移农村劳动力5.46万人,预计城乡居民人均可支配收入分别增长7%、8%。新改建中卫一小等学校(幼儿园)38所,打造"互联网+教育"标杆校、体教融合示范校11所,普惠性幼儿园覆盖率达81.86%。深入推进公立医院改革,巩固深化县域医共体和"互联网+医疗健康"建设,启动实施兴仁中心卫生院发热门诊项目,建成宣和中心卫生院发热门诊、国家级中医专家传承工作室和两家自治区级优质服务托育机构,成功创建2022年全国示范性老年友好型社区。常态化举办群众文化活动,改造提升综合文化服务场所51个,开展文化下乡活动300余场次。改造沙坡头区全民健身中心,建成多功能运动场、硅PU篮球场等运动场地14个,全民健身与全民健康深度融合。

【社会治理】 2022年,沙坡头区统筹抓好七大领域社会治理,调处化解矛盾纠纷2035件,网上信访"三率"指标、初信初访化解率均达95%以上,化解信访积案154件。常态化开展扫黑除恶斗争,深入推进禁毒防范、电信网络诈骗和养老诈骗专项工作,全区刑事发案率同比下降29.8%。成功创建新墩花园全国民主法治示范社区1个、自治区级文明单位7个、民族团结进步示范点3个。全面贯彻党的民族政策,宗教和顺局面持续巩固。深入推进"食品药品安全区"创建,全力保障人民群众饮食用药安全。全国综合减灾示范县区创建工作初步通过自治区考评验收,安全生产专项整治三年行动完美收官。退役军人服务中心荣获全国退役军人服务保障先进单位,沙坡头区荣获平安宁夏建设示范县。

【政府效能】 2022年,沙坡头区深入学习贯彻落实党的二十大精神,扎实开展习近平总书记视察宁夏重要讲话和重要指示批示精神"大学习、大讨论、大宣传、大实践"活动及"抓产业、办实事、强治理、转作风"三年行动,增强"四个意识"、坚定"四个自信"、做到"两个维护",深刻领悟"两个确立"的决定性意义。扎实推进依法治区建设,深入开展"八五"普法工作,综合行政执法体制改革稳步推进,行政争议协调化解机制不断健全,依法行政制度体系持续完善,法治政府建设取得新进展。严格执行重大事项请示报告制度,提请区委常委会研究重大事项60件。自觉接受区人大法律监督和区政协民主监督,办理人大代表建议23件、政协委员提案46件。严格落实党风廉政建设责任制,坚决执行中央八项规定及其实施细则精神,发扬"严细深实勤俭廉+快"的工作作风,务实担当、干事创业的氛围更加浓厚,政府执行力和公信力不断增强。

重要会议

【第1次常务会议】 1月1日,区委副书记、区长宗立冬主持召开2022年沙坡头区人民政府第1次(二届政府第6次)常务会议。传达学习《中华人民共和国密码法》;传达学习习近平总书记在中央经济工作会议上的重要讲话精神,自治区党委经济工作会议、自治区奶产业高质量发展现场会、自治区党委常委会会议、自治区政府第107次常务会议、市委常委会会议精神,研究贯彻落实意见;传达学习习近平总书记在中共中央政治局会议、中共中央政治局第三十五次集体学习时的重要讲话精神,自治区政府第108次常务会议、中卫市第五次党代会、市委五届一次全会及中卫市两会精神,张利、马洪海同志参加市五届人大一次会议沙坡头区代表团审议时的讲话精神;传达学习今冬明春北方地区保暖保供工作电视电话会议、陈润儿同志调研全区能源保供工作时的讲话、全区能耗双控工作视频会议精神,研究贯彻落实意见;传达学习《中共中央办公厅、国务院办公厅印发关于更加有效发挥统计监督职能作用的意见》,全国统计工作会议精神,研究贯彻落实意见。研究疫情防控有关工作(套开区应对新冠肺炎疫情工作指挥部2022年第1次会议)。审定《沙坡头区全面推行林长制的实施方案(送审稿)》《中卫市沙坡头区矿产资源专项整治工作方案(送审稿)》《中卫市沙坡头区林权矛盾纠纷调解办法(试行)(送审稿)》《沙坡头区农村宅基地和村民自建住房管理暂行办法(送审稿)》《中卫市黄河流域沙坡头区段生态保护和高质量发展规划(送审稿)》《沙坡头区事业单位管理岗位职员等级晋升制度工作实施方案(送审稿)》《沙坡头区属国有企业领导人员管理办法(试行)(送审稿)》《关于进一步完善中小学绩效工资有关政策的通知(送审稿)》《中卫市沙坡头区行政备案事项清单(送审稿)》《中卫市沙坡头区人民调解"以案定补"管理办法(暂行)(送审稿)》《沙坡头区扶贫项目资产管理办法(试行)(送审稿)》《沙坡头区农村污水治理特许经营项目实施方案(送审稿)》《沙坡头区农村污水治理特许经营项目财政承受能力论证报告(送审稿)》《沙坡头区农村污水治理特许经营项目物有所值评价报告(送审稿)》《中卫市玉龙水电建筑安装有限公司改革方案(送审稿)》《中卫市玉龙水电建筑安装有限公司组织架构和人员配备方案(送审稿)》《沙坡头区农业水价综合改革精准补贴及节水奖励办法(试行)(送审稿)》《沙坡头区农业灌溉用水管理办法(送审稿)》《"罗山"关联区沙坡头区香山乡地下水取水井关停实施方案(送审稿)》。研究区农业农村局关于解决2021年城乡人居环境整治"百日攻坚"行动暨秋冬季农田水利基本建设第二次观摩评促奖补资金有关事宜。研究区财政局关于调整使用2020年地方政府新增债券结余资金有关事宜、关于调整车辆编制有关事宜、关于划转中卫市玉龙水电建筑安装有限公司股权有关事宜、关于动用2021年财政预备费有关事宜。研究区水务局关于拨付灌溉管理所职工2021年度差额资金有关事宜、关于拨付沙坡头区现代化生态灌区合同节水管理特许经营项目全流程咨询服务费用有关事宜。研究区工信和商务局关于拨付沙坡头区城乡人员核酸检测工作经费有关事宜。研究区旅游和文体广电局关于实施沙坡头区滨河全民健身中心配套工程项目有关事宜。研究镇罗镇关于拨付镇罗镇乡村治理中心建设资金有关事宜、迎水桥镇关于实施迎水桥镇鸣钟村街巷改造提升及环境整治项目有关事宜、常乐镇关于实施沙坡头区常乐镇康乐村环境整治提升项目有关事宜。研究常乐镇关于实施沙坡头区常乐镇康乐移民区主干路沿线环境整治项目有关事宜、关于实施沙坡头区常乐镇康乐移民区人居环境整治项目有关事宜。研究中卫市鑫沙建设有限公司关于成立沙坡头区现代化生态灌区合同节水管理特许经营项目公司有关事宜。

【第2次常务会议】 1月14日,受区委副书记、区长宗立冬委托,区委常委、副区长马立明主持召开2022年沙坡头区人民政府第2次(二届政府第7次)常务会议,审定并原则同意《沙坡头区2022年春节慰问活动方案(送审稿)》,由区政府办公室负责,按照会议意见修改完善,经分管副区长审核后,按程序提请区委常委会会议研究。

【第3次常务会议】 1月26日,区委副书记、区长宗立冬主持召开2022年沙坡头区人民政府第3次(二届政府第8次)常务会议。传达学习自治区两会及自治区人民政府第六次全体(扩大)会议精神。传达学习中央农村工作会议、自治区党委农村工作会议、2021年度巩固拓展脱贫攻坚成果同乡村振兴有效衔接考核评估省级工作对接会、自治区党委常委会、自治区政府第109次常务会议精神。传达学习国务院常务会议、市委经济工作会议暨重点项目谋划推进会议、市招商引资和争取项目资金"两大任务"部署会议精神。传达学习全国安全生产电视电话会议、自治区安全生产电视电话会议暨自治区安委会2022年度第一次全体(扩大)会议精神。听取沙坡头压砂地退出种植和生态修复工作推进情况汇报。审定《沙坡头区兽医医疗废弃物集中收集处置实施方案(送审稿)》《关于下达2022年沙坡头区招商引资目标任务的通知(送审稿)》《关于加强内部审计工作的实施意见(送审稿)》《中卫市沙坡头区"十四五"文化和旅游发展规划(送审稿)》《沙坡头区迎水桥镇沙坡头村(含鸣钟村、鸣沙村)"多规合一"实用性村庄规划(2021—2035年)(送审稿)》等31个村庄规划。审定《中卫市沙坡头区自然资源"十四五"规划(送审稿)》研究区农业农村局关于拨付乡镇压砂地退出和生态修复资金有关事宜、关于实施沙坡头区压砂地退出和生态修复高标准农田建设示范项目有关事宜。研究区自然资源局关于拨付2021年植绿增绿苗木采购及工程绿化资金有关事宜。研究区自然资源局关于拨付定武高速、滨河南北路两侧树木修枝抚育资金有关事宜。研究区住建和交通局关于拨付沙坡头区2021年抗震宜居农房改造及农村危房改造第二批补助资金有关事宜。研究区住建和交通局关于拨付农村土坯房拆除整治第二批补助资金有关事宜。研究区水务局关于拨付各乡镇黄河河道及滩地被占问题清理整治等工作资金有关事宜、关于拨付沙坡头区宣和镇壮大村集体经济养殖基地供水工程等项目建设用地及附着物补偿费用有关事宜、关于拨付沙坡头区第一排水沟上段等排水沟治理工程用地费用有关事宜、关于实施中卫市沙坡头区峡门水库一泵站35KV外部供电工程有关事宜。研究区乡村振兴局关于实施沙坡头区移民安置区肉牛出户入园基础设施提升项目有关事宜。研究中卫市玉龙水电建筑安装有限公司关于拨付沙坡头区压砂地退出和生态修复项目清砂工程费有关事宜。研究宣和镇关于实施宣和村集污管网项目有关事宜。研究区教育局关于实施沙坡头区宣和镇曹山幼儿园建设项目有关事宜、关于实施中卫市沙坡头区锦宸湾幼儿园建设项目有关事宜。研究区应急管理局关于拨付疫情防控应急储备物资费用有关事宜。

【第4次常务会议】 3月14日,区委副书记、代区长丁志军主持召开2022年沙坡头区人民政府第4次(二届政府第9次)常务会议。传达学习《重大行政决策程序暂行条例》及中央依法治国办督察宁夏反馈会精神。传达学习全国全区疫情防控工作电视电话会议、中卫市应对新冠肺炎疫情工作领导小组第21次会议、张利调研疫情防控工作时的讲话、中卫市应对新冠肺炎疫情工作指挥部第44次全体会议精神。传达学习习近平总书记在十九届中央纪委六次全会上的重要讲话、陈润儿在自治区纪委十二届六次全体会议上的讲话、张利在中卫市第五届纪律检查委员会第二次全体会议上的讲话、沙坡头区第二届纪律检查委员会第二次全体会议精神。传达学习习近平总书记考察海南省、山东省和东北三省时关于粮食工作的重要讲话精神,习近平总书记关于粮食安全党政同责的重要论述,《中共中央 国务院关于做好2022年全面推进乡村振兴重点工作的意见》及全国春季农业生产暨加强冬小麦田间管理工作会议、自治区政府第112次常务会议精神。传达学习《宁夏回族自治区建设黄河流域生态保护和高质量发展先行区促进条例》及韩正副总理在推动黄河流域生态保护和高质量发展领导小组全体会议上的讲话、自治区政府第111次常务会议、全区深入实施"四大提升行动"全面促进乡村振兴部署会、中卫市政府第一次全体(扩大)会议精神。传达学习全区新材料产业高质量发展现场会精神。审定《沙坡头区深入推进"四大提升行动"工作实施方案(送审稿)》《沙坡头区巩固拓展脱贫攻坚成果同乡村振兴有效衔接"十四五"规划(送审稿)》。研究区乡村振兴局关于实施沙坡头区2022年第二批乡村振兴项目有关事宜、关于实施沙坡头区2022年三眼井村压砂地退出产业结构调整试点项目有关事宜、关于实施沙坡头区2022年香山乡景庄村压砂地退出产业结构调整试点项目有关事宜、关于拨付沙坡头区"十二五"生态移民住房面积不达标建房购房补助资金有关事宜。研究区财政局关于成立中卫市沙坡头区财政金融风险防范化解领导小组有关事宜。审定《沙坡头区2022年稳定粮食生产实施方案(送审稿)》等5个农业产业方案。审定《中卫市沙坡头区人民政府法律顾问管理办法(送审稿)》《中卫市沙坡头区人民政府法律顾问工作经费管理办法(送审稿)》《中卫市沙坡头区人民政府行政应诉工作办法(送审稿)》《沙坡头区2022年国土绿化工作方案(送审稿)》《沙坡头区畜禽养殖业污染防治规定(送审稿)》。研究区旅游和文体广电局关于实施沙坡头区全民健身中心改造提升项目有关事宜。研究区卫生健康局关于拨付新冠肺炎疫情防控工作经费有关事宜。研究区住建和交通局关于追加各乡镇统一拆除土坯房费用有关事宜、关于实施中卫市沙坡头区2022年农村公路建设项目有关事宜、关于实施中卫市沙坡头区2022年农村公路危桥改造工程有关事宜、关于拨付沙坡头区农村生活污水治理项目设计费、咨询服务费及社会风险评估费有关事宜、关于实施沙坡头区2022年农村公路养护工程有关事宜。审定《沙坡头区涉粮问题专项巡察反馈意见整改方案(送审稿)》。研究区综合执法局关于实施2022年6个城市人行道基础设施改造维修项目有关事宜、关于实施应理湖基础设施改造项目有关事宜、关于解决城区2021年第四季度及2022年生活垃圾处置费用有关事宜、关于划拨城区2022年餐厨垃圾无害化处置费用有关事宜、关于处置沙坡头区城市公用事业管理所部分国有资产有关事宜。研究迎水桥镇关于拨付鸣钟村经四、经五路道路改造项目占地及地面附着物等补偿资金有关事宜。研究中卫市鑫沙建设有限公司关于调整沙坡头区康乐移民区新建万头肉牛养殖场项目建设内容有关事宜。研究区民族宗教事务局关于实施宣和镇草台村道路硬化项目有关事宜、关于实施宣和镇永和村2022年道路硬化项目有关事宜。研究区应急管理局关于实施中卫市沙坡头区智慧监管项目(一期)有关事宜。研究区水务局关于实施沙坡头区一排段石墩水沟治理工程有关事宜、关于实施中卫南山台子二泵站护坡改造工程有关事宜。研究文昌镇关于拨付城中村遗留户征收安置项目拆除清运费有关事宜、关于拨付应理新社区、黄河花园小区改造项目资金有关事宜。研究滨河镇关于拨付槐树北巷社区文化阵地换热站建设项目资金有关事宜。研究永康镇关于拨付灌区道路硬化及水利设施配套项目资金有关事宜。

【第5次常务会议】 3月24日,区委副书记、代区长丁志军主持召开2022年沙坡头区人民政府第5次(二届政府第10次)常务会议。传达学习中央第四生态环境保护督察组向宁夏回族自治区反馈督察情况会议精神,听取区生态环境分局关于中央第四生态环境保护督察组反馈转办件问题整改情况的汇报。传达学习全国两会精神,自治区、中卫市、沙坡头区传达贯彻全国两会精神会议精神。传达学习全国森林草原防灭火工作电视电话会议、全区2022年消防工作暨森林草原防灭火工作会议精神。套开区应对新冠肺炎疫情工作指挥部2022年第22次会议。套开沙坡头区一季度经济形势分析调度会。审定《沙坡头区2022年枸杞产业高质量发展重点工作方案(送审稿)》。审定《沙坡头区2022年财政扶持壮大村级集体经济项目实施方案(送审稿)》《沙坡头区建筑垃圾资源综合利用特许经营项目实施方案(送审稿)》。研究区农业农村局关于2022年沙坡头区扩大春小麦种植政策支持有关事宜、关于拨付乡镇非确权压砂地退出和生态修复补助资金有关事宜。研究区卫健局关于实施沙坡头区兴仁镇中心卫生院发热门诊及供应室建设项目有关事宜、关于拨付朱生莲人道主义救助金有关事宜。研究滨河镇关于拨付沙坡头区疫苗接种点维修改造工程费用有关事宜。研究中卫市玉龙水电建筑安装有限公司关于增加注册资本金有关事宜。研究中卫市鑫沙建设有限公司关于拨付实缴资本金有关事宜。

【第6次常务会议】 4月22日,区委副书记、代区长,中卫工业园区党工委副书记丁志军主持召开2022年沙坡头区人民政府第6次(二届政府第11次)常务会议。研究沙坡头区双拥工作事宜(套开2022年沙坡头区双拥工作领导小组第一次全体会议)。研究沙坡头区安全生产工作事宜(套开迎接国务院2021年度安全生产和消防工作考核巡查暨沙坡头区安全生产专项整治三年行动巩固提升年专题会议)。学习《信访工作条例》。传达学习习近平总书记参加首都义务植树活动时的重要讲话精神及自治区国土绿化工作电视电话会议精神。传达学习自治区党委应对新冠肺炎疫情工作领导小组第23次、24次会议精神,梁言顺同志督导检查封闭管理场所和集中隔离点防控工作、督导暗访疫情防控工作时的讲话精神,自治区政府第116次常务会议精神,咸辉同志在疫情防控指挥部专题会议、自治区政府疫情防控和物流保通保畅工作专题会议、石嘴山调研统筹疫情防控和经济社会发展工作时的讲话精神,中卫市委应对新冠肺炎疫情工作领导小组第22次会议、中卫市应对新冠肺炎疫情工作指挥部第47次全体会议精神。审定《沙坡头区"扩大有效投资攻坚年"活动实施方案(送审稿)》《中卫市沙坡头区乡村振兴基金设立方案(送审稿)》《中卫市沙坡头区乡村振兴基金管理办法(试行)(送审稿)》《沙坡头区规范公务员工资津贴补贴实施方案(送审稿)》《沙坡头区规范事业单位工作人员津贴补贴实施方案(送审稿)》《宁夏钢铁集团中卫热电铁路专用线项目房屋征收与补偿方案(送审稿)》《沙坡头扶贫项目资产确权登记工作方案(送审稿)》《中卫市沙坡头区水库移民资产运行管理办法(试行)(送审稿)》《沙坡头区农业用水水费收缴管理办法(送审稿)》《中卫市沙坡头区深化应急管理综合行政执法改革实施方案(送审稿)》。研究区水务局关于实施沙坡头南山台子生态绿化项目水源工程有关事宜、关于拨付沙坡头区压砂地退出和生态修复前期工作资金有关事宜、关于拨付沙坡头区香山兴仁片区生态修复及灌区(一期)供水工程等2项工程森林、草原植被恢复费有关事宜、关于拨付沙坡头区水系连通及水美乡村建设试点县项目占用林地相关费用有关事宜。研究区综合执法局关于实施鼓楼周边历史文化街区仿古建筑维修改造项目有关事宜。研究区自然资源局关于对香山乡深井村违法占用耕地及永久基本农田挖砂取土问题开展土地修复工作有关事宜。研究区司法局关于实施沙坡头区社区矫正和安置帮教中心暨沙坡头区法治宣传教育中心附属设施维修改造项目相关事宜、关于与宁夏青少年法治安全教育促进会合作建设沙坡头国家级综合教育培训实践基地有关事宜。研究区教育局关于实施中卫市沙坡头区2022年义务教育学校基础设施维修改造项目有关事宜、关于实施中卫市第九小学综合楼建设项目有关事宜、关于实施中卫市第四中学综合楼建设项目有关事宜、关于处置中卫市宣和中学D级危房有关事宜。研究迎水桥镇关于实施何滩村高质量美丽宜居村庄建设项目有关事宜、关于实施迎水桥镇鸣钟村星空研学基地项目有关事宜、关于实施沙坡头区迎水桥镇鸣钟村高质量美丽宜居村庄建设项目有关事宜。研究兴仁镇关于解决兴仁镇政府办公和后勤保障等服务功能不足所需经费有关事宜。

【第7次常务会议】 5月7日,区委副书记、代区长,中卫工业园区党工委副书记丁志军主持召开2022年沙坡头区人民政府第7次(二届政府第12次)常务会议。研究沙坡头区乡村振兴工作(套开沙坡头区巩固脱贫攻坚成果同乡村振兴有效衔接考核评估发现问题整改工作推进会),原则同意《沙坡头区2021年度巩固拓展脱贫攻坚成果同乡村振兴有效衔接考核评估问题整改方案(送审稿)》。套开沙坡头区自建房安全专项整治工作会议。传达学习有关法律、会议及文件精神。传达学习习近平总书记在海南考察、中共中央政治局会议、中央全面深化改革委员会第二十五次会议上的重要讲话精神,自治区党委全面深化改革委员会第十八次会议精神。传达学习国务院常务会议精神。审定《沙坡头区农村低收入群体等重点对象住房安全保障工作实施方案(送审稿)》《沙坡头区深入推进优质粮食工程实施方案(送审稿)》《沙坡头区2022年学前教育专项资金发放实施方案(送审稿)》。研究中卫市鑫沙建设有限公司关于成立人力资源服务全资子公司有关事宜、关于成立工程监理造价咨询服务公司有关事宜。研究区卫生健康局关于购置救护车有关事宜、关于拨付沙坡头区核酸采样点资金有关事宜。研究宣和镇关于实施海和村新建肉羊养殖场项目(二期)有关事宜。研究东园镇关于拨付乌玛高速两侧环境卫生整治资金有关事宜、镇罗镇关于实施沙坡头区镇罗镇河沟村2022年高质量美丽宜居村庄建设项目有关事宜。研究区公安分局关于拨付执法办案管理中心改造项目资金有关事宜、关于拨付业务经费有关事宜。

【第8次常务会议】 5月17日,区委副书记、代区长,中卫工业园区党工委副书记丁志军主持召开2022年沙坡头区人民政府第8次(二届政府第13次)常务会议。学习《中华人民共和国反有组织犯罪法》。传达学习自治区政府"六稳""六保"专题会议精神。审定《中卫黄河大桥旧桥安全隐患治理工作方案(送审稿)》。研究区住建和交通局关于实施中卫黄河大桥旧桥交通管控导改工程有关事宜、区旅游和文体广电局关于调整滨河镇长安社区多功能运动场项目建设内容及投资概算有关事宜、宣和镇关于拨付宣和村农村人居环境整治集中拆旧建新相关费用事宜、东园镇关于实施白桥村高质量美丽宜居村庄建设项目有关事宜、柔远镇关于解决中卫市第三污水处理厂集污管网项目房屋征收补偿资金有关事宜、区教育局关于拨付义务教育薄弱环节改善与能力提升项目资金有关事宜。

【第9次常务会议】 6月7日,区委副书记、区长,中卫工业园区党工委副书记丁志军主持召开2022年沙坡头区人民政府第9次(二届政府第14次)常务会议。研究沙坡头区经济社会发展有关工作(套开沙坡头区经济形势分析调度会),研究沙坡头区生态环境保护工作(套开沙坡头区2022年生态环境保护工作调度会)。套开沙坡头区自建房安全专项整治工作推进会。传达学习《自治区稳定经济保增长促发展50条政策措施》,自治区党委常委会会议、梁言顺同志调研中卫市黄河流域生态保护和高质量发展先行区建设及文化旅游产业发展情况时的讲话精神,市政府第16次常务会议精神。学习《中华人民共和国地方各级人民代表大会和地方各级人民政府组织法》。传达学习《国务院办公厅关于坚决杜绝铲苗毁粮切实保障夏粮丰收的通知》,全国"三夏"生产工作推进电视电话会议、自治区政府第120次常务会议精神。审定《沙坡头区住宅小区物业管理水平提升行动实施方案(送审稿)》《沙坡头区物业管理工作联席会议制度(送审稿)》《中卫市沙坡头区物业服务管理办法(送审稿)》《沙坡头区物业管理委员会组建办法(试行)(送审稿)》《沙坡头区物业管理评标专家库及评标委员会管理暂行办法(送审稿)》《沙坡头区物业行业"红黑名单"管理办法(试行)(送审稿)》《沙坡头区普通住宅小区物业服务等级标准(送审稿)》《沙坡头区2022年巩固拓展脱贫攻坚成果同乡村振兴有效衔接扶持政策方案(送审稿)》《沙坡头区第三次全国土壤普查试点工作实施方案(送审稿)》《关于推进集体林地"三权分置"改革工作的实施方案(送审稿)》《关于贯彻落实〈自治区建设黄河流域生态保护和高质量发展先行区2022年工作要点〉分工方案(送审稿)》。研究区农业农村局关于增加沙坡头区农村产权抵押贷款风险补偿基金有关事宜。研究区乡村振兴局关于拨付原蒿川乡移民迁出区旧房及养殖圈舍拆除费用有关事宜、关于实施沙坡头区常乐镇康乐移民区枣树改造提升项目有关事宜。研究文昌镇关于拨付西花园社区、恒祥社区办公阵地装修资金有关事宜、常乐镇关于拨付康乐村养殖园区清理圈棚费用有关事宜、区教育局关于调整部分学校机构规格有关事宜、区教育局关于实施沙坡头区永康镇永新小学综合楼建设项目有关事宜、区教育局关于处置中卫市第四中学D级危房有关事宜、中卫市鑫沙建设有限公司关于将沙坡头乡村(童家园子)旅游提质改造项目固定资产移交至迎水桥镇人民政府有关事宜、区卫生健康局关于拨付新冠肺炎疫情防控工作经费有关事宜。

【第10次常务会议】 6月23日,区委副书记、区长,中卫工业园区党工委副书记丁志军主持召开2022年沙坡头区人民政府第10次(二届政府第15次)常务会议。学习《中华人民共和国未成年人保护法》。传达学习中共中央政治局会议、国务院常务会议、自治区建设黄河流域生态保护和高质量发展先行区推进会、自治区党委常委会会议、自治区经济形势分析座谈会、自治区政府第七次全体（扩大）会议、自治区政府第123次常务会议精神。传达学习《地方党委和政府领导班子及其成员粮食安全责任制规定》。传达学习自治区第十三次党代会、自治区党委十三届一次全体会议、自治区领导在中卫市代表团审议报告时的讲话精神。套开沙坡头区2022年征兵工作领导小组会议。听取滨河镇人民政府关于微信公众号出现错误政治术语的检查。审定《沙坡头区稳经济保增长促发展23条政策措施（送审稿）》《中卫市沙坡头区森林草原防灭火专项应急预案（送审稿）》《中卫市沙坡头区突发陆生野生动物疫情应急预案（送审稿）》《中卫市沙坡头区突发林业和草原有害生物灾害应急预案（送审稿）》《沙坡头区用水权确权报告（送审稿）》《2022年沙坡头区日光温室维修改造实施方案（送审稿）》《沙坡头区农村生活污水治理特许经营项目特许经营协议（送审稿）》。研究区自然资源局关于实施G338—S205线道路沿线节点绿化提升项目有关事宜、关于实施黄河大桥南出口商贸区外立面改造项目有关事宜、关于实施光明牧场道路沿线绿化提升项目有关事宜、关于实施永大线（赛鸽公棚段）绿化提升项目有关事宜。研究区工信和商务局关于拨付沙坡头区"促进消费 改善民生"政府消费券投放资金有关事宜、关于拨付沙坡头区"乐享夏至 约惠沙坡头"惠民促销活动经费有关事宜。研究区住建和交通局关于沙坡头区农村环卫市场化服务项目国有资产评估处置有关事宜、关于实施2022年沙坡头区农村生活污水治理特许经营项目有关事宜、关于实施农村公路交通安全隐患治理工程有关事宜。研究区乡村振兴局关于整合使用2021年度财政衔接推进乡村振兴补助滞留资金有关事宜。研究中卫市鑫沙建设有限公司关于回购中卫市立万停车服务有限公司城区公共停车场经营权有关事宜。研究滨河镇关于拨付湖畔社区、向阳社区维修改造资金有关事宜。研究区财政局关于拨付沙坡头区压砂地退出和生态修复工作经费有关事宜。

【第11次常务会议】 7月19日，区委副书记、区长，中卫工业园区党工委副书记丁志军主持召开2022年沙坡头区人民政府第11次（二届政府第16次）常务会议。学习《中华人民共和国湿地保护法》。研究沙坡头区疫情防控有关工作（套开沙坡头区应对新冠肺炎疫情工作指挥部2022年第7次会议）。研究沙坡头区安全生产有关工作（套开沙坡头区安全生产工作会议）。审定《沙坡头区"属地管理"事项主体责任和配合责任清单动态管理办法（试行）（送审稿）》等1个办法4个制度。审定《沙坡头区2022年"八一"建军节慰问活动方案（送审稿）》《中央财政支持沙坡头区公立医院改革与高质量发展示范项目三年行动实施方案（2022—2024年）（送审稿）》《宁夏中卫市沙坡头区河（沟）道采砂规划（2022—2027年）（送审稿）》《沙坡头区贯彻落实自治区党委涉粮问题专项巡视反馈意见整改方案（送审稿）》《2022年中央补助地方公共文化服务体系建设补助资金使用计划（送审稿）》。研究镇罗镇关于镇罗金鑫园供水工程移交宁夏水投中卫水务有限公司运营管理有关事宜，永康镇关于拨付人居环境整治工作费用有关事宜，永康镇关于拨付双达村碱沟队压砂地退出生态补助资金有关事宜、永康镇关于拨付乡村治理中心阵地建设资金有关事宜、区政府办公室关于对沙坡头区行政物业外包管理项目进行公开招标有关事宜。

【第12次常务会议】 8月3日，区委副书记、区长，中卫工业园区党工委副书记丁志军主持召开2022年沙坡头区人民政府第12次（二届政府第17次）常务会议。学习《中华人民共和国社区矫正法》。传达学习习近平总书记在省部级主要领导干部"学习习近平总书记重要讲话精神，迎接党的二十大"专题研讨班上的重要讲话精神及习近平总书记在新疆考察时的重要讲话、自治区党委常委会会议（两次）、自治区党委理论学习中心组学习会议、自治区政府第127次常务会议精神。套开沙坡头区公立医院改革与高质量发展示范项目启动会。传达学习张雨浦同志抽查应急管理值班值守工作时的讲话精神，通报2022年第二季度值班工作情况。通报沙坡头区2022年民生实事、区二届人大一次会议代表建议和区政协二届一次会议委员提案办理情况。审定《中卫市沙坡头区2022年度重大行政决策事项目录（送审稿）》《中卫市沙坡头区行政审批中介服务事项清单（送审稿）》《中卫市沙坡头区突发事件总体应急预案（送审稿）》《沙坡头区东园镇瑞应村（含曹闸村、美利村）"多规合一"实用性村庄规划（2022—2035年）（送审稿）》《"星星的故乡·宁夏沙坡头金蛙国际艺术节"项目推进工作实施方案（送审稿）》。研究区自然资源局关于开展沙坡头区集体建设用地定级与基准地价制订工作有关事宜、关于开展沙坡头区集体土地所有权变更调查和确权登记成果更新汇交工作有关事宜。研究区农业农村局关于实施沙坡头区2022年香山乡红圈村、兴仁镇兴仁村高标准农田建设项目有关事宜。研究区旅游和文体广电局关于解决沙坡头区参加自治区第十六届运动会青少年组比赛资金有关事宜。研究区住建和交通局关于明确中卫市沙坡头区第四污水处理厂运营管理单位及拨付2021年运行维护费用、在线监测站房升级改造资金有关事宜、关于实施C484镇柔路修复养护工程有关事宜。研究迎水桥镇关于拨付码头村河心滩集体承包土地退出种植问题资金有关事宜、区委组织部关于追加2022年度沙坡头区党员干部教育培训经费有关事宜。

【第13次常务会议】 8月25日，区委副书记、区长，中卫工业园区党工委副书记丁志军主持召开2022年沙坡头区人民政府第13次（二届政府第18次）常务会议。学习《中华人民共和国禁毒法》。传达学习全区重大项目建设观摩推进会，张雨浦同志调研中卫市经济社会发展情况时的讲话，自治区政府第129次常务会议、黄河流域生态保护和高质量发展先行区建设中卫市2022年第七次推进会暨第三季度项目建设推进会、市政府第25次常务会议精神。传达学习梁言顺、张雨浦同志带队暗访检查生态环保问题时的讲话及自治区政府第130次常务会议精神，听取沙坡头区生态环境保护工作情况汇报，审定《沙坡头区生态环境风险和安全生产隐患大起底大排查大整治专项行动实施方案（送审稿）》，安排部署有关工作（套开沙坡头区2022年生态环境保护工作调度会议）。传达学习自治区党委应对新冠肺炎疫情工作领导小组紧急会议，梁言顺、张雨浦同志在中卫市沙坡头区调研督导疫情防控工作时的讲话，梁言顺同志在中卫市暗访督查疫情防控工作时的讲话，市应对"8·04"突发疫情应急处置工作第1次调度会议，市应对新冠肺炎疫情工作指挥部第1次调度会议，联合应对"8·04"中卫突发疫情应急处置前线指挥中心第二次、第三次、第四次、第五次、第六次、第七次工作例会，市应对"8·04"突发疫情应急处置工作碰头会议，市委应对新冠肺炎疫情工作领导小组第29次会议暨指挥部第52次会议精神，听取沙坡头区近期疫情防控工作情况汇报，安排部署有关工作（套开沙坡头区应对新冠肺炎疫情工作指挥部第12次指挥部会议）。传达学习习近平总书记在中央政治局常委会会议听取2021年度巩固拓展脱贫攻坚成果同乡村振兴有效衔接考核评估情况时的重要讲话精神,《自治区乡村振兴局关于对部分县(区)巩固拓展脱贫攻坚成果同乡村振兴有效衔接工作推进情况开展调研督导的通知》精神,听取沙坡头区巩固拓展脱贫攻坚成果同乡村振兴有效衔接工作督查情况汇报,安排部署有关工作(套开沙坡头区迎接自治区巩固拓展脱贫攻坚成果同乡村振兴有效衔接工作推进会)。传达学习第九次全国信访工作会议、李文章在宁夏调研督导信访工作时的讲话、梁言顺调研信访工作时的讲话精神及《关于建议对银川市金凤区世茂伯悦府、天山国府壹号两起集体信访事项问责的函》,听取沙坡头区2022年1—7月信访工作情况汇报,安排部署有关工作(套开沙坡头区信访工作会议)。传达学习全国自建房安全专项整治工作推进现场会精神,听取沙坡头区自建房等建筑安全隐患排查整治工作汇报,安排部署有关工作(套开沙坡头区自建房安全专项整治工作会议)。审定《沙坡头区2021年财政决算(草案)和2022年上半年预算执行情况的报告(送审稿)》《沙坡头区依法推进行政争议协调化解工作实施方案(送审稿)》《沙坡头区预防和化解行政争议府院联席会议制度(送审稿)》《沙坡头区2022年上半年国民经济和社会发展计划执行情况的报告(送审稿)》《沙坡头区2021年度区本级预算执行和其他财政收支情况的审计结果报告(送审稿)》《中卫市沙坡头区酒店住宿消费券投放方案(送审稿)》。研究区乡村振兴局关于拨付沙坡头区"十二五"生态移民区2021年度土地培肥改良以奖代补资金有关事宜。研究区自然资源局关于实施乌玛高速东段(中卫北—中宁交界处)沿线绿化项目有关事宜、关于实施南苑路(中山街—骄子街)绿化改造提升项目有关事宜。研究区农业农村局关于实施沙坡头区2022年兴仁镇兴仁村、西里村现代高效节水农业项目有关事宜。研究兴仁镇关于拨付兴仁镇压砂地转产配套蓄水池工程用地补偿资金有关事宜。研究区教育局关于申请校车服务费财政预算资金有关事宜。

【第14次常务会议】 10月21日,区委副书记、区长,中卫工业园区党工委副书记丁志军主持召开2022年沙坡头区人民政府第14次(二届政府第19次)常务会议。传达学习党的二十大报告、宁夏代表团三次全体会议精神。研究区水务局关于实施沙坡头区灌区各乡镇地下水井计量设施安装项目有关事宜、关于实施沙坡头区2022年农村供水工程维修养护项目有关事宜、关于实施沙坡头区2022年农村水利设施水毁抢修项目有关事宜、关于实施沙坡头区峡门水库大坝除险加固工程有关事宜、关于实施沙坡头区水资源节约利用智能监控项目有关事宜。研究宣和镇关于实施宣和村美丽宜居村庄建设项目有关事宜。研究区自然资源局关于实施沙坡头区历史遗留废弃矿山生态修复项目有关事宜、关于实施沙坡头区宣和镇天景山寺口子矿区环境整治及生态修复项目有关事宜。研究区卫生健康局关于实施中卫市沙坡头区人民医院迁建项目有关事宜、关于招标采购沙坡头区人民医院迁建项目设计地勘等服务有关事宜、关于实施沙坡头区2022年度公立医院改革与高质量发展示范项目有关事宜。研究区住建和交通局关于实施中卫市沙坡头区红油公路(K23+000—K31+000段/K41+000—K57+000段)改建以工代赈项目有关事宜、关于实施X312宁卫路宏爱桥—宣和镇西侧修复养护工程有关事宜、关于实施沙坡头区2022年农村公路水毁恢复工程有关事宜、关于实施中卫市沙坡头区综合档案馆建设项目有关事宜。研究区乡村振兴局关于实施沙坡头区香山、兴仁产业结构调整项目有关事宜,关于实施沙坡头区宣和镇海和村苹果产业园地力培肥项目,关于整改

2022年财政衔接资金绩效评价反馈问题有关事宜。审定《沙坡头区2022年基础教育质量提升行动项目资金实施方案(送审稿)》《中卫市沙坡头区2022年学前教育发展资金分配方案(送审稿)》。研究区农业农村局关于拨付2022年春小麦种植补贴及玉米大豆带状复合种植补贴资金有关事宜。

【第15次常务会议】 10月28日,区委副书记、区长,中卫工业园区党工委副书记丁志军主持召开2022年沙坡头区人民政府第15次(二届政府第20次)常务会议。学习《宁夏回族自治区优化营商环境条例》。听取沙坡头区应对"9·20"中宁突发疫情工作汇报,并安排部署有关工作。传达学习自治区党委座谈会、自治区稳经济补短板专题会议、市政府第33次常务会议,听取2022年沙坡头区前三季度经济运行情况汇报,安排部署有关工作(套开沙坡头区经济形势分析调度会议)。听取沙坡头区巩固拓展脱贫攻坚成果同乡村振兴有效衔接问题整改及迎检工作准备情况汇报,安排部署有关工作(套开沙坡头区迎接自治区巩固拓展脱贫攻坚成果同乡村振兴有效衔接工作推进会)。听取沙坡头区前三季度日光温室维修改造推进情况,安排部署有关工作(套开沙坡头区设施农业改造提升工作推进会)。审定《沙坡头区2023年乡村振兴项目库(送审稿)》《关于增设脱贫人口村级公益岗位的实施方案(送审稿)》。研究区工信和商务局关于拨付上半年产值同比增长20%以上的规上工业企业奖励资金有关事宜、永康镇关于拨付双达村苹果交易市场项目征收补偿费用有关事宜、文昌镇关于拨付全民健身中心及11人制足球场项目征地补偿款有关事宜、区住建和交通局关于拨付沙坡头区农村生活垃圾处理费用有关事宜、区住建和交通局关于实施宜居家园B区地面改造项目有关事宜、迎水桥镇关于拨付环境整治资金有关事宜、兴仁镇关于拨付农村人居环境综合整治资金有关事宜。

【第16次常务会议】 12月5日,区委副书记、区长,中卫工业园区党工委副书记丁志军主持召开2022年沙坡头区人民政府第16次(二届政府第21次)常务会议。学习《宁夏回族自治区消防安全责任制实施细则(修订稿)》。传达学习中共中央政治局常务委员会会议、自治区党委常委会会议暨应对新冠肺炎疫情工作领导小组会议及国务院应对新冠肺炎疫情联防联控机制综合组《关于进一步优化新冠肺炎疫情防控措施 科学精准做好防控工作的通知》精神和全区新冠肺炎疫情防控工作电视电话会议精神,听取沙坡头区近期疫情防控工作情况,并安排部署有关工作(套开2022年沙坡头区应对新冠肺炎疫情防控指挥部第22次会议)。传达学习自治区政府第138次常务会议、先行区建设中卫市2022年第八次推进会暨第三季度经济工作分析会、第九次推进会暨乡村全面振兴示范市推进会、全市经济运行调度会、全市2023年项目谋划推进会议精神,听取沙坡头区2023年项目谋划准备情况汇报,安排部署有关工作(套开沙坡头区2023年重点项目谋划会)。听取区政府办公室关于2022年沙坡头区人大代表建议、政协委员提案及10件民生实事办理情况及2023年10件民生实事谋划情况汇报。听取区应急管理局关于沙坡头区创建全国综合减灾示范县工作进展情况汇报。研究区应急管理局关于拨付全国综合减灾示范县创建经费有关事宜。审定《沙坡头区2022年国民经济和社会发展计划执行情况与2023年国民经济和社会发展计划(草案)的报告(送审稿)》《2021年度区本级预算执行和其他财政收支审计查出问题整改情况的报告(送审稿)》《中卫市沙坡头区食品安全突发事件应急预案(送审稿)》《沙坡头区行政许可事项清单(2022年版)(送审稿)》《中卫市沙坡头区生态环境保护"十四五"规划(送审稿)》《沙坡头区河(沟)道砂石资源统一经营管理实施方案(送审稿)》《中卫市沙坡头区2022年预算执行情况和2023年预算草案的报告(送审稿)》《中卫市沙坡头区2021年度国有资产管理情况综合报告(送审稿)》《2022年沙坡头区财政预算调整方案(送审稿)》《沙坡头区9·08苹果雹灾补救项目建设方案(送审稿)》《沙坡头区苹果园增施有机肥(腐熟羊粪)实施方案(送审稿)》《中卫市沙坡头区中小学(幼儿园)校医配备工作方案(送审稿)》《政府工作报告(送审稿)》。研究区生态环境分局关于实施沙坡头区农村生活污水智慧化平台建设项目有关事宜、区水务局关于实施沙坡头区峡门供水工程泵站管线消缺工程一期项目有关事宜、区水务局关于拨付宁夏中部干旱带沙坡头香山兴仁片区生态修复及灌区(一期)供水工程第一批补助资金有关事宜、区水务局关于实施沙坡头区南山台扬水干渠电灌站进场道路硬化配套工程有关事宜、区水务局关于实施沙坡头区南山台电灌站扬水干渠渠埂加固配套工程有关事宜。研究区委宣传部关于拨付2022年创建全国文明城市工作经费有关事宜、区财政局关于调整使用以前年度地方政府新增债券资金有关事宜、区自然资源局关于实施沙坡头区苹果产业国家农村产业融合发展示范园建设项目有关事宜、区教育局关于拨付中卫市沙坡头区教育专网建设资金有关事宜、区卫生健康局关于采购核酸采样小屋有关事宜、区司法局关于拨付信访工作经费有关事宜、区乡村振兴局关于拨付部分项目管理费资金有关事宜、区乡村振兴局关于分配使用部分中央衔接资金有关事宜、区乡村振兴局关于第一批扶贫项目资产确权登记有关事宜、区民族宗教事务局关于调整2022年部分少数民族发展项目资金有关事宜。

政务服务

【概　况】　2022年,政务服务中心不断深化"放管服"改革,提升政务服务便利度,制定《沙坡头区关于贯彻落实自治区深化"放管服"改革优化营商环境若干措施分工方案》,印发实施《沙坡头区行政许可事项清单(2022年版)》,梳理完善23个部门163项事项。

【一网通办】　2022年,政务服务中心将沙坡头区28个部门746项事项集中到宁夏政务服务"一张网",编制简洁清晰、操作便捷的网上办事流程,实现"四级四同",事项数据同源提供、同步更新、同标准办理,服务事项网上可办率87.26%,不见面率79%,全年"一网通办"办理量达3.6万余件,电子证照入库量1.2万余件,"好差评"服务评价3.9万余条,好评率100%。

【优质服务】　2022年,政务服务中心优化整合设置36个沙坡头区服务窗口,将密切联系企业、群众的税务、公安、自然资源等部门办理事项集中在政务大厅统一办理,完善《沙坡头区政务服务中心窗口工作人员管理办法》,制定《沙坡头区政务服务中心大厅"红旗窗口"评选方案》,加强大厅窗口工作人员管理,坚决杜绝"门难进、脸难看、事难办"现象。

政府信息公开

【主动公开】　2022年,沙坡头区人民政府办公室通过各种渠道和方式公开政府信息6785条。其中,通过政府网站公开信息6025条,政务微信公众号434条,政务微博326条。印发《中卫市沙坡头区人民政府公报》4期,每期500册。严格执行重大行政决策公开制度,印发《中卫市沙坡头区人民政府2022年度重大行政决策事项目录》,主动公开2022年重大行政决策事项。梳理细化权力运行和政务服务事项,编制形成沙坡头区行政许可事项清单并对外公布。在政府门户网站开设相应专栏,归集发布乡村振兴、义务教育、医疗服务、重点建设项目等重点领域信息。进一步强化政策解读,运用文字、图解、视频等方式对印发的重要政策性文件进行多元化解读,全年共发布解读信息89条,其中,行政规范性文件11份,政策解读率100%,图解率100%。

【依申请公开】 2022年,沙坡头区人民政府办公室共办理政府信息公开申请件6件,予以公开2件,本机关不掌握3件,信访举报投诉类申请1件。因政府信息公开引起的行政复议0件、行政诉讼0件。

【政府信息管理】 2022年,沙坡头区人民政府办公室印发《中卫市沙坡头区2022年政务公开工作要点》《中卫市沙坡头区人民政府办公室关于做好2022年政府信息公开工作年度报告编发的通知》等文件,制定《沙坡头区政务公开基本目录》,明确公开内容、要素、主体,以制度促规范。梳理政府信息在公开平台发布栏目、信息,坚持发布前"三审三校"严抓审核,发布后定期复核,实现文件有效性管理。采取政府购买服务的形式,聘请第三方对政府网站、微信公众号及微博发布内容进行检测,对更新情况、发布内容和平台安全24小时进行巡检,提供预警信息,便于工作人员及时进行甄别整改。

【平台建设】 2022年,沙坡头区人民政府办公室根据政府网站、政务新媒体相关单项否决指标,采取日巡查、周普查、季度通报等方式,常态化监管61个政务新媒体账号和应用情况;及时整合栏目,新开设"稳保促""市场监管"专栏。扎实开展全区政府系统网络工作群清理,切实消除"指尖形式主义",有效杜绝"指尖泄密"。调整查询机"政务e站"系统,依托市民大厅政务公开专区,设立政策咨询窗口,接待市民现场咨询政策。配合完成政府网站后台登录改造和投诉建议处办入口对接工作,增强政府网站安全性,实现区长信箱、网络留言统一通过12345热线办理。

【监督保障】 2022年,沙坡头区政务公开办公室配备3名工作人员,积极发挥推进、指导、协调、监督职责,各乡镇、各部门做好政务公开分管领导和工作人员信息动态更新并登记备案,责任到人,夯实基层政务公开队伍,确保政府信息公开工作有效落实。对照第三方评估指标体系,开展政务公开工作"回头看",消除薄弱环节和空白点。制定政务公开考核细则,将政务公开工作列入年度效能目标考核范围,着力推动各项工作落实;每季度进行一次督查通报,并结合日常工作开展情况进行考核,及时约谈考核排名落后单位,让监督机制的刚性约束作用充分发挥。2022年,未出现因政府信息公开问题的责任追究情况。

信 访

【概 况】 2022年,沙坡头区全面推动《信访工作条例》学习宣传贯彻落实,以创建信访工作示范区为依托,强化信访问题源头防治,持续深化信访安全保障工作,信访形势总体平稳,进京访人数与去年同期相比下降78.38%,群众信访事项满意率及重复信访积案化解率稳中有升,中央信联办交办76件重复信访件全部办结,圆满完成了自治区、全国两会、北京冬奥会和党的二十大期间等重要时间节点信访维稳工作任务。

【组织领导】 2022年,沙坡头区定期召开区委常委会会议、区政府常务会,专题研究信访维稳工作,对矛盾风险隐患排查化解整治、信访维稳等工作进行专题研究、部署共6次。先后召开区委常委会会议、政府常务会议、沙坡头区信联会，传达学习《信访工作条例》并安排部署具体贯彻落实。邀请自治区来访接待处处长黄永刚做专题宣讲。制定印发《关于开展〈信访工作条例〉宣传月活动的通知》，开展《信访工作条例》进乡村、进社区等活动60余次，发放宣传资料20000余份，组织排查梳理推动完善相关配套措施政策文件的新增、更新、完善、清理工作。印发《关于做好自治区第十三次党代会信访安全保证工作通知》《党的二十大信访安全保障工作方案》，成立以区委、区政府主要领导挂帅的党的二十大信访维稳安保工作专班，层层压实区级部门、乡镇及村居社区三级主体责任和"一把手"第一责任。在重大政事活动期间，沙坡头区委、区政府主要领导主持召开信访调度会，每日听取全区信访工作汇报，围绕重点领域、重点人群安排部署相关工作，压实责任、明确任务，确保工作有序有力推进。

【制度建设】 2022年，沙坡头区严格落实领导坐班接访制度。每天保证一名区级领导及部门负责人在信访大厅接访，对重大疑难信访案件采取包案化解的方式带案下访，共有24名区级领导、33名部门负责人坐班接访358人次，协调化解纠纷168件。对上级交办的60件重复访件和市县领导包保化解件，均由相关分管或包村处级领导及责任人包案化解，印发《沙坡头区信访工作百日攻坚专项行动方案》，开展为期三个月重点信访问题集中攻坚化解，共梳理交办信访件151件，均已办结，其中彻底化解65件。召开信访工作联席会议5次，审批资金389万元用于46件疑难信访案件化解及维稳工作。

【社会风险隐患排查化解】 2022年，沙坡头区组织各乡镇、各部门在全区范围内对重点领域、重点部位、重点群体、重点人员进行拉网式、滚动式大排查、大起底、大化解，共排查信访风险隐患189件，印发《沙坡头区维护社会稳定风险隐患职责清单》，逐级建立"三个清单"，动态闭环管理，限期化解销号，确保不留漏洞。

【网上信访办理】 2022年，沙坡头区网上信访信息系统登记信访件308批334人次，上级信访部门转办信访件443件。信访局及责任单位及时受理率为100%，按期答复率为98.71%。

【重复信访、积案化解】 2022年，沙坡头区共研究拨付资金171万元彻底化解35件重复信访积案，对参与化解调解员进行以案奖补10余万元，中央、自治区、中卫市、沙坡头区交办重复访件全部办结。

【矛盾纠纷化解】 2022年，沙坡头区成立矛盾纠纷化解中心，统筹全区矛盾纠纷受理接待、分流转办、分析研判、调处化解、督查督办等职责，指导好乡镇矛调中心规范运行，实现矛盾纠纷"一站式接收、一揽子调处、全链条解决"。共排查矛盾风险隐患827件，已化解786件，正在化解85件，化解率为95%，交办镇级社会矛盾纠纷调处化解中心26件，发布预警信息6次。

【矛盾纠纷调解机制】 2022年，沙坡头区创新人民调解员、律师、法律工作者参与化解信访事项机制。对人民调解员参加化解信访积案给予资金奖励约10万元，有效发挥人民调解员、律师、法律工作者在推进信访事项化解的突出作用，尤其是在党的二十大期间，人民调解员参与化解省级领导包抓的信访件，解决了一批长期的钉子案、骨头案。

【法律援助】 2022年，沙坡头区建立信访事项法律援助制度，为信访人提供免费法律服务。其中针对阳光华庭多年来无法办理房产证群体访纠纷，通过协调相关部门解决超规划等问题,成功办理首次登记,对相关单位不配合出具发票和税款的问题,运用法治思维和方式协调推动解决群众办证问题,已指派法律援助律师免费为群众代理到人民法院起诉,法院已立案,案件正在办理中,共完成9件信访事项办理法律援助。

【示范村(社区)创建】 2022年,沙坡头区大力开展信访安全保障工作示范村(社区)创建活动。制定《沙坡头区信访安全保障工作示范村(社区)创建活动方案》,对符合条件的50个村进行评定并拨付25万元资金奖励,强化"属地管理、分级负责"的信访工作原则,充分发挥村(社区)信访工作"第一道防线"作用,着力把矛盾纠纷化解小、处置在早,提升基层社会治理能力和水平,夯实信访工作基础。

政协中卫市沙坡头区委员会

综　述

【概　况】 2022年，沙坡头区政协研究制定《关于加强和改进新时代沙坡头区政协工作的实施意见》《关于加强政协协商于党委政府决策之前和决策实施之中的实施意见》等文件。坚决扛起压砂地退耕及生态修复责任，提出生态修复及后续产业发展建议，助力打造香山乡高标准农田建设，助推高效节水农业工程实施。开展习近平总书记视察宁夏重要讲话和重要指示批示精神"大学习、大讨论、大宣传、大实践"活动，采编热议文章21篇、心得体会23期，精编《沙坡头区政协年鉴》和《沙坡头区文史资料》（第一辑）。列出14项任务大力推进区委"抓产业、办实事、强治理、转作风"专项行动，协调900余万元资金扩建永康镇永新小学，支持包抓乡镇（村）做实"六大提升行动"，协商制定黄河文化集市（莫楼）等3个特色村建设规划。聚焦主责主业，落实年度协商计划，围绕"应急保障工作"和"加快产业转型　促进乡村振兴"开展专题议政协商，"文旅产业融合发展"和"社会组织培育发展"开展调研协商，"推进'四权'改革"和"移民致富提升行动"开展监督性视察，"新能源产业发展""人才队伍建设"和"能耗双控"开展市区两级联动调研，提出建议100余条。服务区委、区政府、区政协领导领衔督办好8件重点提案，协调部门办结50件年度提案，听取区发改局等8个部门工作情况通报，对区工信和商务局效能及行风建设情况进行民主评议，鼓励委员参加对口协商、有事好商量和参与调查、检查、听证等活动，反映民情要事42件，其中《关于统筹使用编制资源的建议》等被自治区采纳，《关于对莫楼村文化提升项目规划的建议》等被列入区委重点规划。聚焦团结民主，结合"两代表一委员"接访活动，规范三级委员联络室，优化委员履职服务管理，将委员大讲堂"搬到"最前沿，开展第二界别活动，建成7家委员会客室。落实走访联络委员、谈心谈话、联系社会组织等制度，开展"庆元旦、迎新春、送温暖"活动，先后慰问各类困难群体5批300多人次。聚焦党建引领，落实政协学习制度，举办"学好党代会·奋进新征程·建功新时代"等主题读书活动，增设3个"委员读书角"，推进"书香政协"建设，打造"政协书苑"；开展委员线上"学法典"、常委会前"讲法律"

活动;组织130余名委员分批到区内外参加"产业转型与乡村振兴"和"铸牢中华民族共同体意识"专题培训及季度观摩活动。落实全面从严治党要求,打造"党建引领·履职为民"党建品牌,开展违规收送红包礼金专项整治,修订全体会、常委会、主席会等工作规则,党建工作被自治区政协推荐交流,机关支部被命名为四星级基层党组织,机关被自治区爱卫会评为健康机关,政协事业呈现出团结奋斗、务实进取、赓续发展的良好局面。

【协商督导】 2022年,沙坡头区政协倾协全力推进环香山生态修复工作,助推高效节水农业工程的实施。协调解决征地事宜和项目资金900余万元,对永康镇永新小学进行扩建、生产道路硬化和村级文化广场改造。扶持包抓的宣和镇、迎水桥镇、香山乡等做好"六大提升行动"。协商制订黄河文化集市(莫楼)、长流水村、永乐村文化旅游项目及特色村建设规划,召开了沙坡头区黄河文化集市(莫楼)建设项目座谈会。对盘活小湾村等闲置旅游资源提出建议,实地督导重点项目建设。调研督导沙坡头区黄河农耕文化科普教育基地项目建设情况,督导永康镇永新村脱贫攻坚评估考核和年度工作推进落实情况。

【调研协商】 2022年,沙坡头区政协紧紧围绕区委重点工作,认真落实年度协商计划,围绕"应急保障工作"和"加快产业转型 促进乡村振兴"开展专题议政协商,提出9个方面30条意见建议,助推沙坡头区应急管理体系及保障能力建设,助力产业融合和乡村振兴;围绕"文旅产业融合发展"和"社会组织培育"开展调研协商,提出7个方面25条意见建议,协力文旅行业纾困解难,促进社会组织管理机制建立健全;围绕"新能源产业发展""人才队伍建设"和"能耗双控"开展两级联动调研,提出18条意见建议,拓展调研的深度和广度,彰显出"专"的特色。

【视察协商】 2022年,沙坡头区政协围绕"推进'四权'改革"和"移民致富提升行动"开展监督性视察,提出10个方面26条意见建议,寓协商监督于党政决策实施全过程,强化参政议政实效。

【对口协商】 2022年,沙坡头区政协教科文卫体委员会组织医药卫生界别委员到常乐镇康乐卫生院、思乐村卫生室,永康镇永乐村卫生室,迎水桥镇黑林村卫生室、迎水村卫生室开展了"村级卫生服务能力"调研,针对办公场所维修经费缺乏、村医无职称晋升机制且工资待遇低难招聘等问题提出意见建议。围绕"健全完善健身器材维护管理机制"开展对口协商,形成了《关于进一步健全完善健身器材维护管理制度的建议》。区政协社会治理委员会就小区"飞线"充电反弹现象开展对口协商活动,区住建和交通局、综合执法局、文昌镇相关负责人参加了活动。

【有事好商量】 2022年,沙坡头区政协教科文卫体委员会就"沙坡头区环香山地区抗旱""加强林权证管理""有效提升村级卫生服务能力"等6个方面开展"有事好商量",上报社情民意6篇。区政协经济委通过"有事好商量"等方式,组织部分市区政协委员、相关专家、莫楼村老人和相关部门及乡镇负责人,就完善柔远镇莫楼村文化提升建设规划进行协商。

【民主评议】 2022年,沙坡头区政协根据区委办批转的《关于上报〈沙坡头区政协委员民主评议区工信和商务局效能及行风建设工作的实施方案〉的请示》要求,区政协组织部分政协委员,自2022年7月至9月,利用3个月时间,对区工信和商务局效能及行风建设工作开展了民主评议。经测评,区工信和商务局效能及行风建设为满意等次。

【文史资料整理】 2022年,沙坡头区政协以1959

年8月中卫县政协成立为上限,以2021年沙坡头区政协二届一次会议召开前为下限,分六章48节,编修《沙坡头区政协志》。从政协综述、重大会议、调研视察评议、提案工作、重要活动、大事记等九大部分编写上报了2021年沙坡头区政协年鉴。征集编写出版了《沙坡头区文史资料》(第一辑)。

【提案工作】 2021年10月27日,在政协中卫市沙坡头区第二届委员会第一次会议上,共收到提案96件,经审查立案56件,立案率58.3%,对11件同类提案合并为5件,实际转交区委办、政府办转相关部门办理提案50件(其中重点提案8件)。与区政府办紧密联系、强化联动,采取电话督办、书面督办、召开督办会议、现场督办等多种形式对50件提案定期进行督办。严格落实区委、区政府和区政协领导领衔督办重点提案机制。区政协主要领导带队对"关于促进特色农业高质量发展的建议""关于互联网+教育示范区建设的建议"等8件重点提案逐一进行了现场督办,发挥了办理提案示范引领作用,推动了其他提案及时办理。截至12月底,所有提案已全部办结,办结率100%、办复率100%。委员们的意见建议被体现到区委和政府重大决策之中或落实到相关部门工作之中,在促进经济发展、社会治理和生态文明建设方面发挥了积极作用。同时,区政协主席冯玉森深入镇罗镇普天瑞农农业有限公司、柔远镇三方蔬菜合作社、中卫市第十一小学、沙坡头区人民医院新址等地,调研8件重点提案办理成效。

【社情民意】 2022年,沙坡头区政协提案和委员联络委共收到委员提交社情民意98件,采用40件,其中向自治区政协上报6件、中卫市政协上报10件,向区委和政府上报29件,所反映情况客观真实,有温度、有力度,为区委、区政府决策提供了参考。

重要会议

【二届二次全体会议】 2022年12月20—22日,中国人民政治协商会议中卫市沙坡头区第二届委员会第二次全体会议在中卫宸宇红宝宾馆举行。大会应到委员155人,实到107人,区政协主席冯玉森主持会议,区委书记宗立冬出席会议并讲话,区委副书记、区长丁志军等区级领导到会,听取大会发言,并参加分组讨论。会议听取并审议通过了冯玉森代表政协中卫市沙坡头区第二届委员会常务委员会所作的工作报告和张艳霞所作的提案工作情况报告,审议通过区政协2023年协商民主工作计划和二届二次全体会议提案审查情况的报告。会议补选吕生文、吴少华、黄军生3名同志为政协中卫市沙坡头区第二届委员会常务委员。委员们列席了沙坡头区第二届人民代表大会第三次会议,听取并讨论沙坡头区人民政府工作报告和其他报告,并参加分组讨论。

【二届二次常委会会议】 2022年1月13日,在沙坡头区行政中心三楼西会议室召开,区政协主席冯玉森主持会议。区委组织部及各委室负责人列席会议。会议传达学习中央经济工作会议、中央农村工作会议和自治区党委经济工作会议精神;习近平总书记发表二〇二二年新年贺词和在全国政协新年茶话会上的重要讲话精神,《中共中央办公厅印发〈关于加强和改进新时代市县政协工作的意见〉的通知》及中卫市第五次党代会及两会精神;审议《政协中卫市沙坡头区第二届委员会常委会2022年工作要点(送审稿)》;冯玉森安排部署征集沙坡头区文史资料工作;审议有关人事事宜。委员王瑞萍同志开展了先进事迹专题宣讲。

【二届三次(专题议政性)常委会会议】 2022年4月22日,在区行政中心六楼东会议室召开,区政协主席冯玉森主持会议。区委、区政府分管领导和各委室负责人列席会议,区发改局、财政局、自然资源局、住建和交通局、水务局、农业农村局、应急管理局、消防大队负责人,东园镇、常乐镇、兴仁镇和4名特邀委员列席会议并发言。会议解读《中国人民政治协商会议章程修正案》;传达学习习近平总书记重要讲话和全国两会及有关应急工作会议精神;区政府分管领导通报沙坡头区应急保障工作推进情况;通报《关于沙坡头区应急保障工作的调研报告(送审稿)》及协商报告(送审稿)形成情况;审议《关于沙坡头区应急保障管理的协商报告(送审稿)》,与会委员与部门面对面协商议政建言。

【二届四次常委会会议】 2022年7月7日,在区行政中心6楼东会议室召开,区政协主席冯玉森主持会议,区委宣传部、统战部、政法委,区发改局、乡村振兴局、鑫沙公司及区政协专委会负责人列席会议。会议举办"习近平法治思想"专题讲座;传达学习习近平总书记近期重要讲话和中央、全国政协有关工作会议及自治区第十三次党代会精神,习近平总书记在庆祝香港回归祖国25周年大会暨香港特别行政区第六届政府就职典礼上的重要讲话精神(书面),中共中央《中国共产党政治协商工作条例》,全国政协十三届常委会第二十二次会议精神(书面),汪洋主席在调研青海时的讲话精神(书面),自治区第十三次党代会精神;听取区直有关部门工作推进情况通报;审议《关于沙坡头区推进文旅产业融合发展情况的调研报告(送审稿)》《关于沙坡头区推进"四权"改革工作情况的视察报告(送审稿)》;审议委员辞免及增补事宜。

【二届五次(专题议政性)常委会会议】 2022年9月2日,区政协加快产业转型促进乡村振兴专题议政性常委会会议在区行政中心6楼东会议室召开,区政协主席冯玉森主持会议。区委、区政府分管领导,区委组织部,区自然资源局、水务局、农业农村局、旅游和文体广电局、乡村振兴局、迎水桥镇、东园镇、柔远镇、镇罗镇、永康镇、常乐镇、香山乡、兴仁镇,区政协各委室负责人及7名特邀委员列席会议。会议举办了《中华人民共和国乡村振兴促进法》专题讲座;集中学习了习近平总书记近期重要讲话精神和中央、全国政协有关工作及乡村振兴工作会议精神,习近平总书记论"三农"工作和乡村振兴战略(2022),中央统战工作会议精神,中共中央召开党外人士座谈会精神,全国政协十三届常委会第二十三次会议精神。通报沙坡头区加快产业转型促进乡村振兴工作推进情况及《沙坡头区加快产业转型促进乡村振兴专题调研报告(送审稿)》及协商报告(送审稿)形成情况;审议《沙坡头区加快产业转型促进乡村振兴专题协商报告(送审稿)》。

【二届六次常委会会议】 2022年12月3日,在区行政中心6楼东会议室召开,区政协主席冯玉森主持会议,区委办、区政府办,区委组织部、统战部、网信办、编办,区住建和交通局、玉龙公司及区政协各委室负责人列席会议。会议举办《中华人民共和国民法典》专题讲座;集中学习习近平总书记在中国共产党第二十次全国代表大会上的报告和闭幕会上的重要讲话等党的二十大精神;听取了区委办、区政府办提案办理情况通报和区直有关部门工作推进情况通报;审议《沙坡头区推进移民致富提升行动工作视察报告(送审稿)》《沙坡头区推进社会组织培育发展工作专题调研报告(送审稿)》《关于政协委员民主评议区工信和商务局效能及行风建设情况的报告(送审稿)》《政协中卫市沙坡头区委员会2023年协商计划(送审稿)》;审议政协中卫市沙坡头区第二届委员会第二次全体会议有关事宜;审议有关委员增补事宜。

【二届七次常委会会议】 2022年12月21日,在中卫宸宇红宝宾馆迎宾楼二楼接待室召开,区政协主席冯玉森主持会议,区委组织部、区政协各委室负责人列席会议。会议审议沙坡头区政协2023年协商民主工作计划(草案);政协中卫市沙坡头区第二届委员会第二次全体会议政治决议(草案);政协中卫市沙坡头区第二届委员会常务委员会工作报告的决议和提案工作情况报告的决议(草案);政协中卫市沙坡头区第二届委员会提案审查委员会提案审查情况的报告(草案);政协中卫市沙坡头区第二届委员会第二次全体会议选举办法(草案);政协中卫市沙坡头区第二届委员会补选常务委员候选人建议名单;审议总监票人、监票人建议名单。

【二届八次常委会会议】 2022年12月22日,在中卫宸宇红宝宾馆迎宾楼二楼接待室召开,区政协主席冯玉森主持会议。会议审议政协中卫市沙坡头区第二届委员会第二次全体会议政治决议(草案);政协中卫市沙坡头区第二届委员会常务委员会工作报告的决议(草案);政协中卫市沙坡头区第二届委员会提案工作报告的决议(草案);政协中卫市沙坡头区第二届委员会提案审查委员会提案审查情况报告(草案)。

【二届九次常委会会议】 2022年12月22日,在中卫宸宇红宝宾馆迎宾楼二楼接待室召开,区政协主席冯玉森主持会议。会议听取选举情况汇报;宣布选举结果。

【二届二次主席会会议】 2022年1月10日,在区行政中心五楼会议室召开,区政协主席冯玉森主持会议,区委组织部、各委室负责人列席会议。会议书面传达学习习近平总书记在全国政协新年茶话会上的重要讲话精神、《中共中央办公厅印发〈关于加强和改进新时代市县政协工作的意见〉的通知》、中卫市第二次党代会及两会精神;审议《政协中卫市沙坡头区第二届委员会班子成员及办公室主任职责分工(送审稿)》《政协中卫市沙坡头区第二届委员会各委室职责分工(送审稿)》《政协中卫市沙坡头区第二届委员会常委会2022年工作要点(送审稿)》《政协中卫市沙坡头区二届一次会议重点提案(送审稿)》《自治区政协志〈沙坡头区卷〉(送审稿)》《2021年沙坡头区年鉴〈政协卷〉(送审稿)》《关于征集沙坡头区文史资料的通知(送审稿)》;审议有关人事事宜;审议政协中卫市沙坡头区二届二次常委会会议议程。

【二届三次主席会会议】 2022年2月28日,在沙坡头区行政中心五楼会议室召开,区政协主席冯玉森主持会议,区应急管理局负责人及各委室负责人列席会议。会议传达学习政协第十三届全国委员会第六十六次主席会议精神;自治区两会精神;审议《关于开展沙坡头区应急保障管理工作的调研方案》。

【二届四次主席会会议】 2022年4月2日,在沙坡头区行政中心五楼会议室召开,区政协主席冯玉森主持会议。区委组织部、统战部及区政协各委室负责人列席会议。会议传达学习习近平总书记在中央政协工作会议暨庆祝中国人民政治协商会议成立70周年大会上的重要讲话,全国两会精神、自治区市县政协领导干部培训班精神;审议《关于沙坡头区应急保障管理工作的调研报告(送审稿)》《关于沙坡头区推进文旅融合高质量发展的调研方案(送审稿)》《沙坡头区政协志(送审稿)》;审议委员辞免及增补事宜;审议政协中卫市沙坡头区二届三次暨"应急保障管理工作"专题议政性常委会议相关事宜。

【二届五次主席会会议】 2022年5月12日,在沙坡头区行政中心5楼中会议室召开,区政协主席冯玉森主持会议。会议传达学习习近平总书记在中国人民大学考察时的重要讲话精神；全国政协第60次双周协商座谈会精神；审议《沙坡头区推进"四权"改革工作视察方案(送审稿)》《沙坡头区政协委员会客室工作实施方案(送审稿)》《沙坡头区政协委员会客室工作办法(试行)(送审稿)》《关于加强和改进新时代沙坡头区政协工作的实施意见(送审稿)》。

【二届六次主席会会议】 2022年6月13日，在沙坡头区行政中心5楼东会议室召开，区政协主席冯玉森主持会议。会议传达学习全国政协第63次双周协商座谈会和"奋进新时代，百名委员说"系列活动首场宣讲会精神、自治区第十三次党代会精神、自治区党委召开党外人士座谈会精神、自治区党委《关于贯彻落实中央和自治区党委政协工作会议精神情况的督查调研通报》；审议《关于沙坡头区推进文旅产业融合发展情况的调研报告(送审稿)》《沙坡头区政协2022年第二季度政协委员参观重点建设项目活动方案(送审稿)》；审议政协二届四次常委会会议议程。

【二届七次主席会会议】 2022年7月1日，在沙坡头区行政中心5楼中会议室召开，区政协主席冯玉森主持会议。会议书面传达学习《中国共产党政治协商工作条例》；传达学习全国政协文史工作座谈会议精神、全国政协网络议政远程协商会议精神、梁言顺调研贺兰山生态保护和防洪治理工作精神；审议《关于沙坡头区推进"四权"改革工作情况的视察报告(送审稿)》《沙坡头区政协委员民主评议区工业信息化和商务局效能及行风建设工作实施方案(送审稿)》《沙坡头区加快产业转型促进乡村振兴工作专题调研方案(送审稿)》《政协中卫市沙坡头区委员会全体会议工作规则(送审稿)》《政协中卫市沙坡头区委员会常务委员会工作规则(送审稿)》《政协中卫市沙坡头区委员会主席会议工作规则(送审稿)》。

【二届八次主席会会议】 2022年8月17日，在沙坡头区行政中心5楼中会议室召开，区政协主席冯玉森主持会议。会议学习《习近平谈治国理政》(第四卷)：始终坚持人民至上；传达学习了中央统战工作会议精神、中共中央召开党外人士座谈会精神、全国政协64次双周协商座谈会精神；审议《沙坡头区加快产业转型促进乡村振兴专题调研报告(送审稿)》《沙坡头区推进社会组织培育发展工作视察方案(送审稿)》；审议政协中卫市沙坡头区二届五次暨"加快产业转型 促进乡村振兴"专题议政性常委会会议相关事宜。

【二届九次主席会会议】 2022年9月7日，在沙坡头区行政中心5楼中会议室召开，区政协主席冯玉森主持会议。会议传达学习《习近平谈治国理政》(第四卷)：把握新发展阶段，贯彻新发展理念，构建新发展格局、习近平总书记关于加强和改进民族工作的重要思想；全国政协"奋进新时代，百名委员说"宣讲活动精神；审议《关于组织沙坡头区政协委员开展2022年第三季度观摩活动的通知(送审稿)》《沙坡头区推进移民致富提升行动工作视察方案(送审稿)》；研究支持市社会组织联合会打造"政协委员"读书角的事宜。

【二届十次主席会会议】 2022年11月3日，在沙坡头区行政中心5楼中会议室召开，区政协主席冯玉森主持会议。会议传达学习习近平总书记在中国共产党第二十次全国代表大会上的报告(书面)、全国政协学习贯彻党的二十大精神、自治区政协学习贯彻党的二十大精神；审议《沙坡头区推进移民致富提升行动工作视察报告(送审稿)》《沙坡头区推进社会组织培育发展工作专题调研报告(送审稿)》；审议政协中卫市沙坡头区第二届委员会常务委员会第六次会议议程。

【二届十一次主席会会议】 2022年11月17日，在沙坡头区行政中心5楼中会议室召开，区政协主席冯玉森主持会议，区委组织部、区委统战部列席会议。会议传达学习中央和全国政协及自治区政协学习贯彻中国共产党第二十次全国代表大会精神的决议；全国政协"推进黄河国家文化公园建设"网络议政远程协商会精神；全区政协文史工作座谈会精神（书面）；听取区政协各委室2022年工作总结暨2023年工作思路；审议《沙坡头区政协委员民主评议区工信和商务局效能及行风建设工作情况报告（送审稿）》《政协中卫市沙坡头区委员会2022年协商计划执行情况报告（送审稿）》《政协中卫市沙坡头区委员会2023年协商计划（送审稿）》；审议政协中卫市沙坡头区第二届委员会第二次全体会议有关事宜；审议了增补委员和增选常委事宜。

【二届十二次主席会会议】 2022年12月21日，在宸宇红宝宾馆迎宾楼二楼接待室召开，区政协主席冯玉森主持会议，区委组织部列席会议。会议听取各小组讨论情况汇报；审议政协中卫市沙坡头区第二届委员会常务委员会工作报告的决议（草案）、政协中卫市沙坡头区第二届委员会提案工作情况报告的决议（草案）、政协中卫市沙坡头区第二届委员会第二次全体会议政治决议（草案）、政协中卫市沙坡头区第二届委员会提案审查委员会提案审查情况的报告（草案）、总监票人、监票人建议名单。

【二届十三次主席会会议】 2022年12月22日，在宸宇红宝宾馆迎宾楼二楼接待室召开，区政协主席冯玉森主持会议。会议听取各小组关于政府及法检"两院"工作报告、2022年国民经济和社会发展计划执行情况与2023年国民经济和社会发展计划草案讨论情况的汇报；听取各小组关于《政协中卫市沙坡头区第二届委员会第二次全体会议政治决议（草案）讨论情况的汇报；听取各小组关于政协中卫市沙坡头区第二届委员会常务委员会工作报告和提案工作情况报告的决议（草案）》讨论情况的汇报；听取各小组关于《政协中卫市沙坡头区第二届委员会提案审查委员会提案审查情况的报告（草案）》讨论情况的汇报。

【政协办公室】 2022年，沙坡头区政协办公室牵头制定《关于加强和改进新时代沙坡头区政协工作的实施意见》《关于加强政协协商于党委政府决策之前和决策实施之中的实施意见》和《沙坡头区政协2022年常委会工作报告》等文件，总结汇报材料80余份，在华兴时报等报刊推送信息65篇，修订完善政协全体会议、常务委员会、主席会议等工作规则。承办政协全体会议、常委会会议、主席会会议等各类会议15次，组织、协调和服务政协委员视察、调研、考察、培训等有关活动14次。联络协调区内外各级政协联动调研、考察学习14次。协助抓好机关自身建设，扎实开展"大学习、大讨论、大宣传、大实践"活动，深入推进"抓产业、办实事、强治理、转作风"专项行动，打造"党建引领·履职为民"机关党建品牌，创建"政协书苑"。协助处级领导督导落实"六大提升行动"、压砂地退耕及生态修复、农村人居环境综合整治、创建文明城市等工作。

专门委员会

【提案和委员联络委员会】 2022年，提案和委员联络委员会在政协二届一次会议以来共征集提案96件，立案56件，转交"两办"提案50件。遴选重点提案8件。年内共举办"委员大讲堂"7期，参加培训学习500余人次，充分发挥了政协组织大团结、大联合的职能。开展了沙坡头区"四权"改革监督性视察和民主评议区工信和商务局效能及行风建设工作,向自治区政协上报社情民意信息6件、中卫市政协10件,向区委和区政府上报社情民意信息29件,为区委、区政府决策提供了参考。举办了以产业转型与乡村振兴、铸牢中华民族共同体意识等为主题的4期委员培训班,培训委员140余人次,使委员们开阔了视野、启迪了思路,履职能力明显提高。新打造了以辐射社会治理、特色产业、文旅发展、社会服务、党派活动、民族宗教领域的委员会客室7个。

【经济委员会】 2022年,经济委员会组织部分政协委员先后深入永宁县闽宁镇山海情产业园、利通区牛家坊民俗文化村、中宁县丰安屯等14个学习点进行现场观摩教学,并召开2022年"产业转型与乡村振兴"专题培训班。组织部分政协委员深入沙坡头区9个乡镇,对加快产业转型,促进乡村振兴工作情况进行专题调研并召开座谈会,形成《沙坡头区加快产业转型促进乡村振兴的协商报告》。组织政协委员通过实地察看、听取介绍、座谈协商等方式,对沙坡头区移民致富提升行动工作进行了视察协商,形成《沙坡头区推进移民致富提升行动工作视察报告》。就产业、就业、社会融入进行了深入研究分析,并提出了派驻科技特派员、技术专家深入养殖园区指导群众进行标准化养殖等10条建议。

【教科文卫体委员会】 2022年,教科文卫体委员会围绕推进文旅产业融合发展开展调研协商,针对制度供给不足、基础设施薄弱、中端消费产品缺乏、同质化现象严重、文旅资源闲置等问题,提出12条意见建议。就"健全完善健身器材维护管理机制""沙坡头区环香山地区抗旱""加强林权证管理""有效提升村级卫生服务能力"等6个方面开展对口协商和"有事好商量",上报社情民意6篇。编修了50余万字的《沙坡头区政协志》。征集编写出版了20万字《沙坡头区文史资料》(第一辑)。起草了自治区文史工作座谈会经验交流材料。编写了《2021年沙坡头区政协年鉴》和《自治区政协年鉴(沙坡头区卷)》。组织召开了"沙坡头区界别委员联系社会组织动员会",安排部署工作并召开座谈会。开展了两次委员集中学习和阅读分享活动。完成了政协二届一次、二届二次全体会议期间宣传报道、会务安保、医疗保障、食品安全等服务工作。提交大会发言1篇,撰写区委主要领导开幕会讲话材料两份,上报自治区政协理论征文5篇。

【社会治理委员会】 2022年,社会治理委员会始终把学习作为第一要务,积极组织委员参加各类学习研讨活动。围绕"沙坡头区应急保障工作"和"沙坡头区推进社会组织培育发展工作"开展调研协商。针对小区"飞线"充电反弹现象进行对口协商。针对农村垃圾治理方面存在问题,开展有事好商量。年初精心制订学习计划,创新学习方法,首次推出委员线上"学法典",常委会前"讲法"活动,让普法工作走深走实。严把"三关",切实当好财务管家。修改大会发言材料27篇,上报理论征文5篇。

调研视察评议

【应急保障专题协商】 3月16日,区政协组织部分委员深入东园镇曹闸村、柔远物流园和区防灾减灾科普体验教育基地等,对沙坡头区应急保障及综合减灾示范县创建工作开展情况进行了专题调研。针对应急管理体系待完善、应急物资保障体系不健全、应急运行体系不顺畅等问题,提出了健全完善应急保障体系、建立健全应急物资储备保障制度、健全横向协调运行机制、筑牢综合减灾工作基础等意见建议,报送了《沙坡头区应急保障工作开展情况协商报告》。

【加快产业转型促进乡村振兴专题协商】 7月14—15日,区政协组织部分委员深入香山乡景庄村退砂地辣椒种植试验田、兴仁镇郝集村枸杞加工基地、永康镇永乐村苹果种植示范园、常乐镇海乐村肉牛养殖园区、光明乳业科创中心、柔远镇瓜菜大棚种植基地、镇罗镇设施蔬菜大棚改造现场、东园镇黑山村党支部领办合作社、迎水桥镇乡村振兴体验中心等,对沙坡头区加快产业转型促进乡村振兴工作进行专题调研。针对枸杞产品深加工能力缺乏、产品附加值低,苹果产业发展模式有待改善,规模化、标准化养殖水平低,设施蔬菜品种多而杂、未形成"名牌",绿色生产技术普及率低,乡村旅游产业链不强,发展内生动力不足等问题,提出了探索创建"香山枸杞"品牌,引导肉牛肉羊养殖户集中式养殖,加大设施蔬菜大棚的维修改造提升力度,打造"韩闸韭菜"等全国名特优新农产品品牌,对蔬菜品种分区域种植进行合理规划,引入乡村旅游运营管理专业团队深入挖掘传统村落、乡土文化、传统工艺、非遗文化等建议,报送了《沙坡头区加快产业转型促进乡村振兴协商报告》。

【推进文旅产业融合发展调研协商】 5月10—12日,区政协组织部分委员深入中卫市博物馆、宁夏大麦地文化产业园、沙坡头星星酒店、金沙岛景区、明长城遗址公园下河沿段及鸣钟村、北长滩村等,对沙坡头区文旅产业融合发展情况进行了深入调研,针对文旅产业融合发展的体系有待完善、文旅产业融合发展的资源整合度还不高,文旅产业融合发展的效应还不明显,文旅资源闲置的问题亟待改观等问题,提出了统筹规划引领、健全完善制度体系,实施战略突进、优化特色产业资源供给,挖掘产业内涵、提高融合发展的竞争力,加强市区联动、有效处置闲置资源的意见建议,报送了《沙坡头区推进文旅产业融合发展情况调研报告》。

【推进社会组织培育发展调研协商】 2022年,区政协组织部分委员深入沙坡头区义工联合会、体育总会、物业协会、嘉善社会工作服务中心、社会组织培育中心、爱心助老协会、众成农服家庭农场等社会组织,对沙坡头区社会组织培育发展工作进行调研协商。针对社会组织管理机制不完善、自身发展能力不增强、结构不平衡的问题,提出了持续加大政策扶持和监管,加强登记管理机关信息化建设,推动相关部门依法交换、分享、共用社会组织信息资源,加强社会组织自治能力建设,积极为社会组织搭建协商交流平台,争取政府购买社会服务项目,引进精英人才等建议,报送了《沙坡头区推进社会组织培育发展工作专题调研报告》。

【推进"四权"改革视察协商】 5月30—31日,区政协组织部分委员南山台电灌站调度中心、中卫市第二中水厂、宣和镇宣和村、中卫市西郊林场等11个视察点,对沙坡头区"四权"改革工作推进情况进行了监督性视察。针对农田实际灌溉面积大于用水权确权面积、确权水量与实际需水量差距大,农村宅基地遗留问题多,原确权林地底数不清、确权混乱,排污权市场交易尚未形成良好的循环体系、企业可交易排污权及政府储备排污权没有形成交易事项,"四权"改革工作合力没有形成等问题,提出了认真核实农田灌溉面积,严格控制工业用水指标,对养殖企业用水进行科学评估、做好清理发证工作,建立国有林地、集体林地矢量数据库和法律风险评估团队,深入挖掘政府储备权和可交易排污权,建立推进"四权"改革工作长效机制等建议,报送了《沙坡头区推进"四权"改革工作视察报告》。

【推进移民致富提升行动视察协商】 9月15日,区政协深入常乐镇海乐村"党群就业服务矩阵"、新建肉羊养殖园区，永康镇永乐村党支部领办合作社，宣和镇海和村人居环境整治、清洁能源＋低碳养殖项目现场，东园镇金沙村设施蔬菜产业园、奶牛托管基地，迎水桥镇"三村一域"党支部领办合作社等调研点，对沙坡头区移民致富提升行动工作进行了视察协商。针对产业结构单一、标准化程度低，观念滞后，就业需求与从业技能之间的矛盾突出，双向融入的程度还有待加强的问题，提出了推动移民产业升级发展，培育移民村新产业新业态，推动人力资源开发，提高移民群众就业创业能力，推动公共服务建设，加快推进移民群众深度融入的意见建议，报送了《沙坡头区推进移民致富提升行动工作情况视察报告》。

【民主评议区工信和商务局效能及行风建设】 2022年，区政协组织部分政协委员对区工信和商务局效能及行风建设工作开展了民主评议，通过评议，发现被评议部门招商引资力度进一步加大，为企业纾困解难进一步加强，工业项目建设进一步落实，推动消费稳增长进一步发力，推动企业治理工作进一步提升，县域商业体系进一步多元化，机关效能行风建设进一步提高，报送了《沙坡头区政协委员民主评议区工信和商务局效能及行风建设工作情况报告》。

重要活动

【专题宣讲】 1月7日，区政协党组书记、主席冯玉森到永康镇永新村围绕"深化学习贯彻习近平新时代中国特色社会主义思想暨习近平总书记视察宁夏重要讲话和重要指示批示精神"进行专题宣讲，村"两委"班子成员、驻村工作队、永新小学教师、党员群众40余人参加。7月4日，到宣和镇宣讲自治区第十三次党代会精神，宣和镇全体领导干部、各村干部共100余人参加。

【经济观摩】 6月29日，区政协组织40余名委员，先后到玉龙公司建筑垃圾资源综合利用项目、永康镇双达村农产品交易市场项目、宣和镇嘉旭穆和新能源储能项目、区水系连通及水美乡村建设试点县项目等9个重点项目开工建设现场进行实地调研观摩，并召开座谈会，政协委员就推进重点项目建设建言献策。9月8日，组织40名政协委员深入迎水桥镇微元素沙石画创作基地、漠贝葡萄酒庄、云慧非遗文创展销馆、原宿太空舱基地、镇罗镇普天瑞农蔬菜基地及沙坡头区廉政教育厅、国防教育厅、地名馆"两厅一馆"等6个观摩点开展第三季度文旅项目观摩活动，西部建筑抗震勘察设计研究院宁夏分院院长陈涛详细介绍了莫楼传统村落建设设计方案，委员们围绕项目作了互动交流。

【读书分享】 6月16日，区政协办以"学好党代会 奋进新征程 建功新时代"为主题，举办了2022年第二期政协委员阅读分享活动，王慧玲等4名委员交流了学习心得。

【委员会客室】 6月2日，区政协打造了以张艳霞、释如律、张翠燕、石建武、曹慧萍、王一鹏委员牵头的以民主党派、民族宗教、特色产业、文旅发展、社工服务、社会治理为主题特色的7个委员会客室。

【委员讲堂】 6月28日，区政协社会治理委员会以"反家庭暴力"为主题，在宣和镇开展了"委员大讲堂"活动，区政协副主席张艳霞出席活动。委员吕伟国和魏慧茹作了主题宣讲。6月24日，区政协社会治理委员会组织部分委员在中卫移动公司信息安全运营中心开展第5期"委员大讲堂"活动，中国移动网络安全专家路磊就网络政策法规、安全形势、网络安全事件进行了分析讲解。全年开展委员大讲堂 7 期。

【社会组织培育】 5 月 19 日,组织召开政协委员按界别联系社会组织恳谈会。区民社局介绍了本部门关于社会组织工作的职责和工作开展情况。经济界、教育科学文化卫生界别委员及体育类、农林经济类部分社会组织负责人,区科学技术局、民政和社会保障局、农业农村局、旅游和文化体育广电局等部门负责人参加会议并进行座谈。6 月 9 日,区政协党组书记、主席冯玉森调研中卫市社会组织党群服务中心和中卫市社会组织孵化培育基地工作,了解社会组织发展工作情况。

【委员培训】 5 月 24—28 日,组织 50 名政协委员和机关干部开展 2022 年"产业转型与乡村振兴"专题培训班,邀请宁夏大学朱爱农教授就民法典与乡村振兴开展专题讲座,副主席梁清江就"强化责任担当,做合格政协委员"、区政协提案和委员联络委主任吕生文就"做好新时代提案工作的探索与实践"分别进行了专题辅导,深入永宁县闽宁镇山海情产业园、利通区牛家坊民俗文化村、中宁县丰安屯等 14 个学习考察点进行现场观摩教学并召开座谈会,13 名政协委员进行了交流分享。7 月 23—30 日,组织 40 余名政协委员举办了沙坡头区政协铸牢中华民族共同体意识专题培训班。参与培训的委员先后深入新疆军垦博物馆、周恩来总理纪念碑、新疆维吾尔自治区博物馆、固原巷社区等进行实地观摩教学,并召开结业座谈交流会,8 名政协委员围绕"铸牢中华民族共同体意识"如何履职做好工作进行了交流发言。

【对外交流】 4 月 7 日,自治区政协副主席洪洋一行 7 人对沙坡头区深化"四权"进行督查调研,区委书记郭爱迪、区政协主席冯玉森陪同调研。4 月 7 日,自治区政协人口资源环境委员会专职副主任杨学林一行 11 人到沙坡头区对"深化'四权'改革,推动生态建设"议题开展督查调研,区政协主席冯玉森、副主席张艳霞陪同调研。4 月 20 日,自治区政协农业和农村委员会主任潘多俊一行 11 人赴沙坡头区就"努力延长农副产品产业链、价值链,提高农民收入水平"进行调研,区政协主席冯玉森,区委常委、副区长马立明,区政协副主席何建忠陪同调研。6 月 9 日,吴忠市利通区政协副主席马金良一行 10 人到沙坡头区就落实《中央关于加强和改进新时代市县政协工作的意见》精神和基层政协建言资政促进当地特色产业发展的亮点工作进行考察学习,区政协副主席梁清江陪同考察。6 月 15 日,平罗县政协副主席谭润一行 15 人到沙坡头区就电石化工产业转型升级工作进行考察学习,区政协副主席梁清江陪同考察。6 月 22 日,广西扶绥县政协副主席蒙永明一行 14 人到沙坡头区就利用灌区水资源发展产业进行考察学习,区政协副主席何建忠陪同考察。7 月 22 日,固原市原州区政协副主席赵向辉一行 8 人到沙坡头区就城市精细化管理工作进行考察学习,区政协副主席梁清江陪同考察。7 月 29 日,青铜峡市政协副主席于建华一行 32 人到沙坡头区就中卫大数据中心运行和沙坡头区文化旅游产业发展等特色亮点工作进行考察学习,区政协副主席梁清江陪同考察。8 月 3 日,吴忠市盐池县政协副主席范海荣一行 12 人到沙坡头区就文旅融合发展方面进行考察学习,区政协副主席何建忠陪同考察。9 月 6 日,河南省巩义市政协主席曾厚宏一行 12 人赴沙坡头区就黄河沿线历史文化遗存及文化创意产业展示情况进行考察学习,区政协副主席何建忠陪同考察。9 月 9 日,乌审旗政协副主席赵雄伟一行 12 人到沙坡头区就新能源产业、建设能源基地以及文化产业发展方面进行考察学习,区政协副主席张艳霞陪同考察。

纪委监委

综 述

【概　况】 2022年,沙坡头区纪委监委坚持把政治监督作为根本职责,紧紧围绕贯彻落实习近平总书记视察宁夏重要讲话和重要指示批示精神,聚焦先行区建设、推进"六大提升行动"、乡村振兴、粮食安全、污染综合治理、压砂地退出和生态修复等重点任务落实情况跟进监督14次,督促整改问题37个,约谈责任落实不到位的党员干部53人次,严查快办问题线索8件,处理处分10人,坚决纠治有令不行、有禁不止。全面启动"三察(查)一体"工作机制,构建"督查—通报—整改—回头看"闭环工作模式,聚焦政策落实、责任压实、作风务实开展全覆盖监督检查,下发通报36期,督促整改问题469个,处理处分37人,助力区委、区政府工作有力推动党中央疫情防控政策措施落实落细。

【积案化解】 2022年,沙坡头区纪委监委持续"减存量""清库存",开展信访积案清零行动,集中攻坚、逐件施策办结50件长期积压问题线索和8件疑难复杂案件,有效解决群众"多层、多头、多次"信访举报问题,检举控告总量同比下降66.83%。坚持严的主基调不动摇,紧盯乡村振兴、工程建设、民生保障等重点领域惩治腐败,依规依纪依法处置问题线索190件,初核函询了结102件,立案71件,处分88人,持续释放高压反腐鲜明信号。

【规范权力运行】 2022年,沙坡头区纪委监委把领导干部尊崇制度、敬畏制度、带头执行制度情况纳入监督重点,切实维护制度的刚性约束。严格落实"三会两书两报告"制度,坚持一案一剖析、一案一警示、一案一整改,有针对性地制发纪检监察建议书47份,督促召开宣布处分决定会、以案促改专题民主生活会(组织生活会)、警示教育大会94场次,深刻剖析、深入挖掘案件暴露出的思想教育、权力监管、制度落实、体制机制等方面问题,查处一案、警示一片、治理一域的综合效应充分彰显。

【教育引导】 2022年,沙坡头区纪委监委推进新时代廉洁文化建设,创新廉政教育载体,培育滨河镇新河社区廉政警示教育厅、镇罗镇凯歌村"清风驿站"等清廉示范点,开展"领导干部廉政警示教育周""树清廉家风·创最美家庭"助廉活动,加强对"关键少数"和年轻干部教育管理,对107名新任职干部开展任前廉政谈话和考试,组织2200余名党员干部到警示教育基地接受思想洗礼,宣讲廉政党课76场次,通报典型案例27起,用"身边事"教育"身边人",党员干部党性觉悟、拒腐能力不断增强。

【作风建设】 2022年,沙坡头区纪委监委严格落实中央八项规定及其实施细则精神和自治区党委"八条禁令"要求,制定落实中央八项规定精神正负面清单,明确"禁为"和"可为"界限,让党员干部有章可循。坚持关键节点集中抓、日常时间经常抓,发送廉洁短信3000余条,开展明察暗访6次,督促整改问题45个,严肃惩治顶风违纪4人。近两年来,全区查处的违反中央八项规定精神问题线索数、处理人数明显下降,中央八项规定精神已成为不可逾越的铁规矩、硬杠杠。

【破除形式主义官僚主义】 2022年,沙坡头区纪委监委立足区委"抓产业、办实事、强治理、转作风"三年行动,推动基层党组织整顿提升,持续亮剑工作落实"庸懒散慢拖"、服务群众"生冷硬横推"、行使权力"吃拿卡要占"等制约高质量发展、影响群众切身利益的作风顽疾,严肃处理不担当不作为党员干部14人,约谈提醒26人,干部作风明显改进、服务意识明显增强、发展环境明显优化。常态化推进基层减负,全面整治文山会海,统筹规范督查检查考核,为基层减负赋能,让干部轻装上阵。

【纠治"四风"】 2022年,沙坡头区纪委监委开展违规收送红包礼金和不当收益及违规借转贷或高额放贷专项整治,督促各级党组织开展学习研讨、政策宣讲167场次,对照"五个是否"检视问题9300余个,开展"三个全覆盖"谈话1356人次。在高压震慑和政策感召下,16名党员干部和公职人员主动上交不当收益,41名党员干部主动说明违规借转贷问题,有效防止由风及腐。坚持纠建并举,从体制机制层面推动解决反复出现、普遍发生的共性问题,督促完善公务接待等制度12项,推动"四风"纠治常态长效。

【护航乡村振兴】 2022年,沙坡头区纪委监委跟进监督乡村振兴政策落实、乡村建设项目资金使用及各级各类督导检查反馈问题整改情况,严肃查处优亲厚友、虚报冒领等问题7起,处理处分13人,约谈提醒23人,有力保障乡村振兴战略稳步推进。扎实开展农村"三资"腐败问题专项治理,全面深入清查村集体资金、资产、资源,排查非法侵占、"白条入账"等问题156个,处置问题线索25件,处理处分12人,为推进乡村振兴注入清廉动力。

【优化行业环境】 2022年,沙坡头区纪委监委开展工程建设政府采购等重点领域突出问题专项治理,排查整改医疗卫生行业领域问题5284个、工程建设政府采购问题36个,受理问题线索50件,处理处分16人,约谈提醒189人次,督促健全完善制度50余项,移送公安、行业部门办理围标串标等问题线索20件,有力推动行业秩序逐步规范、市场环境持续优化。扎实推进水利工程、矿山领域突出问题整治专项监督,组织排查整改蓄水池、水利工程等各类安全隐患406个,督促从严修复治理问题矿山85个,有效防范化解风险。

【专项整治】 2022年,沙坡头区纪委监委深入开展群众身边腐败和不正之风专项整治,推动教育、行政审批、农业农村等职能部门办结群众信访举报358件,处置损害群众利益问题线索75件,处理处分46人,一批难点、痛点、堵点问题切实得以解决。积极推动监督向基层延伸,运用"村廉通"监督村级收支资金7.24亿元,持续深化提级监督,建立线索发现、监督跟进、查处问责一体工作机制,督促整改问题32个,提级办理问题线索19件。健全完善群众参与监督体系,上线运行"监督一点通"

服务平台，录入小微权力清单26项，平台点击访问量达416万人次，高效处理群众投诉142件，有力推动解决惠民惠农资金发放等民生问题，群众获得感和满意度持续提升。

【执纪监督】 2022年，沙坡头区纪委监委坚决扛起全面从严治党协助职责和监督责任，明确全面从严治党、党风廉政建设和反腐败工作任务，建立健全"三个清单"，深化履责提醒回告机制，发送履责提醒单673份，提醒事项4273项，督促整改各类问题71个，使"关键少数"明责知责、履责尽责。坚持失责必问、问责必严，严肃查处"两个责任"落实不力问题6件13人，集中处理农村发展党员过程中"带病入党"、弄虚作假、严重违反入党程序问题30件17人，管党治党政治责任进一步压紧压实。综合运用监督检查、列席党委（党组）会议、受理信访举报、提出纪检监察建议等方式加强对"一把手"和领导班子监督，组织党委（党组）主要负责同志向区委述责述廉并接受评议，做实党内谈话、民主集中制等各项制度，对苗头性、倾向性问题约谈提醒46人次，抓早抓小、防微杜渐。推动监督关口前移，规范建立党员干部电子廉政档案4200余册，审慎回复党风廉政意见1725人次，精准勾勒干部"廉政画像"，为全方位监督提供有效载体。坚持惩前毖后、治病救人，精准稳妥运用监督执纪"四种形态"，批评教育帮助和处理党员干部270人次。严格落实"三个区分开来"，为4名受到失实举报干部澄清正名，教育回访受处理处分党员干部62人次，对处分期满表现优秀的干部及时向组织推荐，激发和保护干部干事创业积极性。

【自身建设】 2022年，沙坡头区纪委监委健全"室组"联动监督、"室组地"联合办案机制，抽调乡镇纪委、派驻机构干部跟班学习、监督检查23次，联合办案50余件，处理处分35人。推进"四项监督"统筹衔接、协同联动，完善信息沟通、线索移送、措施配合机制，对监督任务实行清单化管理，制发监督清单96份，实现监督力量一体融合、监督重点一体发力、监督成果一体共享。扎实开展"高素质专业化队伍建设年"活动，落实常态化学习制度，分级分类深化全员培训，组织干部参加专题培训、上级调训110人次，组建文稿写作、精准监督、审查调查能力提升班，通过法规精讲、案例分析、经验交流，全面提升纪检监察队伍政治能力和业务能力。加强新时代纪检监察干部监督工作，扎实开展"执纪执法形象"专项整治活动，深入查摆整改问题440个，健全完善《纪检监察干部行为规范》等制度19项。首次向区人大常委会报告监委专项工作，主动向特约监察员通报工作、听取意见建议，自觉接受各方监督。从严教育管理监督干部，建立纪检监察干部廉政档案，规范个人事项报告，落实打听案情、说情干预登记备案、回避保密等内控机制，加强干部"八小时外"监督管理，坚决防治"灯下黑"。

【巡察工作指导】 2022年，沙坡头区纪委监委加强对巡察工作的领导指导，严格落实区委常委会、书记专题会、巡察工作领导小组会议制度，通过听取汇报、调研督导、督查督办、约谈提醒，加强对巡察重要工作、重大事项、重点环节安排部署，确保政治巡察方向不偏、标准不降、力度不减，巡察利剑作用充分彰显。科学规划二届区委巡察工作的路线图、任务书，修订完善巡察相关制度20项，将210余名优秀年轻干部纳入巡察"组长库""人才库"。紧紧围绕巡察"全覆盖、高质量"目标任务，完成两轮对5个乡镇党委及所属75个村（社区）党组织的常规巡察，同步开展意识形态工作责任制落实情况专项检查，精准发现问题1054个，收到信访件55件，移交问题线索5件，着力纠正被巡察党组织在工作落实中存在的温差、落差、偏差。修订完善巡察"后评估"制度,按照"6+3+4"模式综合考评巡察任务完成、发现问题质量、干部日常管理等情况,切实提升巡察工作规范化水平。坚持发现问题与推动整改并重,严格落实"双反馈、双报告"机制,向区级分管领导呈送整改提醒函22份,向相关职能部门发送建议书5份,形成合力推动问题整改。强化巡察整改日常监督,联合组织部门对12个被巡察党组织问题整改情况开展回访督查,督促修订完善制度49项、整改不到位问题30个,实现以巡促改、以巡促建、以巡促治效果。

巡察工作

【概　况】 2022年,区委常委会传达学习巡视巡察相关会议精神、研究部署工作4次,召开书记专题会议听取巡察情况汇报两次,听取巡察情况报告5份,领导班子评价报告、问题线索报告等41份,点人点事18件。巡察工作领导小组召开会议,传达学习各级巡视巡察会议及领导讲话精神、研究部署重点工作6次,审议巡察情况报告5份,领导班子评价报告、问题线索报告等41份。

【政治巡察】 2022年,巡察工作领导小组围绕"三个聚焦"共开展3轮巡察。其中,开展了一轮交叉巡察,一轮常规巡察,一轮上下联动巡察。按照交叉巡察工作部署,二届区委第一轮派出1个巡察组对中宁县石空镇党委及所属16个村(社区)党组织开展交叉巡察,海原县派出1个巡察组对柔远镇党委及所属13个村党组织开展交叉巡察。按照上下联动巡察工作部署,二届区委第三轮巡察与中卫市同步开展对农业农村局、乡村振兴局、旅游和文化体育广电局的巡察。截至2022年年底,二届区委第一、二轮完成了对柔远镇、常乐镇、文昌镇、兴仁镇、香山乡5个乡镇党委及所属75个村(社区)党组织的巡察,共发现问题1280个,收到信访件57件,移交问题线索5件。

【巡察整改】 2022年,巡察工作领导小组成员带队向被巡察单位党组织和主要负责人反馈巡察情况,及时传达区委书记专题会议精神。在向被巡察党组织通报反馈意见的同时,向区级分管领导抄送巡察反馈意见整改提醒函22份,向相关职能部门发送巡察建议书5份。1月份,对一届区委第16、17轮巡察的12个党组织整改情况进行了回访督查,发现问题30个,及时纠正整改不到位、不彻底的问题。

【指导督导】 2022年6月20日至7月29日,市委巡察工作领导小组派指导督导组对沙坡头区委巡察工作开展指导督导,反馈4个方面12个具体问题。沙坡头区委巡察工作领导小组高度重视,梳理指导督导反馈问题,制定整改措施15项,积极推进整改各项工作落实,促进了办组工作规范化、正规化建设。

【制度建设】 2022年,建立健全《沙坡头区委巡察办巡察报告问题底稿管理办法》《沙坡头区委巡察工作领导小组及其成员履职清单》《关于进一步明确沙坡头区党委书记履行巡察第一责任人的责任清单》等6项制度,进一步提升了巡察工作规范化、法治化、正规化水平。

【队伍建设】 2022年,区委巡察办召开室务会9次、办组联席会议4次、干部理论学习会27次,选派10人参加自治区、中卫市巡察工作培训班,选派3人到自治区、中卫市"以干代训",其中1人被中卫市评为优秀巡察干部。同时,通过多种渠道组织巡察干部认真学习党中央和自治区、中卫市党委巡视巡察工作新部署、新要求,切实提高巡察干部发现问题、解决问题的能力。

民主党派和工商联

中国国民党革命委员会中卫市沙坡头区总支委员会

【概　况】 2022年，民革沙坡头区总支第一届委员会，主委是张艳霞。委员会由1名主委、2名副主委、1名秘书长、9名委员组成，平均年龄43岁。总支下辖5个基层支部，共有党员110人，主要分布在教育、卫生、社会、法制等领域，有少量分布在其他行业和新的社会阶层，其中：大学学历56人，大学以下学历54人；男43人，女67人；副厅级干部1名，副处级1名，正科级6名，副科级5名；自治区政协委员2名，区人大代表3名，区政协委员6名，县区政协委员8名。

【思想建设】 2022年，民革沙坡头区总支以习近平新时代中国特色社会主义思想为指导，深入学习贯彻中共十九大精神、二十大精神，自治区十三次党代会精神和沙坡头区第五次党代会精神，全面贯彻落实《中共中央关于加强中国特色社会主义参政党建设的意见》等"三个重要文件"精神，坚定捍卫"两个确立"、坚决做到"两个维护"，践行"四新""三好"目标要求，始终在政治上思想上行动上同以习近平同志为核心的党中央保持高度一致，切实加强中国特色社会主义参政党建设，努力做中国共产党的好参谋、好帮手、好同事。召开主委会、全委（扩大）会议、各基层支部会议学习中共二十大精神，并作为当前和今后一个时期的首要政治任务，学习好、宣传好、贯彻好、落实好，深刻认识"两个确立"的重大意义和实践要求，把深入学习贯彻习近平新时代中国特色社会主义思想与二十大精神相结合，与巩固党史学习教育成果相结合，准确把握核心要义，保持政治定力，不断提高政治判断力、政治领悟力、政治执行力，以党为师以史为鉴，发挥基层党员"双岗建功"积极作用，更好履行基层党员参政议政职能。

【组织建设】 2022年，民革沙坡头区总支重点发展6名新党员（1名公务员，2名事业编，1名律师，1名新社会阶层）。先后3次组织党员中的区县政协委员参加各类培训；组织10名骨干党员参加区委会举办的"学习贯彻中共宁夏第十三次代表大会精神"专题培训班；选派3名骨干党员参加区委会在浙江大学举办的为期7天的民革全区参政议政骨干党员培训班；成功举办45名党员参加的年终工作总结表彰会议,会上对2021年度工作表现突出的20名优秀党员和16名参政议政工作先进个人进行表彰;举办各级组织60多名党员共同参与的"我运动·我健康"党员春季趣味运动会;组织党员参加民革区委会、民进沙坡头区委会、九三学社沙坡头区总支社在六盘山干部学院成功举办为期5天的"矢志不渝跟党走,携手奋进新时代"政治交接主题教育培训班,40名骨干党员参加了培训。响应民革中央和区委会部署要求,分五个阶段,结合开展"大学习、大讨论、大实践"活动和主题读书活动,在全区各基层组织深入开展了"矢志不渝跟党走,携手奋进新时代"政治交接主题教育。

【参政议政】 2022年,民革沙坡头总支积极参加沙坡头区委、区政府、区政协及有关单位召开的情况通报会、座谈会、民主协商会,认真做好协商发言和议政建言。在区委全委会、政府常务会和涉及沙坡头区改革发展稳定重大事项、重大战略决策征求意见中,充分研究讨论,一些意见得到区委、区政府的重视和采纳。制定《民革沙坡头区委会履职能力建设年实施方案》,聚焦区委政府中心工作,紧紧围绕沙坡头区"七大战略和十大行动"深入调研。6—11月,组织部分骨干党员,聚焦沙坡头区新材料产业高质量发展情况和社区治理工作推进情况两个重点调研课题,先后深入沙坡头区工业园区、沙坡头区黄河花园社区、海原县东城社区等社区和乡村开展调研,分别形成调研成果。为区委、区政府对新材料产业高质量发展和社区治理工作科学决策提供更具针对性的参考建议。在自治区十一届五次政协会议上,民革界的自治区政协委员提交提案10件,区委会上报的提案《让文化内涵"嵌入"宁夏旅游产业》作为书面发言材料;区两会期间,民革区委会提交提案32件,立案12件;沙坡头两会期间,民革界的政协委员提交提案立案10件。提交区县政协大会发言3篇(大会口头发言1篇,书面两篇)。在区政协五届一次会议上,《加快织就"防护网"守护未成年人健康成长》的大会发言口头发言,《关于加强我区中小学生心理健康教育的建议》《强化人才队伍建设 夯实乡村振兴根基》两篇书面交流;《关于加快我区康养旅游产业高质量发展的建议》重点提案被评选为区政协2021年度优秀提案,《关于加强我区中小学生心理健康教育的建议》被列为重点提案,由区政协主席亲自领衔督办。

【社情民意】 2022年,民革沙坡头总支共向区委会、报送社情民意30条,向沙坡头区政协报送社情民意25条。其中《关于加强全区月子中心监管力度的建议》《加强农村建筑安全迫在眉睫》《关于依法落实好家庭教育促进法的建议》《关于应对校园暴力的几点建议》等11篇社情民意被民革宁夏区委会采用。《关于对我区液化气实行可追溯管理的建议》《快递交通安全问题亟待治理》《关于改造基础设施提升城区文明形象的建议》等4篇社情民意得到区主要领导批示,有关部门及时进行办理落实。

【社会服务】 2022年春节前夕,民革沙坡头总支对全区60岁以上的33名民革老党员进行慰问。开展捐赠扶贫活动。中秋节,民革沙坡头总支组织党员到东园镇柔新村走访慰问困难群众,慰问脱贫户、低保户、监测户、残疾户5户,为他们送去月饼、大米、食用油等物品。在"9·9公益日"活动当天,全区各级组织110名党员分别参与"一家一个急救包"公益众筹活动、"乡村教师春晖行动""困境儿童牵手行动"等网络募捐活动,累计捐款达6000元。1月24日,区委会驻会副主委和秘书长一行赴沙坡头区,与区委会班子成员共同看望慰问了区委会原驻会副主委、四级调研员刘晓宏,并带去民革中央中山博爱基金会"博爱·牵手"关爱困难民革党员的关怀，送去慰问金10000元。持续擦亮法律服务品牌。区委会利用法律界别优势，依托民革法律服务中心，在提供常规公共法律服务的基础上，5月，又在区交通警察局挂牌成立了民革沙坡头区委会法律服务中心驻区交通警察局法律服务工作站，积极为广大群众和社会弱势群体提供法律咨询、法律建议、法律调解等无偿服务活动。同时，在公共法律服务的基础上，创新电话咨询、预约服务等形式，为残疾人、病重人员、老年等特殊群体提供便捷化上门服务，让更多的党员和弱势群体享受法律的阳光，已累计服务群众3000余人次。

民盟中卫市沙坡头区委员会

【概　况】　2022年，沙坡头区共有盟员129人，分属机关、中卫中学、中卫一中（四中）、经济社会、义教联合、卫生、老年、特别支部8个支部。担任各级政协委员17人，其中，自治区政协委员1人，市政协委员8人（副主席1人、常委2人），沙坡区政协委员8人（常委两人），市人大代表1人。

【思想政治】　2022年，民盟沙坡头区委会领导班子带头学习中共二十大精神、自治区第十三次党代会精神等重要会议精神，及时传达民盟宁夏区委会、中共中卫市委、沙坡头区委的各项精神。扎实开展"大学习　大讨论　大宣传　大实践"活动，层层压实责任，分解任务，民盟沙坡头区委会班子成员和盟员通过广泛深入的学习讨论交流，持续巩固多党合作思想政治根基。以开展"矢志不渝跟党走，携手奋进新时代"政治交接主题教育为主线，采取多种形式有效开展学习活动。参加市委会组织的政治交接主题教育培训班，通过专题讲座深入学习相关主题教育内容，并前往乔家渠毛泽东长征宿营地旧址、任山河烈士陵园等地开展现场教学。举办政治交接主题教育诗歌朗诵比赛。选送盟内书画家优秀书画作品，参加由民盟开封市委会发起并主办的"翰墨庆祝二十大　同心奋进新征程"沿黄九省区九城市（开封）民盟书画展。有效挖掘微信公众号、微信群等新媒体作用，以"沙坡头区统战"微信公众号作为线上宣传阵地，宣传会议精神，分享学习成果，交流学习经验。

【参政议政】　2022年，民盟沙坡头区委会在沙坡头区政协二届二次会议期间，8名市政协委员以聚焦沙坡头区高质量发展重点、转型升级难点、群众关切热点积极建言献策，参政履职，共向大会提交提案21件，大会发言两篇。向市委提交《中卫市义务教育优质均衡发展现状调研报告》1篇。参加市委会组织的20余名骨干盟员深入田间地头，走进中宁枸杞生产企业，了解重点产业发展现状。向市政协提交的社情民意中，《宜居家园楼顶挑檐塌落存在重大安全隐患》得到张利书记的重要批示，《全民健身，别忘了学龄前儿童》得到杨照明副市长批示。

【社会服务】　2022年，沙坡头区民盟多次积极对接民盟市委会、宁夏区委会和民盟中央，力促"烛光行动——新东方教师社会责任行"落地沙坡头区，共有100余名中小学教师参加了英语、家庭教育、美育、编程等四门课程的学习培训，助力沙坡头区教师进一步更新教学理念，改善教学方法，提升教学技能。

【组织建设】　2022年，沙坡头区新发展盟员6人，平均年龄36岁。先后推荐20余名骨干盟员参加自治区党委统战部、民盟宁夏区委会、市委统战部举办的培训班。通过线上线下平台，组织基层组织和盟员开展学习交流，夯实思想政治基础，提升理论实践水平。进一步加强思想阵地建设,在沙坡头水镇新建一处"盟员之家",更好发挥好参政党职能作用。弘扬民盟敬老爱老传统,关心关爱老盟员并发挥其独特作用,民盟沙坡头区委会通过组织节日看望慰问、通报情况、虚心求教,让老同志共创共享事业发展荣光,组织凝聚力和归属感进一步增强,形成心齐气顺、共同奋斗的良好局面。民盟沙坡头区委会主委、沙坡头区教育局局长段永军荣获民盟中央"社会服务先进个人"。在民盟宁夏区委会参政议政工作会议中,中卫市第六中学教师冯克国被评为"参政议政工作先进个人";中卫市市场监管局四级主办丁文华被评为"反映社情民意信息工作先进个人"。机关支部、义教联合支部、经济社会支部被评为民盟市委会先进基层支部。

中国民主促进会中卫市沙坡头区总支委员会

【概　况】 2022年4月23日,民进中卫市沙坡头区总支召开二届五次全委(扩大)会议,严格遵守民主党派届中调整各项规定程序,补选郭瑶为主委、李晓玲为副主委兼秘书长、张天量为委员。民进中卫市沙坡头区总支下设6个支部,在册会员110人(女会员49人),其中:教育界65人、文化界10人、经济及新的社会阶层13人、其他行业22人,大学及以上学历87人,中高级职称74人。现有副厅级1人,副处级两人,正科级4人,副科级5人。自治区政协委员两人,市政协委员6人(常委1人),沙坡头区政协委员11人(常委3人),市人大代表1人,沙坡头区人大代表1人,沙坡头区纪委监委特约监察员1名。

【组织建设】 2022年,民进中卫市沙坡头区总支按照程序完成届中调整工作。规范组织发展程序,严把入会质量关,发展新会员7名。民进沙坡头区六中支部获民进市委会2022年度"先进集体",6名会员获民进市委会2022年度"先进个人"。会员们坚持双岗建功、履职奉献,共有18人次获国家、自治区、中卫市和沙坡头区各项荣誉。在闽宁镇开展了"矢志不渝跟党走,携手奋进新时代"政治交接主题教育学习实践活动,推荐22人次参加自治区、中卫市、沙坡头区各级各类培训班,不断提高会员政治素养和履职能力。开展"寒冬送暖",春节、重阳节走访慰问活动,慰问生活困难会员23人,发放慰问金1.28万元。

【思想建设】 2022年,民进中卫市沙坡头区总支深入学习中共十九届历次全会精神、中共二十大精神、民进十三大精神,认真学习中央、自治区党委统战工作会议精神,学习自治区第十三次党代会、宁夏民进八代会、中共中卫市委五届五次全会精神,不断夯实"不忘合作初心　继续携手前进"主题教育活动成果,深化政治交接,切实增强"四个意识"、坚定"四个自信",始终捍卫"两个确立",做到"两个维护"。积极交流研讨,撰写理论文章和学习心得,会员刘元平撰写的《信息技术发展与民主党派活动方式变革研究》获2022年度全区统战理论政策研究创新成果三等奖。注重发挥"民进网""宁夏民进"公众号和微信群的宣传作用,及时向会员推送理论文章和最新工作动态,大力宣传宁夏民进八代会精神,引导会员提高政治站位,增强网络意识形态安全责任感。向民进市委会、区委统战部报送工作动态信息12篇,采用10篇。

【参政议政】 2022年,民进中卫市沙坡头区总支向民进市委会反映社情民意信息5条,采用4条,向沙坡头区政协反映社情民意信息4条,采用3条。两会期间,征集提案素材52件,审查修改完善后,提交民进市委会40件,大会发言5篇,市政协立案11件;提交沙坡头区政协提案32件,大会发言两篇,沙坡头区政协立案12件(集体两件),转为社情民意信息10件。积极组织沙坡头区会员参加市委会年度重点调研课题,围绕"双减"政策落实、河湖长制工作落实情况开展走访、调研及座谈交流。民进界别政协委员参加各类调研、视察、协商议政会议20余人次,积极提出意见建议。

【社会服务】 2022年,民进中卫市沙坡头区总支联合会员企业开展2022年"寒冬送暖"活动,走访慰问宣和镇福堂村困难家庭15户、民进老会员8名,送去大米、食用油等爱心物资,价值近5000元。积极参与民进中央2022年"彩虹·关爱困难会员"活动,摸排上报符合条件的罹患重大疾病致生活困难会员两人,得到民进中央的关心慰问。联合民进市委会开展壬寅(2022)年民进全国"春联万家·推动共同富裕"活动两场次,写送春联1000余副、福字300余张,惠及群众近千人。在中卫市第五小学开展"书法进校园"活动,捐赠书法作品23幅。经济界会员向红十字会捐赠应急生活物资价值20余万元;医卫界会员逆行出征,奋战一线;教育界会员架起空中课堂。

沙坡头区工商业联合会

【概　况】 2022年,中卫市沙坡头区工商业联合会(民间商会)有会员85名,涉及工业、农林果业、食品加工、餐饮旅游、文化教育等多种行业。按照"领导班子好、会员发展好、基层建设好、履职尽责好、工作保障好"的"五好"县级工商联建设标准,牢牢把握促进"非公有制经济健康发展、非公有制经济人士健康成长"的"两个健康"工作主题,积极探索彰显统战性、经济性、民间性有机统一优势的组织体制、运行机制和活动方式,切实加强自身队伍建设,紧紧围绕沙坡头区经济社会发展重大问题,不断完善会员服务,畅通交流渠道,深入调查研究,积极建言献策,认真履职尽责,真正发挥好工商联"桥梁纽带"和"得力助手"作用。

【思想建设】 2022年,沙坡头区工商联持续在非公经济人士中开展理想信念教育实践活动,常态化引导会员企业以习近平新时代中国特色社会主义思想为指导,全面贯彻党的二十大精神,学习领会中央经济工作会议精神,学习理解党史、新中国史、改革开放史、社会主义发展史,深刻领悟"两个确立"的决定性意义,进一步增强"四个意识"、坚定"四个自信"、做到"两个维护",做到坚定不移听党话、跟党走。认真开展自治区民营经济人士政治引领、思想引导"双引"行动,引导民营经济代表人士规范行为,自觉维护政治安全和意识形态安全,带头弘扬主旋律、传播正能量,重点挖掘改革发展、服务"两个健康"等方面的典型案例。引导会员主动适应经济发展新常态,着力推动民营经济创新发展、协调发展、绿色发展、开放发展、共享发展。不断加强工商联自身建设,团结、引导和教育广大民营经济人士以饱满的热情积极投身乡村振兴战略、建设黄河流域生态保护和高质量发展先行区实践中,为实现"两个一百年"奋斗目标、实现中华民族伟大复兴的中国梦添砖加瓦。

【履行社会责任】 2022年,沙坡头区工商联积极开展法律法规普及、研学观摩交流、禁毒宣传教育、防灾减灾服务、公益捐赠帮扶、孝亲敬老服务等各类社会服务20余次,覆盖人数3万余人(次),充分发挥民营经济人士智慧和力量,履行社会责任。鼓励民营企业家发挥自身优势,自发开展捐款捐物和志愿服务活动,企业家们积极响应号召,纷纷通过多种渠道、多种方式出资出力出人,累计捐款捐物达104万余元。同时,持续巩固脱贫攻坚成果同乡村振兴有效衔接,联合沙坡头区农业农村局、乡村振兴局印发《关于开展沙坡头区2021—2025年"万企兴万村"行动的实施方案》,引导民营企业开展"万企兴万村"行动。沙坡头区结对村企中,五家企业率先垂范,用实际行动助力19个重点村的乡村振兴事业,累计捐助资金5.56万元,解决就业6000余人次,支付劳务薪酬300余万元。

【参政议政】 2022年,担任各级政协委员的沙坡头区工商联会员共提交政协提案13篇,切实履行好非公经济人士的参政议政职能。持续组织企业参与全国工商联民营企业调查点工作,开展35个入库企业的问卷填报、会员管理等工作;及时整理更新,将一年以上没有参加调查点工作的样本企业予以清除,督促执委以上企业做好民营企业调查系统的注册和填报工作,保证问卷调查的真实性、可靠性、高效性。全年累计完成全国工商联2022年度劳动监测问卷、万家民营企业评营商环境问卷、每季度调查问卷共5批次156份,通过问卷及时听取民营企业家的呼声和诉求,了解代表人士思想动态和反响建议,进一步发挥工商联在民营经济人士有序政治参与中的主渠道作用,在民营企业改革发展中的服务作用,在保障和改善民生、创新社会治理中的协同作用,在依法平等保护产权方面的民主监督作用。2022年,沙坡头区工商联获得全国工商联通报表扬"2022年度民营企业劳动关系监测调查工作示范基层单位"。

【组织活动】 2022年,联合印发《中卫市沙坡头区人民检察院 中卫市沙坡头区工商业联合会关于建立沟通联系机制的实施意见》,联合组建企业合规第三方评估小组,赴企督促落实工作4次;邀请20余名民营企业代表走进检察院,开展"世界知识产权日"涉企知识产权保护法讲座1期,着力为民营企业发展提供更加精准、高效的服务和保障,进一步提升企业涉知识产权法律风险防控能力。8月24日,组织企业家副主席、会员代表32名召开"喜迎二十大"理想信念主题教育沙龙,通过开展党史知识竞答、红色歌曲齐唱、创新创业故事分享等活动,进一步加强沟通联系、凝聚人心力量,引导民营经济人士以良好精神风貌迎接党的二十大胜利召开。组织报送沙坡头区民营经济人士参与自治区工商联、中卫市工商联组织的各类线上线下培训,学好习近平新时代中国特色社会主义思想;组织沙坡头区17名民营企业家参加中卫市非公经济人士综合素能线上培训班,指导下载APP软件,进入视频会议室,分享学习经验,配合中卫市工商联做好非公经济人士工作,提升参政议政能力。在党的二十大召开期间,持续利用工商联微信群加强理想信念教育,引导非公经济人士持续转发、点赞、评论全国工商联发布文章30余篇,累计参与450余人次。线上组织民营企业家及时收看党的二十大开幕会现场直播,并在群内及时分享感悟,累计收到热议18篇,发布公众号文章3期。通过活动进一步增强沙坡头区工商联的凝聚力、执行力、影响力,努力把工商联营造成为"民营经济人士之家"。

群众团体

沙坡头区总工会

【概　况】 2022年，沙坡头区总工会有乡镇工会联合会11个，系统工会3个。基层工会782个，会员70027人。其中：企业工会460个，会员16072人；机关事业单位工会133个，会员6850人；村（社区）工会189个，会员47105人。同时，现有"八大群体"企业工会29个，会员1455人；新就业形态劳动者企业工会20个，会员531人。

【职工思想引领】 2022年，沙坡头区总工会以二十大精神、习近平总书记关于学习工人阶级和工会工作的重要论述、习近平致首届大国工匠创新交流大会的贺信等精神为主要内容，不断提升工会干部职工的政治素质、政治能力，强化工会组织的政治引领作用。畅通工运信息发布渠道，利用各种平台推送工运信息80余条，组织开展劳模宣讲50场，广泛传播工会声音，讲好劳模故事，有效宣传工会工作职责和职工奋进形象。建设职工之家、职工书屋24个，不断丰富职工生活，营造良好工作氛围。

【建功立业】 2022年，沙坡头区总工会以"当好主人翁、建功新时代"为主题，紧盯"六新六特六优"和中卫六大产业，开展"产改之星"枸杞深加工、"大漠味集"厨王争霸等特色技能竞赛6场，评选各类技术能手160余名，激发了广大职工比学赶超、争当技术能手和能工巧匠的热情。开展电焊、育婴等技能培训3期，培训农民工210人次。大力推进"金点子""随手拍"企业安全生产监督活动，充分调动职工群众参与管理、维护权益、提出建议的主动性、积极性。

【劳动模范服务】 2022年，沙坡头区总工会对沙坡头区72名劳模实行网络化、信息化管理。创建韩武珍劳模创新工作室，进一步发挥劳模引领、示范和带动作用。深化劳模关爱活动，及时将14名劳模纳入生活困难补助金和特殊困难帮扶金享受范围；组织3名劳模参加区内外疗休养，向4名困难劳模发放7000元慰问金。

【困难职工帮扶】 2022年，沙坡头区总工会常态化开展"四季送""工字号"品牌活动，举办线上招聘会20场，提供岗位4000余个，达成就业意向600余人；紧盯"两节"等节点，向1983个困难职工、企业发放慰问金214.02万元；组织274名女职工进行免费"两癌"筛查,收缴职工医疗互助金41.27万元,核发35人8.85万元;开展"工会在身边"职工普惠系列活动14个项目5场次,惠及职工8000余人。

【职工维权服务】 2022年,沙坡头区总工会强化维权法律宣传教育,开展《中华人民共和国工会法》等法律知识竞赛、讲座5场;畅通"12351"热线和线下来访渠道,积极开展风险点摸排,共化解劳动领域风险点、矛盾纠纷29件,帮助职工(农民工)追回职工、劳务费等151万元。持续推进"安康杯"竞赛活动,加强企业民主管理和职代会作用,评估职代会29家,持续培育市级厂务公开示范单位两个;落实工资集体协商机制,召开培训会16场,指导签订集体合同268份,保障职工工资合理增长,有效助力城乡居民收入提升行动。

【文体活动建设】 2022年,沙坡头区总工会先后开展"中国梦 劳动美——喜迎二十大 建功新时代"系列主题宣传教育活动,组织基层工会举办职工文艺汇演、征文、摄影书画展等20场次,开展了"推动女性阅读,建设书香家庭"女职工读书征文、"喜迎二十大,奋进新征程"经审干部暨女职工演讲比赛、"喜迎十六运"沙坡头区2022年"星空杯"职工篮球赛、公益瑜伽课等8项文化体育活动,覆盖干部职工群众6000余人次。

【财务经审】 2022年,沙坡头区总工会审核收集"审同级"资料49份,对28个基层工会2021年度工会经费管理使用情况进行审计,完成沙坡头区"小三级"工会审查审计工作情况调研,不断推动基层工会经费使用制度化、规范化。

【基层组织建设】 2022年,沙坡头区总工会以"工会基层组织建设提质增效年"为抓手,积极探索"党工共建"有效路径,全力推动新就业形态劳动者入会,年内新建工会35家,新增会员621人。其中,新就业形态劳动者建会两家,新增网约配送员等新就业形态劳动者会员80余人。加强基层工会干部教育培训,举办工会干部培训班1期,各部门、乡镇及企业参加培训人员达36名。

共青团沙坡头区委员会

【概　况】 2022年,沙坡头区团委共有下级组织439个,其中团委22个,团工委1个,团总支9个,团支部317个,毕业生团组织90个,团员12365人。

【团组织建设】 2022年,沙坡头区团委组织开展中学示范团校创建活动,授予三所学校"沙坡头区中学示范团校"称号。积极推进"两新"领域团建工作,组建非公企业、社会组织团组织25个。扎实开展新团员发展,新发展团员198名;加强"学社衔接",毕业学生团组织关系衔接率达到98%;结合落实"三会两制一课"制度,开展"党领导下的青年运动史""建团100周年""新时代的伟大成就"主题团课、团日活动1080场次。

【青少年思想引领】 2022年,沙坡头区团委组织各级团干部和广大团员青年、少先队员开展"青年大学习""红领巾爱学习"活动,全年累计参与学习6万余人次,团员思想认识得到明显提升。紧扣迎接和学习宣传贯彻党的二十大精神这条主线,结合庆祝建团100周年,大力开展"喜迎二十大 永远跟党走 奋进新征程"主题教育实践活动15场次,覆盖青少年1560人,激发团员青年爱党爱国爱社会主义坚定情感;线上开设"团团微课"学习专栏,推送团史故事、铸牢中华民族共同体意识教育等内容32期;突出党、团、队育人链条相衔接相贯通,在五四前组织举办集中入团23场次,切实增强团员先进性和荣誉感。

【青年志愿服务】 2022年,沙坡头区团委健全完善沙坡头区青年志愿者协会建设,建立五级志愿服务体系,制定《志愿者工作条例》及《志愿者管理使用办法》,进一步完善志愿服务机制,组建志愿者队伍1415支,切实解决队伍管理松散、保障不到位问题。广泛开展植树增绿、"光盘行动"活动,组织青年志愿者开展"保护母亲河"巡河护河志愿服务活动5次,进一步弘扬奉献、友爱、互助、进步的志愿服务精神。

【服务青少年成长】 2022年,沙坡头区团委深入推进《中长期青年发展规划》,始终坚持为青年多办实事、办好事。围绕自治区居民收入、移民致富提升行动,开展"千校万岗"大学生就业服务行动,覆盖1589名青年,开展单身青年交友活动两场次,切实为青年办实事、解难事;深入推进"希望工程·圆梦行动"捐资助学项目,筹集助学资金50.3万元,资助困难学子197人,帮助青少年成长成才。开展"暖冬行动"活动,走访慰问15名特需关爱青少年和10名快递青年,发放慰问金1.25万元。开展"关爱青少年 护苗助成长"活动,发放困难学生助学"爱心包"48份。开展元宵节、端午节、中秋节等"我们的节日"系列主题活动,走访慰问困难青少年32人。先后帮助50名困难青少年点亮"微心愿",帮助困境青少年健康成长。

沙坡头区妇联

【概 况】 2022年,沙坡头区共有乡镇妇联11个,村(社区)妇联198个,部门妇委会29个,妇女之家198个,村、社区妇女之家覆盖率100%。

【组织建设】 2022年,沙坡头区印发并实施《中卫市沙坡头区妇女发展规划(2021—2030年)》《中卫市沙坡头区儿童发展规划(2021—2030年)》。召开沙坡头区妇联一届四次执委会(扩大)会议,对8名一届执行委员会委员、常务委员进行替补;指导区检察院、柔远镇、镇罗镇等完成妇联主席人员补选,举办2022年全区妇女干部素质能力提升班,组织乡镇(村、社区)妇联主席、妇联执委参加培训。在"饿了么"等新就业形态非公经济组织成立妇联组织3个。持续实施"基层妇联亮牌服务"行动,以联动形式及执委点单活动开展"婚姻家庭矛盾纠纷排查"等活动80余场次。按照"2+X"目标要求,在20个村(社区)实施"提升基层妇女参政议政能力和妇联组织力"项目,召开培训会4次,开展活动100余次,不断深化村(社区)妇联换届成果,提升村(社区)妇联主席、执委履职能力。

【妇女创业】 2022年,沙坡头区妇联为东园镇瑞应村孙荣等7名村妇联主席申请"双培双带"项目资金共计35万元,宁夏中卫西部枣业食品有限公司申请"母亲小额循环"项目资金30万元,支持农村妇女发展养殖、种植等项目。配合发放农村妇女创业担保贷款2.19亿元,惠及1670户农村妇女,鼓励广大妇女勇创业争创新,为沙坡头区经济社会高质量发展贡献力量。推评2022年市级巾帼创业创新基地5个,举办家政服务等培训班4期,培训有就业意愿贫困妇女1500人,帮助妇女就业1100人。

【落实惠民政策】 2022年,沙坡头区妇联摸排辖区8类困境妇女16398名,困境儿童731名,并建立动态台账,开展暑期儿童关爱服务活动201余场次,覆盖1261个家庭儿童。深化"妇女'两癌'筛查+救助+保险+关爱"四位一体工作模式,审核发放"两癌"救助金76人76万元,收缴"关爱女性健康"保险保费19106人191.06万元。为38名患癌妇女获得理赔金111万元。为48名移民村困境女童发放"春蕾计划"助学项目助学金共计19.2万元,慰问49名困境妇女儿童4.2万元,为292名困境孕妇、女童发放"幸孕套餐""六个一"幸福包。

【妇女儿童维权】 2022年，沙坡头区妇联联合区公安分局在宣和派出所、镇罗派出所、福兴苑警务室等成立"妇女儿童维权工作站"5个，在宣和镇草台村、文昌镇黄河花园社区建立婚姻家庭问题观察点两个，以点带面推动沙坡头区在预防化解婚姻家庭矛盾纠纷上见实效。接到维权来电来访32起，办结率100%。集中开展妇女儿童维权宣讲、禁毒、"反拐""送法进万家 家教伴成长""妇联在你身边"维权小程序宣传推广活动60余场次。开展早婚早育社会问题专项治理工作，地毯式排查婚姻家庭矛盾纠纷等妇女儿童侵权事件45起，早婚(童婚)24起，切实形成法制宣传、信访接待、婚姻调解、法律援助、心理疏导、困难救助"六位一体"维权工作模式。

【文明创建活动】 2022年，沙坡头区妇联召开全区"美丽庭院"建设推进会，发放倡议书、承诺书7.5万份，集中宣传200余场次。打造"美丽庭院"示范村11个，建设"美丽庭院"示范户9952户，为300户"美丽庭院"示范户发放价值60000元物质奖励并制作标识牌，以示范户带全村、示范村促全镇，切实做到了点、线、面共促形成"家家建设、户户美丽"的亮丽风景。寻找"最美家庭"86户，开展"树清廉家风·创最美家庭"家庭助廉、"巾帼心向党 喜迎二十大""少年儿童心向党——亲子共沐书香 强国复兴有我"家庭亲子运动会等"好家庭好家教好家风"系列主题活动10场次，征集清廉家庭典型20个，"建设好家庭 涵养好家教 弘扬好家风"书画作品354幅，情景剧33个。打造家庭教育示范点两个，发放家庭教育促进法宣传资料2.4万余份，开展亲子阅读、亲子健身、"把爱带回家"、家庭教育主题活动50次，强化家庭教育意识，传播普及家庭教育知识，使家庭教育理念深入人心。启动"女童保护""一校一讲师"工程，线上线下召开培训会两次，培养讲师10名，在兴仁小学等19所学校开展2022年宁夏"春蕾计划"青春期健康教育进校园活动以及"女童保护"儿童防性侵安全教育公益课，覆盖12000名学生。

经济管理

宏观管理

【概　况】 2022年,沙坡头区实现地区生产总值252.23亿元,同比增长0.1%。其中,第一产业增加值37.01亿元,增长3.6%;第二产业增加值119.31亿元,下降1%;第三产业增加值95.92亿元,增长0%。规模以上工业增加值同比增长0%;社会消费品零售总额同比下降0.5%;固定资产投资同比增长35.2%。地方一般公共预算收入同比增长19.8%;城乡常住居民人均可支配收入同比分别增长5%、5.6%。三次产业占地区生产总值的比重为14.7∶47.3∶38。

【工业发展】 2022年,沙坡头区实施茂烨冶金硅铁矿热炉智能化平台等工业及工业技改项目17个,新增诺航环保等规上工业企业10家,开工建设"宁电入湘"光伏大基地等新能源项目12个,新能源总装机容量达4.6GW。培育"专精特新"、中小企业等企业4家,全社会R&D经费投入4.14亿元,投入强度达到1.76%。

【现代农业】 2022年,沙坡头区启动日光温室维修改造、苹果产业高质量发展三年行动,改造供港蔬菜基地10家、日光温室1370座。巩固提升绿色有机蔬菜、硒砂瓜、精品富硒苹果、枸杞四大特色农产品质量,种植瓜菜8.48万亩,培育林果示范基地7个2700亩,打造有机肥替代现代化肥示范园6个3000亩,建成高标准农田9.84万亩,韩闸韭菜荣膺"全国名特优新农产品"。建成阜民丰等规模养殖场32家,奶牛存栏、肉牛饲养量分别达到6.85万头、7.19万头,跻身"互联网+"农产品出村进城工程试点县、奶业生产能力提升整县推进试点县。

【现代服务业】 2022年,沙坡头区实施沙漠野奢酒店、"三村一域"等文化旅游项目13个,迎水桥镇入选全国乡村旅游重点镇,沙坡头景区跻身全国旅游客运精品航线试点,南岸民宿喜获"全国首批甲级旅游民宿",漠贝酒庄成功创建国家3A级旅游景区,"星星的故乡"文旅IP获评全国文化和旅游领域改革创新优秀案例,举办乡村文化旅游节等重大节事活动8个,累计接待游客645万人次,实现旅游收入40.2亿元。协同建设全国一体化算力网络宁夏枢纽,建成运营国家(中卫)新型互联网交换中心,云计算大数据产业成为经济高质量发展的重要引擎。

【营商环境】 2022年,沙坡头区为进一步优化营商环境,全面深化"放管服"改革,制定《2022年沙坡头区持续优化营商环境任务分工方案》,明确10个方面59项具体举措,为沙坡头区营造良好的营商环境提供了制度保障。同时,依托"互联网+政府服务"平台,积极推行"网上办""掌上办""预约办",进一步简化申报材料、压缩审批时限、简化审批程序,建立代帮代办、告知承诺、容缺受理、绿色通道等服务机制,全面优化升级政务环境、政策环境、作风环境,切实打造市场化、法治化、国际化、便利化的营商环境,助力沙坡头区经济社会高质量发展。

项目投资

【投资运行】 2022年,沙坡头区深入学习贯彻落实习近平总书记视察宁夏重要讲话和重要指示批示精神,牢固树立"抓项目就是抓发展"的理念,以"扩大有效投资攻坚年"活动为载体,全面开展扩大有效投资百日攻坚行动,全力以赴谋项目、千方百计引项目、集中精力推项目。全年固定资产投资同比增长35.2%。县属投资中,第一产业投资同比下降13.6%,第二产业投资同比增长80.2%,第三产业同比增长33%。

【项目建设】 2022年,沙坡头区实施项目156个,完成投资76.4亿元。包含政府投资项目83个,完成投资15.47亿元;社会投资项目73个,完成投资60.93亿元。紧盯中央、自治区政策导向和资金投向,结合沙坡头区产业发展,做足"优存量、扩增量、提质量"文章,谋划2023年沙坡头区实施项目128个,计划总投资205.68亿元,年度计划投资90.34亿元。其中,政府投资项目68个,计划总投资23.15亿元,年度计划投资16.3亿元;社会投资项目60个,计划总投资182.53亿元,年度计划投资74.13亿元。全面落实"十定"工作模式,严格落实处级领导包抓和周调度、月通报等机制,联合自然资源局、住建和交通局、生态环境分局等行业主管部门,靠前协调解决项目建设土地、资金等要素保障,全力确保项目早开工、早投产。联合区委、区政府督查室对年度实施项目进行现场督查,实地掌握项目建设进展情况及存在问题,组织开展集中开工活动2次,区政府组织召开项目调度会5次,提请区委、区政府主要领导对推进缓慢项目实地督办4次,下发项目进展情况通报8次,确保项目按期开工建设。

【项目审批和备案】 2022年,沙坡头区严格落实企业投资项目核准和备案管理条例,积极做好政府投资项目审批及企业投资项目备案工作,全年共受理项目268项,总投资97.07亿元,其中:审批政府投资项目158项,投资金额21.24亿元;登记备案项目110个,投资金额75.83亿元。

招商引资

【招商举措】 2022年,沙坡头区围绕"扩大有效投资攻坚年活动",大力实施招商引资提质增效工程,紧盯发达地区产业转移方向,广泛寻求合作机遇,加快项目对接洽谈,招商引资工作取得丰硕成果。区委、区政府主要领导分别带领区直有关部门、乡镇和重点企业到长三角等地开展招商活动21批次,考察重点企业66家,接待来访客商60批次。

【招商成效】 2022年,沙坡头区共实施招商引资项目70个,其中包括嘉旭穆和200MW/400MWh储能电站、沙漠光伏、国电投"以大代小"、现代牧业等49个新建项目,烟台大地牧业数字农业产业园项目、东旭天井子山分散式风电项目、沙坡头区麦垛山50MW分散式风电项目等21个续建项目。招商引资实际到位资金为130.2亿元(其中：实施项目到位资金99.1亿元,金融项目到位资金30.9亿元),完成目标任务的153.2%,全区排名第一,荣获自治区招商引资奖励资金714.8万元。

商业贸易

【概　况】 2022年,沙坡头区贯彻落实"消费提质扩容、流通降本增效、县域商业体系建设"等商务工程,以商务事业高质量发展推动经济高质量发展。沙坡头区消费市场发展较慢,社会消费品零售总额呈"高开低走"态势,全年实现社会消费品零售总额58.8亿元,同比下降0.5%,较上年同期回落3.7个百分点,较前三季度减缓1.7个百分点。分规模看,限额以下批零住餐业零售额同比增长0.1%,占社会消费品零售总额比重为75.4%;限额以上批零住餐业零售额同比下降2.3%,限上单位恢复缓慢。分行业看,四行业"2增2降",零售业零售额同比增长0.1%;餐饮业增长0.6%;批发业下降1.6%;住宿业下降18.8%,降幅最大。

【第三产业】 2022年,沙坡头区第三产业增加值95.92亿元,与上年持平。区完成社会消费品零售额58.8亿元,同比下降0.5%。城镇市场零售额比上年下降0.6%,乡村市场零售额比上年增长0.1%,乡村增速快于城镇0.7个百分点。占社会消费品零售额的比重分别为84.1%和15.9%。限上企业消费品零售额下降2.3%,限下企业消费品零售总额增长0.1%,限上低于限下增速2.4个百分点,占社会消费品零售额的比重分别为24.6%和75.4%。全年限额以上商品零售中,汽车类比上年增长1%,中西药品类比上年增长7%。

【消费提质】 2022年,沙坡头区先后投入1100万元举办"促进消费　改善民生"政府消费券投放、"寻味生活"美食节、家电下乡等各类促进消费活动15场次,带动批零住餐行业零售额增长2.7亿元。

【现代物流】 2022年,沙坡头区大力发展现代物流,为四季鲜农贸市场、中卫市供销集团、中广物流3家企业申报自治区现代物流业发展专项资金134万元,不断培育壮大流通主体,大力宣传推广"印象中卫""沙坡恋"等"中卫老字号",新建宁夏神聚农业科技开发有限公司(湖北孝感店)、供销集团(河北高碑店)、木香农场(广州店)等农(副)特产品外埠窗口5家,助力沙坡头区优势农产品"走出去",销售额达5000余万元。

【县域商业体系建设】 2022年,沙坡头区争取县域商业体系建设项目资金850万元,建设沙坡头区农村快递物流末端网络建设、"生鲜电商＋冷链宅送"新型冷链建设、兴仁商贸中心、宣和商贸中心等7个项目,补齐县域商业基础设施短板。指导中卫市供销集团等3家企业申报2022年自治区现代物流业发展专项资金,畅通沙坡头区农产品流通"微循环"。

【商务监管】 2022年,沙坡头区开展以"遵守安全生产法,当好第一责任人"为主题的"安全生产月"宣传咨询日活动,悬挂宣传条幅、陈列安全宣传展板,发放宣传彩页600余份。联合区应急管理局、消防救援大队对辖区内商超、集贸市场开展安全检查56次,涉及企业98家,共排查一般安全隐患350项,现场立即整改152项,限期整改198项,已全部完成整改,要求超市、宾馆、农贸市场等企业在显著位置悬挂张贴安全生产宣传标语,共发放宣传安全生产、宣传彩页等资料1000余份,企业安全生产主体责任意识明显增强。

【对外经贸】 2022年，沙坡头区自主开展外贸业务企业16家，进出口总额6.78亿元，占全市进出口总额19.03%，主要进出口化工产品及蔬菜，沙坡头区根据自治区外经贸发展专项资金项目申报指南、外经贸发展专项资金重点工作要求，积极做好外经贸发展专项资金项目申报和资金使用，全年发放外经贸发展专项资金共1413.32万元。

【电子商务】 2022年，沙坡头区新建迎水桥镇河滩村、宣和镇海和村等13个电商直播中心，促成"米诺""元宝"等电商超能团队与乡村直播中心结对帮扶，以区域公用品牌为核心，利用"农户+合作社+企业""生鲜电商+冷链宅配"、直播电商、短视频电商等新模式、新业态开展线上销售。引导江南好、神聚农业、弘兴达、夏华、西部枣业、南山阳光等特色优势产业和农业产业化龙头企业开通电商服务，通过网络达人、直播团队带货、探店探品等销售模式，提高农产品上行和工业品下行双向流通效率。围绕农村地区"新农人"、全区商贸流通销售员、直播电商从业者等人员开展直播技能及促销能力提升培训，举办"新农人"电商直播及商业促销能力提升培训两场次，累计培训200人。

财　政

【概　况】 2022年，沙坡头区财政局内设办公室、综合、预算、农业经建、行财社保、政府采购6个职能股室；下设沙坡头区国库集中支付中心1个下属副科级事业单位。有工作人员35人，其中，正式在编19人。

【队伍建设】 2022年，沙坡头区财政局深入学习党的二十大精神和习近平总书记视察宁夏重要讲话和重要指示批示精神及自治区、中卫市党委、沙坡头区委重要会议精神，坚持读原著、学原文、悟原理，学好用好《习近平谈治国理政》等重要著作。共组织党组理论学习中心组学习12次、干部理论学习20次，交流研讨12次。积极落实党建工作领导责任，积极落实"三会一课"，实施"三强九严"工程，开展支部主题党日活动12次，讲党课4次，接收入党积极分子5名、预备党员1名，按期转正预备党员4名，组织11名在职党员到社区报到。召开民主生活会两次、组织生活会两次。召开党风廉政建设专题学习4次，开展"廉政警示教育周"活动，观看警示教育片3部，参观警示教育基地1次。认真落实监督执纪四种形态"第一种形态"，深入贯彻落实"五谈二会一报告"机制，抓早抓小，共开展谈心谈话102人次，及时为干部敲响思想警钟。持之以恒纠治"四风"，严格执行中央八项规定和《宁夏回族自治区加强作风建设八条禁令》，深入开展违规收送红包礼金和不当收益及违规借转贷或高额放贷专项整治，全面自查自纠，精心组织好专题民主生活会、组织生活会及专题会议，局党组共查找问题9个，签订承诺书16份。

【财政收入】 2022年，沙坡头区一般公共预算收入完成3.24亿元，为预算数的114%，同比增长5.3%，同口径增长5.3%。政府性基金预算收入完成154万元，为预算数的112%，主要为国有土地出租收入。政府性基金预算支出722万元，主要用于大中型水库移民后期扶持基金支出及彩票公益金支出。国有资本经营预算收入预计完成13万元，为预算的24.5%，加上上年结转8万元，上级专项30万元，收入总计51万元。

【财政支出】 2022年，沙坡头区一般公共预算支出32.75亿元，为变动预算数的90.9%，同比增长22%。

【财政预算执行】 2022年，沙坡头区一般公共预算收入完成3.24亿元，为调整预算的114%。其中：

税收完成2.51亿元，为调整预算的96.5%，占总数的77.6%；非税收入完成0.73亿元，为调整预算的302%，占总数的23.4%。一般公共预算支出完成32.74亿元，为变动预算数的90.9%；政府性基金预算支出完成722万元。

【**资金争取**】 2022年，沙坡头区多渠道争取上级资金20.04亿元，有力支持了沙坡头区重点项目建设，有效缓解了级财力压力。争取新增债券资金2.3亿元，支持教育卫生、农业农村、生态保护等领域公益性项目建设。

【**民生保障**】 2022年，沙坡头区财政安排城乡低保、高龄、特困供养、孤儿、残疾人、临时救助补助资金1.4亿元。精准落实各项优抚安置政策，安排1140万元用于优抚对象补助和医疗保障工作，安排1363万元用于退役军人相关工作，切实维护退役军人及优抚对象合法权益。拨付资金5439万元，用于城乡劳动力技能培训补贴、公益岗位人员生活补贴、事业单位实习生活补助、灵活就业人员社保补贴、"三支一扶"大学生生活及社保补贴、职业技能提升行动补助等。聚焦基础教育发展短板弱项，安排19837万元，支持新改建中小学校舍、"互联网＋教育"能力提升、基础设施维修改造项目建设，改善教学环境，促进基础教育教学水平全面提升。安排9948万元，用于公共卫生服务和重大疾病筛查救治、发热门诊及供应室建设、沙坡头区人民医院综合改革、乡村医生生活补助社保等，支持公立医院改革和基层医疗卫生标准化建设。落实疫情防控资金7255万元，为有效控制疫情提供财政保障。

【**财政管理**】 2022年，沙坡头区财政局成立审价工作机制，负责审价的具体业务和日常管理工作，统筹负责区直各部门建设项目的审价工作。选定具有资质的第三方咨询服务机构，规范审价工作流程。严格落实《中卫市沙坡头区人民政府办公室关于进一步加强沙坡头区政府投资项目概算和决算管理的通知》等相关制度办法，认真排查各环节业务和廉政风险点，明确相关方责任，管控造价备案。选取财政衔接推进乡村振兴补助、双桥幼儿园建设、基本药物制度补助等15个重点项目开展绩效评价。选取发改局、自然资源局两个部门开展部门整体绩效评价，针对绩效评价报告中反映的问题，督促项目实施单位进行整改。

【**产业发展基金**】 2022年，沙坡头区财政局整合沙坡头区乡村振兴基金5970万元、宁夏农担沙坡头分公司风险补偿基金500万元、党支部领办合作社发展基金5000万元、农村产权抵押贷款风险补偿基金1500万元及农民合作社和家庭农场风险担保贷款风险担保金368万元，形成沙坡头区乡村振兴基金池，初步构建中小微企业、家庭农场、合作社等经营主体全覆盖的现代融资体系。

【**国企改革**】 2022年，沙坡头区国企改革三年行动全面收官，国有企业党的建设、三项制度改革、国有企业多元化等重点难点任务取得突破性成果，国有企业收入、利润、资产总额实现增长10%以上的目标，国有资产实现统一监管。

【**融资担保体系**】 2022年，沙坡头区推动召开"政银企"座谈会，组织各行业主管部门按季度摸排实体经济融资需求信息并汇总推送至各金融机构，沟通解决实体企业融资难融资贵问题。统筹资金2800万元组建中卫市银和融资担保有限公司，增加宁夏众和顺融资担保股份有限公司注册资本金2500万元，完善沙坡头区融资担保体系。

【**财政监督检查**】 2022年，沙坡头区财政局落实财政监督检查工作职能，对沙坡头区文昌镇人民政府、住建和交通局、农业综合执法大队、沙坡头区北斗星社工服务中心和玉龙公司5家单位按照检查程序,依规实施会计法规执行情况行政执法检查,检查中重视检查证据的收集和工作底稿的填制,对每一项会计违法事实的认定都经被检查单位确认,做到事实清楚、证据确凿、定性准确、依据充分、程序合法、处理恰当。对检查出的单位资产管理、会计核算等方面存在的问题要求限期整改。

【风险管控】 2022年,沙坡头区全力防范债务风险,坚决遏制新增隐性债务,确保政府债务规模在合理区间,自治区下达2.3亿元新增政府债券资金,全部为限额内债务,已分配至乡村振兴局、水务局使用。制定《沙坡头区金融突发事件应急预案》,确保迅速有效处置金融突发事件,最大程度预防和减少金融突发事件对社会造成的危害和损失,切实维护沙坡头区经济金融和社会稳定。持续开展非法集资、金融放贷领域突出问题专项整治,制定《沙坡头区2022年非法集资专项整治工作方案》《沙坡头区养老领域非法集资专项整治工作方案》《2022年沙坡头区金融放贷行业领域突出问题专项整治方案》,明确成员单位主要职责,开展常态化、科学和规范化的风险排查和防范工作。

税 务

【概　况】 2022年,沙坡头区税务局有干部职工132人;男性干部职工78人,女性干部职工54人;研究生学历3人,本科学历91人。现有退休干部47人,中共党员77人(在职党员48人,离退休党员29人)。沙坡头区税务局第一税务分局(办税服务厅)荣获"一星级全国青年文明号"荣誉称号,3名退休党员干部获得"光荣在党50年"纪念章,两人获得"全区税务系统优秀共产党员"称号,1人获得"全区税务系统优秀党务工作者"称号。

【队伍建设】 2022年,沙坡头区税务局扎实开展各项学习教育培训,持续加大培训力度,4名新录用公务员顺利通过2022年全国税务系统执法资格考试。积极贯彻落实"顾近虑远、谋定后动,统放结合、精准调度,激活队伍、稳中有进"的工作要求,稳妥有序推进职务与职级并行和股级干部选拔任用工作,全年共晋升27名干部。切实发挥工会职能,走访慰问离退休老干部,及时组织看望生育住院、因病住院等干部职工。

【文明创建】 2022年,沙坡头区税务局积极开展以节日慰问、志愿服务进社区、学雷锋、对口帮扶、创建文明城市等形式,持续发挥群团优势,按照干部年龄层次调整志愿服务内容,实现志愿服务效果最大化,让受服务群体真切感受到温暖热心的税务力量。充分发挥"全国首批学雷锋示范点"作用,组建税收志愿服务团队,持续开展"学雷锋进校园、进社区""创城服务"等常态化志愿活动,前往中卫市福乐老年公寓开展献爱心活动,累计组织开展各类志愿服务24次共计80余人次;组织干部积极参与"9·9公益日"网络募捐活动,为自治区困境儿童项目和山窝窝助学项目累计捐款5687元。积极与对口扶贫村永康镇乐台村对接开展帮扶工作,为农户解决蔬菜滞销等民生难题,捐赠扶贫物资累计1万元,按时完成全年扶贫任务。

【廉政建设】 2022年,沙坡头区税务局制发《深入学习习近平总书记重要指示和党中央经济工作决策部署自查报告表》和自查整改台账,引导党员干部结合自身实际,重点查摆六个方面突出问题,各党支部共撰写自查整改情况报告9份,全体党员干部填报自查报告表49份,自查整改率100%。带领党员干部参观中卫市廉政警示教育基地、观看高萍案件警示教育片、依托"三会一课"引导党员干部深入学习《以案明纪——税务系统警示教育案例选编(六)》等,进一步强化遵纪守法、廉洁奉公、为民服务的意识,增强反腐倡廉和严于律己责任感,筑牢防腐拒变的思想防线,力争打造风清气正的廉政税务机关。全年共组织开展各类教育警示7次,廉政提醒谈话351人次,发放廉政倡议书147份,累计接受警示教育共938人次。

【税收征缴】 2022年,沙坡头区税务局坚持组织收入原则,将执行组织收入纪律纳入日常督查检查范围,适时开展现金税费征缴专项整治工作,严格依法依规征税收费,坚决不收"过头税费"。全年共组织收入39.08亿元,其中,税收14.74亿元,完成中央级收入6.5亿元,完成地方级收入8.25亿元。坚持做到应减尽减、应免尽免、应退尽退、应收尽收,在严格履行组织税费收入职责的同时,积极成立退税减税政策落实工作领导小组及其办公室,1—12月申报期,落实减税降费及退税缓税缓费20.96亿元;累计为530户次纳税人办理增值税留抵退税,涉及金额10.62亿元。

【税收征管】 2022年,沙坡头区税务局实施"四级约谈"机制+"四项指标"考核,加强欠税管理。除日常管理措施以外,由一把手、分管领导、税务分局局长、税源管理员分级对欠税企业进行约谈,了解企业经营情况及清欠计划,引导企业及时制定了欠税缴纳计划。同时认真做好欠税公告、清缴和管理工作,保障组织收入目标实现。全年依法依规清理欠税9185.05万元。

【信息化建设】 2022年,沙坡头区税务局在原有的5C监控评价工作团队的基础上,建立多部门协同配合的工作机制,在各分局及各业务股室设置联络员,统筹处理5C监控评价的各项工作。将"5C+5R"涉及的140项指标根据指标内容分配至各股室,制定责任部门和配合部门,及时填写《税收征管质量5C系统反馈问题记录单》;每月底提取本月监控指标明细,及时督促责任部门进行整改或反馈,并根据指标对应团队成员的反馈情况,分析产生征管质量问题的原因,及时将分析处理结果、制度完善建议反馈上级部门。

【依法治税】 2022年,沙坡头区税务局全面落实"谁执法、谁普法"的普法责任制,细化各项普法工作任务,印发《2022年法治政府建设工作要点》《2022年普法依法治理工作要点》,为"八五"普法工作顺利开展奠定坚实基础。通过执法信息公示平台、十公示系统、大厅公示栏等对外公开执法信息34项,制作执法全过程记录视频并上传系统21条,共执行行政处罚229笔,入库处罚金额13.84万元,31户企业缴回增值税留抵退税1845.17万元,有42户纳税人落实了"首违不罚"清单制度,为纳税人出具了不予行政处罚决定书,做到宽严相济,凸显了执法的温度。

【纳税服务】 2022年,沙坡头区税务局组织"百名税干下基层"活动,为纳税人缴费人送上退税减税降费政策,收集并解决纳税人缴费人诉求70余条。累计走访企业700余户,其中领导带头走访企业70余户,发放政策宣传手册500余本,推动新的组合式税费支持政策的知晓度,召开兼职3家以上企业财务办税人员重点群体座谈会,面对面向纳税人介绍纳税服务新措施、新方法。开展"春雨润苗"小微企业等座谈会15场,以智慧自助办税服务厅为阵地,突出"优化办税体验",扎实开展"税小云贴心答""税小云放心办"服务,开辟"非接触式"咨询渠道,持续深化"大预审"内涵和机制,以标杆办税服务厅建设为抓手,坚持"温情服务"四步法,借鉴经验做法,继续推行4+N服务工作机制。以第31个全国税收宣传月活动为契机,围绕"税收优惠促发展 惠企利民向未来"这一主题,建设在线直播基地,开展直播活动,打造线上直播品牌,成立视频直播团队及新媒体制作团队，拓宽税收宣传渠道、扩大税收宣传效果。

【税法宣传】 2022年，沙坡头区税务局与中卫市税务局联合举办以"青春有我，税月同行"为主题的税法宣传进校园系列活动，强化税法宣传的影响力和辐射作用。以第31个全国税收宣传月活动为契机，通过"线上+线下"的宣传方式，运用"黄河丝路融媒网"广电云直播平台全程直播和钉钉线上回答纳税人、缴费人提出的税收相关问题，进一步扩大宣传力度，活动现场直播观看人次超9万，点赞数达2.7万。线下通过印发宣传手册，在城中心鼓楼大屏幕播放税收宣传片；与公交公司联系，将中卫市所有公交车打造成"税宣巴士"，形成"固定+流动"宣传机制；10年税收宣传月图片展——税月"拾"光等丰富的形式，坚持把学习宣传民法典摆在重要位置，将落实新的组合式税费支持政策与"美好生活·民法典相伴"主题宣传月活动统筹推进，持续巩固拓展党史学习教育成果，积极开展"美好生活·民法典相伴"主题宣传月活动。在《沙坡头税务简讯》编发40期共94篇稿件；中卫市税务局全年采稿82篇，《税务快讯》发表宣传信息10篇；在宁夏日报、宁夏法制报、中卫日报等平台刊稿图文25篇。

统计管理

【统计服务】 2022年，沙坡头区统计局密切跟踪沙坡头区经济走势，全面监测主要经济指标情况，定期发布数据，及时作出预警；对经济运行情况进行深入研判、分析，定期通报经济运行最新情况，解析经济运行特点，就经济运行中的热点难点问题开展调查研究；结合沙坡头区产业结构优化、乡村振兴战略等重大方针政策落实，开展有针对性地分析并提出对策和建议，为区委、区政府工作部署提供信息参考。丰富统计数据解读载体，设计"一图读懂沙坡头区月度经济运行情况"，编印月度《主要经济指标快报》《沿黄市辖七区主要经济指标情况》《月度经济指标手册》《国民经济和社会发展统计公报》《统计年鉴》及统计资料活页等，全年印发《经济快报》11期、《月度经济指标手册》11期，统计专报13期，各类统计分析36篇，准确、高效传递统计信息。

【统计调查】 2022年，沙坡头区统计局扎实开展农业农村统计，完成综合生产年报、定期报表，完成县、乡、村三级社会经济基本情况联网直报工作。全力推动投资统计，按月催报、远程协助、审核验收在库项目，建立新批复、未入库项目台账，实行动态管理，年末投资报表单位175家，投资项目428个。做好规上工业调查，完成106家规上工业企业月度产值表和财务状况表，季度生产经营景气表等。做实"四下"企业抽样调查，完成111家规下工业企业季报、16个规下工业个体样本年报，核查非目录企业66家；完成122家规下服务业季报、32家部分行业事业单位月报；完成90家资质外建筑业季报、25家限额以下批发零售住宿餐饮业季报。完成劳动工资统计，做好131家调查单位统计联网直报、303家"非一套表"劳动工资统计年报工作。完成119家能源统计报表单位能源购进、消费与库存表等，对能源情况进行监测分析。完成地区生产总值年报数据修订和各季度数据核算。及时维护基本单位名录库，新增单位829家，变更单位226家。组织开展2022年人口变动情况抽样调查，核查建筑物14736个，核实住房单元39236个，正式登记2984户8974人。

【统计监测】 2022年，沙坡头区统计局对迎水桥镇鸣沙村、香山乡米粮川村、兴仁镇川裕村进行生态移民统计监测，逐月详细掌握记账户人口变化、收入来源等情况，测算生态移民人均可支配收入，分析移民群众收入增长变化。开展"两纲"监测工作，收集、整理、审核"两纲"监测数据指标并撰写"两纲"监测报告。

【统计执法】 2022年，沙坡头区统计局健全完善统计管理制度，确保统计工作管理规范，责任到人。采用"双随机"方式抽取辖区内14家单位进行执法检查，检查过程严格按照《统计执法检查规范》进行，全程录音录像，并将案宗完整上传法治平台，真正做到执法规范，过程记录，事后公示，形成执法普法合力，切实规范调查对象统计行为。与227家调查单位签订《企业诚信统计承诺书》，营造全社会依法统计、诚信统计氛围。组织开展统计数据质量核查，核查企业（单位）405家，有效提升统计数据质量。利用统计业务培训班开展普法宣传教育，举办线上、线下培训班17场次、950余人次，提升统计人员业务水平。

审计监督

【概　况】 2022年，沙坡头区审计局有局长1名，副局长两名，科员5名。机关内设综合业务、政策法规、财政金融企业审计、经济责任审计和固定资产投资审计5类岗位。

【重大政策措施落实情况跟踪审计】 2022年，沙坡头区审计局完成沙坡头区2022年度重大政策措施落实情况跟踪，政策性粮食储备管理相关政策落实、基础教育质量提升相关政策落实情况等，审计发现问题30个，提出审计建议7条，进一步推动重大政策落实落地。

【财政预算执行审计】 2022年，沙坡头区审计局在对沙坡头区本级财政预算执行和其他财政收支情况审计的同时，通过大数据对46个一级预算单位预算执行情况进行审计全覆盖，涵盖本级预算执行及其他财政收支情况审计。同时，重点实施沙坡头区自然资源局、沙坡头区卫生健康局2021年度预算执行及其他财政收支情况审计。重点关注预算编制和执行、非税收入征收管理、政府债务、财政存量资金盘活等情况，及时向区政府、区人大常委会报送区本级2021年度预算执行及其他财政收支情况审计结果报告和审计工作报告，审计发现预算管理、采购程序、票据报销方面不规范等问题10个，规范本级预算管理资金7708.89万元，督促各部门、各乡镇上缴财政存量资金77.2万元，推进行政事业单位经济活动规范化，促进廉洁政府建设。

【经济责任审计】 2022年，沙坡头区审计局完成沙坡头区自然资源局党组书记、局长房国元，沙坡头区卫生健康局党委书记、局长李天军，镇罗镇原任党委书记房英俊任期经济责任审计共3项。紧紧围绕贯彻执行中央和自治区有关政策、本单位发展规划和政策措施制定、预决算执行、财政财务管理、生态文明建设等八个方面，客观公正、实事求是作出审计评价，鼓励干部干事创业，促进领导干部规范用权、秉公用权、廉洁用权。

【自然资源资产任中审计】 2022年，沙坡头区审计局完成镇罗镇原党委书记房英俊自然资源资产离任审计。查出在自然资源资产管理和生态环境保护目标完成情况、履行自然资源资产管理和生态环境保护监督责任方面4个问题。

【政府投资项目竣工决算审计】 2022年，沙坡头区审计局完成沙坡头区南山台电灌站机电设备更新改造工程、沙坡头区宣和镇敬农移民区苹果产业园建设项目、沙坡头区滨河镇向阳步行街特色文化街区基础设施改造项目3项政府投资建设项目审计,查出工程结算审核把关不严、未编制竣工财务决算、超比例列支项目管理费47.53万元等工程领域违规问题,有效防止财政资金流失,促进建设单位不断提高投资效益,更好地发挥审计机关的监督服务作用。

【专项资金审计】 2022年,沙坡头区审计局完成2020年度沙坡头区高标准农田建设项目资金专项审计、中卫市玉龙水电建筑安装有限公司2021年度资产负债损益情况专项审计调查、中卫市鑫沙建设有限公司2021年度资产负债损益情况专项审计调查、沙坡头区基础教育质量提升相关项目资金专项审计调查4个专项审计(调查)。查出固定资产管理不规范、会计核算不规范等问题92个,提出审计建议14条,进一步加强资金监管和使用,确保民生资金发挥保障作用。

市场监督管理

【优化营商环境】 2022年,沙坡头区市场监管分局严格落实"一址多照、一照多址"制度,放宽经营场所和经营范围登记条件,大力推进企业简易注销,构建企业入市快捷、退市方便的良性循环。设3个"政银合作"帮办代办点,提供从登记到开户、贷款"一站式"帮办服务和"一揽子"金融服务,切实打通服务群众"最后一公里"。截至10月底,沙坡头区市场主体达到35880户,市场活力进一步迸发。全面推行"双随机、一公开"监管,实现多级联动、跨部门执法,将抽查事项扩展为54大类106项,累计完成市场监管领域检查60项,抽查企业951户,依法将7235户市场主体列入经营异常名录,清理"僵尸"企业59户。

【食品安全监管】 2022年,沙坡头区市场监管分局深入推进"食品药品安全区"创建,构建区、乡(镇)、村"三级食品安全监管网络",指导柔远镇刘台村建成村级公共宴席示范点。深入开展食品安全"守查保"专项行动,组织开展食品安全专项检查16次,累计检查市场主体7668余户次,消除食品安全隐患654处,立案查处21件,罚没款24.4万元。推动食品生产"一品一码"和食品销售"电子台账"追溯系统应用,辖区20家食品生产企业和72家食品销售企业完成登记注册。强化"互联网+智慧食安"应用,城市建成区餐饮服务单位"明厨亮灶"实施率达100%,校园实施率达100%。聚焦重点领域,完成食品监督抽检739批次,合格率97.7%,依法严厉查处不合格产品。

【药品安全监管】 2022年,沙坡头区市场监管分局强化药械生产经营和使用全过程闭环管理,大力开展两品一械"线上净网、线下清源"专项整治11次,检查药品、医疗器械、化妆品经营使用单位1513家次,下达责令改正通知书27份,立案查处52件,罚没款6.27万元。完成药品、医疗器械、化妆品抽检64批次,对1批次抽检不合格产品已立案查处。精准实施"阳光药店"工程,推动市辖区"阳光药店"建设标准符合率达81.32%,切实保障人民群众用药用械用妆安全。

【特种设备安全监管】 2022年,沙坡头区市场监管分局严格按照日常监督检查执法计划,紧盯节假日、重要活动等特殊时段,针对重点场所、重点设备,扎实开展百日安全、城镇燃气等专项整治9次,强化问题隐患集中治理,确保问题隐患"清零"。共检查特种设备使用单位200家次,抽查特种设备565台(套),消除特种设备安全隐患218处,有力保障沙坡头区特种设备安全形势总体稳定。

【质量体系建设】 2022年,沙坡头区起草《沙坡头区加快推进质量强区和商标战略建设的实施方案》,不断推进标准化示范区建设。优化标准供给质量,指导97家企业对341项标准进行自我公开声明,新增标准46项,逐步形成一套引领高质量产业发展的标准体系。

【知识产权保护】 2022年,沙坡头区制定《沙坡头区强化知识产权保护实施方案》,建立沙坡头区知识产权联席会议机制。深入开展"铁拳""蓝天"知识产权保护专项行动,加大对"宁夏枸杞""中宁枸杞"等地理标志协同保护力度。2022年以来,立案查处商标侵权违法案件4起,结案3起,罚没款6060元。

【质量安全管控】 2022年,沙坡头区市场监管分局深入开展生产、流通领域产品质量监督抽查,组织抽检农资产品、塑料制品、儿童玩具286批次,对4批次抽检不合格的化肥、滴灌带进行立案查处,罚没款1.12万元。开展加油机、加气机、压力表等计量器具检定工作,免费检定各类计量器具5240余台,守牢计量监管底线,保障全区经济平稳健康发展。

【重点领域监管】 2022年,沙坡头区市场监管分局聚焦民生实事,持续开展旅游市场、价格收费、虚假违法广告等重点领域"铁拳"行动,共立案查处57件,罚没款56.98万元。深入开展打击整治养老诈骗专项行动,累计出动执法人员422人次,对涉老"食品""保健品"经营户进行地毯式摸排,对8家虚假宣传的经营主体立案查处,罚没款共计17万元。

【消费维权】 2022年,沙坡头区市场监管分局全面开展"放心消费在宁夏"创建活动,推行消费投诉先行赔付制度,做到"大事不出商场、小事不出柜组"。发挥12315、12345中心作用,对投诉举报第一时间进行处置,共办结消费投诉举报1535起、市长信箱10件,办结率达96.8%,为消费者挽回直接经济损失147万余元。

【服务企业】 2022年,沙坡头区市场监管分局深入开展"干部进千企"活动,52名干部深入沙坡头区71家市场主体,为企业提供精准化、便捷化服务,联合区人社局为56家企业组织开展线下招聘活动,为企业发展"松绑解困"。倡导市场开办方为市场主体减免门面、店铺、经营摊位等租金,着力帮扶个体工商户渡过难关。协调集贸市场管理方及房东为1079户市场主体减免物业费、房屋租赁费等共计134.712万元。深入开展"政银企"合作,组织开展融资需求大走访和政银企对接活动,协调中国建设银行中卫支行、邮储银行中卫支行、宁夏银行中卫支行累计为1414户个体和401家企业发放信用贷款12.098亿元。针对存在资金周转困难且有融资需求的企业、个体工商户以及农民专业合作社,通过日常检查、上门服务等形式向企业宣传推广全国中小微企业融资综合信用服务平台(全国"信易贷"平台),对操作电脑有困难的申请人开展"面对面""一对一"指导服务,已指导74家中小微企业入驻该平台,并完成注册和实名认证,全力帮助企业纾困解难,支持市场主体平稳发展。

应急管理

综　述

【概　况】 2022年，沙坡头区共发生各类生产安全事故3起，死亡3人，事故起数、死亡人数较去年同期均实现双下降，分别下降两起、减少两人，下降50%，未出现人员伤亡的灾情险情，未发生森林火灾。消防救援共接警出动859起，出动车辆2499辆次，指战员14497人次，抢救被困人员128人，疏散被困人员58人，保护财产价值8700余万元，未发生造成人员伤亡的火灾事故。

【行业监管与整治】 2022年，沙坡头区共立案查处各类安全生产案件9起，其中，生产安全事故3起、违法行为案件6起，收缴罚款260余万元，移交司法机关案件1起，追究刑事责任1人。组织多部门对辖区非法销售烟花爆竹进行专项检查，累计查处非法销售摊点47处，查扣假冒伪劣烟花爆竹120余箱；所有案件均依照法定程序办理，做到及时勘验现场、及时调查取证、及时行政处罚、及时录入网上办案平台，没有出现复议、诉讼案件。创新开展企业全流程跟班指导服务，每周利用1天半时间，安排执法人员和安全专家，全流程跟踪企业日常生产过程，宣传《中华人民共和国安全生产法》有关规定要求，督促企业各级管理人员熟悉岗位职责、管理制度和操作规程，及时发现、纠正企业生产过程中的风险隐患和薄弱环节，帮助企业提升安全管理水平。针对企业综合应急预案、专项应急预案、现场处置方案等救援预案的操作性、实效性进行问效督导，确保高效实施。

【宣传培训】 2022年，沙坡头区开展"5·12""6·16""10·13""11·9"防灾减灾日、安全生产月、国际减灾日、全国消防日宣传活动，累计发放宣传手册及防灾减灾等科普资料6000余份，张贴宣传条幅、展板200余条，发送短信30万余条，覆盖人群超10万人次，安全生产、消防安全、防灾减灾救灾全民防线筑得更加牢固。按照企业年度安全培训计划，围绕主要负责人安全生产职责、全员安全生产责任制、安全生产资金投入、安全警示标志、设备管理、重大危险源管理和备案、危险作业现场安全管理等内容，组织辖区非煤矿山、工贸、危险化学品企业累计开展培训30场次1200余人次，持续提升生产经营单位安全生产意识和管理水平。

【应急预案体系试点建设】 2022年，沙坡头区探索打造符合实际的"1+40+10+N"应急预案体系。1个总体应急预案、30个专项应急预案、10个保障方案、11个乡镇级、198个村级应急预案已制定完成,同步制定应急信息报送、突发事件处置等10项工作制度,初步完成沙坡头区应急预案体系建设。结合实际,组织开展校园安全、高空坠落、防汛抗旱、火灾、防震、大面积停电等应急演练22场次,持续推进应急预案走向实战化、体系化。立足偏远地区"易受灾、救援难"实际,实施兴仁镇消防救援站项目建设,进一步建立健全兴仁及香山地区公共安全体系,完善消防基础设施,补强应急救援队伍,有效提升偏远地区应急救援时效性和专业性,该项目正在施工建设,预计2023年10月份投入使用。

【预警监测】 2022年,沙坡头区投资1200余万元,实施沙坡头区智慧监管项目,覆盖森林防火、安全生产、自然灾害、防灾减灾、应急指挥救援等核心业务,通过智能化、信息化设备接入,配合自动化、平台化信息汇聚、解码、分析,实现沙坡头区矿区资源盗采、林草防火、防洪防汛等重点区域智能化监管。组织对辖区内地质、水旱等重点灾害全面排查,排查地质灾害点74处、洪涝风险点144处,明确"三责人员",建立工作台账,灾害信息报送联络员全部建设到村一级。明确辖区铁路涵洞积水治理工作责任人,成功应对处置多轮强降雨洪涝灾害。积极推进基层防灾减灾能力建设,在文昌镇、滨河镇、东园镇、常乐镇四个乡镇、社区开展基层应急管理"六有"和村(社区)应急管理"三有"试点建设工作,完成东园镇及黑山村办公场所、物资库、宣传阵地试点建设,先后创建完成滨河镇向阳社区、柔远镇渡口村等5个全国综合减灾示范社区,文昌镇和润社区、滨河镇新河社区等4个社区等待验收,沙坡头区创建全国综合减灾示范县工作通过自治区考评组初评验收。

安全生产

【概况】 2022年,沙坡头区制定印发《关于立即开展沙坡头区安全生产大检查的通知》《中卫市沙坡头区贯彻落实国务院安委会安全生产十五条的若干措施》,迅速组织各乡镇、各部门对所有重点行业领域全面开展"撒网式""多轮次"安全生产大检查,累计排查整治煤矿、非煤矿山、工贸、危化、建筑施工、校园、森林草原防火、消防等领域各类安全隐患505条,以实际行动确保安全生产"十五条硬措施"落到实处、取得实效。制定印发《关于深化三年行动攻坚扎实推进"巩固提升年"工作的通知》《中卫市沙坡头区安全生产委员会办公室关于做好安全生产专项整治三年行动工作总结的通知》,全面系统开展安全生产专项整治三年行动总结提升。自三年行动工作开展以来,沙坡头区累计排查各类生产经营单位10719家次,排查整治一般风险隐患8112条,重大隐患24条,已整改24条,整改率100%,梳理城市安全建设、校园安全领域突出问题11条,已全部整改。

【安全生产百日专项整治行动】 2022年,沙坡头区制定印发《中卫市沙坡头区安全生产百日专项整治行动方案》,结合《中卫市沙坡头区贯彻落实国务院安委会安全生产十五条的若干措施》《中卫市沙坡头区开展"喜迎党代会 献礼二十大 打赢保底战 忠诚保安全"专项行动工作方案》及各领域专项整治方案,自7月中旬至11月下旬,围绕煤矿、非煤矿山、危险化学品、城镇燃气、工贸、建筑施工、道路交通、校园等15重点领域的15项重点任务和35项具体任务,全面开展风险隐患大排查、大起底、大整治、大提升,自专项整治开展以来，沙坡头区连续4个月未发生生产安全事故。

【危险化学品专项整治】 2022年，沙坡头区全面开展全区危化领域专项整治行动，完成危险化学品外部安全防护距离、危化生产企业老旧装置安全风险评估工作，督促企业结合实际制定"一装置一策"；督促6家危化生产企业对设计诊断和工程质量复核专家组检查的151条隐患进行了整改，已整改143条，剩余正在整改中；督促指导辖区3家电石生产企业建设"双预防数字化建设系统"，正在建设中；督促指导辖区6家企业在应急部新危险化学品登记系统上报数据，已完成；完成3轮次重大危险源企业检查互查，排查隐患已全部整改完毕。

【城镇燃气专项整治】 2022年，沙坡头区制定印发《沙坡头区城镇燃气安全排查整治工作方案》《关于安装可燃气体报警装置的公告》，组织开展多轮次城镇燃气领域安全生产联合检查，围绕加气站、住宅小区、餐饮场所、职工食堂和重点工商户等燃气使用重点部位，通过打孔查漏、末端翻倍加臭检测及专业人员现场排查等方式，全面排查整治消防设施不完备、气瓶位置不合理、未安装可燃气体报警装置等各类风险隐患119条，督促10个乡镇（香山乡除外）800余家餐饮经营单位完成可燃气体报警装置安装工作。

【自建房专项整治】 2022年，沙坡头区制定印发《关于立即开展沙坡头区居民自建房安全隐患专项整治的紧急通知》《沙坡头区自建房安全专项整治工作方案》，聚焦3层及以上、人员密集、违规改扩建等容易造成重大安全事故的经营性自建房，组织专家、第三方专业检测公司等技术人员全面开展辖区自建房专项整治，共计排查自建房74419栋，其中经营性自建房1722栋、其他自建房75697栋，存在安全隐患房屋575栋，其中经营性自建房10栋、其他自建房565栋，已采取管理措施整治543栋，其中经营性自建房10栋，整治率100%，其他自建房533栋，整治率94.3%。正在整治32栋，均为其他自建房。

【高层建筑消防专项整治】 2022年，沙坡头区制定印发《沙坡头区高层建筑重大火灾风险专项整治方案》，组成3个检查组对辖区44个高层小区、20个高层公共建筑进行排查，累计排查整治管道井内堆放杂物、占用疏散通道、安全出口、消防车通道等问题隐患18条，排查高层建筑301栋，排查整治竖向管井和电缆桥架未按要求进行防火封堵、管道井内堆放杂物、占用疏散通道、安全出口、消防车通道等问题隐患160余条，针对高层公共建筑单位和高层住宅建筑物业服务企业开展消防知识培训及演练30余场次，针对消防控制室值班人员培训5场次，利用"智慧消防"远程督导90余次，电话、视频提醒70余次。

【供港蔬菜基地改建】 2022年，沙坡头区围绕宿舍房屋改造、功能区建设、污水系统治理等重点内容，引导企业投入1200余万元，对沙坡头区10家供港蔬菜基地进行安全改造，消除安全隐患，改善人居环境，打造具有沙坡头区特色的宜居宜业美丽乡村新样板。

消防救援

【概　况】 2022年，沙坡头区共接警出动859起（其中火灾扑救490起，抢险救援171起，社会救助61起，公务执勤113起，反恐排爆1起，其他出动23起），出动车辆2499辆次、指战员14497人次，抢救被困人员128人，疏散被困人员58人，保护财产价值8700余万元，无人员伤亡。检查社会单位1580家（次），督促整改火灾隐患或消防违法行为

898处，办理公众聚集场所投入使用（营业）前消防安全检查69起、行政处罚29起、临时查封13起，责令"三停"7起。

【综合治理】 2022年，沙坡头区政府常务会议多次听取消防工作汇报，分析消防安全形势，研究解决突出问题；区委、区政府主要领导先后15次带队调研、督导检查消防安全工作，消防安全监管责任有效落实。以"三年行动"为工作导向，以消防安全大检查专项行动为突破口，联合交警、市场监督、文旅等部门紧紧围绕消防车通道、供港蔬菜基地、自建房、燃气等重点领域开展专项治理30余次，督促整改隐患600余处；以乡镇、社区网格化为重点，联合各相关部门、社区及网格员持续开展电动自行车"飞线充电"专项整治行动，重点对住宅小区、"三合一"场所、九小场所开展拉网式排查，共剪线5000余条，清理"住改非"等场所22处，拆除违规摊位28个，整改私拉乱接电气线路90余处，充分发挥联合监管作用。圆满完成国考迎考工作，推动辖区十镇一乡均成立了基层消防工作组织体系（即一委一办一中心），推广试点东园镇及黑山村已基本完成办公场所、物资库、宣传阵地的建设；全年共增设市政消火栓29个，推动安装感烟探测器176个，简易喷淋29套；指导辖区181家消防安全重点单位开展标准化管理，有效落实"三自主两公开一承诺"制度；在敏感节点、重点节日，聚焦不放心场所和区域，开展节前消防安全检查及前置执勤工作，并向行业部门发送消防安全工作函14次。

【消防宣传】 2022年，沙坡头区消防救援大队先后开展夏季火灾防控、开学第一课、安全生产月、119宣传月、冬季火灾防控等系列宣传活动。制作"欢度元宵，勿忘消防安全""国庆我在岗""消防公益说"等系列消防宣传节目。组织党政机关领导、乡镇社区负责人、行业部门负责人等七类重点人群开展消防安全培训。召开消防"进学校"现场会，开展火灾隐患曝光行动40次，培训1.5万人次，发放宣传资料3.2万份，发送消防安全提示信息15万条。定期对外开放消防科普教育基地，营造了浓厚的消防宣传氛围。不断创新消防宣传模式，在向阳步行街网红桥打造两处旅游消防宣传新阵地，充分利用300余辆环卫车张贴消防宣传标语，协调中卫市公交公司，在辖区8条运营路线上投放"定制"版消防主题公交车，涉及站点共317个，并在85辆公交车车载电视和LED屏上滚动播放消防宣传广告，打造流动的消防宣传品牌。

【安全制度】 2022年，沙坡头区消防救援大队坚持党委议管议训制度，扎实开展作战训练安全管控专项活动，组织召开安全形势分析会20次、作战训练安全大讨论50次、安全知识理论测试65次、常见灾害事故风险辨识、紧急避险等专项训练40次，确保作战训练安全入脑入心。

【专业救援】 2022年，沙坡头区消防救援大队组织开展"高低大化"全过程、全要素实战演练300余次、冰域救援专项训练80次、修订预案250份，普查消火栓100余处，成功处置了"1·26"中卫市338国道长流水路段石脑油罐车侧翻泄漏、"6·19"中卫市香山西街医院对面天然气管道破裂等事故，全面提升攻坚打赢能力。

森林草原防火

【概　况】 2022年，沙坡头区坚持把森林草原防灭火工作作为维护林区安全稳定的大事来抓，做到超前谋划、提前部署、工作早安排、责任早落实、措施早到位。先后组织召开森林草原防火会议两次，层层签订目标责任书11份，进一步修订完善《中卫市沙坡头区森林草原防灭火专项应急预案》。

【火灾预防】 2022年,沙坡头区在防火期,制定印发《关于划定森林草原防火区和发布森林草原防火禁令的通告》《关于切实做好全区"清明""五一"期间森林草原防火工作的通知》《关于加强秋冬季森林草原防火工作的通知》等指导性文件,及时研究部署森林草原防火工作,针对春节、全国两会、五一、端午节、中秋节、国庆节等重要节点,成立防火督查小组,深入开展野外火源治理、查处违规用火行为专项行动,督导检查森林草原防火工作15次,查摆问题4个,整改完成4个。建立健全应急值班和调度制度,严格执行森林草原火险期24小时值班、应急调度和领导在岗带班制度,确保信息畅通、互联互通。

【防火宣传】 2022年,沙坡头区广泛开展森林草原防火宣传活动,悬挂宣传横幅100余条,发放宣传彩页1万余份,发送宣传短信85324条,营造浓厚的森林草原防火氛围。

【专题培训】 2022年,沙坡头区举办农村党员冬季森林草原防火专题培训班两期,森林草原防火应急演练1次,各乡镇举办生态护林员培训10期,不断提升应急处置能力。

法治　军事

社会治理

【概　况】 2022年,沙坡头区委政法委将维护政治安全放在突出位置,落实重点领域、重点部位、重点人群月度分析研判机制,做到风险早预防、隐患早排查。制定印发《沙坡头区党的二十大和自治区第十三次党代会维稳安保工作实施方案》《沙坡头区维护社会稳定职责清单》《沙坡头区维护社会稳定风险隐患大排查大化解大整治行动方案》等文件,成立由区委、区政府主要负责人任"双组长"的工作专班,严格落实日报告、"零报告""三个清单""双包保、双见面"等制度,实行处级领导包抓重点信访事项,全面开展维护社会稳定风险隐患大排查大化解大整治、信访积案化解等行动,先后排查化解矛盾风险隐患564件,化解率87.17%;清查重点单位场所616余家,打击处理6人。

【命案防范打击】 2022年,沙坡头区委政法委组织实施命案防范打击专项行动,建立吹哨预警、情报共享、联动处置、跟踪回访等六项命案防控工作机制,加强对强烈反复上访、扬言采取极端行为报复社会等重点人员管控,逐人建档,掌握思想动态、行为动向。针对出现"民转刑""刑转命"苗头倾向的,及时启动并运行"1,3,5"联合处置机制,先后成功制止了柔远镇村民冯某、东园镇孙某等10余起极端事件发生,推动命案防范打击工作由"破得快""办得好"向"发案少""防得住"转变。

【基层治理】 2022年,沙坡头区委政法委制定重点任务"五定"责任表,落实月报告、半年汇报、年度推进工作机制,压实各乡镇、各部门主体责任、主要领导第一责任人责任,扎实推进"两员三长"网格化服务管理模式,"双报到"制度等,建成村级综合服务管理平台138个,打造"网格驿站""小马扎议事站""议事小院"等议事阵地,大力培育"管得宽""宋波调解室""章鱼工作法""老闫说事"等服务品牌,自治、法治、德治"三治融合"的治理体系初步形成。

【扫黑除恶】 2022年,沙坡头区委政法委持续保持高压严打态势,加大线索摸排查处涉黑恶财产处置力度,强化行业领域专项整治,受理办结线索8条,立案查处"九类"涉黑涉恶案件46起,打击处理犯罪嫌疑人52人,涉黑恶财产执行到位720余万元。制发"三书一函"30份,限期整改通知书86份,清理违规网站7个,立案查处土地矿产违法案件3起,罚款140余万元,拆除乱占耕地建房问题4个。

【铁路护路联防】 2022年,沙坡头区委政法委调整领导小组及办公室力量,压实"双段长"工作责任制,建立铁路护路联防工作联席会议制度,加强护路队伍建设、护路知识宣传和护路工作督查考核,召开联席会议3次,组织宣传活动两次,更换、续签承包人13名,开展全面督查3次,不定期抽查39人次,确保各项护路工作落到实处。全面开展涉路矛盾纠纷排查化解和安全隐患整治,整治隐患184个,为国庆节和党的二十大等重要时期创造良好的铁路安全环境。

【早婚早育专项治理】 2022年,沙坡头区委政法委印发《沙坡头区早婚早育治理实施方案》,成立由区委书记任组长的领导小组,明确各成员单位职责任务、摸排整治重点,建立上报反馈、宣传治理工作机制,移送检察院早婚早育引发案件1起,摸排未达到法定结婚年龄的早婚早育情况50对100人,及时组织乡镇、有关部门宣传释法,达到教育一个,警示一片,治理一域的效果,切实呵护未成年人健康成长。

【全民反诈】 2022年,沙坡头区委政法委制定印发防范宣传、打击治理及考核方案等制度文件,坚持"防、打、治、督"四措并举,形成防范打击治理新格局。2022年立案492起,同比下降27.1%,财损数33618.2万元,同比下降16.7%,破获145起,打击处理犯罪嫌疑人170人,挽回损失129.3万元;"国家反诈中心"APP累计安装注册17.41万人,成功预警9600人次,止付金额超1.5亿元,注册率全区排名第13名。成立专项行动领导小组,设置4个专项组,组织各成员单位深挖彻查本领域、本行业涉养老诈骗问题隐患,围绕养老诈骗开展重点宣传、持续打击、深入整治。开展专题宣传15场次,悬挂横幅110余条,发放宣传彩页及围裙、削皮刀等宣传品共计21万余份。摸排养老机构、KTV、农家乐、景区景点等475家,排查养生、保健、艾灸经营等商户970余家,其中查封7家,立案8家。摸排办结线索15条,累计破积案、新立案件共计8起,其中宣判两起,抓获犯罪嫌疑人7名,涉案资金达259万元,返还资金20.5万元。

【政法队伍建设】 2022年,沙坡头区委政法委以"抓产业、办实事、强治理、转作风"专项行动、"大学习、大讨论、大宣传、大实践"活动和违规收送红包礼金和不当收益及违规借转贷或高额放贷专项整治为契机,落实教育经常化、培训专业化、分工明细化、办公节约化、关爱人文化措施,强化干部政治建设、廉政建设、作风建设,不断提升干部履职能力和工作水平。举办2022年度政治轮训培训班1期,干部外出培训7人次,组织读书会、体育活动等4次。开展政治督察和纪律作风督查巡查两次,下发通报两期,整改问题5个。召开专题会、组织生活会两次,谈心谈话21人次,夯实干部思想根基,营造张弛有序的工作氛围。

政府法治

【法治政府建设】 2022年,沙坡头区委先后召开全面依法治区委员会第四、五次会议和区委全面依法治区委员会办公室第二、三、四、五次会议,传达学习上级文件精神,听取工作汇报,审议工作要点,部署推进中央依法治国办督察法治政府建设反馈意见整改落实工作,确保法治政府建设工作谋划部署到位、责任落实到位。推进党委(党组)理论学习中心组学法制度化,加强领导干部法治能力培训工作,严格落实领导干部任前法律知识测试、宪法宣誓、年度述法等工作制度,各级党委(党组)理论学习中心组、政府常务会议学法常态化,区委理论学习中心组学法7次,区政府常务会会前学法11次,区人大常委会会议会前学法10次,举办领导干部、村居"两委"干部法治专题培训班2场次300人次,法律知识测试1500余人次,建立学法清单271份。将法治建设纳入区委、区政府目标责任制考核体系,做到与经济社会发展同部署、同推进、同督促、同考核。落实《法治政府建设与责任落实督察工作实施办法》,主动认领中央依法治国办督察反馈的7项意见和8项具体问题,细化整改措施,分解整改责任,强力推动整改,已全部整改完成并长期坚持。强化法治督察指导,盯住关键问题和重点单位,开展全面法治督察两次,以整改实效助推法治政府建设落实见效。

【"放管服"改革】 2022年,沙坡头区全面落实清单管理制度,持续推行证明事项告知承诺制,梳理行政许可事项清单,编制公布行政备案、行政审批中介服务事项清单,进一步调整完善医保、民社、农业农村、水务等政府部门权责清单。严格执行全国统一的负面清单制度,普遍落实"非禁即入"。深化"一窗受理、集成服务、一网通办",政务服务事项网上可办率为87.28%,不见面率达79.1%,"一网通办"办件量总数21400余件,"好差评"服务评价好评率100%,电子证照入库量达1万余件。

【法治化营商环境】 2022年,沙坡头区强化营商环境制度保障,对173件政府方案进行公平竞争审查,27家政府部门落实"双公示"。全面落实减税降费政策,进一步简化申报材料、压缩审批时限、简化审批程序,建立代帮代办、告知承诺、容缺受理、绿色通道等服务机制,企业投资项目备案时限压缩到1个工作日,依法依规备案企业投资项目83个,审批事项全部网上办理。坚持依法保障企业权益与促进守法合规经营并重,对涉案民营企业负责人慎捕慎诉,严厉打击侵犯民营企业合法权益犯罪。

【合法性审查】 2022年,沙坡头区拓展合法性审查覆盖范围,建立乡镇法制审核工作机构,探索组建"司法所人员+镇法律顾问+镇法治骨干"三位一体的法制审核队伍。严格执行中央、自治区相关规定,从权限、内容、程序等方面进行全流程审核,共审查各类合同、文件885件,合法性审查工作质效不断提升。

【行政规范性文件管理】 2022年,沙坡头区初步建立行政规范性文件后评估制度,增强规范性实施效果。严格落实规范性文件"三统一"、合法性审查、集体讨论和备案制度,做到"有件必备、有备必审、有错必纠"。依法备案审查规范性文件14件,全面清理政策性文件121件、涉优化营商环境规范性文件5件,确保政令畅通,维护法治统一。

【依法决策】 2022年,沙坡头区公布重大行政决策事项目录,积极推行网上公开征求意见,邀请两代表一委员、政府法律顾问、政务公开义务监督员列席政府常务会议,不断提高行政决策质效。完善政府法律顾问和公职律师制度,修订完善法律顾问管理办法,探索建立公职律师统筹使用工作机制,政府法律顾问参与处理政府法律事务19起,列席政府常务会议13次,举办法律论证会3次,公职律师参与所在单位行政决策、矛盾纠纷化解等法律事务实现全覆盖。

【行政执法】 2022年,沙坡头区建立健全33家行政执法单位的法制审核机构,完善重大执法决定法制审核目录清单和音像记录事项清单。全面推行行政柔性执法,推广轻微违法行为免罚清单、免责清单制度,编制公布行政处罚"两轻一免"清单72项,并实行动态管理。

【队伍建设】 2022年,沙坡头区组织开展行政执法能力培训 11 场次、"互联网＋培训"1 期。严格落实行政执法人员持证上岗制度，完成国家执法证申领换证 626 人，全面清理"工人执法""无证执法"26 人，公布沙坡头区行政执法人员名单，主动接受社会监督。

【执法改革】 2022 年，沙坡头区推动县乡综合执法联动改革试点工作，切实加强乡镇与行政执法部门行政执法协作配合。制定《中卫市沙坡头区综合执法与刑事司法衔接工作机制》《中卫市沙坡头区综合执法局与行业主管部门配合协作工作机制》等制度，完善跨领域跨部门综合执法改革工作机制，基层综合行政执法改革工作走深走实。

【行政执法监督】 2022 年，沙坡头区共计移送司法机关案件 10 件。落实执法过错纠正和责任追究办法，发布指导案例 3 期，下发执法过错追究通报 1 次。建立并实施行政执法监督员制度，落实重大行政执法决定备案制度，开展 2022 年度行政执法案卷评查，规范执法活动。

【权力制约监督】 2022 年，沙坡头区自觉接受党内监督、人大监督、民主监督、司法监督和舆论监督，认真执行向本级党委、人大及其常委会报告工作、接受询问和质询、报备政府规范性文件制度，高质量办理人大代表议案 23 件、政协委员提案 46 件，办复满意率 100%。发挥纪检监察职能作用，加强纪律监督、监察监督、派驻监督、巡视监督。依法全面履行审计监督职责，重点加大对公共资金、国有资产、国有资源和领导干部履行经济责任情况的审计力度。规范法定主动公开内容和目录，细化重点领域信息公开，依法保障人民群众合理信息需求。持续推进信用体系建设，抓紧抓实失信行为治理、信用监管制度完善工作，各行业领域全面建立健全信用承诺制度。

【行政复议和行政应诉】 2022 年，沙坡头区深入推进行政复议体制改革，健全行政复议工作机制。扎实开展行政应诉突出问题专项治理，严格落实行政机关负责人出庭应诉制度。审结行政复议案件两件、国家赔偿案件 1 件；审结行政诉讼案件 33 件，行政机关负责人出庭应诉 20 件，出庭应诉率 90.9%。

【矛盾多元预防化解】 2022 年，沙坡头区推动发挥区镇两级社会矛盾纠纷调解中心作用，继续推行"人民调解＋仲裁＋信访＋诉讼"纠纷治理模式，整合人民调解、行政调解、司法调解等社会资源，联调联动及时有效化解矛盾纠纷。各级调解组织共调解各类纠纷 2387 起，仲裁确认 377 件，司法确认 463 件。

【突发事件应对处置】 2022 年，沙坡头区积极推进智慧监管项目建设，有效监管沙坡头区矿区资源盗采、林草防火、防洪防汛、人员聚集舆情事件等重点区域，应急处置通信保障能力不断提高。制定 1 个区级总体应急预案、22 个专项应急预案、11 个乡镇级、189 个村级应急预案和突发事件处置等 10 项工作制度，沙坡头区"1+40+10+N"应急预案体系初步构建。

公　安

【概　况】 2022 年，沙坡头区公安分局共受理有效警情 19607 起，同比上升 1.61%。其中，刑事类警情 2145 起，同比下降 24.58%；治安类警情 4584 起，同比下降 21.88%；群众求助类警情 2238 起，同比上升 35.31%；举报投诉类警情 2527 起，同比上升 0.64%；纠纷类警情 7901 起，同比上升 23.84%。

【风险防范化解】 2022 年，沙坡头区公安分局筑牢防线，守住底线，深入开展反渗透、反颠覆、反破坏和反恐反邪斗争。扎实开展维护社会稳定风险隐患大排查大化解大整治行动,重要时间、敏感节点未发生越级访和聚集滋事案件。全面落实"三防四控"要求,动态布警驻守兴仁香山片区,有力保障压砂地有序退植和生态修复。

【高压严惩犯罪】 2022年,沙坡头区公安分局扎实开展常态化扫黑除恶和"百日行动""云剑""断卡""断流""养老诈骗"等专项行动,破获各类刑事案件699起,打击处理606人,挽回群众损失548.69万元。侦办的宁夏首起利用"秒拨"技术帮助信息网络犯罪案,被公安厅列为"净网2022"2号督办案件。以反诈人民战争为重点,破电诈案件151起,抓获电诈嫌疑人181人;推动建立沙坡头区入户宣传包保责任制,全力推广注册"国家反诈中心"APP,年内注册率提高8个名次(全区22个分县局排名从19名提升至11名);全天候预警劝阻2.2万人次,止损超8500余万元。扎实开展夏季治安打击整治"百日行动",开展大清查19次,检查行业场所4247家次,警告罚款158家,限期整改160家,打架斗殴、寻衅滋事等下降50%。持续攻坚缉毒破案、查处收戒等工作,成功侦破自治区首起"集群打零"案,获自治区公安厅贺电表扬。深入开展脱失吸毒人员查控专项行动,查控7名脱失吸毒人员,实现沙坡头区脱失吸毒人员首次"清零"的历史新突破。打造自治区首个集"声光电"为一体的帮戒毒、帮思想、帮生活、帮就业"四帮"亲民暖居工作室,社区戒毒康复执行率达100%,吸毒人员管控帮扶工作走在全区前列。

【创新基层治理】 2022年,沙坡头区公安分局整合指挥中心、政保、网安等警种,推动"情指勤舆督"一体化运作,统筹情指、合成、反诈、维稳、防疫专班,建立日研判、周报告、月总结机制,激发城区派出所"一室两队"作战优势,切实做到精准防控、有效打击,治安防控水平得到大幅提升。积极争取沙坡头区委、区政府的政策和资金支持,加快建设警务室、执法办案中心,先后招录45名社区辅警充实基层派出所,基层软硬件基础更加扎实、活力持续迸发、成效日益显现,打造出了"向日葵工作法""老警接诊""1+6+X"六联机制等立得住的社区警务品牌。实行社区民警+辅警+禁毒专干+警务专干的内部整合及"警格"+"网格"的外部融合,组建53支志愿队联合巡逻1950余次,提供线索380余条,带破刑事、行政案件195起,刑事发案同比下降10.5%,行政案件办结率提升三倍。在治安较复杂的四季鲜商圈及创业城、商城等娱乐场所聚集区域高标准建设警务室,增补治安监控视频150余路,布设音柱30余处,有效整合社会技防资源,填补治安管控盲区。严格落实"护学岗"制度,组织法制宣传进校园,全面开展校园内部安全检查,校园及周边案事件"零发生"。

【执法规范化建设】 2022年,沙坡头区公安分局坚持日监督、周通报、月考评机制,落实案件办理全流程全要素闭合管理,召开公检法联席会议15次,会商案件40余起,执法突出问题大幅下降,未发生行政案件、刑事案件超期受(立)案问题,绝对、存疑不起诉案件数同比分别下降100%、50%,检察机关纠正违法数同比下降22.2%,3个作品被公安厅评为优秀指导案例,侦查监督与协作配合工作机制得到最高人民检察院肯定。

【政务服务】 2022年,沙坡头区公安分局全面落实"365天×24小时"便民利民措施落地,深化"互联网+公安政务服务",在全域村级民生中心设立业务受理点,推出上门代办事项清单,为老年人、残疾人及偏远地区群众提供预约上门代办措施,高效服务群众4.5万余人次。

【队伍建设】 2022年,沙坡头区公安分局坚持对民辅警腐败问题和违法乱纪零容忍,建立健全监督机制和防范体制机制，认真开展"两个专项"整治，促进队伍形成"不敢腐、不能腐、不想腐"的反腐倡廉格局。常态化开展大讲堂、大培训、大练兵，民警反恐维稳、科技应用、自我管控能力得到有力提高。尤其是妥善处置创业城儿童跳楼事件，获得人民群众点赞，相关视频被《人民日报》等媒体转发1亿+。全面落实战时慰问、健康管理、谈话家访等惠警暖警措施，加大典型选树，队伍凝聚力、战斗力持续提升。

检 察

【政治建设】 2022年，沙坡头区检察院深入贯彻学习习近平新时代中国特色社会主义思想和党的二十大、二十届一中全会精神，扎实贯彻各级党委对政法工作的重要会议精神，领会精神要义，全年通过党组理论学习中心组、全院干警大会、"三会一课"等学习100余次。严守党的政治纪律和政治规矩，主动向区委及区委政法委报告重要事项和专题工作36次，自觉把检察工作放在党的工作大局中谋划、推进、落实。

【司法改革】 2022年，沙坡头区检察院持续抓实检察人员考核，构建科学合理、简便易行的考评指标体系，按照一月一考、一季一评比检察人员考核制度，激励员额检察官多办案、办好案，检察辅助人员尽全力、提质效，司法行政人员强保障、重担当。

【队伍建设】 2022年，沙坡头区检察院制发《中卫市沙坡头区人民检察院贯彻落实"3331工程"加强优秀年轻干部培养选拔工作的实施方案》，拓宽渠道，优培善用，努力为检察工作高质量发展积蓄人才长足后劲。注重培树榜样典型，充分利用新媒体宣传专题表彰报道12人次，增强职业荣誉感和使命感，营造见贤思齐，争做先锋的良好氛围。

【服务经济社会发展】 2022年，沙坡头区检察院全力构建"全民反诈"新格局，坚决遏制电信网络诈骗案件高发多发态势，审查逮捕、起诉涉电信网络诈骗案件33件50人，对16件重大电信网络诈骗犯罪案件提前介入，切实维护人民群众财产安全与合法权益。扎实开展打击整治养老诈骗专项行动，办理涉养老诈骗案件两件两人，发出检察建议3件，切实守护"夕阳红"。以"七号检察建议"为驱动，联合邮政管理、公安机关对辖区快递网点进行专项检查，守护辖区寄递安全。以全民普法教育为主线，以推进"八五"普法为目标，多形式、多层次、全方位开展电信诈骗、养老诈骗、禁毒、民法典等法律法规宣传，努力使尊法学法守法用法在全社会蔚然成风。

【学习教育】 2022年，沙坡头区检察院深入学习贯彻自治区党委《关于广泛开展习近平总书记视察宁夏重要讲话和重要指示批示精神"大学习、大讨论、大宣传、大实践"活动的实施意见》部署安排，结合沙坡头区党委"抓产业、办实事、强治理、转作风"三年行动，以大学习筑牢发展根基，以大讨论凝聚发展共识，以大宣传传递检察声音，以大实践彰显检察担当。班子成员讲授主题党课1次，全体干警开展大讨论25次，集中创作50余篇体现检察机关能动履职、服务发展、司法为民的检察宣传稿件。

【营造法治化营商环境】 2022年，沙坡头区检察院积极探索涉案企业合规改革，坚持"探索+实践+调整"工作模式，办理企业合规审查案件1件，打造涉案企业合规改革工作沙坡头"样板"。做优服务保障，着力打造惠企便企完整闭环。依法起诉合同诈骗等破坏市场经济秩序犯罪4件5人，起诉重大责任事故等犯罪7件12人，开展"检察开放日""送法进企业"等活动5次。立足监督职能，着力打通营商环境"中梗阻"。制发涉消防安全、安全生产检察建议8份，构建安全生产治理共同体。1份检察建议被最高人民检察院编著的《危害生产安全刑事犯罪办案指引》收录，1件重大责任事故案件被自治区人民检察院评为典型案例。

【维护稳定】 2022年，沙坡头区检察院起诉组织、利用邪教组织破坏法律实施等犯罪两件19人。精准依法打击治理影响群众安全感的突出问题，受理、审查、逮捕、起诉各类刑事犯罪案件523件682人，批准逮捕127人，提起公诉417人。始终保持对严重刑事犯罪严惩、高压态势，起诉抢劫、强奸、盗窃等犯罪27件31人。常态化推进扫黑除恶高压严打态势，坚决贯彻执行《中华人民共和国反有组织犯罪法》，聚焦重点领域制发检察建议书8份，督促相关部门建立机制，切实达到堵漏建制的效果。1名干警被中央政法委授予全国双百政法英模，1名干警被生态环境部、最高人民检察院、公安部联合授予专项行动表现突出个人，1名干警被自治区党委、人民政府评为平安宁夏建设先进个人，2名干警被自治区人民检察院授予扫黑除恶专项斗争嘉奖。

【社会治理】 2022年，沙坡头区检察院扎实做好重大节日、重要活动期间信访维稳工作，共受理群众信访事项73件，7日内回复率、3个月内答复率均为100%。检察长接待来访群众12件次，院领导包案办理首次信访案件3件，均已息诉化解。办理司法救助案件24件32人，发放救助金37.7万元。聚焦影响群众美好生活的食品安全、窨井盖破损等问题，向相关行政机关提出检察建议72件，督促履行职责，共同守护美好家园。牢固树立法律监督机关更应主动接受监督意识，向同级人大及其常委会专题报告8次；邀请人大代表、政协委员、各界群众200余人次参加检察听证、检察开放日等工作；邀请人民监督员对办案活动进行监督114件次；"两微一端"发布各类检察动态信息1583条，法律文书197份。

【守护未成年人健康成长】 2022年，沙坡头区检察院"智慧未检·美玉工作室"检察文化品牌为引领，521工作法为抓手，常态化落实好最高检"一号检察建议"，依法从严惩治各类侵害未成年人权益犯罪。全年受理审查批准逮捕、提起公诉35件39人，对34件性侵害未成年人案件全部提前介入，提前介入率、引导侦查取证率均为100%。着力推进检察官担任法治副校长工作，开展反诈、未成年人保护法等主题法治宣讲16场次，着力提升未成年人法治意识。以"零容忍"态度全面落实强制报告制度，通过未成年人综合保护平台受理各单位强制报告线索12件，以强力检察履职依法保护青少年。

【刑事检察】 2022年，沙坡头区检察院监督立案31件35人、撤案92件177人，纠正侦查活动违法16件，追捕犯罪嫌疑人7人，追诉遗漏同案犯14人。监督立案、追捕、追诉后被法院判处有期徒刑以上刑罚29人。侦查监督与协作配合办公室作用发挥显著，重大案件提前介入率同比上升357%，监督立、撤案上升25.5%，不捕不诉复议复核下降100%，案件比下降至1.08。办理各类刑事执行监督案件109件，核查财产刑人数355人。办理的丁立东纠正不当暂予监外执行监督案被自治区党委政法委评为优秀案例。

【民事检察】 2022年，沙坡头区检察院共办理民事检察监督案件94件，同比上升28.8%，其中办理民事生效裁判监督案件两件；办理民事审判、执行活动违法行为监督案件28件；办理民事支持起诉案件53件。

【行政检察】 2022年，沙坡头区检察院共办理行政检察监督案件39件，围绕行政赔偿、社会保险等重点民生领域，办理行政争议实质性化解案件4件，其中涉及10年以上行政争议两件，涉案金额96万元，着力解决群众急难愁盼问题。

【公益诉讼检察】 2022年，沙坡头区检察院共办理公益诉讼案件129件，其中办理行政公益诉讼案件98件，涉及生态环境、资源保护、英雄烈士保护、文物和文化遗产保护、公共安全领域、未成年人权益保护六大领域，提出诉前检察建议109件，磋商8件；办理刑事附带民事公益诉讼案件5件，立案并公告5件，其中3件行政机关已向法院提起诉讼，法院已判决或调解结案3件，均全部支持检察机关的诉讼请求。

法　院

【概　况】 2022年，沙坡头区法院共受理各类案件10572件，同比下降20.65%，审执结9803件，结案率92.73%，同比上升5.88个百分点，员额法官人均结案316.23件。

【党的建设】 2022年，沙坡头区法院严格落实"三会一课"和谈心谈话制度，切实规范和严肃党内政治生活，党组专题研究党建工作8次，召开支部大会22次，党员大会（主题党日）17次，开展谈心谈话两次100人。深入开展星级党组织、党建示范点和模范机关创建活动，充分发挥党支部的战斗堡垒作用和党员的先锋模范作用，年内成功创建"让党中央放心、让人民群众满意"模范机关，党支部由二星级基层党组织升级为三星级基层党组织。认真落实党员发展工作制度，年内共有1名预备党员按期转正，发展入党积极分子3名，切实增强党员队伍活力。

【政治建设】 2022年，沙坡头区法院共向区委、区委政法委请示报告重大事项和重要工作18件次。不断强化政治理论武装，坚持第一议题、党组理论学习中心组学习会、周五集中学习会等学习制度，组织干警认真学习领会习近平新时代中国特色社会主义思想、习近平法治思想等党的创新理论，学习中央、自治区、市、区党委及上级法院重大工作部署，不断增强干警政治判断力、政治领悟力、政治执行力。共召开党组理论学习中心组学习13次，交流发言60人（次），组织全院集体学习41次，班子成员讲党课6次。党组专题研究意识形态工作8次，向区委、区委政法委专题报告意识形态工作两次。召开党组会议34次，研究各类工作127项，选拔任用干部4名，按期晋升员额法官等级4人。组织开展"两个确立"主题教育、党的二十大和习近平总书记视察宁夏重要讲话和重要指示批示精神"大学习、大讨论、大宣传、大实践"活动，教育引导干警不断增强"四个意识"、坚定"四个自信"、做到"两个维护"。

【队伍建设】 2022年，沙坡头区法院着力巩固政法队伍教育整顿成果，严格执行防止干预司法"三个规定"、新时代政法干警"十个严禁"等铁规禁令，教育引导干警知敬畏、存戒惧、守底线。组织开展司法作风突出问题集中整治，开展作风督查59次，对26人给予提醒谈话、批评教育处理。认真开展违规收送红包礼金和不当收益及违规借转贷或高额放贷专项整治，引导干警自觉抵制歪风邪气，切实将"四风"纠治工作向纵深推进。突出实战实效导向，对各类人员开展针对性培训，强化思想淬炼、政治历练、实践锻炼和专业训练，让干警在服务大局、化解矛盾、改革攻坚中受考验、长才干，组织开展各类业务培训27次，培训干警430人次。

【审判执行】 2022年，沙坡头区法院审结各类刑事案件345件，判处罪犯445人。全面贯彻实施民法典,用有力量、有是非、有温度的司法裁判回应社会关切,维护各类民事主体合法权益,审结民商事案件4842件。充分发挥行政审判职能作用,坚持依法裁判与协调化解相结合,最大限度促进行政争议实质性化解,审结行政诉讼案件124件,审查非诉行政执行案件53件,诉讼外化解行政争议6件。全力推动执行工作提质增效,倾力兑现群众胜诉权益,办结执行案件3895件,执结率93.16%,同比上升9.92个百分点,执行到位标的额65890.73万元,执行到位率61.70%,同比提升26.11个百分点,执行工作"3+1"核心指标高标准运行。

【保障重点工作】 2022年,沙坡头区法院多举措化解涉新型材料、设施蔬菜、现代物流等纠纷217件,推动产业发展转型升级。积极服务乡村振兴战略,妥善审理涉农村土地承包流转、农产品销售等"三农"案件737件。认真落实最高人民法院"司法助力中小微企业发展20条意见",积极为涉案企业纾困解难,保障企业正常生产经营,不断优化营商法治环境。积极做好环境资源案件、知识产权案件等集中管辖案件审理工作,提前谋划行政案件集中管辖工作机制,有效提升集中管辖案件审判水平。妥善处理劳资用工、货物买卖、商铺租赁等纠纷,引导当事人互谅互让、共渡难关,2115件案件以调解、撤诉方式结案。坚持底线思维,扎实开展矛盾纠纷大排查大化解大整治活动,紧盯婚姻家庭、非法集资、执行难等重点领域,认真做好思想疏导、人员稳控、信息通报、困难救助等工作,为党的二十大和自治区第十三次党代会胜利召开营造和谐稳定的社会环境。

【诉源治理】 2022年,沙坡头区法院大力推行"人民调解+仲裁+信访+诉讼"纠纷化解模式,高效率、低成本、不伤和气地解决纠纷,更好发挥非诉解纷主体"拦水坝"作用和人民法院"压舱石"作用,9个调解组织、85名调解人员入驻人民法院调解平台,构建矛盾纠纷多元就地化解网络矩阵。积极延伸基层司法服务触角,设立审务工作站141个、巡回审判点17个,四个人民法庭均获评"塞上枫桥人民法庭"。深化府院联动、法检协作,共同制定出台《沙坡头区预防和化解行政争议府院联系会议制度》《关于建立实质性化解行政争议促进诉源治理工作衔接机制的意见》等文件。诉前化解纠纷2554件,纠纷成诉数量出现明显拐点,新收案件同比减少2751件,下降29.90%,物业纠纷、金融借款纠纷等案件降幅达到68%,诉讼服务质效评估得分长期位居宁夏全区法院前列。

【司法责任制改革】 2022年,沙坡头区法院年内将104件案件纳入院庭长监管范围。充分发挥专业法官会议参谋咨询和审委会定案把关作用,累计召开专业法官会议27次、审委会会议14次,讨论疑难案件97件。推行类案与关联案件强制检索,规范法官自由裁量权,促进裁判尺度统一。严格审限管理,通过预警提醒、难案会商、动态监督,推动长期未结案件清理,促进办案效率提升,旧存案件清积率达96.58%。加强审判监督,依法自我纠错,主动提起再审案件5件。落实院庭长带头办案要求,院庭长办案3281件,占全院案件数量的35.89%。

【审判管理】 2022年,沙坡头区法院推行轻微刑事案件速裁程序,会同市公安局交通警察局、区人民检察院出台《关于办理危险驾驶、交通肇事案件的工作规定》,对被告人自愿认罪认罚且同意适用速裁程序的案件,简化办案流程,缩短办案期限,已结案件平均审理天数降至7天。持续深化民事诉讼程序繁简分流改革,真正让速裁案件办理跑出"加速度",有效巩固"多办案、快办案、办好案"的速裁快审格局,以简易程序、小额诉讼程序审结案件3522件,占民事案件结案数量的83.55%,速裁案件平均审理时长降至27天,切实减轻群众诉累。

【智慧法院建设】 2022年,沙坡头区法院畅通移动微法院、律师服务平台等在线服务渠道,推动线上诉讼"降成本不降质量、提效率不减权利"。加大网络司法拍卖力度,压缩财产处置周期,降低当事人诉讼成本,启动网络拍卖302次,网拍成交金额4504.83万元,溢价率146.59%。引入"易判"智能执行管理系统,实现财产信息网络查控自动化,案件流转速度明显提升,大大节约了办案时间,减少了干警辅助性、事务性工作量。完成诉讼档案数字化工作,全面实现网络调阅电子卷宗,为当事人、律师提供更加便捷的服务。

司法行政

【政治建设】 2022年,沙坡头区委召开全面依法治区委员会守法普法协调小组第三次会议,印发《2022年沙坡头区普法依法治理工作要点》《沙坡头区关于2022年利用节点时间开展普法宣传工作的通知》,开展全覆盖督导检查两次,针对检查过程中发现的问题,要求各责任单位限期整改,为推进全面依法治区夯实法治基础。指导各乡镇、各部门(单位)全部完成普法责任制"四个清单一办法"修订和公示工作,有效推进国家机关"谁执法谁普法"普法责任制的落实。将习近平法治思想纳入沙坡头区干部教育体系、列入沙坡头区2022年党委(党组)理论学习中心组学习计划,并作为各级党委(党组)理论学习中心组重点学习内容。印发《关于认真组织学习〈习近平法治思想学习纲要〉的通知》,沙坡头区各乡镇、各部门共征订《习近平法治思想学习纲要》871本。开展习近平法治思想主题宣讲56场次,举办专题培训班17场次,沙坡头区各级理论学习中心组开展专题学习40场次,研讨交流22场次,受众达4750人次。

【"八五"普法】 2022年,沙坡头区印发《关于深入开展第八个五年法治宣传教育的决议》《关于在全区开展第八个五年法治宣传教育的实施意见》《〈关于在全区公民中开展第八个五年法治宣传教育的实施意见〉主要任务分工方案》《沙坡头区"八五"普法宣传工作方案》等文件,召开"七五"普法总结会议暨"八五"普法启动大会,明确未来5年沙坡头区开展法治宣传教育的目标、重点内容,提出了深入推进普法工作的新举措、新任务、新要求。指导各乡镇、各部门(单位)成立"八五"普法工作领导小组,制定各自实施方案,在沙坡头区范围内全方位启动"八五"普法工作。印发《关于成立沙坡头区"八五"普法讲师团的通知》,选拔63名法律基础扎实、授课经验丰富、政治素质可靠且热心法治宣传教育事业的人员参与法治沙坡头区建设中,2022年,开展法治讲座38场次,促进"八五"普法规划顺利实施。

【法治环境建设】 2022年,沙坡头区司法局印发《沙坡头区司法局关于做好"全民反诈法治宣传教育月"活动的通知》,着力织密全民"防骗网"。开展各类反诈集中宣传活动、反诈知识讲座30场次,"法治沙坡头"微信公众号发布相关典型案例315篇,发放反诈宣传资料4.5万余份,惠及群众13万人。广泛开展全民国家安全教育日集中法治宣传活动,向群众宣传《中华人民共和国国家安全法》《反分裂国家法》。全面开展沙坡头区2022年"美好生活 民法典相伴"主题宣传活动,开展民法典进机关、进社区、进学校、进企业、进单位、进军营130余场次,发放宣传资料15000余册,宣传物品8000余份,解答法律咨询530余人次。在加强社会面上宣传的同时,创作民法典主题剪纸50幅进行巡回展览,在"法治沙坡头"微信公众号展播优秀民法典微视频,组织开展了沙坡头区"'典'亮生活与法同行"民法典知识有奖答题活动。印发《2022年沙坡头区"三下乡"法治宣传教育工作计划》,充分发挥沙坡头区公共法律志愿服务队和社会组织普法作用,以"三下乡"、雷锋日、赶集行、新时代文明实践为载体,常态化开展服务大局普法行活动和"乡村振兴 法治同行"系列普法宣传活动,面向群众宣传普及宪法、民法典、法律援助法、信访工作条例、反有组织犯罪法、中卫市文明行为促进条例等相关法律法规,派发各类宣传资料和宣传品5万余份,解答法律咨询1000人次,推进更高水平法治沙坡头区建设,为推进乡村振兴战略的实施营造良好的法治环境。

【公民法治素养】 2022年,沙坡头区司法局印发《沙坡头区领导干部应知应会法律法规清单制度》《2022年度沙坡头区干部职工学法计划》,举办2022年沙坡头区领导干部法治专题培训班,让尊法学法守法用法成为领导干部自觉行为和必备素质。区委理论学习中心组学习举办"习近平法治思想"专题讲座1次、学法7次,区政府常务会会前学法11次,区人大常委会会议会前学法10次,各乡镇和部门党委(党组)会学法499次,法律知识测试13场次,举办法治讲座66场次,建立学法清单271份,主要领导讲法73次,1558人参加法律知识考试。全面落实《青少年法治教育大纲》,发挥课堂教学主渠道作用将法治教育纳入校园教育体系,做到"计划、教材、课时、师资"四落实,根据不同年龄段学生的生理、心理特点和接受能力,开齐开足上好法治教育课。发挥法治副校长作用,积极推进"法律进校园"和"依法治校"工作,切实加强中小学校普法教育,预防和减少青少年违法犯罪,利用国旗下的演讲、主题班会为师生进行宪法、防校园欺凌、防性侵、预防未成年人犯罪、国家安全、民法典、交通法规等各种类型的法治教育130余场,开展"宪法晨读"两万余人次。创建自治区级"法治示范校"1个。围绕服务乡村振兴,利用党员冬训、"3·15""4·15""民法典宣传月""6·26""七一建党节""12·4"国家宪法日等重要节点时间,深入开展"法律进乡村""法律进社区"等活动,并根据妇女、残疾人、老年人、农民工等群体特点,开展宪法、民法典、党内法规、法律援助法、信访工作条例、禁毒、反诈、网络安全等有针对性的法治宣传教育活动,提高其依法维护权益的意识和能力。开展法治宣传教育活动540余场次,发放宣传资料12万余份,发放宣传物品6.5万余份。

【依法治理】 2022年,沙坡头区滨河镇新墩花园社区成功创建第九批"全国民主法治示范村(社区)"。印发《沙坡头区深化"法律明白人"培育工程的实施方案》《沙坡头区开展农村学法用法示范户培育工作实施方案》,对"法律明白人"及骨干的培育管理标准、要求进行了细化,对司法局、乡镇、司法所承担的责任予以明确。共举办"法律明白人"培训12场次,经培育合格"法律明白人"1954人,骨干419人。从11个乡镇的105个村的村"两委"干部、村民小组长、法律明白人、人民调解员、文明示范户、共产党员、网格员、新型农业经营主体负责人、致富能手、返乡大学生、农民工、红白理事会成员以及其他热心法治宣传教育的村民中择优培育认定农村学法用法示范户450户,引导法律明白人、学法用法示范户主动参与乡村治理和乡村建设,夯实基层自治德治法治相融合的社会基础。

【特色法治文化】 2022年,沙坡头区印发《关于加强社会主义法治文化建设的实施意见》。建成沙坡头区法治文化公园,实施沙坡头区民法典主题广场和沙坡头区法治宣传教育基地,新建滨河镇新墩花园法治长廊、长安社区法治广场,基本形成了以"沙坡头区法治文化公园"为核心,以沙坡头区应理湖法治长廊、沙坡头区民法典主题广场和沙坡头区法治宣传教育基地为半径,以198个村(社区)法治文化阵地为基础的矩阵式法治文化阵地群,将法治文化建设做精做细,不拘一格传播"法治好声音"。

【公共法律服务】 2022年,沙坡头区全面依法治区委员会办公室印发《关于开展沙坡头区公共法律服务体系建设评价验收的通知》,压紧压实各部门、各乡镇工作责任,督促各部门(单位)对照《沙坡头区公共法律服务体系建设重点任务分工(2020—2022)》《现代公共法律服务体系建设评价验收标准(地方性指标)》自查自纠。沙坡头区公共法律服务中心联合沙坡头区全面依法治区委员会办公室对公共法律服务体系建设情况进行验收。在沙坡头区范围内建立党委领导、政府负责、司法行政部门具体实施、相关部门协作配合、社会广泛参与的领导体制和运行机制,建立由沙坡头区司法局牵头,12个部门配合的《沙坡头区公共法律服务体系建设部门联席会议制度》,形成齐抓共管、协作配合的工作格局。将实体平台建设运行、法律援助、一村(社区)一法律顾问等工作经费纳入政府同级财政预算,2022年本级财政保障公共法律服务体系建设经费23万元。利用辖区内司法所、律师事务所、各类调解组织等机构,调动"两代表一委员"等社会志愿服务力量,积极参与公共法律服务工作,每个公共法律服务工作站都有一个专业化综合性法律服务团队。

【法律服务】 2022年,沙坡头区司法局共接待法律咨询1800余人。大力推进"互联网＋公共法律服务"工作模式,依托智能终端设备实现各类法律服务自助查询,配合自治区司法厅做好"宁夏智慧法律服务调度管理平台"数据的录入、受理和整合,实现"一网通办",工单录入96条,办结率100%。中心热线电话和可视化桌面机全天候服务不打烊,接待群众线上法律咨询530余人次。公共法律服务中心共受理法律援助案件404件,其中民事案件96件,刑事案件305件,行政案件3件,律师参与化解信访事项6件。律师在法院、检察院等值班点值班39次,见证犯罪嫌疑人签署认罪认罚具结书274件316人次。

【法律顾问】 2022年,各村(社区)法律顾问累计到村服务480余次,接待群众法律咨询540余人次。同时,充分发挥现代信息技术对公共法律服务工作的作用,针对群众开展"指尖上的法律服务",微信解答群众法律咨询620余人次,推送法律法规知识、法治资讯等链接570余条。集中开展法治讲座107场次,参与镇村重大行政决策27件,为村(社区)提供法律意见10余件,协助镇村化解矛盾纠纷12件,其中重大疑难矛盾纠纷7件、群体性矛盾纠纷1件,代写法律文书106件,为22家企业进行法治体检。根据自治区司法厅《律师行业突出问题专项治理集中整治阶段实施方案》(宁司教整办〔2021〕22号)及中卫市司法局《中卫市律师行业突出问题专项治理集中整治阶段工作安排》,对各律师事务所专项治理工作进行年初、年中两次实地查验,确保各律师事务所常态化开展集中整治工作,巩固专项治理成果。

【律师事务所管理】 2022年,沙坡头区司法局制定印发《沙坡头区规范管理律师事务所创建活动实施方案》,明确工作要求及工作举措,统筹推进创建落实。积极督促律所对标对表找差距、补短板,11月底前11家律师事务所全部达到创建标准。对第一季度法律援助案件237件、第二季度法律援助案件180件、第三季度法律援助案件103件进行审核,制定印发《沙坡头区法律援助案件质量监督评查办法》，不断提升律师办理法律援助案件质量，提高群众满意度。

【**司法所标准化建设**】 2022年，沙坡头区司法局大力加强司法所组织队伍建设，完善体制机制，优化职能配置，提升保障能力，充分发挥司法所职能作用，推动司法所工作高质量发展，实现司法所组织机构健全，队伍建设加强，体制机制完善，职能定位优化，基层群众的法律服务需求得到基本满足，基层治理法治化水平不断提升。积极申报滨河、柔远、迎水桥、永康、常乐、香山、兴仁7个创建标准化司法所，滨河、永康、常乐、香山、兴仁5个司法所通过验收，命名为标准化司法所。

【**矛盾纠纷排查化解**】 2022年，沙坡头区司法局结合"调解九进 服务万家"活动、"调解促稳定喜迎二十大"专项行动及维护社会稳定风险隐患"大排查大化解大整治"行动。重点排查本部门、本行业、本系统涉及具体业务工作引发的矛盾纠纷和干部职工及家属存在的各类矛盾纠纷。全面排查涉婚姻家庭、邻里纠纷、征地拆迁、农民工工资拖欠、经济纠纷、物业纠纷、涉法涉诉信访和复转军人群体、非法集资诈骗等易引发重大群体性事件、个人极端事件或集体上访的民生类、涉众型矛盾纠纷。深入排查安全生产、道路交通、建筑施工等重点行业领域的矛盾纠纷。做好重点群体信息排查。紧盯重点群体，特别是涉军群体、非法集资受损群众、贫困家庭、社区矫正对象、刑满释放人员等特殊利益群体，全面掌握重点人员基础信息，全面搜集掌握深层次、内幕性、预警性、行动性情报信息。各人民调解组织共开展矛盾纠纷排查1001次。严格落实村调委会每周一次、乡镇调委会每半月一次的矛盾纠纷定期排查制度，定期进行分析研判，对常见多发的婚姻家庭、邻里、房屋宅基地、山林土地等矛盾纠纷，坚持抓早抓小、依法及时就地予以化解。对涉及当事人多、案情复杂、社会影响较大的矛盾纠纷，依托沙坡头区、乡镇两级社会矛盾纠纷调处化解中心，做到排查到位、调处到位、防控到位、宣传教育到位，及时把各类矛盾纠纷化解在萌芽状态，解决在基层，有效防止因发现不了、化解不掉、处置不好而引发"民转刑""刑转命"案件。2022年以来，各级调解组织共调解各类案件2666件，调解成功2488件，申请仲裁确认370件，申请司法确认382件。

【**人民调解组织队伍建设**】 2022年，沙坡头区司法局11个司法所辖区内人民调解"四张网"健全，共有村（社区）198个，均设立人民调解委员会。除此之外，还设立专业性行业性调委会23个，个人调解工作室5个，形成以乡镇人民调解委员会为核心，村（居）人民调解委员会为基础，企事业单位、行业性专业性人民调解委员会为触角的多层次、宽领域、规范化的人民调解组织网络。鼓励支持选聘律师、公证员、仲裁员、基层法律服务工作者、医生、教师、专家学者等社会专业人士和退休法官、检察官、公安民警、司法行政干警以及信访、工会、妇联等相关行业主管部门退休人员担任人民调解员。以政府购买服务的形式聘用38名专职人民调解员，进一步优化人民调解员队伍结构。开设人民调解大讲堂，积极吸纳律师、专职人民调解员等作为培训师资力量，采取集中授课、远程视频等方式，提高培训质量和水平。全年，共开展人民调解员培训13场次，培训人民调解员778人次。

【**社区矫正**】 2022年，沙坡头区司法局共计接收社区矫正对象165人，解除社区矫正对象160人，在册社区矫正对象183人。累计接受委托调查评估117件，办结117件。共衔接刑满释放人员599人，在册1566人。在确保局机关、各司法所1名政法专项编制人员专门负责社区矫正工作的同时，通过政府购买服务形式招聘6名社区矫正工作者,配强矫正工作人员队伍。共办理审前调查评估137件,其中建议适用社区矫正103件,不建议适用社区矫正31件,不予调查3件。共发出警告7人次,发出训诫20人次,审批电子定位装置5人次,审批经常性跨市县活动8人次,办理执行地变更4人次,审批7日以上请假外出6人次。上报重大事项两件,续报1件。共评查社区矫正案件220余份,配合沙坡头区人民检察院巡回检查11场次,发出《社区矫正安全隐患整改通知书》两份,收到《检察建议书》7份,纠正违法通知书两份。通过协调相关部门和发动社会组织对50名社区矫正对象进行帮扶。5月1日,与宁夏合源谦教育信息咨询有限公司签订购买社会服务合同,按照合同内容开展对社区矫正对象及安置帮教人员的心理矫正、集中教育、公益活动等。已开展心理测评600余人次,集中教育活动6场次。

【安置帮教】 2022年,沙坡头区司法局共衔接重点人员14名。共计帮扶167人次。按照《关于印发〈关于进一步规范和加强刑满释放人员安置帮教工作的意见〉的通知》要求,积极争取区委、区政府支持,通过政府购买服务方式,积极落实按照刑满释放人员与社会工作者50:1的比例配备社会工作者政策,分批招录30名社会工作者参与安置帮教工作。2022年,共招录6名社区矫正和安置帮教专职工作者。加强与各监狱联系沟通,全力配合监狱提供审核材料,充分做好监狱会见审核信息交流,提升审批速度和会见效率,及时向家属反馈审核情况,确定会见时间,实行远程视频会见工作无缝对接。全年,共为110余人次群众实现"云端会见"。

人民武装部

【综　述】 2022年,人武部党委围绕强军兴军,坚持练兵备战,聚力国防动员,优化后备力量,推进武装建设,打造书香军营氛围,在支援地方经济社会发展、维护社会稳定大局、遂行急难险重任务等方面发挥了重要作用,基层基础更加厚实,全面建设稳步向前。人武部全体人员扛起兴武强军的历史使命,用担当诠释初心,以昂扬的状态、奋斗的姿态、实干的标准,严格落实党管武装各项制度,坚持战斗力标准,紧盯主责主业,勠力同心、奋力拼搏,统筹推动各项工作顺利开展,取得实实在在的成绩。人武部被中卫军分区表彰为"全面建设先进单位"。

【党的建设】 2022年,人武部召开人武部党委第一书记任职命令宣布大会,严密组织年度党管武装述职,实施人武部党委、纪委、党支部换届选举,协调召开区委常委议军会议,增加征兵、民兵工作经费30万元,投入5万元改善驻军官兵生活训练条件。认真贯彻落实《军队党的建设条例》,开展"大学习、大讨论、大练兵、大实践"活动,4次组织党委议战议训。认真落实党风廉政建设,扎实开展深化基层风气整肃治理和基层风气监察联系点工作,结合征兵工作会议开展廉洁警示教育,组织全体党员参观中卫市廉政教育基地,观看《铁纪强军》专题教育片,进一步筑牢思想防线,政治生态持续向上向好。

【政治建设】 2022年,人武部围绕喜迎二十大、学习二十大、贯彻二十大这条主线,学原文、悟原理,推动学习走深走实、落地见效。聚焦"忠诚维护核心、矢志奋斗强军"深化主题教育,观看《追光》《领航》等教育片,在民兵队伍中开展"铸牢中华民族共同体意识"专题教育,引导广大官兵自觉讲政治、铸忠诚,听党话、跟党走。全面打造人武部国防动员文化阵地,12月高标准组织宁夏军区强军文化系列活动暨书香军营建设现场会,自治区党委常委、宁夏军区少将政治委员郭建军一行52人到沙坡头区人武部现场观摩指导。

【履行职能使命】 2022年,人武部紧贴任务完成3类46套战备方案修订,按标准编建56支基干民兵分队,分两批完成292名基干民兵基地化轮训任务。拉动考核战备值班分队(文昌镇民兵应急排),检验应急指挥处置能力。认真开展国防动员潜力调查核查,完成18类48363条潜力信息统计核报。民兵教练员参加军区比武竞赛,取得两个单项第二。人武部职工马跃参加军区驾驶专业比武取得第一名。扎实组织"一年两征"兵员征集,积极协调推动征兵方式由"单一抓"向"合力抓"转变,完成男兵征集任务,大学毕业生征集率40.5%,全年实现"零退兵"。

【基层建设】 2022年,人武部严格落实党委委员挂钩帮带制度,深入一线学法规,研对策,精准督导工作落实,组织专武干部开展征兵、民兵业务培训,每月召开武装工作例会实事求是讲评工作落实情况。投入22万元专项经费保障乡镇武装工作开展,为11个乡镇配备各类装备器材2400件(套)。扎实开展"条令法规学习季""四严四整"教育整训活动,12次落实安全法规教育和安全技能训练,对照"7个管住""59个严禁"清单,采取个人自查和单位核查的方式,排查整改5类16个问题。大抓基础设施建设,完成党委会议室改建、楼内暖气更换、卫生间改建和厨房改建装修,投入4万元为篮球场、羽毛球场铺设塑胶悬浮地板,投入5万元建设耕读园。

【双拥共建】 2022年,人武部3次深入帮扶村进行检查调研,实地了解建设需求,制定年度帮扶措施,投入4万元为帮扶学校篮球场铺设悬浮地板,联合地方企业向学生捐赠600双童鞋。组织100名民兵义务参与"守护生态、万人植绿"活动,联合退役军人事务局为1名二等功和23名三等功现役军人送立功喜报,为应征入伍青年家中悬挂光荣牌,在全社会营造一人当兵全家光荣的浓厚氛围。与中卫九中开展军民共建,举行共建签字仪式,开展"兵叔叔"进课堂,投入4万元建设国防教育长廊,在第22个全民国防教育日举行揭牌仪式,现场为学校师生讲述国防知识,在学生中开展"喜迎二十大、共筑强军梦"主题征文、手抄报、绘画等作品,组织学生观看红色电影,爱党、爱国、爱军的氛围更加浓厚。

农业和农村经济

综 述

【概　况】 2022年,沙坡头区是沿黄城市带上的一颗璀璨明珠,素有"塞上江南"之美誉,享有"国家现代农业示范区""全国农村一二三产业融合发展先导区""率先基本实现主要农作物生产全程机械化示范区""统防统治百强县"等殊荣。全年,实现地区生产总值252.23亿元,同比增长0.1%;城乡常住居民人均可支配收入分别达到35559元、16825元,同比增长5%、5.6%;农林牧渔业总产值75.11亿元,增速3.9%。

【农业社会化服务体系建设】 2022年,沙坡头区农业农村综合建设服务中心在沙坡头区农业农村局的指导下,印发了《沙坡头区农业社会化服务创新试点县实施方案》。社会化服务试点通过招标委托第三方公司搭建农业社会化服务全产业链大数据平台,探索建成统一农业社会化全产业链大数据中心,梳理收集涉农数据详细清单,摸清"农业家底",将系统有机接入乡镇、村两级,实现三级联动试运行工作。建立益农信息社、农资门店、社会化服务站等涉农主体数据冷链物流服务站,历史遥感影像数据、种植结构数据等存量数据,以及农机作业轨迹数据等生产托管监管数据近20类一期项目数据采集体系,为大数据中心后续建设提供了数据支撑体系。目前,已完成沙坡头区"四位一体"农业社会化服务大数据中心8大功能57个子功能中一期37个子功能的调研、设计、研发任务建设,正在筹备一期上线、验收、部署、运营等工作,同时筹备二期子功能的研发调研工作。

【农村"三资"管理】 2022年,沙坡头区农业农村综合建设服务中心全面完成2022年度农村合作经济和农村政策与改革统计年报、农村集体资产清查、农村集体经济运行态势监测调查工作。据统计,截至12月31日,农村集体经济组织资产总计21.26亿元,其中经营性资产14.77亿元。沙坡头区村集体经济组织总收入共计2.36亿元,其中经营收入5614.21万元;总支出共计1.72亿元,总收益共计6457.71万元;经营收益共计6696.24万元,收益区间如下:无经营收益的村1个、5万元以下的村有18个、5万~10万元的村61个、10万~50万元的村68个、50万~100万元的村10个、100万以上的村4个。

【农村产权制度改革】 沙坡头区自开展农村产权制度改革工作以来，扎实开展了清产核资、成员身份认定、成立集体经济合作组织、股份制改革等工作。截至资产核查时间2019年12月31日，沙坡头区11个乡镇162个行政村共有村集体资产19.7亿元，共认定农村集体经济组织成员10.36万户30.98万人，成立集体股份合作社12个，集体经济合作社148个。创新形成"农村产权+N（保证、保单、实物、房产）""农村产权与动物活体、订单、住宅楼、商品房等嫁接组合""农村产权相互捆绑组合"多种抵押贷款模式，进一步提升农村产权价值，丰富抵押融资渠道，推动农村"资产"变"资金"，实现农业贷款扩面扩量更提质，为解决农业经营主体融资难题破冰蹚路。2022年，累计向小农户和各类农业经营主体发放农村产权抵押贷款4000笔6.27亿元。

种植业

【粮食种植】 2022年，沙坡头区落实粮食作物种植面积33.49万亩，产量21.11万吨，其中小麦种植面积3.33万亩，产量0.70万吨；玉米种植面积27.81万亩（玉米大豆带状复合种植2.35万亩），产量19.10万吨；水稻种植面积2.02万亩，产量1.17万吨；大豆种植面积2.35万亩，产量0.126万吨；杂粮种植面积0.32万亩，产量0.019万吨；马铃薯种植面积0.01万亩，产量0.086万吨。同时，以绿色发展为导向，进行玉米大豆带状复合种植5项试验，开展玉米示范区6项示范，在东园镇八字渠打造玉米示绿色高质高效技术模式示范区1个，示范面积800亩以上，亩产指标达到1006.4公斤，辐射带动1万亩，建立玉米高产示范区10万亩。

【蔬菜种植】 2022年，沙坡头区完成蔬菜种植面积7.42万亩，其中：设施蔬菜3.41万亩（日光温室2.32万亩、大中拱棚瓜菜0.77万亩、小拱棚瓜菜0.32万亩）；供港蔬菜1.71万亩；露地瓜菜2.3万亩。蔬菜总产量23.26万吨，总产值7.2亿元。在兴仁镇、香山乡的压砂地退出区新建大中拱棚606.36亩，试验示范种植春提前、秋延后的中小果型西瓜；在清砂区域试验示范标准化种植覆膜西瓜5324亩、朝天椒776亩、玉米2400亩。通过更新温室前后屋面、翻建后屋面、加固后墙及附属设施设备等，改造老旧日光温室1288座。打造黄河农耕文化科教基地1个500亩，通过园区基础设施提升改造，配置农业物联网智能管控等现代农业设备，集成推广新技术，发展休闲采摘观光农业，建设综合性研学基地。对供港蔬菜基地生活区全部重新规划设计进行改建，拆除老旧设施1241间，新建合规宿舍704间。

【植物保护】 2022年，沙坡头区农作物播种及经果林面积119.23万亩，各类病虫害草鼠害发生面积234.65万亩次，防治面积336.626万亩次，挽回损失10812.927吨。发展专业化统防组织到106家，统防统治防控面积达207.06万亩次，占总体防治面积的62.06%。绿色防控面积53.92万亩次，绿色防控覆盖率达到52.93%。农药使用商品量261.54吨。农药利用率达41.5%。召开现场培训会1次，开展宣传活动4次，发布植保信息21期，简报5期，网络宣传70次，田间指导培训45次，发放宣传彩页5000张，拍摄发送病虫害照片120张。

【植物检疫】 2022年，沙坡头区水稻种植面积2.02万亩，稻水象甲发生面积800亩。在沙坡头区设立10个硒砂瓜"两病"监测点，经监测，硒砂瓜"两病"发生较轻。开展硒砂瓜种子"两病"抽检，共计送样160个，涉及西瓜品种11个，南瓜品种10个，种子"两病"检测结果均为阴性。在宣和永康等镇设置5个苹果蠹蛾监测点,共诱到苹果蠹蛾成虫1213头。

养殖业

【畜牧业】 截至2022年年底,沙坡头区奶牛存栏达到6.9万头,同比增长21.8%;肉牛、肉羊、生猪和家禽饲养量分别达到7.71万头、74.14万只、65.79万头和766.13万只,同比分别增长6.8%、11.2%、3.7%、26.5%;肉、蛋、奶总产量分别达到4.97万吨、2.59万吨、31.12万吨,同比分别增长32.3%、21.5%、18.7%。其中,能繁母猪存栏2.69万头,同比减少7%;肉鸡饲养量285万只,同比增长47.7%。实现牧业总产值32.76亿元,同比增长29.1%。沙坡头区水产养殖面积稳定在2.2万亩。

【水产养殖】 2022年,沙坡头区渔业水域面积达到2.2万亩,同上年同期持平。水产品产量达17180余吨,比上年同期增长2.3%;产值2.6亿元,比上年同期增长15.4%;从渔农民人均可支配收入24520元,比上年同期增长14.6%;在8个渔业养殖单位实施渔业新技术推广项目,完成了池塘养殖斑点叉尾鮰健康面积1166亩、池塘网箱养殖斑点叉尾鮰20000平方米、玻璃缸养殖斑点叉尾鮰60口、温室设施养殖鲈鱼150立方米,主养斑点叉尾鮰占比达60%以上。收获斑点叉尾鮰等1225余吨,亩均产量达550公斤,亩均收入比传统以鲤草为主的养殖方式新增2800余元。完成高白鲑、鲈鱼、河蟹等特种水产品大水面生态健康养殖技术示范推广面积4580亩,投放高白鲑1230公斤,河蟹大眼幼体50公斤,大规格鲢鱼12500公斤,累计运销水产品3125吨,亩效益增加150元;完成了稻渔综合种养技术示范推广面积4609亩(稻鱼4480亩、稻虾129亩),收获水产品210余吨,亩均净效益达520余元。

农业污染防治

【无害化处理】 2022年,沙坡头区建立"政府主导、企业参与、统一收集、集中处理、全面监管"的病死动物无害化处理机制,全年无害化掩埋场共掩埋病死奶牛2548头。实现奶牛养殖场全覆盖,杜绝病死奶牛流入市场和随意抛弃现象的发生,保障动物卫生和畜产品质量安全;落实养殖场户主体责任,要求规模养殖场建造病死畜禽无害化处理"深埋发酵"池或焚烧炉,按照病死畜禽"四不准一处理"原则进行处理。全年规模养殖场共处理病死畜禽49552头(只);加大网格化监管力度,建立村级防疫员包片巡查,乡镇畜牧兽医技术人员处理,动物疾病预防控制中心报销费用的工作机制。对路边、渠沟乱扔的病死畜禽进行集中收集掩埋,全年共收集病死畜禽526头。

【秸秆禁烧】 2022年,沙坡头区农业农村局成立秸秆禁烧巡查小组,围绕11个乡镇主要农业生产道路和主干道路全面展开巡查,实行一天一巡查、一周一统计、不定时通报。累计出动执法巡查车辆113辆次,出动巡查人员267人(次),巡查期间发现焚烧秸秆现象70起,立查立改70起,立案查处两起,罚款0.15万元。联合各乡镇充分利用广播、电视、报纸、网络、手机短信等开展宣传,张贴宣传标语200份,发放《告人民群众一封信》1000份,宣传资料2000份,悬挂宣传横幅20条,同时沙坡头区农业农村局微信公众号发布《中卫市农业农村局关于秸秆禁烧的通告》,浏览量近1万,切实加强了群众对秸秆禁烧的知晓率和认可度,了解了焚烧秸秆的危害及处罚后果。

【畜禽粪污资源化利用】 2022年,沙坡头区农业农村局结合生态环境风险和安全生产隐患大起底大排查大整治工作要求,出动235人次对沙坡头区畜禽粪污资源化利用、养殖尾水处理等方面工作生态环境风险和安全生产隐患进行排查整治,共计排查规模养殖场、饲料厂等200余家。备案畜禽规模养殖场142家,养殖场配套率达到100%,粪污综合利用率达96%以上。

【减少化肥农药使用量】 2022年,沙坡头区主要农作物化肥、农药使用量实现了零增长,化肥利用率达到42.45%,农药利用率达到41.5%,较上年分别增加0.17%、0.5%。推广测土配方施肥面积68.3万亩、应用有机肥50万亩。化肥施肥量达到40658吨(其中春施28461吨,秋施12224吨),折纯17076.4吨,较上年减少789.86吨(实物量),减少1.98%;农药施用量达到261.54吨,折百量86.64吨,较上年减少2.24吨(商品量),减少0.85%。种植粮食作物33.49万亩、硒砂瓜26.2万亩、蔬菜8.48万亩,年施化肥分别为15431吨、1286吨、5376吨,比2021年分别减少70.6吨、748吨、32吨,有机肥分别为2.159万吨、7.86万吨、0.786万吨,比2021年分别增加1788吨、减少5700吨、增加5640吨,使用杀虫、杀螨剂类为102.79吨、杀菌剂类66.32吨、除草剂类89.75吨,比2021年分别减少0.12吨、减少0.11吨、减少2.62吨。

【回收处理农用废弃物】 2022年,沙坡头区覆膜面积30.02万亩、覆膜量1200余吨,回收利用农药包装废弃物15.7吨,农用残膜回收利用率达到88%、农作物秸秆综合利用率达到88%、农药包装废弃物回收率达到80.4%。

农业机械化

【概　况】 2022年,沙坡头区农业机械总动力33.3361万千瓦,比2021年增加3099千瓦。拖拉机拥有量达到7487台,其中100马力以上大型拖拉机达到了253台,中小型拖拉机7234台;谷物联合收割机248台,玉米联合收获机达到103台。拖拉机配套农具达到1.6171万台(套)。主要农作物耕种收综合机械化水平达到89.3%,与上年持平。灌区小麦实现了全程机械化生产。水稻机械化种植水平达到79.53%,机械化收获水平达到99.5%。玉米机械化种植水平达到89.33%,收获水平达到86.7%。设施农业、枸杞等主要农业产业化生产机械化水平有了很大突破,地膜覆盖面积残膜机械化回收利用率达90%以上,农作物秸秆综合利用率达到88%。

【农机规模】 截至2022年年底,沙坡头区农业机械总动力达到333361千瓦。拖拉机拥有量达到了7487台,其中:30马力以上的大中型拖拉机3584台,小型拖拉机3903台。国家农机购置补贴政策的扶持是大中型拖拉机增加的主要原因。拖拉机配套农机具16171台,机具配套比为1∶2.2。谷物联合收获机拥有量达到248台,玉米联合收获机103台,增加的主要原因是水稻、玉米种植面积逐年扩大,农机户外出跨区作业人数增加。用于枸杞烘干的果蔬加工机械308台,新增新能源机械与使用时间长被淘汰的燃煤炉机械相抵,实际比上年新增加42台,增加的主要原因是枸杞种植面积扩大。饲草料加工机械3357台,比上年增加295台,增加的主要原因是鸡蛋、猪牛羊肉、乳制品价格上涨,畜禽养殖数量增加。

【农机购置补贴】 2022年,沙坡头区共落实农机购置补贴资金671.48万元,购置各类农业机械634台(件),其中拖拉机126台,收获机械9台,畜牧机械295台,其他农业设备204台(套),受益农户439户。在农机购置补贴实施过程中,重点向薄弱环节、农业主导产业、玉米收获、水稻种植、农机社会化服务体系建设、枸杞生产、饲(草)料加工生产等生产服务的机械倾斜,进一步完善加强农机购置补贴政策监管措施,严格落实补贴机具目录,补贴政策公示制、补贴资金沙坡头区财政集中支付制,资金管理监督制和工作成效考核制等制度。

【农机具经营】 截至2022年年底,沙坡头区有两家农机制造企业、8家农机销售网点,积极预防和避免有问题的农机产品流入市场,同时认真做好补贴机具售后质量监督管理,大力组织开展补贴机具质量调查,积极做好农机经营者从业人员的培训工作,规范农机生产和销售市场的服务经营行为。

农业产业化

【养殖场建设】 2022年,沙坡头区建设完成常乐镇光明万头奶牛养殖示范场、大青山一场二期、阜民丰二期及有机肥厂项目,引领带动沙坡头区奶产业提档升级;建设中卫智慧畜牧大数据平台和光明牧业、阜民丰、沐沙、润厚源、众鑫源5个示范智慧牧场,提升奶产业信息化、智能化管理水平,成功创建自治区级奶牛规模标准化示范场两个。改扩建沙坡头区常乐镇、宣和镇出户入场(园)养殖园区6个,培育肉牛高标准示范村1个,实施完成牛肉分割加工中心建设项目,建设牛肉分割加工中心1个。建立"龙头企业+合作社+订单生产+基地农户"等利益联结模式,提升宁夏夏华等屠宰加工企业肉牛屠宰加工产能,提高分级加工、分割包装比重,提升精深加工水平,增强市场竞争力,肉牛屠宰加工量1.22万头,屠宰加工率达到32.6%。

【科技支撑】 2022年,沙坡头区农业农村局抢抓国家种业提升机遇,依托宁夏奶业科创中心,强化指导服务,引导养殖企业进口奶牛,推动育种体系和良种繁育体系深度融合,加快奶牛良种选育。积极争取实施完成了沙坡头区奶业生产能力提升整县推进项目。支持1家种、收、贮一体化饲草料生产新型经营主体更新设施、设备,进一步提升规模养殖场草畜配套比例;建设智慧牛场13家,对饲喂、挤奶、保健、防疫、粪污处理等关键环节设施设备升级改造,推动基于物联网、大数据技术的智能统计分析软件终端在奶牛养殖中的应用,实现养殖管理数字化、智能化。

【标准化养殖技术】 2022年,沙坡头区农业农村局依托宁夏奶业科创中心,结合农产品追溯体系,全面推行奶牛场信息化管理,政府出资免费开展奶牛生产性能测定(DHI),参测奶牛养殖场达13个,覆盖泌乳牛群1万头,实现测奶强育种、测奶提水平、测奶保质量、测奶抓数据。加强奶牛规模养殖场升级改造治污设施设备,严格落实环境影响评价制度,完善畜禽医疗废物规范处置体系,养殖废弃物资源化利用率达96%以上、规模养殖场医疗废物暂存间配套率达到100%、与第三方专业公司签订医疗废物委托处理协议数达到100%,推进奶产业绿色循环发展。

【农业综合行政执法】 2022年,执法大队出台《沙坡头区农业综合行政执法大队干部平时考核实施方案》等规章制度,建立《重大执法决定法制审核目录清单》,整理编制《涉农法律法规汇编》《农业综合行政执法制度汇编》《农业行政处罚自由裁量基准》《农业综合行政执法事项指导目录》4本工具书。率先在全区完成2022年农村学法用法示范户培育工作,培育示范户450户,覆盖沙坡头区65%行政村。累计处理各类信访事件40余起,为群众争取经济补偿200余万元。累计办理一般程序涉农案件35起,罚没款34.5374万元,其中:动物卫生监督案件16起,罚没款29.6688万元;兽药案件4起,罚没款2.0686万元;农药案件8起,罚没款2.1万元;渔业案件3起,罚没款0.5万元;秸秆焚烧案件4起,罚款0.2万元,并实现行政执法信息的实时录入。结案35起,结案率100%。

【动物免疫】 2022年,沙坡头区农业农村局累计免疫牲畜口蹄疫免疫170.43万头(只)(其中猪O-A型70.96万头、牛O-A型20.47万头、羊O型79万只);羊小反刍兽疫免疫61.62万只;猪瘟免疫71.33万头;高致病性禽流感免疫894.48万只;鸡新城疫免疫1335.67万只;布鲁氏菌病免疫34.57万只,免疫密度均达100%。犬驱虫1.0421万条;狂犬病免疫0.2461万条。应免疫密度均达100%。

【动物疫病监测】 2022年,沙坡头区农业农村局积极开展非洲猪瘟、高致病性禽流感、H7N9流感、小反刍兽、牛结节性皮肤病疫等重大动物疫病的流行病学调查工作,对沙坡头区所有养殖场(户)、屠宰场、无害化处理场等重点场所及省外调入沙坡头区的动物开展全面排查。累计排查养猪场93111场次、排查生猪数量2663.099万头次,排查牛场10061场次、排查牛数量35.2638万头次;排查羊场51643场次、排查羊数量128.5304万只次;排查家禽场16413场次、排查家禽数量7419.2386万只次;排查马属动物4918匹。同时,开展了免疫抗体水平检测工作,共采集血清、拭子、脏器等各类样品共13036份,其中血清10335份、拭子(包括体拭子、车载拭子、环境拭子)2205份、脏器206份、其他(犬粪)290份。实验室检测血清样品21728份,其中口蹄疫3751份、新城疫669份、高致病性禽流感1992份、H7亚型禽流感1959份(其中跨省调运检测1295份)、猪瘟665份、小反刍兽疫647份、检测牛、羊布病6034份(其中非免疫抗体检测牛、羊布病555份)、蓝耳347份、犬粪抗原、非洲马瘟等疾病检测260份、屠宰场检测牛羊包虫病200份、送上级业务部门检测血清、拭子、脏器等其他各类样品共8515份,经检测免疫抗体水平合格率均高于国家规定的标准。

【动物卫生监督】 2022年,沙坡头区农业农村局15个检疫申报点,共出具动物A证662张,累计检疫畜禽132.4070万头(羽、只)。出具B证3805张,累计检疫畜禽65.1867万头(羽、只)。生猪产地检疫率达90%以上,牛羊产地检疫率明显提升。3个畜禽定点屠宰场共屠宰各类畜禽67131头只,其中猪55184头、牛2084头、羊9863只。检疫申报受理率、动物检疫合格证明及耳标回收率、屠宰检疫率均达到100%。

【消毒灭源】 2022年,沙坡头区农业农村局组织人员集中对农贸市场、养殖园区、畜禽销售场所、主要交通干道进行全领域实施"大清洗、大消毒"工作,出动消毒车辆150余车次,使用消毒药1.3吨,出动人员200人次,开展消毒养殖场11589个次、屠宰场点120个次、运输车辆547个次,合计消毒面积72.58万平方米。

【兽药市场整顿和规范】 2022年,沙坡头区集中整顿兽药经营市场12次,出动执法人员120人次。签订承诺书85份,发放各类告知书3000余份。办理违法案件1起,罚款5000元。按照《宁夏回族自治区兽药使用规范》标准,督导规模养殖户建立了兽药使用各项记录,规模养殖场兽药使用各项记录规范。

【畜产品监管】 2022年,沙坡头区农业农村局配合上级部门抽检各类畜产品178批次(猪肉37批次、牛肉12批次、羊肉31批次、鸡肉2批次、鸡蛋11批次、牛奶85批次),检测结果全部合格。

水利水保

【水利项目资金争取】 2022年，沙坡头区共争取产业供水、水美乡村建设、小流域治理、河沟道治理、淤地坝除险加固、水库维修等各类水利项目资金30419.4万元。其中，争取中央资金6669.4万元，争取自治区资金2000万元，特许经营项目融资21750万元。

【水利工程建设】 2022年，沙坡头区投资6.77亿元，实施12项民生水利工程。投资4.43亿元实施宁夏黄河流域生态保护和高质量发展先行区建设——中部干旱带沙坡头香山兴仁片区生态修复及灌区（一期）供水工程，新建红圈子调蓄水池1座，铺设引、输、配水管线67.87公里，配套各类建筑物519座，设置管护道路12.51公里，进一步优化区域水资源配置，保障香山、兴仁地区产业和生态供水。投资1.55亿元实施沙坡头区水系连通及水美乡村试点县建设项目，通过河道清淤疏浚及清障、岸坡生态治理、连通工程建设，构建水系格局完整、形态自然、河势稳定、泄排通畅的河湖生态空间体系，通过建设乡村人文景观节点，打造水美乡村景观。投资337.26万元实施沙坡头区迎水桥镇营盘水小流域综合治理项目，新增治理水土流失面积8.34平方公里，改善区域生态及人居环境。投资539.99万元实施清水河下段（沙坡头区）综合治理工程，进一步完善河道防洪能力，保障标准内防洪安全。投资1199.16万元实施南山台电灌站机电设备更新改造工程，对南山台一、二、三泵站，三西泵站及刘湾泵站部分高压开关柜、励磁装置及综合自动化电气设备进行改造，进一步提高机电设备运行能力。投资2262.5万元实施中沟下段治理工程，沟道清淤及砌护沟道7.58公里，确保沟道排水畅通，降低地下水位，有效改善农田盐碱排泄，提高灌区农业生产能力。投资1498万元实施峡门水库一泵站35KV外部供电工程，新建35KV线路工程13.3公里，10KV线路工程6.1公里，保障峡门水库及香山兴仁片区生态修复及灌区供水工程用电。投资220.66万元实施南山台子二泵站护坡改造工程，对南山台子二泵站西边坡进行改造，确保护坡稳定、二泵站安全及南山台子扬水工程正常运行。投资172.74万元实施沙坡头区北岔、车路沟Ⅰ、车路沟Ⅱ三座淤地坝除险加固工程，提高防洪设施防洪能力，确保当地居民的人身安全和财产安全。投资993.71万元实施一排段石墩水沟治理工程，通过砌筑护坡、堤防加固、清淤疏浚等工程措施，治理沟道4.48公里，将石墩水沟防洪标准提高到20年一遇，消除山洪对沟道两岸工业园区企业、村庄、农田及群众威胁。投资285.76万元，实施沙坡头区2022年农村供水工程维修养护项目，有效改善项目区群众的农村饮水条件，提高群众节约用水的意识。投资255万元，实施沙坡头区2022年农村水利设施水毁抢修项目，保障水利设施安全运行，同时促进巩固脱贫攻坚成果同乡村振兴有效衔接，全面推进乡村振兴。

【水土流失综合治理】 2022年，自治区水利厅下达沙坡头区水土流失综合治理目标任务24平方公里，实际完成新增水土流失治理面积28.16平方公里。

【水土保持预防监督】 2022年，沙坡头区强化生产建设项目水土保持全链条全流程闭环管理。开展了水土保持方案质量自查工作。加大在建项目现场跟踪检查力度，检查水土保持生产建设项目66个。持续开展水土保持信用监管，下发水土保持行政许可决定58份，其中"审批制"报告书29项，"承诺制"报告书2项、报告表27项。强化生产建设项目水土保持事中事后监管，对已完成水土保持设施自主验收的9个生产建设项目进行了现场核查，出具了核查意见，并在政府网站进行公示。着力抓好监管发现问题整改。对65个水土保持疑似违法违规图斑进行核查，认定10个需整改生产建设项目，下发整改通知书10份。规范沙坡头区水土保持补偿费的征缴，开展了电子税务系统征缴工作。收缴水土保持补偿费530.91万元。加强淤地坝安全运行管理。组织对淤地坝进行全面排查，落实管护人员和管护责任。先后开展4次淤地坝安全运行管理监督检查，对存在安全隐患的8座水损淤地坝进行维修、整改，确保了淤地坝的安全运行。

【水害灾旱防御】 2022年7月，沙坡头区防汛办从沙坡头区水务局移到沙坡头区应急管理局。同时成立了水旱灾害应急抢险领导小组及专家组，严格落实防汛工作行政首长负责制，对辖区库坝"三个责任人"及时进行调整并进行业务知识培训，确保在灾害事件发生后能够快速、高效、有条不紊地组织抢险工作。汛前，沙坡头区防汛办对辖区水库、塘坝、山洪沟道、堤防、雨水情监测、预警设施设备、泵站、水闸、渠道、建筑物等水利工程设施认真进行全面排查，对检查出的问题要求相关单位及时整改，对存在的安全隐患进行维护、修复。印发《关于做好2022年度水库安全度汛工作的通知》，提请区政府印发《沙坡头区防汛抗旱应急预案》《沙坡头区山洪灾害防御预防》。与中卫市玉龙水电建筑安装有限公司签订水旱灾害应急抢险专业服务协议，组建水旱灾害防御抢险专业队伍50人，抢险救援队伍配备了一定数量的抢险救援物资设备。与宁夏凯汇实业有限公司签订防汛砂石土料储备协议，确保堤防、水库等防洪工程抢险时有充足的砂石土料。加强同应急、气象等部门沟通配合，建立健全应急联动机制，有效利用已建设完成的山洪灾害预警预报信息平台，及时发布暴雨洪水信息，做好暴雨洪水防范工作。7月5日，组织水库防汛"三个责任人"及各乡镇主管防汛工作领导和预警广播操作员等相关人员开展了防汛知识和山洪灾害防御等知识培训班；7月15日，在新水水库组织开展山洪灾害防御应急演练，对山洪灾害防御应急预案可操作性进行了实战检验。5月20日至10月30日，实施24小时防汛值班值守和领导带班工作，确保防汛抗旱信息上传下达。

【水库移民后期扶持项目】 2022年，沙坡头区大中型水库移民符合享受资金直补的人数为485人，按每人每年600元的标准，合计直补资金29.10万元，于6月严格按照发放工作程序发放到沙坡头区大中型水库移民"一卡通"账户。为加强水库移民资产运行管理，提请区政府印发了《关于印发中卫市沙坡头区水库移民资产运行管理办法（试行）的通知》（卫沙政规发〔2022〕2号）。

【行业用水】 2022年，沙坡头区用水总指标6.118亿立方米，其中：黄河水指标5.614亿立方米；地下水指标0.450亿立方米；非常规水指标0.054亿立方米。经统计，沙坡头区年度实际用水总量5.662亿立方米，其中：取用黄河水总量5.186亿立方米，取用地下水总量0.342亿立方米，取用非常规水0.134亿立方米。各行业用水情况：农业用水4.715亿立方米，工业用水0.278亿立方米，生活用水0.365亿立方米，生态用水0.303亿立方米。

【取水许可】 2022年，沙坡头区水务局共下发准予取水许可决定书32份，核发电子取水许可证件28本，审批地下水量522.18万立方米。沙坡头区辖区内现共有农业（含养殖业）电子取水许可证42本，共许可水量911.77万立方米，工业电子取水许可证件46本，共许可水量468.24万立方米。

【用水权改革】 2022年,沙坡头区水务局全面摸排辖区农业、工业和规模化畜禽养殖业用水现状,编制完成《沙坡头区用水权确权成果报告》,分别通过市水务局、沙坡头区政府审查,2022年6月全面完成用水权确权,7月份区政府印发了《沙坡头区用水权确权成果报告》。农业:统计汇总、复核引黄农业灌溉面积63.53万亩,确权水量23216.59万立方米。农业用水权确权成果信息录入893条,签订农业用水权代管协议132份,发放农业用水权证应发303本。工业:纳入确权范围工业企业134家,确权水量2801.46万立方米,引水量2996.04万立方米。规模化畜禽养殖业:分配各乡镇154家养殖场、20个养殖园区确权水量913.37万立方米,引水量982.37万立方米。发放用水权证35本,确权水量290.38万立方米。沙坡头区按照自治区用水权交易价值基准工业用水地下水1.791元/方·年、地表水0.798元/方·年对2021年度、2022年度工业用水权使用费核算收缴,核算2021年度应收工业用水权有偿使用费1418.38万元,实收1980.331万元,2022年度应收工业用水权有偿使用费2836.77万元,实收593.9794万元。截至年底,沙坡头区累计收取工业用水权有偿使用费2574.31万元。制定《中卫市沙坡头区用水权收储与交易管理办法》,与金融服务机构签订了《用水权改革工作合作协议》,组织宁夏银行向企业授信用水权抵押贷款8万元,累计5家企业通过自治区公共资源交易中心用水权交易平台竞拍购得海原县年度计划指标范围节余的100万立方米黄河水指标,交易总价208.72万元。沙坡头区累计达成用水权交易6笔,交易水量117万立方米,交易总价222.286万元。

【农业水价综合改革】 2022年,沙坡头区紧盯农业水价综合改革重点任务,细化年度改革任务,不断夯实农业水价综合改革基础,完成灌区农业水价成本测算、监审批复,自流、扬水灌区执行新调整水价,实行超定额用水累进加价制度;落实用水权改革,明晰农业水权,强化总量控制和定额管理,各项用水指标更加明确,用水权更加有章可循、有据可依。完成小型水利工程产权制度改革,"三权"落实到具体的责任主体,建立农田水利工程良性运行机制;建立精准补贴和节水奖励机制,对符合条件的对象予以奖补。沙坡头区被列为2022年度自治区农业水价综合改革验收县区之一。依据验收程序,9月初,区发改局、财政局、水务局、农业农村局组成验联合收组,完成县(区)级自验形成自验报告,并经区政府审定通过。

【基层用水管理】 2022年,沙坡头区水务局印发《落实用水权改革 规范基层用水管理组织实施方案》,指导各镇成立用水合作组织8家,配置理事46人,各行政村采取"村委会+用水小组"模式,优化组合配置管水人员,合理分工,从组建伊始的340余人降低到201人,按照总体不超返还末级渠系水费的60%定薪,大幅度降低了运行管理成本。完善合作社章程、各类管理制度10余项。各水管组织都能按照职责要求,做好小型农田水利工程维修养护,统计灌溉面积、种植结构、核算水量、水费;做好用水管理,促进节约用水,维持灌溉秩序,及时收缴并上交水费。在返还水费到账后,尽快发放水管人员工资;建立各类水利工程台账和维修养护台账;小型水利工程维修养护经费按规定、按程序审核后予以拨付。灌区各镇对基层用水管理组织规范组建及运行管理工作负总责,加强对农业用水管理工作的领导和日常监督管理。具体负责辖区内基层用水管理组织的组建、建章立制、运行管理和考核奖惩等工作;区发改、财政、水利、农业、审计等部门加强沟通协调,明确工作任务、压实工作责任,形成工作合力,6—9月先后开展4次行业监管检查并通报。

【农业灌溉】 2022年,沙坡头区各渠自管灌区累计实引黄河水量4.132亿立方米,实用水量3.349亿立方米(其中:农业用水2.560亿立方米)。未超自治区下达指标。按照水利厅调度中心抗旱应急工作安排,为七星渠、跃进渠跨渠联调应急供水1267.81万立方米。

【三级河湖长制】 2022年,沙坡头区落实区级河湖长22名、乡镇级河湖长90名、村级河湖长226名、警长38名、检察长17名,实现河湖长、警长、检察长全覆盖。在河湖长制责任河湖醒目位置设置河湖长公示牌98块,警长公示牌36块,广泛接受社会公众监督。三级河湖长使用河长通APP进行河湖巡查,通过自治区河长制综合管理信息平台数据统计,三级河湖长圆满完成河湖巡查任务。

【河湖整治】 2022年,沙坡头区以坚决遏制新增"四乱"问题为重点,以立行立改、动态清零为要求,积极组织开展"清四乱"自查整改活动,建立问题清单、销号台账,对整改完成的"四乱"问题及时上报销号,切实做到应改尽改、动态清零。自查发现"四乱问题"19项,现已全部完成整改。

【河湖沟道排查整治】 2022年,沙坡头区对辖区内河湖沟道进行全面排查,发现存在妨碍河道行洪突出问题的河沟道1条,突出问题两个,已全部拆除整改。按照水利部妨碍河道行洪突出问题排查整治工作复核会议要求,复核反馈图斑109个,不存在妨碍河道行洪突出问题,认定河湖"四乱"问题4处,其中黄河永康镇杨滩村段1处、高崖沟香山乡景庄村两处、第一排水沟迎水桥镇何滩村1处,已全部整改完成。

【河湖管理保护】 2022年,沙坡头区全面推进"河长+警长+检察长"工作联动机制,充分发挥河长办、公安机关、检察机关职能优势,联合督查暗访整治三个窑沟等河湖沟道问题6项,下发检察建议书6份,已全部完成清理整治。完成辖区内70条河(沟)道、12条渠道及14座湖库水域岸线管理范围划定工作,竖立界桩2495根,高质量完成河湖管理范围划定复核工作。

工业与产业基地建设

工 业

【基础设施】 2022年，镇罗特色冶金产业园建成110KV变电站两座、330KV变电站1座，硬化6.5公里沥青柏油主干道路1条，工业补水站两座、2.2万立方米蓄水池两个，埋设自来水管道15公里；宣和电石化工循环产业园建成110KV变电站、330KV变电站各1座，硬化沥青柏油路5.7公里，铺设供水管道4公里、主干道路排水管道5公里，在绿化主干道路两侧栽植景观苗木13000株；常乐陶瓷建材产业园建成110KV变电站、330KV变电站各1座，硬化科豪大道沥青柏油道路4公里，建成供水站1座，铺设供水管道4公里；柔远农副产品加工产业园道路、供排水、绿化、亮化等基础设施完善齐全。

【规模以上工业】 截至2022年年底，沙坡头区共有规上工业企业106家（其中：园区内37家，园区外69家）。其中新材料企业7家、新能源企业36家、冶金企业16家、化工企业21家、农副产品企业5家、建材企业7家、电力单位两家、其他行业12家。

【项目建设】 2022年，沙坡头区共实施三元中泰65MW余热发电、胜金硅业矿热炉闭式冷却循环水改造等工业项目17个，计划总投资23.6亿元，完成投资10.9亿元。其中，三元中泰6×45000KVA硅铁矿热炉改造升级、胜金硅业脱硫脱硝等10个项目已建成投产。

【经济运行】 2022年，沙坡头区规模以上工业增加值与上年持平。轻重工业"1增1降"。全年规模以上重工业增加值下降0.4%，占规上工业增加值的94.4%；轻工业增长7.7%，占比5.6%。三大门类"2增1降"。制造业增长2.3%，占规上工业增加值的72.1%，比上年提高4.8个百分点；采矿业增长33.4%，占比8.6%；电力、热力、燃气及水生产和供应业下降19.1%，占比19.3%。18个行业大类中，有9个行业增加值比上年增长，行业增长面为50%。重点监测六大行业"2增3降1持平"。其中，黑色金属冶炼和压延加工业增长4.5%，计算机、通信和其他电子设备制造业增长4.3%；农副食品加工业，非金属矿物制品业，电力、热力生产和供应业增速下降明显，同比分别下降10.9%、8.7%和21.4%，化学原料和化学制品制造业与上年持平。主要工业产品产量"2增4降"。其中，碳化钙（电石）

产量17.9万吨,增长3.3%;单晶硅产量8393吨,增长9.6%;铁合金76.7万吨,下降3.1%。

【转型升级】 2022年,沙坡头区积极为企业争取项目补助资金,创造有利条件,鼓励企业按照智能制造、绿色制造要求,督促企业加大技改项目投资力度,开展对标提升转型发展行动,实现企业高质量发展。逸悦葡萄酒等4家企业被自治区评为2022年"专精特新"中小企业信息化改造见成效企业。跃鑫冶炼、茂烨冶金等3家硅铁企业实施智能信息化技术改造项目,实现企业内全区域数据集中监控及记录分析。余热发电升级改造见成效。三元中泰、银河冶炼等4家企业实施余热发电技术改造项目,实现在回收硅铁生产过程中产生的大量余热的同时,又减少硅铁厂对环境的热污染以及粉尘污染。烟气污染治理见成效。众泰工贸、胜金北拓实施了脱硫脱硝及烟气收集设施改造,有效解决烟气无组织排放污染环境的问题。新建项目的实施,提升了企业市场竞争力,降低企业生产成本,解决本地群众就业,带动地方经济良性循环,促进沙坡头区工业高质量发展。

【淘汰落后产能】 2022年,沙坡头区完成西部枣业4000吨果汁饮料生产线、科豪陶瓷年产480万平方米地板砖生产线淘汰,淘汰设备已全部拆除,自治区已验收通过。

【节能降耗】 2022年,沙坡头区10家硅铁企业中,三元中泰、胜金北拓等7家企业已完成余热发电设备安装,大有冶炼、新华钢铁、合发冶炼3家企业正在有序安装中。能源消费量增速放缓,能耗"双控"指标逐月回落,1—12月,规模以上工业综合能源消费量同比下降0.9%,单位工业增加值能耗同比下降1%,单位工业增加值能耗增速持续下降,全面完成能耗"双控"目标任务。

【信息化建设】 2022年,沙坡头区持续鼓励企业进行智能改造,提高信息化水平,重点实施茂烨冶金硅铁矿热炉信息化提升、跃鑫冶炼硅铁矿热炉智能信息化改造、胜金北拓智慧化集控平台建设项目。茂烨冶金建设可具备10台硅铁炉综合管理控制的集中控制中心,实现远程设备操控及自动化控制;跃鑫冶炼硅铁矿热炉智能信息化技术改造项目对整个电炉采用DCS集散控制,在电炉中控室中实现对电炉的报送电、电容器、液压站、把持器的控制等,实现在中控室对整个工艺流程环节的控制和供配电数据的集中监控及数据记录分析。

【安全生产】 2022年,沙坡头区紧盯两会、五一、国庆等重要时间节点,印发10份安全生产指导性文件,从安全生产意识、隐患整改、资金投入等方面,压实企业安全生产主体责任。对民爆企业开展检查10次,重点检查档案资料,查阅炸药、雷管出入库记录,并现场调取监控核实,发现安全隐患1处,已及时完成整改。聘请第三方专业人员深入冶金和危化企业开展安全生产检查,督促企业增加安全经费投入,配置必要的安全设施和器材,提高企业的自防自救能力,累计指导工业企业200余家,发现安全隐患300余项,已督促企业全部完成整改。规下企业6家,占地面积1205亩,主要为水泥制品、锻造钢件等企业。

【冶金产业】 沙坡头区共有10家铁合金企业,硅铁矿热炉40台,其中:63000KVA矿热炉两台、45000KVA矿热炉12台、33000KVA矿热炉8台、25500KVA矿热炉18台,经过30多年的发展,10家硅铁企业带动就业人数3000余人,已经培养了一批硅铁冶炼行业的土专家、技术骨干及熟练的操作工人,具备一定的专业人才优势。

【电石化工产业】 依托天景山储量丰富的优质石灰石资源,培育了明巨、华伟、俱进3家电石企业,合计5台电石矿热炉,其中:31500KVA矿热炉2

台、21000KVA 矿热炉 3 台。

【陶瓷产业】 以科豪陶瓷为代表，企业通过新建或技改地瓷砖、釉面砖、日用陶瓷、高档日用陶瓷等项目，对现有陶瓷产业进行技改升级，不断扩大陶瓷产业发展规模，提升陶瓷产品质量，完善陶瓷产品体系，已初具规模，正在努力打造西北最大的陶瓷生产基地。

【安全隐患大排查大整治】 2022年，沙坡头区实施三元中泰等17家工业企业炉窑环保在线监测项目和茂烨冶金等17家重点用能单位能耗在线检测系统项目，进一步完善企业智能监管体系。践行"绿水青山就是金山银山"的生态理念，组织银河冶炼、胜金硅业等3家硅铁企业实施脱硫脱硝及烟气收集设施改造，解决烟气无组织排放污染环境的问题。引导胜金硅业实施冷却循环水改造暨120M³/H综合废水循环利用节水项目，切实提高工业废水利用率，进一步推动工业经济良性循环发展。

产业基地建设

【镇罗特色冶金产业基地】 东至沙井子沟、西至镇照路、南至北干渠、北至面子山，现有企业24家，占地3717亩，2022年产值达55亿元，解决就业2300余人。其中：规上企业9家，占地面积2582亩，主要以硅铁生产销售为主，年产量71万吨，2022年产值54亿元。规下企业15家，占地面积1135亩，主要为煤炭销售、硅渣加工、乙炔生产、机械零件铸造等企业。

【宣和电石化工循环产业基地】 东至石磺沟、西至丹阳路、南至迎大公路、北至同心扬水渠，现有企业17家，占地2609亩，2022年产值达11亿元，解决就业900余人。其中：规上企业5家，占地面积1763亩，主要以铁合金、电石、水泥生产销售为主，硅铁、电石、水泥年产量分别达0.3万吨、17.4万吨、2.8万吨，年产值10.6亿元。规下企业12家，占地面积846亩，主要为双氰胺制造、塑料制品、泡沫板厂等企业。

【常乐新型建材陶瓷产业基地】 东至崾岘沟、西至常乐煤矿路、南至导洪沟以北、北至杨下线以南。现有企业8家，占地1695亩，2022年产值2.54亿元，解决就业600余人。其中：规模以上企业两家，占地面积490亩，主要以陶瓷、铸钢件生产销售为主，年产瓷砖888万平方米，2022年产值2.2亿元；铸造年产量4498吨，2022年产值3460万元。

交通运输与城乡建设

交通运输

【概　况】 2022年年末，沙坡头区公路通车里程达2873.903公里。按行政等级分：国道310.051公里，省道167.103公里，县道61.892公里，乡道985.633公里，村道1031.248公里，专用公路317.976公里。按技术等级分：高速公路201.832公里，一级公路55.713公里，二级公路455.804公里，三级公路438.468公里，四级公路1722.086公里。沙坡头区是铁路欧亚大通道"东进西出"的必经之地，包兰铁路和宝中、太中银、干武、吴忠至中卫城际铁路、中兰客专等6条铁路在此交会，中卫至兰州客运专线通车运行，构成"米"字型铁路网络，可连通京包线、宝成线、陇海线、兰新线、兰青线。中卫是全国铁路交通大动脉的西部"桥头堡"和西部地区重要的铁路枢纽，有编组站1个，为迎水桥编组站，二等站3个，分别为干塘站、中卫站、中卫南站，四等站1个，为沙坡头站，货运站3个，分别为干塘站、迎水桥站、中卫站，客运站两个，为中卫站、中卫南站。

【建设管理】 2022年，市、区两级按照各自职责，积极抓好重点交通项目建设工作。公路桥梁方面：国道338改线工程、下河沿黄河公路大桥等项目进展顺利、有序推进，中沟路宁钢大道至机场大道东、中段改建工程建成通车；新改建农村公路6条31公里，拆除重建宣和同心渠桥、曹闸一排水沟桥危桥两座，实施农村公路养护工程，完成宁卫路、徐蒿路、滨河南路等主干农村公路维修养护；实施镇柔路路面维修项目，完成K4+500至K7+000段路面病害处置。铁路方面：中卫至兰州客运专线（宁夏段）于12月29日全线通车运营；宁夏钢铁集团中卫热电铁路专用线项目顺利开工建设。水运建设方面：黄河沙坡头枢纽至中宁县白马乡段航运工程，航道疏浚整治工程基本完成。

【城乡客运】 2022年，沙坡头区9个乡镇和107个建制村通公交，乡镇通公交率81.82%、建制村通公交率为66.05%。

【城市交通】 2022年，沙坡头区完成城市公交国有化改革，中卫市卫民公共交通有限责任公司注册成立，7月份正式运营，建成乡镇"客货邮商"综合服务站两个（兴仁镇、常乐镇），村级综合服务点9个。沙坡头机场二期扩建项目已完成可研报告

(征求意见稿)和航站楼设计方案征集工作,勘察、测量、飞行程序等13个支撑性文件编制工作已完成7个,飞行区导航台更新和土建配套工程全面启动建设。按照《中卫市"快递进村"三年行动方案》,协调邮政、供销等与各快递物流企业深度合作,整合资源,健全机制,基本建成城乡物流配送体系。新上快递分拣线4条。建成元泰、盈度、明达3家自治区级网络货运平台,实现公路物流集约、高效、信息化发展,累计完成订单10.4万单,货运量401.88万吨。中外运、中国物流累计完成硅铁、蛋氨酸等工业品物流+期货交割36.843万吨,解决企业流动资金31.04亿元。积极融入"一带一路"、西部陆海新通道等国内国际"双循环",构建新发展格局,着力创建陆海联运、空铁联运、中欧班列跨境服务等物流服务新模式。

【航空运输】 2022年,沙坡头区围绕沙坡头机场打造西北最佳旅游支线机场、国内空中物流中转接点,坚持客货并重、进出并举,不断培育航空客货运市场,全面提升机场航运效能。按照航运覆盖京津冀、长三角、珠三角、成渝经济圈等区域的发展思路,持续稳定运行中卫至北京、上海、重庆等既有航班,新开通乌鲁木齐、广州、武汉、厦门等地航班,开通长沙、宜昌、南通3个城市旅游包机。累计完成旅客吞吐量40045人次,其中进出港29719人次,占74.2%;完成货邮吞吐量62.8吨,其中特色农副产品50.2吨,占货邮吞吐量80%;旅游包机执飞102架次,运送旅客10337人次。持续引进川航、东航、成都航开展飞行训练,完成训练8444架次。

【水上运输】 2022年,沙坡头区水上通航里程达92公里,有6处渡口、浮桥,分别为南长滩渡口、永丰渡口、河沟渡口、胜金渡口、马滩渡口和中卫常迎黄河浮桥管理有限责任公司;有两家水运企业,分别为(港中旅)宁夏沙坡头旅游景区有限责任公司、中卫腾格里旅游服务有限公司。

【宣传培训】 2022年,沙坡头区多种形式加大《中华人民共和国公路法》《公路安全保护条例》等公路法律法规的宣传力度,营造全民爱路护路的良好氛围,依法办理涉路施工许可审批1起、处理路政赔(补)偿案件26起,扎实做好路产路权保护工作。

【安全管理】 2022年,沙坡头区梳理农村道路建管养运、交通项目建设等重点领域、重点环节突出问题,有效遏制重特大事故发生,构建隐患排查和风险防控体系。以项目建设为依托,完善农村公路交通安全设施。完成中卫黄河大桥旧桥(东桥)交通管控导改工程、技术状况特殊检测工作,开展加固改造工程勘察设计、方案论证、工程编制等前期工作,积极推进中卫黄河大桥旧桥安全隐患治理;加强农村公路日常养护,及时处治路面病害,认真做好路面保洁和日常养护等工作,抢修保通农村公路12条共384.6公里,抽排路面积水58处共5900余立方米,清理路面淤泥112处共5387方,处置边坡坍塌水毁19处共619米;全面开展路产调查、路面病害调查和安全隐患排查,持续完善平交道口、临水临崖、急弯陡坡等事故易发路段的交安设施,有效消除道路交通安全隐患,增设红蓝警示灯63盏、标志标牌78块、凸面镜6块,安装铸铁减速带7处共112.5米、钢护栏3756米、划设震荡减速标线1836平方米;积极做好雨雪天气立交通道、急弯陡坡、临水临崖路段积雪清理及防洪防汛等安全保畅工作,共撒融雪盐20吨、防滑砂136立方米。

【重大项目协调服务】 2022年,沙坡头区持续做好中卫至兰州客运专线、下河沿黄河公路大桥、国道338线等重大在建交通项目协调服务工作,及时化解信访矛盾，为项目建设提供良好环境。完成宁夏钢铁集团中卫热电铁路专用线项目33户房屋征收补偿工作，为项目建设提供要素保障，确保能够按照计划持续推进。

【农村公路建设】 2022年，沙坡头区抓安全、抓质量、抓工期，加快项目建设，建成S205线至海乐村养殖园区道路等6条31公里农村公路，拆除重建宣和同心渠桥、曹闸一排水沟桥危桥两座；实施农村公路养护工程，完成宁卫路、徐嵩路、滨河南路等主干公路维修养护；实施镇柔路路面维修项目，完成镇柔路K4+500至K7+000段路面病害处置。

城乡建设

【城市化进程】 2022年，沙坡头区城镇人口25.67万人，城镇化率63.7%。截至2022年年底，城市建成区绿地率达到40.05%，绿化覆盖率达到43.99%。

【棚户区改造征地拆迁安置】 2022年，沙坡头区开展了中卫市第十三小学建设项目房屋征收工作，涉及搬迁群众1户，已签订征收补偿协议。继续实施城中村遗留户棚户区改造项目，涉及被征收人212户，已与205户签订协议，剩余7户正在入户做工作。

【城市建设回迁安置】 2022年，沙坡头区对新花园、金河一期两个老旧小区实施改造提升，完成改造18栋楼4.7万平方米，惠及群众690户，同步改造香山街。香山悦府、江元隆府三期等17个商业开发项目顺利实施，总建筑面积约146万平方米。

【美丽乡村】 2022年，沙坡头区实施鸣钟村、何滩村、白桥村、河沟村4个高质量美丽宜居村庄建设项目，积极申报柔远镇莫楼村入选自治区传统村落。保障农村群众住房安全，完成危房改造109户，抗震宜居农房改造504户；集中开展自建房安全专项整治，累计排查自建房78548栋，共整治存在隐患房屋535栋。完成沙坡头区2021年可再生能源应用试点示范项目，对8镇28个村部实施供热改造。完成沙坡头区无集中供热区域煤改电（清洁取暖）试点示范项目建设，对宣和、常乐等4镇6所学校（含移民村学校1所）、4所卫生院以及永康镇政府和274户农宅实施供热改造。全面推行农村环卫市场化运营，将沙坡头区农村生活垃圾处理工作交由两家专业服务公司负责，年内清运农村生活垃圾9.05万吨，农村生活垃圾治理率达100%。

【农村路网体系】 2022年，沙坡头区建成S205线至海乐村养殖园区道路等6条31公里农村公路，拆除重建宣和同心渠桥、曹闸一排水沟桥危桥两座；实施农村公路养护工程，完成宁卫路、徐嵩路、滨河南路等主干公路维修养护；实施镇柔路路面维修项目，完成镇柔路K4+500至K7+000段路面病害处置。加强农村公路日常养护，及时处治路面病害，修补各类路面病害3.6万余平方米，抢修保通农村公路384.6公里，积极做好积雪清理及防洪防汛等安全保障工作，共撒融雪盐20吨、防滑砂136立方米，清理路面淤泥112处5387立方米，处置边坡坍塌水毁19处共619米。

【美丽村庄建设】 2022年，沙坡头区完成迎水桥镇鸣钟村、何滩村、东园镇白桥村、镇罗镇河沟村共4个高质量美丽宜居村庄建设项目。通过建设文体广场、实施道路硬化、排水铺设等，建设"四美"（环境美、田园美、村庄美、庭院美）、"四宜"（宜居、宜业、宜养、宜游）村庄。成功申报柔远镇莫楼村列入自治区传统村落。

【农村危房改造】 2022年，沙坡头区制定实施《沙坡头区农村低收入群体等重点对象住房安全保障工作实施方案》，建立农户自主申报、基层干部巡查、部门筛查核检动态监测机制，对发现的不安全住房及时纳入改造，确保新增危房即增即改、动态清零，唯一住房达不到抗震设防要求的愿改尽改、能改快改，累计实施危房改造109户。

【村庄环境治理】 自2022年1月开始，全面推行农村环卫市场化运营，以黄河为界划分为南北2个区域，每个区域由一家专业服务公司负责运营，年内清运农村生活垃圾9.05万吨，农村生活垃圾治理率达100%，沙坡头区152个行政村（社区）环境面貌进一步改善。制定实施《沙坡头区农村环卫保洁市场化运作考核细则（暂行）》，建立区月检月考核、乡镇周检月考核、村日检周考核的"三检三考"机制，对第三方服务公司环卫服务质量开展常态化、规范化、制度化检查与考评，根据考核结果按季度兑付运营经费。依托市场化运营公司，强化区、乡镇、村、农户四级联动，积极稳妥推进农村生活垃圾分类，成功创建农村生活垃圾分类和资源化利用三级示范县区。

【基础设施建设】 2022年，沙坡头区完成迎水桥镇鸣钟村、何滩村、东园镇白桥村、镇罗镇河沟村共4个高质量美丽宜居村庄建设项目，通过建设文体广场、实施道路硬化、排水铺设等，建设"四美"（环境美、田园美、村庄美、庭院美）、"四宜"（宜居、宜业、宜养、宜游）村庄。完成沙坡头区2021年可再生能源应用试点示范项目，对8镇28个村部实施供热改造。完成沙坡头区无集中供热区域煤改电（清洁取暖）试点示范项目建设，对宣和、常乐等4镇6所学校（含移民村学校1所）、4所卫生院以及永康镇政府和274户农宅实施供热改造。建成S205线至海乐村养殖园区道路等6条31公里农村公路，拆除重建宣和同心渠桥、曹闸一排水沟桥危桥两座。

【大气污染防治】 2022年，沙坡头区严格落实建筑工地扬尘治理"六个标准化"。年内组织开展建筑工地扬尘治理推进会6次，与23家建筑企业签订《建筑工地扬尘治理目标责任书》，要求企业严格落实建筑工地扬尘治理主体责任。强化建筑场所扬尘管控力度，监督城区内23个项目工地场所洒水降尘；对裸露地面、物料、材料、基坑边坡及夹砂土堆遮盖抑尘网和篷布257万余平方米，覆盖碎石34万余平方米，硬化道路、地面、铺设钢板等3.9万平方米，清理建筑垃圾7.4万立方米。加强建筑工地扬尘执法监管，年内下达扬尘限期整改通知书34份，下达停止扬尘违法行为通知书10份，约谈扬尘治理主体责任落实不到位企业23家，移交行政处罚1起，扣除企业诚信分300分，个人信用分21分，形成对扬尘违规行为监管高压态势，巩固治理成效。助力中卫市顺利完成自治区"冬防"和2022年空气质量考核目标。

【防震减灾】 2022年，沙坡头区集中开展自建房安全专项整治，以三层以上、人员密集、用于生产经营及出租、改扩建等为重点，采取基层排查、第三方专业机构检测和专业人员现场核查相结合方式，对城乡所有自建房风险隐患进行排查，累计排查自建房78548栋，其中经营性自建房1799栋，其他自建房76749栋。对排查存在安全隐患的严格落实产权人和使用人安全责任，在同步实施安全鉴定、责令停止营业、停止使用等管控措施基础上，督促产权人（使用人）通过加固、重建等措施力求全面消除安全隐患，完成经营性自建房安全鉴定81栋，隐患房屋整治535栋，全力做到管控措施到位、隐患整治彻底，保障了农村群众住房安全。制定《沙坡头区农村低收入群体等重点对象住房安全保障工作实施方案》，建立农户自主申报、基层干部巡查、部门筛查核检动态监测机制,对发现的不安全住房及时纳入改造,确保新增危房即增即改、动态清零,唯一住房达不到抗震设防要求的愿改尽改、能改快改,累计实施农村新增危房改造109户,抗震宜居农房改造504户。

城市管理

【市容秩序管理】 2022年,城市综合执法局倡导签订"门前三包"责任书1.6万份、制作提示牌8000块。设置春节临时摊点、夏季烧烤摊点、西瓜专营摊点517个,在合理地段划设临时便民摊点700余个。制止遛犬不牵绳450人次,收容捕捉流浪犬、无主犬210只。拆除违法建筑16处(面积6422.34平方米)、围挡26处,制止违规道路挖掘20人次,督促恢复路面83处。清理流动商贩1.3万人次。检查渣土运输车辆6248辆次,监督现场整改584辆次,督促更换篷布、护兜73辆。落实餐厨垃圾桶定期清洗并入店,督促172家商户安装油烟净化设备。制止偷钓鱼、洗车等不文明行为1200余人,劝离溜冰、嬉水、践踏草坪、攀折树木、躺卧座椅、乱扔杂物等不文明行为3000余人次。铲除"牛皮癣"广告34980处。督促22家施工单位安装洗车设备、设置仿绿植围墙,覆盖裸露渣土3万余平方米。

【城市环卫保洁】 2022年,城市综合执法局优化城市环卫市场化运行机制,推行环卫"人机结合"作业新模式,及时出动道路保洁、清洗、喷雾降尘等35辆机械车辆,不断强化城市核心区和主次干道、巷道清扫保洁作业。实施城市垃圾收运、广场公园公厕等精细化管理,及时收运城市生活垃圾6.424万吨、餐厨垃圾7800吨,清理死角垃圾210吨、景观水域垃圾900余吨,11座垃圾中转站和63座公厕卫生质量达到"六无五净"标准。

【城市公用设施维护保障】 2022年,城市综合执法局强化路灯及景观亮化设施应急抢修和日常维护,共维修更换各类灯具7400余盏,处理电缆故障454起,维护路灯箱式变压器、高压负荷开关100余台。维修破损路面6.4万平方米,更换道牙1.67万米,新建盲道2万米,改造缘石坡道382个,更新窨井盖667个。及时维修公厕设施,固定公厕群众满意度达95%以上。

【城市基础设施项目建设】 2022年,城市综合执法局加快城市更新步伐,完成11个城市基础设施改造项目。累计改造维修城市人行道14条8.4万平方米,铺装应理湖亲水平台2450平方米,修复更新鼓楼周边历史文化街区仿古建筑红柱子1260根(面积5894.54平方米),安装机场大道路灯300基,施划停车位线1.53万平方米、停车标识1万个等,进一步补齐"创城"基础设施短板。

自然资源和生态环境

自然资源

【概况】 根据国土三调成果,沙坡头区总面积538047.68公顷,现有耕地面积70745.97公顷,林地面积77021.58公顷,草地面积287473.87公顷,湿地面积1141.78公顷,森林覆盖率达17.81%,草原植综合植被盖度达46.37%。

【规划编制】 2022年,沙坡头区自然资源局坚持以土地利用总体规划为前提,配合市自然资源局推进国土空间总体规划编制工作,全面完成"三区三线"划定工作,划定落实沙坡头区城镇开发边界总规模7120.00公顷,生态保护红线面积150173.33公顷,基本农田面积47640.00公顷。编制完成32个(涉及68个行政村)村庄规划编制,着力构建国土空间规划体系。

【用地保障】 2022年,沙坡头区自然资源局把保障发展作为第一要务,围绕重点工程、民生项目,高效推进用地报批、征地,协调完成赫峰智能板材等43个项目建设用地报批工作;依法依规落实西气东输三线等7个项目征(占)土地485.45亩,兑付征(占)地补偿款678.5万元,审核办理乡村规划许可5宗,临时用地6宗,林地草原征占用26宗,林木采伐22件,全力保障用地需求。

【耕地保护】 2022年,沙坡头区自然资源局严格按照"月清、季核、年度考评"整体要求,压紧压实四级"田长制"责任,核查整改2021年度耕地保护例行督察反馈问题47个;核查研判农村乱占耕地建房问题图斑307个,完成问题整改23个;核查研判卫片执法图斑1241个,130个确定问题均在有序整改,确保全区耕地面积不减、质量不降。

【矿政管理】 2022年,沙坡头区自然资源局深入开展全区矿产资源突出问题排查整治工作,通过"企业自治+政府兜底"双重治理模式,督促天银矿业等矿企恢复治理矿山400余公顷,85个矿山完成整改并通过市级验收,整治率98.8%;宁夏中卫市沙坡头区陈水矿区废弃矿山生态修复工程等6个项目获得中央专项资金支持,助推矿区生态环境持续向好。

【国土绿化】 2022年,沙坡头区自然资源局争取中央及自治区国土绿化项目资金1700万元,完成灌木林造林3万亩,种植柠条+文冠果330万穴,实施村庄绿化和庭院经济2000亩,栽植各类乔灌

自然资源和生态环境

木40余万株。围绕南山台地区苹果产业,投入资金2664万元,倾力打造"1+2+4+8"绿化闭合圈,实施三个窑沟、康乐移民区入村主干道路等绿化工程13个。持续推进草原生态修复治理,完成草原改良0.5万亩、退化草原生态修复0.3万亩、草原虫害防治8万亩,促进草原健康发展。

【"四权"改革】 2022年,沙坡头区自然资源局聚焦"四权"改革,深入推进土地权、山林权改革,制定出台《关于推进集体林地"三权分置"改革工作的实施方案》《2022年度沙坡头区土地权改革推进落实方案》等指导性文件,全面开展农村土地和集体林地权籍调查和确权登记工作。全面将宅基地及地上房屋的登记发证工作纳入窗口化受理,率先在全区利用宁夏不动产统一登记系统办理,办理"房地一体"不动产权证245宗;推动农村土地确权登记,完成农村承包土地确权71574户55.73万亩、农村宅基地确权5.5915万宗、集体建设用地确权143宗、国有农用地确权12宗、集体林地确权33宗。聚焦盘活增值,全力保障三村一域项目顺利实施,积极推进水车北斗有机农场、枣林溪宿项目,助推乡村振兴。探索"以林养林"新模式,发展林下经济30多家,涉林面积突破2000多亩,产值达670万余元。加大金融支持力度,受理林权、国有农用地不动产权抵押贷款7笔1100万元,着力解决融资难、融资贵问题。

林草资源

【经果林产业发展】 2022年,沙坡头区自然资源局聚焦产业发展,积极申报沙坡头区国家级农村(苹果)产业融合发展示范园、沙坡头区苹果产业融合发展项目,争取自治区专项资金3300万元。起草《沙坡头区苹果产业振兴扶持方案(2023—2025年)》,加大产业扶持力度,推动苹果产业高质量发展。大力推广苹果、枸杞等新技术,落实低产低质低效园改造提升1.21万亩,培育林果示范基地4个1000亩,打造有机肥替代化肥示范园10个2800亩,建立枸杞病虫害绿色防控示范基地两个1000亩、绿色丰产示范点两个,建设一次性鲜果入库20吨清洁能源枸杞烘干生产线1条。引入4家社会化服务组织,采用"土坑式熏烟+移动熏烟桶熏烟+无人机扰流"的联动措施,对1.8万亩苹果树实施晚霜冻防控,通过增施有机肥、喷施药剂加快"9·08"苹果雹灾灾后恢复工作,持续提高抵御自然灾害能力。严格落实"宁夏枸杞"和"沙坡头苹果"地理标志证明商标使用管理制度,借助节庆活动、电商平台及短视频平台等传播渠道,提高沙坡头原产地苹果、枸杞知名度。

【林木病虫害防治】 2022年,沙坡头区自然资源局严格履行检疫程序,现场检疫调出各类苗木436.23万株,复检调入苗木741万株,林木种苗产地检疫率100%。重点加强对美国白蛾、松材线虫病、春尺蠖等林业有害生物监测,监测面积155.74万亩次,监测覆盖率100%;科学开展林业有害生物防治工作,防治总面积为9.05万亩,实施无公害防治面积8.45万亩,无公害防治率为93.37%。成灾面积0.24万亩,成灾率3.51‰。

【林草资源保护管理】 2022年,沙坡头区自然资源局以推进林长制工作为抓手,强化林草资源安全。制定印发《区级林长制会议制度》等配套文件12项,建立书记、区长担任县级总林长"双林长"机制,设立三级林长472名,组织开展三级林长巡林巡草8000余人次,构建了区、镇、村三级林长联动管理体系。聘用生态护林员190名,建设瞭望塔2座,设置监控点位45处,开展森林草原防火及禁牧巡查60余次,制止偷牧行为70余起,调查办理禁牧举报 5 起,立案查处林草资源违法案件 11 起,全面筑牢林草生态屏障。

生态环境

【空气质量】 2022 年,自治区下达沙坡头区优良天数比例 81.4%,PM_{10} 平均浓度 64μg/m³,$PM_{2.5}$ 平均浓度 31μg/m³。沙坡头区累计优良天数为 299 天,同比增加 3 天,达标率 81.9%,达到自治区考核目标;扣除沙尘后 PM_{10} 平均浓度 66μg/m³,未达到自治区考核目标,$PM_{2.5}$ 平均浓度 30μg/m³,达到自治区考核目标。空气环境质量在全区 8 个市辖区排名第二。

【水环境质量】 2022 年,沙坡头区黄河中卫下河沿断面、香山湖总体水质为Ⅱ类,第一、第四排水沟水质为Ⅲ类、第九排水沟水质为Ⅱ类,城市饮用水水源地水质为Ⅲ类,均达到或优于自治区考核目标。沙坡头区重点排水沟水质在全区 12 个县区排名第一。

【土壤环境质量】 2022 年,沙坡头区耕地和建设用地土壤环境质量状况整体安全稳定,建设用地土壤环境质量得到有效保障。

【矿山整治】 2022 年,沙坡头区共排查问题矿山 86 个,整治 85 个,整治率为 98.84%,其中:自治区、中卫市下发问题矿山 67 个,整治 66 个,整治率为 98.5%;自查新增 19 个,整治 19 个,整治率为 100%。

【乱占耕地整治】 2022 年,沙坡头区违法违规占用耕地建房问题共计 26 个,完成整改 24 个,整改率 92.31%。

【组织领导】 2022 年,沙坡头区制定印发了《关于贯彻落实自治区建设黄河流域生态保护和高质量发展先行区 2022 年工作要点分工方案》《沙坡头区生态环境风险和安全生产隐患大起底大排查大整治专项行动实施方案》等文件,严格落实"党政同责、一岗双责、各负其责、失职追责"责任制度体系。区委和区政府先后召开区委常委会会议、政府常务会 30 余次,对生态环境保护工作进行安排部署,及时梳理分析、研究解决工作中存在的问题和困难,开展中央第四生态环境保护督察组转办件及反馈问题整改,及时办理转办信访问题。制定印发《沙坡头区 2022 年督查检查考核工作计划》,将生态环境保护工作列入区委、区政府督查考核范围,形成层层落实、逐级督办的工作责任机制。

【污染防治】 2022 年,沙坡头区加强建筑工地扬尘治理"六个百分百"管控措施,下发限期整改通知书 31 份,约谈企业 23 家,覆盖抑尘网 95.03 万平方米、碎石 17.3 万平方米。出动各类洗扫车辆对城区道路进行抑尘作业。持续加大秸秆综合利用与禁烧管控,对焚烧秸秆的行为及时制止并依法打击,立案处罚 4 起。鼓励茂烨冶金、胜金硅业等企业实施脱硫脱硝等工业技改项目 4 个,加快实施胜金水泥 2# 生产线超低排放改造项目,整治涉煤企业 10 家。深入开展冬春季大气污染攻坚行动,洒水冰冻、苫盖裸露场地 52 处,为郊区群众配送清洁煤 38.7 吨。

【水源地保护】 2022 年,沙坡头区组织开展农村水源地突出环境问题及风险隐患排查整治工作,实施沙坡头区水系连通及水美乡村试点县等项目,新建污水处理设备 3 座,配合完成了中卫市河北地区城乡供水工程水源保护区划定工作和中卫市沙坡头区城市饮用水水源地保护区调整工作。对生态环境部 2021 年入河排污口排查反馈清单的 524 个入河排污口进行溯源、监测,取缔污水排口 6 个。完成了史湖村 8 队沟国控黑臭水体整改。

【农业面源污染治理】 2022 年,沙坡头区制定印发《沙坡头区畜禽养殖专项整治工作方案》等文件，开展沙坡头区规模以上畜禽养殖场（户）进行专项检查，畜禽粪污资源综合利用率达到96%、农作物秸秆回收利用率达到88%。综合利用工业固废20.56万吨，处置工业固废4.47万吨，综合利用率82.01%。

【生态修复】 2022年，沙坡头区修复治理天银矿业等各类矿山85个，整治率98.8%。持续推进草原生态修复治理项目，改良、修复草原8.8万亩。依法稳妥有序推进压砂地退出和生态修复工作，25.01万亩非确权地完成退出休耕任务。成功打造定武高速中卫出入口至常乐镇崾岘子沟植绿增绿、环境整治"闭合圈"，完成国土绿化面积3.2万亩370万株，森林覆盖率17.81%，比上年提高0.21个百分点。实施沙坡头区一排段石墩水沟治理工程、沙坡头区中沟下段治理工程，清淤疏浚12.06千米、砌护11.67千米，改造建筑物100座。

【环保执法】 2022年，沙坡头区调查处理生态环境领域信访投诉45件，均已办结答复。共开展生态环境保护移动执法74次，移送市生态环境保护综合执法支队行政处罚3件，罚款24万元，配合市生态环境保护综合执法支队立案查处12起，罚款125.61万元，有力打击了环境违法行为。加大自然资源执法力度，开展土地动态巡查145次，发现违法行为50起，制止42起，立案处理土地、矿产、森林草原、野生动物等违法行为29起，罚款312万余元。

【行政审批改革】 2022年，沙坡头区累计完成各类建设项目环评审批21个，其中报告书项目4个，报告表项目17个，新增核发排污可证3个，延续两个，变更两个。将符合确权条件的30家简化和登记管理类企业及30家农村生活污水处理站进行确权核算。将17家因产业结构调整关停或淘汰的机砖、冶炼、建材等企业纳入政府储备排污权，构建了政府排污权储备量。完成中卫市沃丰有机肥加工厂排污权有偿使用交易。

【环保宣传】 2022年，沙坡头区围绕"6·5"世界环境日、"5·22"国际生物多样性日、全国低碳日等活动节点，开展了"共建清洁美丽世界"进校园生态环保主题绘画（手抄报）大赛、"保护母亲河"清河行动等活动，发放各类宣传物品3000余份。参加自治区生态环境厅举办的"宣传贯彻党的二十大·我是生态环保参与者"知识竞赛，获得了团体优秀组织奖和个人三等奖。

社会管理

社会民生

【概　况】 2022年,沙坡头区参加基本养老保险人数27.7万人,其中,参保职工12.35万人。参加城乡居民养老保险人数15.35万人,参加工伤保险人数88690人,参加失业保险职工人数44589人。全年为32714个救助对象发放救助资金13010万元,其中:城市低保2710户3470人,发放低保金2587万元;农村低保10885户13353人,发放低保金7032万元;城市高龄72人,发放津贴52万元;农村高龄1669人,发放津贴674万元;分散特困供养人员453人,发放供养金481万元;孤儿津贴314人,发放津贴360万元;残疾生活补贴6537人,发放补贴852万元;残疾护理补贴6846人,发放补贴972万元。拥有养老机构12个,其中农村敬老院4个、公建民营养老机构2个、社会福利院1个、民办养老机构5个,共有床位2264张,入住老人356人。

【民生保障】 2022年,沙坡头区共有各类救助对象29433户32666人,共计发放救助资金1.32亿元,为4530名困难群众发放临时救助资金905万元。切实保障困难群众基本生活。全年入户核查432户,精准认定纳入保障范围3174名困难群众;精准核退保障对象,全年核退各类救助对象3073人。全年共争取民政项目资金781万元,其中改建文昌镇蔡桥村、双桥村,柔远镇镇靖村、冯庄村4个农村老饭桌项目60万元,第一中心敬老院进行安全性改造64万元,精神障碍患者康复训练活动36万元,为老服务项目58万元,社区治理试验区项目34万元,城乡公益性墓地项目375万元,未成年人保护服务项目35万元,中央集中彩票公益金支持困境儿童关爱保护社会工作和志愿服务项目20万元,社会工作督导服务项目20万元,2022年自治区福利彩票公益金支持乡村振兴社会工作服务项目20万元,困难群众社会工作服务项目59万元。投资27.4万元在滨河镇新河社区打造了中卫市第一家地名文化展馆,引领沙坡头区地名文化进社区。完成铁杆庄稼保参保24596人,发生赔付案件两起,共赔付资金52万元,切实加强转移就业人员的意外风险保障。托底安置公益性岗位2325个,核拨岗位补贴3008.28元。开展帮扶家庭劳动力培训350人,已结业250人。开展劳务经纪人及中介培训班两期177人并颁发了资格证书。

【城镇居民】 2022年,沙坡头区城镇居民人均可支配收入为35558.8元,同比增长5.0%,消费支出19369.3元,同比下降3.9%。

民 政

【基层建设】 2022年,沙坡头区围绕《关于健全完善沙坡头区社区治理体系提高治理能力的实施方案》,细化配套《沙坡头区城市社区网格化管理工作实施方案》等10余项具体制度、办法,设置社区工作者253名,储备社区大专以上、35岁以下后备力量160名。建立"三岗十八级"薪酬体系,实行工作职务、工作年限与工资待遇挂钩。深入开展联建单位、在职党员"双报到、双报告"服务活动,社区与171家驻区单位签订协议,组织2303名在职党员下沉社区参与网格化管理服务,2542名机关企事业单位干部担任居民小区楼栋(单元)长,参与社区治理和社区服务。

【社会救助】 2022年,沙坡头区按时发放城乡低保、特困供养、高龄、重度残疾人、孤儿等各类社会救助资金,共审批新增各类保障对象3174人,核退保障对象3073人,累计为32666名保障对象发放基本生活保障金及生活补贴13236.8万元。完善核对机制,开展对社会救助对象的车辆、养老保险、住房及工商企业等家庭经济状况核对工作,全年对沙坡头区5万名居民进行财产收入核查,出具核对报告2万份,促进社会救助政策公平实施。提高城乡低保、孤儿、特困和临时救助等四项救助标准,将城乡低保标准,分别由每人每月600元、每人每年4560元提高到每人每月650元、每人每年5520元,同时将低保对象分A、B、C三个类别,进行分类施保、分档救助,提高了救助对象认定的精准度。社会散居孤儿和事实无人抚养儿童津贴标准分别由531元、937元统一提高到每人每月1000元。城乡特困供养人员生活费分别由730元、562元提高到850元、600元。个人对象、急难型家庭、支出型家庭三种类型临时救助,分别按照不低于城市低保月标准1.5倍、2倍和3倍执行。将困难残疾人生活补贴、重度残疾人护理补贴审批权限下放乡镇,并将进一步优化审批环节,压缩办理时限。

【医疗救助】 2022年,沙坡头区严格按照自治区、市相关政策对具有本市户籍的特困供养人员、最低生活保障对象、孤儿、高龄低收入老人、低收入家庭重度残疾人、重点优抚对象、因病致贫家庭患病人员7类人员实施医疗救助。全年共医疗救助41778人次,支付医疗救助资金1430.25万元(其中住院6386人次,救助资金792.14万元;门诊救助35392人次,救助资金638.11万元)。

【社会福利】 2022年,为沙坡头区162个行政村和32个社区配齐儿童主任,为每名考核合格的村级儿童主任发放补助资金3600元。实施"福彩圆梦·孤儿助学工程",为9名符合条件的孤儿发放9万元助学金。积极争取各类资金93万元,委托专业社工机构实施政府采购服务项目5个,发挥社工站作用,激活社会组织活力,充分发挥社会组织在社会治理中的积极作用,为沙坡头区11个乡镇的农村三留守人员、困境儿童、单亲家庭未成年人(孤儿)、残疾儿童等提供迫切需要的社会工作服务。

【特困供养】 2022年,沙坡头区认真贯彻落实《社会救助暂行办法》,全年审批新增特困供养人员56人,核查清退不符合条件的特困供养人员63人,累计为5917名特困供养人员发放供养金454万元,保障了特困供养人员的基本生活。

【殡葬管理】 2022年,沙坡头区共死亡2215人,公墓安葬(火化)1882人,安葬率85%,强化文明祭祀宣传,对各殡葬服务单位进行安全生产检查,共接待祭祀车辆13356台次,祭祀人员44542人次。

【老龄事业】 2022年,沙坡头区争取居家及社区养老服务项目共计124万元,建设4个农村老饭桌,实施第一中心敬老院进行安全性改造。

【劳动就业】 2022年,沙坡头区培育创业实体950个,创造新岗位1531个,创业能力培训820人。农村劳动力转移就业54600人,实现工资收入9.3亿元。城镇新增就业4176人,安置公益性岗位2325个。

社会保险

【企业城镇职工基本养老保险征缴与社会化管理服务】 2022年,沙坡头区企业城镇职工基本养老保险参保人数达到123563人,享受待遇51641人。

【城乡居民社会养老保险征缴与发放】 2022年,沙坡头区城乡居民社会养老保险参保人数153520人,享受待遇24564人。

【失业保险征缴】 2022年,沙坡头区参加失业保险44589人,缴费达到3531.44万元。

医疗保险

【城镇职工基本医疗保险】 2022年,沙坡头区城镇职工医保参保72661人(包括退休人员)。城镇职工住院9419人次,医疗总费用8830.24万元,统筹支付4954.49万元;门诊慢特病52190人次,医疗总费用2822.67万元,统筹支付1584.11万元。

【城乡居民基本医疗保险】 2022年,沙坡头区城乡居民医保参保缴费317023人。其中低保对象13287人,已脱贫户11947人,二级残疾4180人,三级残疾1875人,一级残疾1791人,高龄低收入老年人1668人,边缘易致贫户1643人,重点优抚对象1218人,脱贫不稳定户735人,突发严重困难户408人,城乡特困供养人员359人,孤儿281人,离休干部遗孀50人。参保率100%。城乡居民住院43241人次,医疗总费用33687.34万元,统筹支付17570.49万元;门诊大病162910人次,医疗总费用6335.39万元,统筹支付3337.74万元;零星报销787人次,统筹支付462.08万元。

住房公积金管理

【住房公积金缴存】 2022年,沙坡头区已建制职工3.88万人;当年归集住房公积金5.43亿元,累计归集40.55亿元,期末归集余额15.79亿元。

【住房公积金支取】 2022年,沙坡头区为37726名缴存职工提取住房公积金3.56亿元,累计为66311名缴存职工提取住房公积金24.76亿元。

【住房贷款发放】 2022年,沙坡头区发放住房公积金贷款4.16亿元,贷款总额达36.66亿元,贷款余额14.57亿元;年末住房公积金个贷率达92.28%;贷款逾期率控制在0.6‰以内。

退役军人事务

【思想政治】 2022年,沙坡头区退役军人事务局将退役军人流动党员、"口袋"党员及时纳入党组织管理,构建区、乡镇、村(社区)三级志愿服务组织体系,成立退役军人志愿服务队13支,参与全民反诈宣传、"乡村振兴""绿水青山"等志愿服务活动;组织对沙坡头区抗美援朝老战士英雄事迹进行挖掘并汇编成册形成记事录;打造滨河镇"红色记忆·国防教育"基地;组织"老兵红色宣讲团"开展红色宣讲"六进"活动9场次,宣讲覆盖400余人次;引导64名"兵支书""兵委员"积极投身乡村振兴主战场;成功推选自治区级最美退役军人两名,全国最美退役军人1名。

【服务建设】 2022年,沙坡头区退役军人事务局对11个乡镇、198个村(社区)退役军人服务站"五有""全覆盖"服务体系建设情况开展"回头看",完成百人以上社区全国示范型退役军人服务站创建工作,全面推行区、乡镇、村(社区)三级网格化精准服务管理模式,将区域内所有退役军人全部纳入网格,落实常态化联系制度,累计解决退役军人实际问题120余件。

【就业安置】 2022年,沙坡头区退役军人事务局接收秋冬季自主就业退役士兵103人,阳光化安置符合政府安排工作条件的退役士兵4名,其中两名安置在行政事业单位。发放待安置期生活补助2.32万元,缴纳待安置期社会保险及医疗保险4.95万元;发放2021年89名自主就业退役士兵一次性经济补助金356万元;主动与人社部门和用人单位建立密切联系,运用微信公众号、工作群等平台常态化转发招聘信息1200余条,举办2022年退役军人春季专场招聘会和"浪花计划"退役军人就业等3场招聘会,新增退役军人就业72人,积极搭建用人单位与求职人员对接平台;着力打造向阳街退役军人创业孵化基地,吸纳退役军人创办实体17家,带动退役军人就业80余人;大力开展退役士兵就业创业和《二十三条》等政策宣传,发放退役军人创业贷款18笔268万元,落实退役军人税收优惠30余万元,发放一次性创业补助21万元。

【拥军优抚】 2022年,沙坡头区退役军人事务局贯彻落实各项优抚政策,发放重点优抚对象各类抚恤补助资金1568人1157.21万元,发放7—10月临时价格补贴2753人次5.65万元;完成8名退役士兵医疗保险补缴12.76万元;启动实施"崇军行动",招募崇军联盟合作单位533家,涉及20多个领域817条优惠项目。春节、八一期间走访7个驻地部队,送去16万元慰问物资,为671名优抚对象、28名荣立"三等功"以上现役军人家庭、9名边海防现役军人家属、21名抗美援朝出国作战人员及3名烈士遗属送去慰问金77.6万元;开展"喜迎二十大 建功在军营"庆"八一"慰问演出及书画进军营联谊活动;举行春、秋季入伍新兵欢送仪式,为120名入伍新兵送上行李箱、保温杯等纪念品,悬挂光荣牌154块;办理优待证6997张,优待证办理进度居全区前列。

乡村振兴

【概 况】 沙坡头区脱贫区域涉及5镇1乡27个行政村,截至2022年年底,有建档立卡脱贫人口5064户19025人,累计识别纳入监测对象1083户3547人(未消除风险339户1146人)。脱贫人口人均纯收入达14549元,同比增长14.4%。

【责任落实】 2022年,沙坡头区委先后召开农村工作领导小组会议两次、区委常委会会议7次、区政府常务会11次、区政府专题会14次,传达学习习近平总书记巩固拓展脱贫攻坚成果重要论述和指示批示精神,安排部署具体工作,研究解决巩固成果的重点工作,确保中央、自治区、市党委和政府各项决策部署在沙坡头区落地落实。制定印发《沙坡头区巩固拓展脱贫攻坚成果同乡村振兴有效衔接"十四五"规划》《沙坡头区关于深入推进"四大提升行动"工作的实施方案》等总方案和《沙坡头区2022年巩固拓展脱贫攻坚成果同乡村振兴有效衔接扶持政策方案》等政策措施,为巩固拓展脱贫攻坚成果、全面推进乡村振兴提供强有力的政策支撑。坚持处级领导包抓19个移民致富提升重点帮扶村，区委书记和区长坚持定期调度重点工作，先后多次深入基层一线，针对压砂地退出、产业结构调整、反馈问题整改、重点项目落实等工作专题调研督办。安排1271名干部结对帮扶脱贫户、监测户，进一步提高群众满意度。年内开展防止返贫监测帮扶政策培训两次，对《中卫市沙坡头区压砂地退出农户监测帮扶方案》、防返贫动态监测和帮扶工作档案资料规范等进行培训，促进镇村领导干部进一步清晰工作思路、掌握工作方法、提升工作效率。

【防止返贫致贫动态监测和帮扶体系】 2022年，沙坡头区扎实开展"月排查、月报告、常态管、动态帮"防返贫动态监测和精准帮扶工作，推动农户自主申报、基层干部排查、部门筛查预警互为补充、相互协同的监测预警机制持续落实。对纳入的监测对象立即落实帮扶措施，安排干部包保帮扶，精准制定"一户一策"，按照"缺什么补什么"原则，落实产业扶持、务工就业、教育资助、健康保障等帮扶措施，及时消除返贫致贫风险，实行动态管理。聚焦重点地区、重点群体、重点问题，组织镇村干部对脱贫户、监测户、一般户开展防返贫监测帮扶集中排查两轮和采集信息1次，确保不漏一户、应纳尽纳。年内新识别纳入监测户72户261人，消除风险55户216人。

【巩固"两不愁三保障"成果】 2022年，沙坡头区持续巩固"两不愁三保障"及饮水安全成果。义务教育方面，继续实施"家访摸排、复学关爱、销号清零"三大行动，压实联防联控责任，形成分片"网格化"控辍保学体系，适龄儿童少年入学率100%，44名不能随班就读的适龄残疾儿童少年全部实施送教上门，义务教育阶段无辍学现象发生。资助学前幼儿827人76.14万元，义务教育阶段生活补助4589人142.07万元，雨露计划补助1424人213.6万元，实现从学前教育到高等教育学生资助全覆盖。基本医疗方面，继续实施县域内住院"先诊疗后付费"，免缴住院押金，出院"一站式"结算系统即时结算的便民措施，村级卫生室药品配备全部达130种以上。对脱贫人口中有大病、重病的患者实施定点医院集中救治，大病集中救治382人，对患有长期慢性病的脱贫人口进行慢性病随访服务，慢性病签约服务1501人。分类资助脱贫人口、低保、重点优抚、残疾等特殊人群参保39431人1027.23万元，预警推送大病患者261人，脱贫人口和监测对象基本医疗保障和大病保险实现全覆盖。住房安全方面，全力推进农村低收入群体危房改造和抗震宜居农房改造，年内实施危房改造84户、抗震宜居农房加固改造419户。大力开展自建房安全专项整治，通过封存、加固等有效措施整治隐患房屋535栋。饮水安全方面，制定印发《沙坡头区农村饮水安全应急预案》，建成千人万吨以上供水工程1处，定期进行水质抽检，保障农村饮水安全。目前，沙坡头区自来水入户率达98.5%，集中供水率达99%，供水保证率达95%以上，水质达标率100%。

【移民致富】 2022年，沙坡头区持续压实领导包抓责任，对19个重点移民村包抓责任进行优化调整，重点移民村全部完成"多规合一"村庄规划。项目资金重点向移民村倾斜，从产业发展、设施配套、乡村建设等方面谋划移民村项目31个，概算资金2.145亿元，完成常乐镇海乐村扶贫车间改扩建、中沟下段治理工程等项目26个。兴仁镇川裕村枸杞烘干色选项目带动300余户移民群众增收致富，永康镇双达、彩达苹果示范园建设项目和双达村苹果交易市场建设项目补齐一体化苹果产业链。康乐、敬农移民区4个"出户入园"养殖项目助力养殖产业稳步进入快车道，6个人居环境整治项目让移民村相貌"由乱到治"。40个移民村成立就业服务站,为移民群众务工就业提供便利,积极推送蔬菜基地、硒砂瓜主产区、经果林产业带临时务工信息,就近解决移民临时务工8000余人。生态移民人均可支配收入10560.1元,同比增长9%。

【特色产业培育】 2022年,沙坡头区投资10960万元积极谋划实施日光温室维修改造项目,开工建设1240座日光温棚,改善老旧设施农业生产条件,增强产业发展后劲,全面提升蔬菜产业综合生产能力,进一步推动沙坡头区设施农业提质增效和特色瓜菜产业振兴。实施宣和镇海和村敬农移民区苹果产业园改造1100亩,南山台苹果低产低质低效园提升1万亩,在永康镇建设苹果示范园1座,苹果交易市场1座,补齐一体化苹果产业链。苹果种植面积16余万亩,挂果面积7.86万亩,苹果产量12万吨,综合产值8.6亿元。整合行业部门资金2.28亿元,实施高标准农田和高效节水农业项目9.05万亩,投资3534.25万元实施兴仁镇退出压砂地转产配套蓄水池项目4个,新建调蓄水池7座,为高标准农田建设和高效节水农业项目提供水源保障。在压砂地退出区域新建大中拱棚606.36亩,在清砂区域试验示范标准化种植覆膜西瓜5324亩、朝天椒704亩、玉米2400亩,建立压砂地退出地力培肥标准化示范园区6个3000亩。

【脱贫人口稳岗就业】 2022年,沙坡头区开发移民村脱贫人口村级公益性岗位62个,防返贫监测员9个,解决部分有劳动能力且无业可扶低收入农户就业问题。乡村公益性岗位补贴由每月1010元提高到1124元。发挥帮扶车间效益,12家就业帮扶车间吸纳就业576人,其中脱贫人口和监测对象213人。

【项目建设】 2022年,沙坡头区到位衔接资金2.27亿元,建立2022年巩固拓展脱贫攻坚成果同乡村振兴有效衔接项目库,谋划实施项目65个,概算投资3.85亿元,衔接资金安排率100%,项目开工率100%,完成宣和镇海和村新建肉羊养殖场、常乐镇思乐村环境综合整治等项目54个。通过实施一二三产业融合、道路硬化、渠道砌护、养殖园区改造等建设内容,补齐农田水利基础设施短板,完善道路交通网络,改善村庄人居环境,农村地区生产生活条件明显提升,为实现农业现代化奠定基础。

【资产管理】 2022年,沙坡头区持续做好项目资金三级公开公示,截至年底,中央、自治区衔接资金支付率全部达到100%。紧盯扶贫项目资产,切实加强后续管理,制定《沙坡头区扶贫项目资产管理办法(试行)》《沙坡头区扶贫项目资产确权登记工作方案》,对脱贫攻坚期实施的扶贫项目分类建好资产台账,明确项目资产权属、资产管护责任人,确保扶贫项目资产稳定良性运转,持续发挥效益。梳理扶贫项目资产1384个,资产原值76273万元;对产权清晰、资产明了的1225个资产进行了第一批确权登记,资产原值55025万元。

【扶持政策落实】 2022年,沙坡头区对农村29486户32714名低保对象发放保障金及生活补贴1.3亿元,为城乡低保对象、特困供养人员每人增发一次性生活补贴600元。发放1424人雨露计划补助资金213.6万元,种养殖、务工、个体经济产业奖补资金1831.65万元,脱贫人口小额贷款7840.64万元,小额信贷贴息507.6066万元,为脱贫人口和"三类监测对象"购买"乡村振兴健康保"16539人,为符合条件的农户理赔62笔21.9319万元;乡村救助保险2022年理赔7户5.346928万元。

旅游业

综 述

【概　况】 2022年,沙坡头区有5A级景区1家(沙坡头景区),4A级景区两家(腾格里·金沙岛、寺口子),3A级景区5家(腾格里·金沙海、高庙、漠贝酒庄、沙坡头水镇、香山湖湿地公园)。沙坡头区现已发展休闲农业和乡村旅游单体262个,其中农家乐232家、星级休闲观光农庄17个、规模旅游景点10处、星级农家乐38家、直接从业人员1881人。

【规划编制】 2022年,沙坡头区印发《2022年沙坡头区旅游宣传营销方案》,聚焦自治区九大产业及中卫市六大产业发展规划,紧紧围绕建设"国际一流的沙漠旅游目的地"和"大西北旅游中转站核心枢纽"战略目标,持续提升"国家全域旅游示范区"发展水平,全力提升沙坡头区文化旅游影响力和美誉度。

【项目建设】 2022年,沙坡头区投资1000余万元,重点实施乡村旅游高质量发展集聚带建设项目(一期),持续对何滩村基础设施、森沃研学大棚进行提质升级,乡村旅游基础设施不断完善。

【招商引资】 2022年,沙坡头区坚持"走出去"宣传推介文旅资源,持续深化闽宁合作,先后"走出去"开展招商活动两次。在厦门市思明区举办"山海情深·共享共赢"沙坡头区(厦门)招商引资推介会,与金蛙美育(厦门)文化有限公司签订"星星的故乡·宁夏沙坡头金蛙国际艺术节"项目。

【宣传促销】 2022年,沙坡头区积极参与"幸福在哪里"第三季"两晒一促"大型文旅推介活动,深入挖掘本地优质文旅资源,讲好沙坡头区故事,传播沙坡头区声音,直播期间观看人数达1.85万人,点赞量突破28万。

【全域旅游】 2022年,漠贝酒庄成功创建国家3A级旅游景区。全年共接待游客883.21万人次,实现旅游收入52.05亿元,旅游业同比增加超80%,旅游经济有效复苏持续向好。按照《沙坡头区全域旅游创新发展扶持办法》,对新评定的3家四星级农家乐(童家伊甸园、田园农庄、田家大院)进行奖励扶持,争取以奖代补资金15万元。

【乡村旅游】 2022年,沙坡头区已发展休闲农业和乡村旅游单体262个,直接从业人员1881人,带动农户3845户。迎水桥镇荣获第二批全国乡村旅游重点镇,迎水桥镇、鸣钟村成功申报宁夏特色旅游镇、村；中卫南岸民宿获评全国首批甲级旅游民宿，黄河宿集、田园农庄被评为五星级乡村旅游示范点，黄河宿集入选第四届"中国服务"旅游产品创意案例；沙坡头景区入选国内水路旅游客运精品航线试点，被自治区文旅厅认定为"二级智慧旅游景区"。沙坡头区成功创建五星级乡村旅游示范点6个，培育打造研学基地两个。

【节庆活动】 2022年，沙坡头区举办第十六届南北长滩黄河梨花节，线上观看人数突破1000万人次，抖音浏览量达65万人次；创新举办5·19"中国旅游日"系列活动、"向阳而生·音乐嘉年华"、"又见莫家楼"乡土文化音乐节、2022"月满大河之夜"保护黄河公益音乐会、第三届乡村文化旅游节暨鸣钟村开街仪式等主题活动，累计吸引游客30余万人次，带动增收300余万元，有效刺激旅游消费。

【假日旅游】 2022年，"五一""端午"期间，沙坡头区旅游消费旺盛，游客多以宁夏本地为主，一日游和近郊两日游仍占主导地位，游客多以短线游和自驾游为主。中秋期间，旅游企业基本全面复工复产，旅游需求加速释放，游客出游热情高涨，沙坡头区累计接待游客96万人次，实现旅游收入2877万元，未发生重特大安全生产事故。

景区（景点）

【沙坡头旅游景区】 首批5A级旅游景区。2004年年初，位于宁夏中卫市西20公里处的沙坡头旅游区，成功入围中央电视台"十个最好玩的地方"评选，集大漠、黄河、绿洲浑然一体，既具有江南景色的秀美，又兼西北风光的雄奇，让人不免想到王维"大漠孤烟直，长河落日圆"的千古绝唱。与此同时，曾获得联合国"全球环保500佳单位"光荣称号的沙坡头，治沙成果享誉世界，被旅游专家誉为世界垄断性的旅游资源。

【寺口子景区】 4A级旅游景区。寺口子旅游区位于沙坡头景区黄河南岸，距中卫市区50公里。寺口子历史悠久，风光旖旎，传说众多，文化底蕴厚重，是西北地区不可多得的旅游资源。这里随处可见"石压树斜出、崖悬花倒生"的景致，把生命理念中的艰难与顽强、深刻与伟大淋漓尽致地揭示在六和之中。景区以山体浑圆、状如圆球的绣球山为界，天然地分为东西两线。以奇险美幽自然风光为主的东线大峡谷不乏神奇优美的神话传说。有"一线天""天井山""通（灵）仙谷""神仙脚印"等景观；以历史文化沉淀深厚的西线景区自然景观特色鲜明，实属罕见。

【金沙岛旅游景区】 4A级旅游景区。中卫腾格里金沙岛旅游度假区位于宁夏中卫市市区西北6公里处，地处腾格里沙漠的东南边缘。先后荣获了"国家级水利风景区""2014中国美丽田园"，2015年被评为宁夏首批"自治区级旅游度假区"，2016年12月被国家旅游局评为"全国旅游系统先进集体"。

【高庙景区】 3A级旅游景区。高庙位于沙坡头区城北，经历代增建重修，至清代已成为一处规模较大的古建筑群，表现出宁夏古建筑的风貌。它与"大漠奇观"齐名，是中卫两大景观之一。高庙是一座三教合一的寺庙。庙的砖雕牌坊上有一副对联："儒释道之度我度他皆从这里；天地人之自造自化尽在此间。"横批是："无上法桥。"庙里供奉不仅有佛、菩萨，还有玉皇、圣母、文昌、关公。佛、道、儒合一。高庙前有保安寺，山门朝南，两侧建有厢房，正面为单檐歇山顶的大雄宝殿。殿后为高庙，有24级台阶，拾级而上，经牌坊、南天门、中楼，最后是高达三层的五岳、玉皇、圣母殿。这些主要建筑，都在一条中轴线上,气势雄伟。在高庙主体建筑的两侧,还有钟楼、鼓楼、文楼、武楼、灵官殿,地藏殿等配殿。在仅2000余平方米的高台上,建造了近百间九脊歇山、四角攒尖、十字歇山、将军盔顶等各种类型的殿宇。整个建筑群重楼叠阁,亭廊相连,翼角高翘,构成了迂回曲折的内外空间,反映出宁夏古建筑精湛的艺术风貌。

【腾格里·金沙海】 3A级旅游景区。腾格里·金沙海旅游度假区地处腾格里沙漠东南边缘,背靠大漠,南临5A级旅游景区沙坡头,东连4A级旅游景区金沙岛,规划面积1.1万亩,2017年被评为"自治区体育产业示范单位"。腾格里·金沙海旅游度假区已成功打造火车旅馆、星辰帐篷酒店等特色度假旅游产品,受到市场青睐,其中:火车旅馆共有17节车厢、136个床位并配套火车酒吧、餐厅等功能区域;星辰帐篷酒店共有16顶豪华帐篷,以SPA水池为中心呈椭圆状向外辐射,配套建设了站台餐厅,让游客感受沙海风情,体验丝路文化;设置了沙漠足球、排球、毽球、沙漠越野、滑沙等沙漠运动项目。

【沙坡头水镇】 3A级旅游景区。位于沙坡头区应理南街,东临香山公园,南邻黄河,西临五馆一中心、宁夏大学中卫校区,北邻中卫中学,坐落于应理湖上,三面环水。该项目先后取得了中卫市创业孵化园、国家3A级旅游文化商业景区;入选"全国文化旅游特色小镇十佳样本"、宁夏十大旅游特色街区、自治区级首届特色商贸服务业集聚区等荣誉。整体划分为丝绸之路特色美食街区、文化特色商贸休闲区、康养度假娱乐区、水上游乐中心。

【中卫香山湖湿地公园】 3A级旅游景区。中卫香山湖湿地公园位于中卫市城区南郊,北起平安路,南至黄河南岸堤坝,西起黄家庄,东至滨河湖泊东堤坝,总占地面积564公顷。这片湿地中湖泊、黄河、滩涂、森林交错分布,成就了香山湖湿地多样的生态环境和丰富的景观资源,也孕育了丰富的野生动植物资源。公园内耐盐碱和湿地水生植物广泛分布,植物以草本为主,且以温带、北温带成分的植物占优势。野生脊椎动物有鸟类、哺乳类、鱼类、两栖爬行类。近年来,随着湿地保护力度不断加强,湿地公园内水鸟种群数量逐年增加,再次印证了香山湖湿地公园是卫宁平原候鸟的重要停歇地和繁育场所。

卫生健康

综 述

【医疗卫生机构】 2022年,沙坡头有各级各类医疗卫生机构232个,其中:医院10个(三级乙等综合医院1个、三级乙等中医医院1个、二级综合医院两个、民营医院6个),专业公共卫生机构4个(卫生监督机构1个、疾病预防控制机构1个、妇幼保健计划生育服务机构1个、中心血站1个),基层医疗卫生机构218个(社区卫生服务中心两个,社区卫生服务站10个;乡镇卫生院9个,村卫生室141个;诊所56个)。沙坡头区本级管理二级综合医院1个、社区卫生服务中心两个,乡镇卫生院9个、村卫生室141个、个体诊所56个。

【床位及卫生人员】 各级医疗卫生机构共设置病床2195张,每千人口床位数5.54张;医疗卫生机构人员数3905人,其中卫生技术人员3250人、执业(助理)医师1078人、注册护士1484人,每千人有卫生技术人员8.19人、执业(助理)医师2.71人、注册护士3.74人。

【疫情防控】 2022年,沙坡头区卫生健康局有效防范病毒传播和疫情外溢风险。成立院感防控工作督导小组,压实各级医疗机构疫情防控责任,坚决落实医院感染"零容忍"要求,织牢织密院感防控网。年内累计接种新冠疫苗1006110剂次,组织开展50轮城乡人员核酸检测。

【医疗改革】 2022年,沙坡头区统筹优化区域医疗卫生资源配置,建立财政补偿、医疗保险和药械供应保障新机制,规范人员、资金、业务、信息、药械"五统一"管理。积极探索薪酬制度改革,建立以岗位为基础,以绩效为核心,充满活力的内部分配机制。完成沙坡头区第四轮全国艾滋病综合防控示范区建设考核,慢病示范区建设有序推进。

【互联网+医疗健康】 2022年,沙坡头区投入916万元,医共体信息化平台建成并投入运营,启动实施中卫市处方流转中心建设项目。发挥沙坡头区医疗健康总院资源协作和集约化优势,建成区域远程影像中心、远程心电中心,连接9家基层乡镇卫生院,年内为7768例患者提供远程诊疗服务。建成9家乡镇卫生院标准化数字预防接种门诊,基层预防接种门诊信息化水平进一步提升。推进"互联网+家庭医生签约",共建立家庭医生签约服务团队146个,已签约22万人,累计用户服务245.63

万人次。

【健康沙坡头区建设】 2022年,沙坡头区制定《中卫市沙坡头区全民健康水平提升行动实施方案(2021—2025年)》,全力推动全民健康水平提升行动"十大工程"各项工作落地落实。年内举办各类健康讲座、义诊咨询400余场次,持续开展健康细胞创建工作,2022年共创建健康细胞49个(户)。无烟党政机关、无烟学校、无烟医院全覆盖。

【健康扶贫】 2022年,沙坡头区卫生健康局重点对辖区内787名脱贫不稳定户、2018名边缘易致贫户和705名突发困难户疾病情况进行摸底排查,核准患病人口654人进行救治,救治率100%,实施防止因病返贫动态监测和帮扶机制。实施三孩生育政策,完善生育登记服务制度,实施妇幼健康行动计划项目。全面兑现计划生育奖励扶助资金,各项政策落实率100%。

【医药卫生改革】 2022年,沙坡头区持续推进分级诊疗,基层医疗卫生机构诊疗量占总诊疗量的比例达到44.45%(59%);医疗服务质量稳中提升,目前电子病历系统应用水平分级评价达到4级及以上,智慧服务达到一级;建立调整医疗服务价机制,医疗健康总院医疗服务收入(不含药品、耗材、检查、化验收入)占比达到23.75%(29.2%);沙坡头区内住院量占比70.2%(78%);公立医院门诊次均费用增幅2.99%、住院次均费用增幅-0.87%(小于3%);二级公立医院平均住院日7.3天(7.2天),门诊患者满意度、住院患者满意度分别达到92%(87%)、99%(93%)。加强医院财务管理,区人民医院收支平衡占比达100%,管理费用占费用总额的比重18.26%(小于10%),无基本建设和设备购置非流动负债公立医院占比达100%。加快人事薪酬制度改革,区人民医院合理确定并动态调整薪酬比例100%,区人民医院人员薪酬中稳定收入比例达55.58%(62%),提高医务人员积极性,医务人员满意度92%。对沙坡头区人民医院655个品规的医用耗材进行重新议价谈判,涉及33家供货商,降价品规532个,降价品规达81%。对9家乡镇卫生院药品采购目录进行重新删选、整合,确定了涵盖498个品类的基层药品统一目录,将中成药、辅助药品使用比例下调20%,基药占比达到64.86%,较上年度提升15个百分点。推进药品耗材带量采购,集中带量采购药品数超过450个,减轻群众用药负担。对沙坡头区人民医院和9家乡镇卫生院使用的医用检验、放射耗材分9标段进行统一带量招标采购,进一步挤压药品耗材价格空间,使患者享受到看得见、摸得着的惠民红利。推进总额打包和DIP支付方式改革,区医保局将医保资金按照"总额付费、结余留用、合理超值分担"的支付方式打包到健康总院,由健康总院结合各单位考核情况进行分配,有效推进分级诊疗制度的落实。制定下发《中卫市沙坡头区医疗健康总院财务核算管理中心工作方案》,由区人民医院总会计师兼任中心主任,同时抽调5名财会人员对9家乡镇卫生院实行财务统一管理。

【医疗信息化建设】 2022年,沙坡头区建成区域远程影像中心、远程心电中心、远程彩超诊断、远程病理诊断和远程胎心监护,上下联通、区域协同,完善"基层检查+上级诊断+区域共认"的服务机制,有效促进优质诊疗服务下基层。实施沙坡头区人工智能辅助诊断系统建设项目,覆盖9家乡镇卫生院、两家社区服务中心及141个村卫生室,提供重复检查、用药提醒等服务。部署"银医通"自助缴费系统,加快电子健康码普及,实现手机和自助机预约挂号、诊间支付、检验结果查询、推送电子体检报告等。创新医德医风监管体系,建立医德医风监管云平台,线上采集医务人员医德医风、满意度、投诉、药占比等情况,实行"三级联考",对每一诊疗行为、每一用药处方进行监督考核。依托云监管平台升级拓展党建工作专区,坚持线上督导、线下落实"两手抓、两手硬",力促党建医建"同频共振"。

【医疗服务管理】 2022年,沙坡头区卫生健康局逐步规范区人民医院创伤、胸痛中心建设,启动卒中中心建设。完成眼科、微创外科、儿科3个自治区级重点专科建设,加快呼吸内科、消化内科、急诊科3个市级薄弱专科建设,申报中西医结合科市级重点专科建设,争取京宁合作中医馆提升项目,打造基层中医服务示范点1个,专科服务能力进一步提升。牵头成立中卫市精准药学服务中心,建立药学、检验、临床等多部门参与的精准用药体系,为群众开展个体化给药研究,成为宁夏第二家开展精准药学服务和药物基因检测项目的医疗机构,服务"两县一区"及周边各级医疗机构。开展颈椎后路单开门椎管扩大减压成形术、腰椎PLIF术、胸腰椎骨折切开复位内固定术、胸腰椎PKP术、通道下单纯椎间盘摘除术等手术,在中卫市率先开设眼科视光中心,开展沙坡头区首例三叉神经球囊压迫术、玻璃体切割术、视网膜复位术、眼内硅油填充等新技术,填补眼后结、眼视光治疗领域"空白"。兴仁镇中心卫生院开展首例腹腔镜下胆囊摘除术。8月,沙坡头区人民医院通过自治区专家评审并取得互联网医院牌照,正式开通互联网医院服务。12月,沙坡头区人民医院筹备设立重症医学科,开设重症病床10张。

【农村卫生】 2022年,沙坡头区8家乡镇卫生院在"优质服务基层行"活动中达到国家基本标准,兴仁镇中心卫生院达到国家推荐标准,推进县乡村卫生一体化管理,开展"百名医师下基层"对口支援活动,带动提升基层医疗服务水平。以辖区9个乡镇卫生院为基础力量,组建家庭医生签约服务团队189个,以重点人群为点、以重点人群家庭为面,稳步推进家庭医生签约服务工作,共完成家庭医生签约24.55万人,其中重点人群签约11.01万人,一般人群签约13.54万人。

【社区卫生】 2022年,沙坡头区共有文昌、滨河两家社区卫生服务中心。文昌社区卫生服务中心共有职工121人(在编42人,临聘人员79人),下辖蔡桥路、黄河花园、华西、民族巷、东道口5所社区卫生服务站,管理蔡桥、五里、郭营、双桥4所村卫生室,承担沙坡头区文昌镇辖区16万人的基本医疗和基本公共卫生服务工作。完成门诊诊疗12.52万人次。滨河社区服务中心共有职工67人(其中在编38人,长期聘用人员29人),下辖沙坡头区光明、中山、东方红、官桥、长安5个社区卫生服务站,为滨河镇11万常住人口提供14类54项公共卫生服务。完成门诊诊疗9.9万人次。

【医疗卫生基础设施建设】 2022年11月7日,沙坡头区宣和镇中心卫生院发热门诊建设项目竣工验收并投入使用,总投资560万元,占地面积2392平方米,建筑面积为853平方米;沙坡头区兴仁镇中心卫生院发热门诊及供应室建设项目启动,概算投资360万元,于8月4日开工建设,规划建设发热门诊面积为450平方米,主要设置诊断室、检验室、收费室、留观室等业务用房,供应室103平方米,主要设置清洗、消毒、辅料制备等用房,配套建设给排水、供电、供热等设施。沙坡头区人民医院迁建项目正式启动实施,总用地13740平方米(约20.61亩)。项目建设分两期进行,一期实施康复楼及住院部装修维修工程,估算投资1495.34万元,建筑面积10381平方米;二期新建面积为23660平方米、13层(含地下1层)的门诊综合大楼,估算投资17139.97万元。项目总投资约18635.31万元,资金来源为申请上级补助资金、地方政府债券资金及医院自筹解决。

公共卫生

【概况】 2022年，沙坡头区坚持市区一体，整合医疗资源、优化医疗服务，联合中卫市中医医院、疾病预防控制中心、妇幼保健计划生育服务中心、卫生监督所等医疗卫生机构，为辖区群众提供疾病预防控制管理、公共卫生监督管理、妇幼卫生及国家基本公共卫生等各项服务。全面免费实施14类54项基本公共卫生服务，城乡居民电子健康档案建档率91.96%，预防接种建证率100%、接种率达99.79%，高血压、糖尿病、严重精神障碍性疾病规范管理率分别达75.03%、79.65%、94.77%，开展老年人免费健康体检35858人，传染病报告率100%。

【卫生监督】 2022年，沙坡头区卫生健康局完成各专业卫生监督检查工作，应监督户数1362户，实监督户数1357户，监督覆盖率99.63%；年内共受理公共场所卫生许可158家，生活饮用水卫生许可15家，放射诊疗许可两家，共受理各类行政许可167家；全年共计实施卫生行政处罚85起，其中一般程序案件43件、简易程序案件42件，累计罚款28.2万元，没收违法所得2.21万元。一般程序案件中公共场所类23件、医疗类12件(含无证行医5件)、传染病防治类5件、放射卫生1件、职业卫生类1件、生活饮用水卫生1件。年内无听证、行政复议、行政诉讼以及移送司法机关案件；完成国家下达的138件"双随机"监督检查任务，完结率为100%，查处双随机案件16起，累计罚款3000元。

【爱国卫生】 2022年，沙坡头区共计清理农村生活垃圾12868.8吨、清理村内沟渠5315.68公里、清理畜禽粪污等农业生产废弃物6005.18吨，实现村容村貌和人居环境再提升。持续巩固卫生城市创建成果，规范生活垃圾和餐厨垃圾，城市生活垃圾和餐厨垃圾分类贮存日产日清。加强城区公厕的卫生管理，使公厕环境达到"六无五净"卫生保洁标准。城市生活污水集中处理率100%，城市生活垃圾无害化处理率100%，农村生活垃圾处理率达到100%。稳步推进农村"厕所革命"，已全面完成2019年2668户无水免冲生态厕所、2021年农村问题户厕2053户整改工作。开展病媒生物防治，投入资金90余万元，对重点部位开展了病媒生物孳生地排查、整治和消杀。消杀面积共计360万平方米，消杀重点场所5000余处，喷洒各类消杀药品5400余公斤，病媒生物密度得到有效控制。

【健康教育】 2022年，沙坡头区建立健全健康教育网络，区、镇、村(社区)三级网络机构基本形成。强化医疗卫生服务机构健康促进工作。各医疗卫生单位通过义诊咨询、社区服务、健康大讲堂、橱窗专栏等形式，向群众普及健康知识，营造健康促进宣传氛围。认真上好健康教育课，各学校全面实施新课程改革，将健康教育纳入教学计划，健康教育开课率达100%。加快推进医防结合，将健康教育与健康促进融入医疗服务当中，大力营造健康和谐诊疗环境。组织开展"健康中国行"和健康素养促进行动，举办各类健康讲座、义诊咨询400余场次，发放各类健康教育资料102种22万余份，发放健康干预物品4.6万余件。积极开展2022年度自治区戒烟门诊试点工作，沙坡头区人民医院戒烟门诊开展戒烟干预66例，上传戒烟病例63例并按时随访。年内共创建自治区级健康细胞38个，健康家庭16户。开展沙坡头区居民健康素养监测，对沙坡头区15~69岁城乡常住人口进行健康素养问卷调查，完成调查问卷1200份，城乡居民健康素养水平达27.33%。

疾病预防控制

【传染病预防】 2022年,沙坡头区报告乙、丙类传染病21种2079例,报告发病率520.02/10万,与去年相比上升24.79%。做好免疫规划和重大疾病防控工作,扩大国家免疫规划疫苗累计实种80605人次,接种率达99.79%。完成全国第四轮艾滋病综合防治示范区终期评估和《遏制艾滋病传播实施方案(2019—2022年)》终期评估工作。年内新发现报告HIV感染者/病人19例,较2021年下降了20.8%,以性传播为主。共开展各类人群HIV抗体筛查检测156700人次,检出HIV新发确证阳性22例。

【免疫规划疫苗接种】 2022年,沙坡头区累计应接种80778人次,实际累计接种80605人次,接种率达99.79%。

【结核病规范诊治】 2022年,沙坡头区报告肺结核病人138例,报告发病率34.08/10万,病原学阳性率60.48%。在沙坡头区11个乡镇开展65岁以上老年人和糖尿病患者结核病筛查32259人,筛查率90.90%,发现活动性肺结核患者9例,全部纳入免费管理;完成高中及大学秋季入学新生结核病健康筛查4934人,发现结核菌素试验强阳性学生134人,强阳性率2.72%。

【慢病管理】 2022年,沙坡头区卫生健康局加强基本公共卫生服务项目技术指导、培训,累计确诊严重精神障碍患者2065例(累计死亡患者280例)、报告患病率4.46‰;高血压患者健康管理31267人,2型糖尿病患者健康管理8118人,规范管理率和血压、血糖控制率均达到指标要求;做好全人群死因监测、肿瘤登记,监测报告死亡病例2440例,死亡率6.03‰;开展慢性病及其危险因素调查、重点慢性病核心知识及血压血糖知晓率调查工作,现已完成调查兴仁镇254人。

【卫生监测】 2022年,沙坡头区卫生健康局全面落实食品、水质、公共场所等卫生监测工作,完成采集食品样品401份,任务完成率104.9%,合格率99.75%;各哨点医院共监测上报食源性疾病病例信息550例。完成了饮用水卫生监测和农村饮水安全工程水质监测任务,共采集水样208份、任务完成率为107.2%。对50家公共场所开展了健康危害因素监测工作,完成274名从业人员健康状况调查问卷,采集样本664份。切实做好碘盐监测等地方病管理及包虫病防治工作,采集盐样300份,碘盐覆盖率99.33%,碘盐合格率92.28%,合格碘盐食用率91.67%。监测饮水型地方性氟中毒病区村363个,检查全部病区村8~12岁儿童671名,氟斑牙检出率0.45%。开展包虫病成人B超筛查7000人,未发现疑似包虫病患者,儿童B超筛查2000人,未筛查出疑似包虫病患者。完成布病高危人群筛查13378人,血清学检测13378人,阳性血清770人份,阳性率2.79%。落实预防性免费体检工作,完成食品、餐饮及公共场所从业人员健康体检17642人次,职业健康体检58家企业11217人次,发现疑似职业病12人。艾滋病确证实验室正常运行,无实验室生物安全和意外事故的发生,保质地完成2022年新冠病毒核酸、水砷、水氟、流感病毒、手足口病毒核酸、艾滋病布病梅毒抗体等各类盲样质控考核23次。

妇幼卫生

【妇幼保健】 2022年,沙坡头区坚持把公共场所母婴设施规范化建设作为创建全国文明城市工作重要内容，加强和推进母婴设施建设，督促二级以上医院、建筑面积超过1万平方米或日客流量超过1万人的机场、火车站、二级以上汽车客运站配置母婴设施。产妇免费艾滋病、梅毒和乙肝检测3206人，对梅毒感染产妇13例及其所生儿童15例均进行药物干预治疗，干预率100%；乙肝阳性产妇101例，免费为100例新生儿注射乙肝免疫球蛋白，乙肝表面抗原阳性产妇所生新生儿注射乙肝免疫球蛋白的比例100%。免费为农村妇女宫颈癌检查8470人，确诊宫颈癌1例；乳腺癌检查8470人，确诊乳腺导管原位癌1例、乳腺浸润癌3例、乳腺其他恶性肿瘤2例；免费为3000名城镇35~64岁妇女进行"两癌"检查，确诊宫颈癌4例，均得到跟踪治疗；免费为2119名孕妇进行唐氏筛查。

沙坡头区人民医院

【概　况】　2022年，沙坡头区人民医院（市眼科医院）完成门、急诊诊疗262453人次，门诊次均费用185.54元，同比下降7.32%；出院病人8835人次，住院患者次均费用4073.07元，同比下降5.33%；开放床位260张，床位使用率66.8%，开展手术2032例，其中三四级手术1353例，占比为66.58%；平均住院天数7.24天。全年业务总收入8468.01万元，同比下降1.48%，其中药品收入2076.96万元，药占比（除中药饮片）25.1%，同比下降3.63%；医疗服务收入占比为30.3%，管理费用占公立医院费用总额的比重为20.96%，人员薪酬中稳定收入的比例为57.55%。

【党的建设】　2022年，沙坡头区人民医院紧扣自治区医疗卫生领域违纪违法典型案例，组织全体党员、干部职工特别是重点岗位、重点人员系统学习习近平总书记关于党风廉政建设和反腐败斗争重要论述、党中央及各级纪委会议精神等内容。医院两级党组织共组织集中学习50余场次，专题讨论10余场次，组织观看《交易之警》《零容忍》警示教育片6场次，专题宣讲6场次，讲党课10余场，召开了以案促改专题民主生活会、组织生活会。邀请自治区党代表王慧玲宣讲党代会精神两场次，全员学习自治区第十三次党代会、二十大精神等。

【医院迁建项目】　2022年，沙坡头区人民医院迁建项目落地实施，拟将沙坡头区人民医院迁建至原中卫市中医医院旧址，概算资金1.8亿元。项目建设分两期进行，I期实施住院部楼及康复楼维修改造，II期新建13层（含地下1层）门诊医技综合楼，配套道路及硬化铺装工程、绿化、亮化、室内外水电暖等设施。

【医疗服务】　2022年，沙坡头区人民医院制定出台《沙坡头区人民医院新技术新业务鼓励办法》和《重大手术及疑难危重病例评审奖励办法》，进一步鼓励临床开展新技术新业务，逐步提高重大手术和危重症救治能力。扎实开展卫生健康领域突出问题专项治理。认真落实"三不合理""虚假医疗文书"等自查自纠活动，全面开展自查，梳理在检查、用药、诊疗、医疗文书书写过程中的问题和隐患，并对自查的56项2649个问题逐一形成问题台账，责令问题所在科室立即整改。拓展业务发展宽度。自从自治区人民医院、宁医大总院选派的10名专家正式入驻医院开始"组团式"帮扶以来，通过借助三甲医院多方优势，在医学教育、人才培养、科研协作、临床带教、医疗转诊等诸多领域给予医院帮扶，特别是在帮扶专家团队的帮助指导下，膝关节活动平台单髁置换术、间隙平衡联合测量截骨技术在外翻膝关节置换中的应用、可视喉镜下气管插管术、腰椎PLIF术、小切口下单纯髓核摘除术、微创脊柱后路内固定技术等11项新技术、新业务相继开展,累计开展科研项目两项、完成疑难病例手术99台,疑难病例会诊47人次,组织教学查房共50余次,手术示教40余次,学术讲座共25次。

【利民惠民活动】 2022年,沙坡头区人民医院柔性引进宁医大总院结直肠专家、妇科专家来院定期坐诊,方便群众就医,让群众在家门口就能享受到三甲医院专家的医疗服务。深入落实"千名医师下基层"活动,派出10名医务人员对口支援沙坡头区4个乡镇卫生院。年内帮助基层医疗机构完善规章制度19项,修改操作规程12项,带教基层卫生人才30人次,帮扶专家在基层卫生院、村卫生室累计接诊门诊患者6754人次,完成超声检查850人次,开展手术1例,为困难群众开展义诊703人次、解决疑难病例19项,因此受益的群众达1000余人次。积极开展义诊、健康卫生知识普及,为人民群众免费诊疗、普及健康卫生知识,组织开展了"传承雷锋精神 弘扬文明新风"为主题的学雷锋义诊活动、"普及救护知识,为生命保驾护航"应急救护知识科普宣传及咨询活动、防灾减灾,"医"路同行的应急知识等义诊宣传活动10次,举办社区健康讲座12场,院内健康讲座2场,发放健康材料6000余份。

文化 体育 教育

文 化

【概　况】　沙坡头区有11个乡镇综合文化站,198个村(社区)综合文化站,10个农民文化大院,78支文艺社团,300余名文艺骨干,2022年开展广场文化艺术节21场,开展各类群众文化活动300余场,开展文化市场日常巡查6400家次。

【基础设施建设】　2022年,沙坡头区提升基层公共文化服务水平,为45个村综合文化服务中心、农民文化大院配送文化设施设备,实施常乐镇、香山乡综合文化站维修项目,完善基层文化设施建设。

【广场文化】　2022年,沙坡头区组织开展广场舞大赛两场,"文化大篷车"基层文艺演出、广场文艺演出、文化志愿服务等活动30余场。

【节庆文化】　2022年,沙坡头区结合春节、元宵节、三八国际劳动妇女节、端午节、中秋节等节日,组织开展社火展演、文艺演出、非遗购物节等活动20场次。

【群众文化】　2022年,沙坡头区组织开展戏曲下基层、文艺下乡演出活动230余场次,新创作舞蹈、小品、音乐快板、情景剧共20个。在全市广场舞大赛中,一二等奖全部收入囊中,在"欢乐中卫"评选中,9个群众文艺节目获得表演、创作一二三等奖。

【非遗保护】　2022年,沙坡头区开展线上线下非遗文化活动,组织群众开展并拍摄记录舞龙舞狮、皮影戏、单鼓舞等非遗展演,共拍摄短视频15个,开展非遗、书法、戏曲、剪纸进校园、社区等活动4场次,举办非遗购物节1次。

【文化市场监管】　2022年,沙坡头区旅游和文化体育广电局配合市文化市场执法队加强文化市场安全监管工作,发放各类宣传资料3000余份,指导156家娱乐场所申请或换发《娱乐经营许可证》。配合市文化市场执法大队开展文化市场日常巡查6500家次;联合沙坡头区公安分局、沙坡头区消防支队开展执法活动32次。

【产业发展】　2022年,沙坡头区旅游和文化体育广电局组织老茶梗文化传媒有限公司申报国家和自治区文化产业发展专项基金,文化及相关产业增加值占GDP比重逐年提高。文化产业经营门类达15大类20多个行业,从事各类文化产业的经营机构达300余家,从业人员2100余人。全区形成了图书音像、印刷、剪纸刺绣、奇石古玩、仿古地毯、民族服饰、演艺娱乐等行业在内的综合性文化产业体系。

【公共文化阵地建设】 2022年，沙坡头区将乡镇综合文化站建设融入新时代文明实践中心建设，11个乡镇198个村（社区）全部挂牌成立新时代文明实践站，进一步加强文化基础设施建设，提高文化阵地利用率。

体 育

【综　述】 2022年，在自治区体育局的大力支持下，在区委、区政府的坚强领导下，区旅游和文化体育广电局认真贯彻全民健身国家战略，积极落实区委、区政府各项工作任务，守正创新，谋划推进全民健身事业，各项体育工作取得了新突破。

【体育项目建设】 2022年，沙坡头区旅游和文化体育广电局扎实推进滨河全民健身中心及配套工程建设；持续深化"金边银角"工程，利用城市"边角地块"，建成多功能运动场两个、健身步道1公里、多功能儿童体育运动场两个、滨河镇宜居社区小微体育公园、全民健身联系站点等；实施沙坡头区体育场地设施补短板暨城乡体育"康乐角"工程项目，改建硅PU篮球场12个，宣和镇海和村全民健身广场。

【群众体育工作】 2022年，沙坡头区旅游和文化体育广电局组织开展"喜迎十六运"主题活动，举办了第五届农民篮球争霸赛、农民篮球培训班、社区趣味运动会、"星空杯"职工篮球赛、"奔跑吧·少年"儿童青少年主题健身系列活动等体育活动，累计参与人数5000人，健身成果全民共享。举办了2022年沙坡头区"体育大拜年　运动迎冬奥"线上系列活动，参与人数1万人，线上浏览量达7万人次，得到了群众的一致好评。举办了沙坡头区三级社会体育指导员培训班，培养三级社会体育指导员33人。

【青少年体育工作】 2022年，沙坡头区被确定为首批体教融合试点，争取上级资金40万元，联合教育局举办了沙坡头区第四届中小学生篮球、足球、排球联赛，共114支代表队1536余名运动员参加，进一步提升了青少年运动水平。

【备战十六运】 2022年，沙坡头区积极组队参加宁夏回族自治区第十六届运动会青少年组甲组比赛，青少年竞技水平取得突破性进展，在摔跤、自行车、跆拳道、射箭、轮滑、短道速滑等10个组队参加的项目中，取得金牌1个、银牌2个、第四至第八名共19个；团体项目取得铜牌1个、第四至第八名共5个好成绩。加强群众组训练力度，组织160名运动员参加毽球、柔力球等12个群众组项目，通过线上线下方式进行训练，提升夺牌能力。实施全民健身中心改造提升项目，完成一楼大厅、停车场、平安大道入口、设备检查检修、安全隐患检查、室外玻璃幕墙及墙体清洗、室内墙体粉刷、视频监控、箱变迁移等10项改造内容，并对场馆周边环境进行绿化，进一步提升场馆形象。

教 育

【概　况】 2022年，沙坡头区下辖学区6个，各级各类公办学校（含幼儿园、教学点）90所，其中：初级中学7所、九年制学校14所、小学28所、农村教学点7个、特殊教育学校1所、公办幼儿园33所。中小学教师2477名，中小学、幼儿园学生47406名，其中中小学学生33288名、学前幼儿14028名、特殊教育学生314名（随班就读180名、特殊教育在校90名、送教上门44名）。

【基础设施建设】 2022年，沙坡头区持续推进义务教育薄弱环节改造和能力提升工程及学前教育项目建设，投入1.82亿元，实施新建、续建、改扩建中卫市第十三小学、曹山幼儿园等14个项目，进一步扩大城镇学位供给，化解市区学校大校额、适龄儿童"入公办园难"等问题。

【硬件设施建设】 2022年，沙坡头区投入2566万元，建成人机对话教室、智慧阅读教室、创客教室、VR教室等各类智能化教学空间28间，实现全部学校（教学点）互联网接入宽带、在线互动课堂、多媒体教学终端、数字校园建设项目4个全覆盖，教师、适龄学生宁夏教育云网络学习空间开通率达100%。全面深化宁夏资源公共服务平台、教学助手、宁教云等软件与教育教学各环节融合创新，提高学校、师生信息化应用能力和水平，助推教学模式变革和管理效能提升。

【信息化建设】 2022年，沙坡头区成功创建自治区级"互联网+教育"建设示范区、国家级"基于教学改革 融合信息技术的新型教与学模式实验区"、自治区级"互联网+教育"助推基础教育质量提升行动示范区、自治区级国家智慧教育平台试点校。围绕助推基础教育质量提升行动，探索形成沙坡头区"1145互联网+教育"发展新体系新模式，强化优质教育资源和信息化学习环境建设，推动信息技术应用和教育教学深度融合。利用宁教云APP、直播授课+在线互动，宁教云录播回放+微信群反馈等多种形式开展线上教学，采取"20+20"线上教学模式，推进"教研员+学区主任+学校领导+班主任+任课教师+家长+学生"的"6+1"线上巡课模式结合教研员"五包"对所包区域、所包学校、所包班级进行随机线上听课、巡课，让线上教学落地落实。

【学前教育】 2022年，沙坡头区坚持学前教育公益性和普惠性发展方向，积极推进城镇小区配套幼儿园综合治理。组织学前教育骨干教师、责任督学、园长对辖区内公民办幼儿园进行"小学化"专项督导检查，坚决纠正"小学化"倾向，促进沙坡头区学前教育健康平稳有序发展。新建曹山幼儿园，改扩建兴仁镇中心幼儿园，缓解"入园难、入园远"难题。按照《市人民政府办公室关于建立公办幼儿园经费保障长效机制的意见》，为33所公办幼儿园保育保教人员及保健医共798人提供政府购买服务，全年补助资金625.68万元。着力提高公办园和民办普惠性幼儿园服务能力，不断扩大学前教育配置资源，普惠性幼儿园覆盖率达81.77%，学前三年幼儿毛入园率达96.22%，切实保障适龄幼儿就近享受学前教育的权利。

【义务教育】 2022年，沙坡头区合理规划学校布局，优化教育资源配置，实施续建中卫十三小、中小学集中改厕等项目。实现中卫一小秋季招生办学，改扩建中卫四中、中卫九小、永新小学综合楼建设项目，扩大城镇学位供给，有效化解市区学校大班额问题。义务教育阶段中小学生入学率100%，九年义务教育巩固率100%。根据2022年教育事业统计年报相关数据，完成《沙坡头区义务教育优质均衡发展监测报告》，精准查摆问题，推促2026年实现县域义务教育优质均衡发展目标，办好人民满意的教育。

【师资队伍建设】 2022年，沙坡头区完成中小学教师"县管校聘"改革工作。组织开展6轮竞聘上岗，全区50所中小学校2477名教师参与"县管校聘"改革竞聘，2477名教师全部被聘用，其中：校内直聘903人，校内竞聘1413人，跨校竞聘161人。共派出244名教师进行交流（"县管校聘"改革跨校交流161人，轮岗交流选派76人，援教兴仁7人），选派23名音体美专业教师到乡村学校开展走教帮扶，进一步推动优质教育资源共享。完成2022年

"国培计划"项目及"送教下乡"活动,大力实施教师信息化素质提升行动,举办智慧课堂、在线课堂等各类培训29场次,受训校长、教师2800余人次。全面推进课程思政建设,实现专兼职思政教师培训全覆盖。

【师德师风建设】 2022年,印发《关于2022年加强和改进师德师风建设的实施方案》《中卫市沙坡头区教育系统关于进一步加强师德师风考核的通知》,激励广大教师践行师德规范。加强师德师风学习,将《新时代中小学(幼儿园)教师职业行为十项准则》等师德师风建设政策文件汇编成册,全面纳入教师日常学习内容,开展有计划安排、有学时要求、有督促检查、有效果总结的系统化师德师风学习。常态化开展师德师风专项治理工作,组成专班对所属学区、学校开展师德师风专项督查,引导教师做到以德立身、以德立学、以德施教、以德育人。

【政策落实】 2022年,沙坡头区严格落实教育经费"两个只增不减"政策。全年一般公共预算安排教育经费74485.99万元,比上年增加13138.21万元,增长21.42%。各级各类学校生均一般公共预算教育经费均按时足额划拨。落实学前两年资助和"一免一补"资助政策,为658人次学前中班和大班家庭经济困难儿童补助保教费32.9万元,为926人次脱贫户、脱贫不稳定户、边缘易致贫户和农村残疾学生补助保教费和生活费111.12万元;为8943人次"六类"(脱贫户、脱贫不稳定户、边缘易致贫户、城乡低保家庭学生、城乡特困救助家庭学生、残疾学生)家庭经济困难学生补助生活费276.58万元;为1424人次脱贫户、脱贫不稳定户、边缘易致贫户和突发严重困难户中、高职学生"雨露计划"资助213.6万元。

【机制创新】 2022年,沙坡头区印发《沙坡头区2022年教育领域综合改革重点事项任务分工方案》,细化教育质量提升行动、"双减"、县管校聘等教育领域重点改革目标任务,为持续深化教育领域综合改革工作筑牢制度保障。印发《沙坡头区关于建立中小学校党组织领导的校长负责制的实施方案》,指导各中小学校制定党组织会议和校长办公会议议事规则,配套建立党组织书记和校长定期沟通制度、会议决策回避制度、督查评估和反馈制度、决策失误责任追究制度,辖区内50%的公办学校建立党组织领导的校长负责制。抢抓"自治区级体教融合示范区"发展机遇期,以备战十六运、田径运动会等活动为载体,常态化组织校际足球、篮球联赛,确保学生体质健康合格率逐年递增。

科学技术

综 述

【科技项目建设】 2022年,沙坡头区科技局新培育认定自治区技术创新中心11家,累计达到37家;积极培育科技型企业,新认定国家高新技术企业8家,累计达到29家;新认定自治区农业高新技术企业和自治区科技小巨人6家,累计达到30家;新评价入库自治区科技型中小企业44家,累计达到135家。组织宁夏阜康生物科技股份有限公司与河北大学、天津坤和生物合作实施"沼液沼渣肥料化定向发酵技术研究与应用"东西部合作专项1个;组织宁夏杞果兄弟生物科技有限公司与中国药科大学、天津科技大学合作实施"枸杞酵素泡腾片固体饮料研制"项目1个;组织宁夏虹桥有机食品有限公司与华南理工大学合作、郑州果树研究所共建速冻果蔬种植加工专家服务基地,实施了"速冻蔬菜工艺技术研究与产业化"项目1个,组织宁夏大学、宁夏农林科学院围绕退砂地土壤质量提升、复合种植技术研究示范实施自治区科技厅"赛马制"项目1个,切实为加快推进产业创新驱动发展注入了新动能。深化供给侧结构性改革,培育壮大企业发展新动能,指导帮助企业完成技术交易合同140个,合同成交额7912万元。

【科技投入】 2022年,沙坡头区科技局认真贯彻落实自治区科技强区行动《若干意见》和中卫市科技创新"四个一批"工程,大力引导企业加大科技投入,全社会R&D投入强度达到1.76%。及时兑现2021年度企业研发费用后补助资金1038.94万元。

【培训督导】 2022年,沙坡头区科技局组织2000余名企业负责人及科技人才参加研发费用归集、科技成果登记等企业家创新精神培训班暨政策解读培训会29次,主要领导带队深入企业开展R&D经费统计上报精准辅导和现场督导6次,积极引进第三方中介机构提供全方位、精准化、专业化服务,切实提高企业掌握运用科技政策能力,引导企业发挥科技创新主体作用,精准挖掘创新点和需求点,攻坚突破技术难题,激发企业科技创新活力。2021年,沙坡头区R&D投入4.14亿元,R&D投入强度达到1.76%,位居自治区各县区第6位。

【科技人才建设】 2022年,沙坡头区进一步规范科技特派员队伍,提升科技特派员队伍整体素质,优化调整后科技特派员人数达到223名,创办各类企业89家，领办各类合作组织和专业协会44家，通过创办实体、技术指导、信息服务、技术入股等多种形式开展的科技服务，涉及蔬菜、硒砂瓜、枸杞、草畜、林果、粮食、养殖等多个产业。组织申报、实施了"三区"科技人才26项，科技特派员创业行动项目10项，共引进、推广新技术、新品种527项，转化科技成果87项，完成培训147场次，田间指导317场次，培训19000余人次，培养了一批实用型"乡土人才"。

【知识产权】 2022年，沙坡头区经认定登记的技术合同数额共计140份，输出技术7912万元；涉及技术领域在工业与农业方面均有突破，其中涉及技术领域为工业型产业类如电子信息、新能源、新材料和节能环保等产业集聚的迹象明显，如宁夏钢铁(集团)有限责任公司，合同认定登记数两项，技术合同成交额达到400万元；涉及技术领域为农业型产业，如县域科技成果引进示范项目，合同认定登记数3项，技术合同成交额达到90万元；沙坡头区科学技术局加大技术合同登记工作宣传力度，积极推进相关工作，按时完成年度目标任务。

【科技合作】 2022年，沙坡头区科技局积极组织自治区一般研发项目和技术创新需求征集、对外科技合作工作，借助"科技支宁"东西部合作机制优势，主动融入国内创新体系。宁夏阜康生物科技股份有限公司与河北大学、天津坤和生物合作实施了"沼液沼渣肥料化定向发酵技术研究与应用"东西部合作专项，通过对沼渣沼液废物生产有机肥，既有助于降低沙坡头区养殖业对生态环境的影响，实现养殖废弃物无害化处理，又为沙坡头区农田改良提供了安全高效的有机肥，助力设施农业发展提质增效。宁夏杞果兄弟生物科技有限公司与中国药科大学、天津科技大学合作实施了"枸杞酵素泡腾片固体饮料研制"项目，通过优化枸杞酵素泡腾片功能饮料的处方及工艺，发挥枸杞可降低尿酸功能，实施完成后，将开发可降低尿酸的新型枸杞产品并进行产业化。宁夏虹桥有机食品有限公司与华南理工大学合作、郑州果树研究所共建速冻果蔬种植加工专家服务基地，实施了"速冻蔬菜工艺技术研究与产业化"项目，有效解决了蔬菜冻结过程中细胞液脱水、营养成分流失过多等问题，提高了产品科技含量和附加值，企业市场竞争力进一步增强。宁夏神聚农业科技开发有限公司联合苏州大学、天津科技大学创新团队建设自治区荒漠化土壤(沙坡头)治理与开发技术创新中心，运用现代生物技术解决荒漠化治理技术瓶颈，为沙坡头区荒漠化土壤改良提供了有益的技术经验。

【科学普及】 2022年，沙坡头区科技局共组织开展"全国科技工作者日""全国科技活动周""全国科普日"等系列科普宣传活动。在活动中，联合各乡镇科协、区级各部门深入社区、乡村、集市、学校、党政机关以及人流密集的广场、公园等地开展科普宣传活动50余场次，发放科普宣传资料98800余份，惠及群众10000余人，开展科普知识讲座6次，在沙坡头区营造了"爱科学、学科学、用科学"的社会氛围。与各乡镇、各部门协调整合，在沙坡头区开展注册认证科普中国宣传员活动。沙坡头区在"科普中国"APP注册人数已超过14000人，并且利用"科普中国"科普信息资源内容多样、传播广泛迅速的优势，转发科普知识文章超过22万篇。

【项目申报】 2022年，沙坡头区科技局充分发挥基层科普项目引领示范作用，不断壮大基层科普阵地，争取自治区科协科普项目资金30万元，打造新河社区科普馆1所、实施中国科学院沙坡头沙漠研究试验站科普教育基地示范引领项目1个。沙坡头区中卫市防灾减灾救灾科普体验教育基地、中国科学院沙坡头沙漠研究实验站科普教育基地两家科普基地，被认定为国家级科普教育基地（自治区共10家）。中卫市第八中学乡村科技馆科技辅导员徐金虎入选"2021年科普宁夏"年度科普人物（自治区共10名）。

【基层科协能力建设】 2022年，沙坡头区科技局根据《自治区科协关于提升基层科协组织力"3+1"试点工作实施方案》工作要求，动员各乡镇以农技站长、医院院长、学校校长为成员的科协"3+1"组织，组成34个沙坡头区科技志愿者服务分队，共计480余人，在各社区、集镇、广场等场所组织开展志愿者科普服务活动30余场，向基层群众科普爱国卫生、妇幼维权、禁毒教育、食品安全等知识，发放科普宣传手册30000余本。

气象科技

【科技惠民项目】 2022年3月7日，沙坡头区气象局组织申报的《基于气象条件下中卫压砂地产业转型液态膜软体集雨补灌技术研究与示范推广》获批立项。该项目立足中卫建设黄河流域生态保护和高质量发展先行市，围绕沙坡头区压砂瓜产业转型和生态修复重点工程，在压砂地开展基于气象条件下液态地膜和软体集雨水窖技术研究与示范推广，为压砂瓜产业转型和生态修复提供更多可能和方案。同时，通过该项目的实施和探索，将进一步提升经济社会发展和生态环境气象服务保障能力。6月20日，自治区科技惠民项目《基于气象条件下中卫压砂地产业转型液态膜软体集雨补灌技术研究与示范推广》第一次现场推进会在中卫市阳光沐场农牧有限公司召开，项目主持单位沙坡头区气象局、联合实施单位中国科学院西北生态环境资源研究院及中卫市阳光沐场农牧有限公司相关人员参加会议。会议主要围绕项目中压砂地产业转型液态膜、软体集雨补灌两种技术的实施进行了讨论，并确定金银花、文冠果试验基地合作用地事宜。会议结束后，就金银花、文冠果种植基地设置种植对照试验区、液态地膜覆施保水试验区、软体水窖设置试验区进行现场调查，初步确定项目试验场地、现场实施方案。

【苹果冻害防控工作会议】 2022年3月9日，沙坡头区气象局联合区农业农村局、自然资源局等部门召开了沙坡头区2022年苹果冻害防控工作会议。沙坡头区气象局对近几年晚霜冻发生情况及对苹果产业的影响做了重点通报，各部门专家就如何做好苹果冻害防御开展了交流讨论。同时，成立苹果冻害防控部门联合工作组，建立工作群，会议讨论通过《沙坡头区2022年苹果冻害防控方案》，明确各部门任务分工。沙坡头区气象局将对照方案要求，加强苹果花期霜冻灾害监测，开展滚动预报预警服务，强化防御措施科普宣传，切实发挥好气象防灾减灾第一道防线作用，为苹果产业稳定高质量发展提供有力气象保障。

【苹果花期冻害防御】 2022年4月15日，沙坡头区气象局与中卫市祥龙农业科技等4家苹果晚霜冻防控托管服务企业达成合作，共同开展2022年苹果花期冻害防御工作。针对4月17日至18日的降温天气，气象局24小时不间断开展果区气温监测，及时通报关键信息，点对点指导托管企业开展防御。托管企业及时通过释放烟雾、构建防火墙、无人机扰流等措施开展防御。由于各项预防措施到位，没有出现冻害受灾情况。

【自动气象站升级改造】 2022年，沙坡头区气象局对标监测精密，针对辖区内各类气象监测设备陈旧落后，历时一个月，全面完成自动气象站升级改造工作，辖区内56套自动气象站全部实现4G通信网络数据传输，有效改善气象监测设备传输质量，进一步提升灾害性天气监测能力和气象装备现代化水平，为气象服务保障黄河流域生态保护和高质量发展先行市建设提供有力支撑。

【农业气象灾害风险预警防范】 2022年6月29日，沙坡头区气象局和农业农村局联合发布枸杞高温热害和西瓜干旱风险预警，提醒应对新一轮连续性高温少雨天气。根据沙坡头区气象台的预报，部分地区将出现重度—极重度高温热害，高温热害将会引起枸杞出现黄叶，且落花、落蕾、落果，甚至落叶严重，造成夏果枝提早停止生长；瓜果处于需水关键期，高温天气水分蒸发剧烈，会引起旱情加剧。两部门建立的常态化联合调研、会商和信息共享机制为联合发布风险预警奠定制度和技术基础。下一步，两部门将强化联动协作，持续完善分区域、分时段、分灾种、分作物的农业气象灾害风险预警指标体系，增强风险预警的权威性、专业性和指导性。

【防灾减灾】 2022年，沙坡头区气象局、中卫市电信公司和沙坡头区辖区11个乡镇就将"智慧云广播"系统纳入气象灾害预警信息发布渠道达成合作。依托"智慧云广播"系统音质清晰、信息传播及时、在线完好率高、覆盖范围广和5G智能联动等优势，气象局预报预警服务人员可实现对沙坡头区162个行政村、32个社区的气象灾害预警信息快速、高效、精准靶向发布。"智慧云广播"进一步弥补沙坡头区基层气象预警信息传递的短板，改变前期以常规方式发布预警信息的弊端，有效织密了基层气象灾害预警信息"最后一公里"传播网。

【"气象+应急"建立直达基层责任人叫应机制】 2022年8月12日，沙坡头区气象局和区应急管理局联合印发贯彻落实《应急管理部 中国气象局关于强化气象预警和应急响应联动工作意见》的通知，进一步强化气象预警和应急响应联动机制，建立直达基层责任人预警叫应机制。

【设施农业气象服务】 2022年9月14日，沙坡头区气象局组织业务人员深入沙坡头区镇罗镇永久性蔬菜基地实地察看西芹、辣椒、西红柿等蔬菜的生长态势和病虫害发生情况，深入了解近期天气对大棚蔬菜的影响，并与技术人员就气象服务需求进行详细交流，收集气象服务需求第一手资料。气象局继续利用手机短信、微信等渠道提供准确的精细化气象预报预警信息，及时制作发布专题气象服务产品，为农民提供防御措施和农事生产建议等气象信息，为农业增效、农民增收发挥积极作用。

【气象服务】 2022年，沙坡头区气象综合监测网络实现了乡镇100%全覆盖。完成辖区所有区域自动气象站2G升4G改造，进一步提升灾害性天气监测能力和气象装备现代化水平。利用MICAPS、雷达等对上级预报指导产品进行本地化应用，实况订正行政村预报0~6小时晴雨等格点预报产品，制作发布精细到乡镇的预警信号，11月1日起制作发布精细化到乡镇、行政村预警信号。与区应急管理局联合印发贯彻落实《应急管理部中国气象局关于强化气象预警和应急响应联动工作意见的通知》，进一步强化气象预警和应急响应联动机制，建立直达基层责任人预警叫应机制。扎实做好4月晚霜冻、7月24日暴雨过程，做好沙坡头区第三届文化旅游节等重大活动气象服务保障，气象工作多次获政府领导肯定。全年发布预警信息、雨情信息等274条，共计服务85万余人次。制作《气象信息专报》《苹果气象服务专报》《农用天气预报》和《保秋粮丰收气象服务专报》等专题服务材料189期,政府领导材料批示10期。

【人工影响天气】 2022年,沙坡头区气象局积极组织开展人工影响天气作业,全年开展人工增雨(防雹),共组织实施人工增雨、防雹作业102点次,发射火箭弹85枚,燃烧碘化银烟条169根。

【苹果特色气象服务】 2022年,沙坡头区气象局将苹果种植农户信息纳入服务用户群组,开展"直通式"气象服务。与农业农村局和4家苹果晚霜冻防控托管服务企业共同合作,共制作专题服务材料20期,发布霜冻预警6次,服务12万人次,因防范措施及时到位,16万亩苹果产业未出现冻害受灾情况。完成重点实验室青年培养项目"沙坡头区苹果套、除袋气象指数预报模型"的验收。在扬黄灌区苹果产业带设立人工增雨移动作业点,为苹果产业抗旱保收发挥积极作用。

乡 镇

文昌镇

【概　况】　文昌镇地处中卫市城区,为城市规划区中心镇,总面积26.67平方公里,东邻柔远以柔二路为界,西以市区鼓楼南、北大街为界,南依滨河北路,北至五葡路三一支沟。下辖8个行政村、18个社区、73个村民小组,管辖215个居民小区。全镇常住人口154085人,其中户籍人口67741人(村26125人,社区41616人)。

【党的建设】　2022年,文昌镇整改农村党组织突出问题35条,审批乡村治理专项经费项目12个52.2万元。统筹推进东关等5个村党支部领办合作社项目,促进村集体经济持续增收。深入推进"一支部一品牌一村一特色"、非公企业、新业态党建品牌创建,成功创建以四季鲜"党建领航　四季绽放"为代表的一批新业态特色党建品牌,打造了双桥村"红色桥家,向美国同行"、雍楼村"一核四兴"、世纪花园"红星耀世纪"、英特嘉事业有限公司党支部"双寻找家"等一批特色党建项目,有效激发了全镇党建工作新活力。通过结对共建、选配党建指导员等措施,推动美团外卖、顺丰快递、网络主播等新业态新就业群体党的组织工作全覆盖。认真完成村(社区)干部人事档案工作,高标准打造档案室,建立村(社区)干部人事档案171份。推行导师帮带制,精准结成9个帮带对子,推动镇村居干部"青蓝结对",激发干事创业活力。

【党风廉政建设】　2022年,文昌镇召开廉政工作专题会议9场次,组织26个村(居)党组织"一把手"述责述廉,完善领导干部廉政档案21份。推广使用小微权力"监督一点通"平台,发放宣传手册1300余份,浏览量突破90万人次,线上受理办结投诉举报26起。扎实开展违规收送红包礼金和不当收益及违规借转贷或高额放贷专项整治,开展集中学习4场次,镇村(居)干部对照"5个是否"检视问题800余个,签订承诺书221份。不断规范"村廉通"运行,对8个村1752笔8822万余元资金的收支情况进行实时监督。开展"廉政警示教育周"活动,观看《零容忍》等警示教育片,撰写心得体会150份,组织开展廉政谈话150人次,进行廉政测试1次;有效发挥廉政警示教育微阵地作用,年内接待观摩400人次。综合运用"四种形态",提醒谈话23人,责令公开检讨3人。严肃执纪问责,初核问题线索5起,给予责令书面检查1人。

【城市建设】 2022年,文昌镇紧抓城中村遗留户征收安置工作,城中村遗留户项目共安置3户8套917.8平方米;完成第十三小学建设项目房屋征收安置,共安置房屋25套2823.03平方米;安置双桥一二期营业房项目遗留户10户住宅房32套3278.17平方米,营业房25套3443.13平方米;安置城市商贸综合体营业房项目1户1套230.70平方米,安置金河三期项目遗留户1户住宅房1套94.03平方米。核算17个征收安置住房项目,办理不动产登记证缴纳税金共11527套,营业房共508套,房屋总价值24.8亿元。及时拨付贸易小区改造项目、应理新社区室外生活给水改造项目资金、双桥棚改项目(三期)房屋征收服务费及垃圾清运费、城市商贸综合体遗留户、金河三期39户遗留户逾期安置费,共计226.07万元。

【物业管理】 2022年,文昌镇按照"市指导、区负责、镇组织、社区落实"的物业管理新体制要求,加强管理人员培训学习,积极调处物业矛盾纠纷,狠抓物业企业服务质量,全面提升物业管理服务水平。镇辖区215个居民小区中有物业管理的共109个,无物业管理的106个。215个居民小区中成立业主委员会的共105个,业主自治小区7个、村自管小区5个。105个小区共成立59个业主委员会,其中联合业委会19个。

【创城工作】 2022年,文昌镇全力以赴争创全国文明城市,对照测评体系做好查漏补缺工作,新建配建充电端口5000个,更换沿街喷绘、公益广告及异形牌2916面,配备灭火器及小微消防站367个,清理"牛皮癣"5万余处,采购分类垃圾桶418个,完成机动车划线13289米,非机动车划线9705米,54个消防通道划线,城市基础设施不断完善。积极探索农村环卫市场化运营管理办法,平整场地6万平方米,清理沟渠巷道139.23公里、门前"三堆"570余处,在城中村拆除空地建成小微绿化公园、停车场3处,城乡环境面貌焕然一新。

【社会治理】 2022年,文昌镇通过整合行政、公安、司法、人民调解、法律顾问等资源,践行"12345"基层治理模式和"访调对接"工作机制,构建区域治理"综合监管、一体指挥"的新模式。全面落实"零报告"和"双见面"工作制度,坚持每周开展信访矛盾纠纷排查化解,确保信访不上行、矛盾不上交。分批分类处理重点信访案件,通过三级联调、司法诉讼、公安立案侦查等途径,妥善化解信访事项。扎实开展命案防范治理和打击电信网络诈骗工作,通过入户"敲门"、"醒目"宣传等四大行动,引导群众注册安装国家反诈中心APP8.16万人次,发放宣传彩页4.2万份,群众反诈意识不断提升。

【社区管理】 2022年,文昌镇共设置155个社区网格,每个网格配备1名网格员,共配置155个网格员,其中49名专职网格员,106名兼职网格员,以网格化工作职责为核心,逐步建立健全网格化管理工作制度,网格管理员、网格员工作职责等,完善规章制度,确保网格化管理顺利施行,为网格化管理提供强有力的支撑。

【植绿增绿】 2022年,文昌镇绿化工作坚持"见缝插绿、提质增绿、裸土覆绿"的植绿增绿护绿总目标,春季投入苗木资金256000元,完成栽植苗木株,其中:乔木1990株,灌木28513株。共完成村(居)栽植面积23余亩,管护率达90%以上。

【农业和农村经济】 2022年,文昌镇农作物种植面积4864亩,其中小麦80亩、玉米4784亩(籽粒3997亩,制种787亩);完成节水农业730.62亩,植保无人机专业农作物病虫害防治项目4864亩,测土配方施肥4864亩,示范联系户10户,建设玉米千亩示范点1个。推广农作物新品种、新技术、新成果8项。完成70座日光温室种植技术指导,完成农业保险2000亩。

【农田水利建设】 2022年,文昌镇农田水利工作坚持"田成方、树成行、路相通、渠相连、旱能灌、涝能排"的标准,按照3大作业区7个精细网格,明确任务量,划定时间表,挂出作战图,集中投入、连片推进。累计投入资金33.9万元,出动大中机械400台次,出工2000余人次,清挖整治沟道70条27.93公里,渠道138条66.62公里,整修农路38条32.1公里,机深翻2600亩,秸秆还田400亩,秸秆打捆2200亩,修枝抚育涂红刷白5.5万株,铲除林带杂草30余吨,完成收缴水费336718元。

【环境卫生整治】 2022年,文昌镇坚持农田林网与拆危拆违、村庄绿化、庄点亮化、庭院美化一体推进,组织开展农村人居环境综合整治"百日攻坚"行动,投入资金30余万元,共调用机械300车次、人力2100人次,重点对"脏、乱、差"现象较为突出的新滨河路、收储未利用空地、双桥鱼池、村庄巷道等区域进行集中整治,共清理农村生活垃圾480余吨、建筑垃圾100余吨、路肩杂草4万余平方米、门前"三堆"570余处,拆除旱厕残垣断壁60处,村容村貌焕然一新,清理畜禽养殖粪污等农业生产废弃物200余吨,发放倡议书600份。

【综合执法】 2022年,文昌镇联合各执法单位对辖区内居民小区"飞线充电"现象开展集中整治,共清理飞线1000余根。完成生态环保专项整治,清理金河三期闲置空地、黄河花园东门堆放建筑垃圾250吨;对清真寺巷闲置土地、郭营村、五里村和双桥村砂石堆放料场铺设防尘网37000平方米;整治"小散乱污"企业5家。完成国土卫片图斑摸排调查核实100余处,拆除双桥村集体土地上违规占用耕地建房4亩、清理拆除文昌镇林场违规占用耕地堆放草料、搭建养殖棚20亩、拆除雍楼村违规占用耕地建棚两亩;办理设施农用地备案两处。完成十三小项目房屋征收安置工作,完善并执行城中村遗留户征收法律程序。完成自建房摸排信息录入工作,配合住建局对辖区内自建房进行摸排信息录入并入户进行房屋安全鉴定,共摸排自建房2599处,切实保障群众住房安全。

【安全生产】 2022年,文昌镇联合各行业主管部门和各村居对辖区各中小微企业和215个居民小区进行消防安全和安全生产检查,共排查排除企业安全生产和消防安全隐患258处,其中,危险化学品领域5处、商贸流通领域98处、消防安全领域134处、其他行业领域21处,整改率达100%。研究制定镇、村(居)两级防汛、安全生产、森林草原防火等自然灾害应急预案,根据文昌镇实际情况储备应急救援、防疫、生活救助等常用物资和装备,制定应急物资储备管理制度。利用电子屏宣传340余次,发放宣传册600余册、安全生产宣传资料9000余份,开展消防安全知识培训46次,组织各类演练12次,切实提高居民在灾害事故中的安全防护意识和自救能力,不断深化企业职工安全生产的责任意识和安全意识。

【改革创新】 2022年,文昌镇紧扣"文明实践·德润文昌"主题,着眼凝聚群众、引导群众,以文化人、成风化俗,大力培育社会公益性组织和志愿服务品牌建设,东花园社区荣获国家文化和旅游办公厅学雷锋志愿服务先进社区称号,全镇26个村(社区)新时代文明实践站实现全覆盖。"恒祥178"等11个志愿服务品牌、23支志愿服务队伍和公益性组织踊跃而出,开展志愿服务活动420余次,"赶集行动"3次,实现了宣传群众、教育群众、关心群众、服务群众"零距离"。

【民风建设】 2022年,文昌镇抓好舆论宣传,持续发挥先进典型示范引领作用,大力开展"身边好人""最美人物""文明家庭"等评选活动,评选各类先进典型50余名,持续巩固雍楼村、东花园社区等村(社区)文明创建成果。深化"我们的节日"活动开展,扎实推动"文化惠民"工程,开展文艺演出活动46场次。广泛开展党的十九届六中全会、党的二十大精神、自治区第十三次党代会精神等宣讲130余次,切实推动党的创新理论"飞入寻常百姓家"。认真做好重点工作信息报送,全年上报工作信息136篇,被自治区级媒体选登35篇,被中卫日报等市级媒体采用62篇,被"魅力沙坡头"等沙坡头区级媒体转载90余篇。

【社会事业】 2022年,文昌镇为203名临时困难人员审核发放临时救助资金44.69万元;为1117名低保对象审核发放资金710.79万元;为34名特困供养人员审核发放资金36.3万元;为17名高龄低收入老年人审核发放资金9.5万元;为21名孤儿审核发放资金21.7万元,其中孤儿4人,事实无人抚养儿童17人;为568名残疾人审核发放生活补贴74.9万元,为870名残疾人审核发放护理补贴125.3万元,办理残疾人证120件;办理困难群众大病救助4人,救助金额12.8万元;因病、因学、因残、因困新纳入低保89户106人,定期对家庭状况进行核查,因家庭经济好转等原因核销低保175户235人,切实做到应保尽保、应退尽退。秉承"一窗受理、一网通办"原则,无差别受理为民服务事项5643件。将3名困难退役军人纳入低保,对9名困难退役军人进行临时救助;春节、八一重点节日慰问优抚对象、困难退役军人105人,发放慰问金10.3万元,2022年度文昌镇有六个村(社区)评为全国示范型退役军人服务站(民族巷社区、东花园社区、西花园社区、文昌阁社区、世纪花园社区、蔡桥路社区)。共办理退役军人优待证2018张,其中三属优待证12张,已发放优待证2015张。

【民族团结】 2022年,文昌镇积极营造民族团结良好氛围,开展表演、朗诵、合唱等形式多样的民族团结文化活动120场次。持续开展民族团结先进典型评选,评选辖区民族团结进步先进典型人物30人。通过"我身边的民族团结进步故事征文比赛""手工艺才艺比赛"等方式,征集民族团结进步故事12篇,手工艺品14个。充分发挥"红石榴铸魂圆梦63688"创建项目的示范引领作用,持续深化巩固创建成果,按照标准化、项目化、平台化要求,进一步融入各社区特色,在全镇基层党组织中广泛推广,镇机关、杞香苑社区荣获中卫市2022年民族团结进步先进集体。

【文化体育】 2022年,文昌镇积极促进文化体育事业发展,坚守为民服务宗旨,坚持扎根群众,紧紧围绕群众精神文化需求,大力开展文化建设,激发镇域文化活力,分别组织开展文化专场演出2场、"大篷车"基层下乡演出23场、"星空杯"篮球赛1场,组织辖区内社会团体参加广场舞大赛1次,丰富了群众的精神文化生活,不断提升群众的获得感和幸福感。

【政务公开】 2022年,文昌镇主动公开各类信息共2056条,其中沙坡头区人民政府网站发布信息106条,政务新媒体发布信息1950条。严格执行保密审核和"三审三校"制度,努力提升政务公开水平。全年文昌镇未出现因政府信息公开问题的责任追究情况。

滨河镇

【概 况】 滨河镇地处中卫市沙坡头区腹地,东以市区南、北大街为界,西与迎水桥镇相邻,南依黄河古道,北接美利工业园区,为沙坡头区政府所在地,镇政府位于中央西大道50号,总面积

2821.30公顷,辖13个行政村、15个社区。下辖基层党组织57个,其中机关支部1个、农村党支部13个、社区党委两个、社区党总支7个、社区党支部6个、社区下辖党支部20个、非公企业党支部7个、离退休党支部1个,共有党员2103人。全年实现社会生产总值26.3亿元,同比增长6%;城镇常住居民人均可支配收入35559元,同比增长5%;村集体经济收入4570.55元。

【人口变化】 2022年,滨河镇户籍人口62669人,常住人口112174人,全年新生婴儿394人,死亡272人。

【党的建设】 2022年,滨河镇利用党委理论学习中心组、党员干部大会,组织党员干部深入学习各级全会精神等45次、专题研讨5次,积极组织各党组织书记、副书记参加中卫市、沙坡头区举办的各类培训班,累计参训40余人次,各基层党组织开展学习交流310场次,实地观摩29场次,全镇领导干部思想基础更加牢固,素质能力进一步提升。镇党委组织召开民主生活会两次,举办党建工作例会4次,年内计划发展党员27名,摸排上报50年及以上党龄党员33人。指导各村(社区)党组织严格执行"三会一课"、主题党日、民主评议党员等制度,召开组织生活会45次、开展主题党日活动300余次。举办滨河镇村(社区)干部人事档案培训班,探索"126"工作模式,经三轮审核,圆满完成159名村(社区)干部人事档案建立工作。

【党风廉政建设】 2022年,滨河镇组织警示教育学习10次、廉政测试1次,观看《零容忍》等6部警示教育片,集中通报典型案例16次,撰写心得体会300余篇。组织镇、村领导干部家属签订家庭助廉承诺书328份,发放家庭助廉倡议书264份,开展廉政讲堂28次,评选"最美家庭"1户。规范"廉情诊所""村廉通"监督工作机制运行,监督村级资金收支情况906笔14503.75万元。推广运用基层小微权力"监督一点通"平台,点击访问量达119万次,办理投诉件16件。开展节日、廉政谈话1230人次,违规发展党员集体谈话13人,提醒谈话53人次,诫勉谈话4人。坚持问题线索快查快办,年内查办案件7件,其中初核了结6件(批评教育3人、诫勉谈话两人、谈话提醒1人);正在初核1件。

【农业与农村经济】 2022年,滨河镇引导群众流转土地8236亩,种植玉米、小麦、水稻等农作物6100亩。加大日光温室提升改造力度,持续优化222座大棚辣椒、西红柿等瓜果蔬菜及种苗培育,大力扶持1100亩供港蔬菜产业发展,实现农业经济效益1100余万元。以党支部领办公司(企业)为抓手,整合壮大村集体经济发展项目等资金400余万元,推动全镇13个行政村,围绕房地产开发、仓储物流、家政物业、文化广告、快递物流等行业领办公司(企业)7个,覆盖率达50%以上,实现村集体收入4500余万元。

【城市建设】 2022年,滨河镇持续推进幸福立方三期、锦宸湾、阳光悦府三期、香山悦府小区、滨河镇全民健身中心、老旧小区改造等重大项目建设,深入实施城北村等农村公益事业财政奖补项目8个,拉动项目总投资近3.5亿元。成立"大漠味集"商圈党建联盟,通过定期召开联席会议、举办特色活动、强化文化宣传等方式,推动解决商户难题23件,带动200余人就业创业,实现经济收入1.2亿元。成功与万达集团签约合作,投资2.8亿元实施中卫万达广场提质改造项目,采用联营合作模式,引进肯德基、必胜客等知名企业119家,促进中卫商圈升级换代,为沙坡头区第三产业高质量发展增添活力。全力化解宜居家园等安置小区房产证办理难题,办理房产证1400套,切实增强群众幸福感、获得感。以区域化党建为抓手,成立"饿了么"

全市首个新业态党支部，设立"卫民暖心驿站"7个，引导外卖骑手组建"卫民蓝骑士""卫民红先锋"两支志愿服务队，主动参与反诈宣传、文明城市创建等志愿服务活动。

【平安滨河建设】 2022年，滨河镇突出源头治理、重点宣传，坚持清单式部署、覆盖式宣传，拉网式清查，坚决筑牢全民反诈防线，开展反诈宣传活动10场次，印发"谨防电信诈骗"彩页两万余份，动员5.1万人次安装国家反诈中心APP，诈骗案发率同比下降34%，成功阻断诈骗案件23起，及时帮助群众挽回经济损失30万元。坚持预防为主、防治结合，紧盯经济金融领域等6个方面30个风险点，围绕婚恋家庭、邻里纠纷、物业服务保障等重点领域，集中开展"大排查、大化解、大整治"专项行动，排查并成功化解矛盾纠纷140起，化解率达91%。扎实开展信访百日攻坚专项行动，化解各类信访积案25件，化解率100%。

【生态环境整治】 2022年，滨河镇建立以乡镇为主体，行业部门、社区（村组）、企业、群众共同参与"1+4"工作机制，压实河（湖）长制等工作责任，扎实开展群众生产生活垃圾处理、河道"清四乱"及滩地治理、环保督察反馈问题专项整治、农田水利基本建设、"最美庭院"评选等工作，累计清理垃圾1.8万吨，整改环保问题5件，清理淤沟、渠道348条，平整深翻土地7000余亩，改善供港蔬菜基地员工宿舍28间，评选"最美庭院"66户。结合春秋季植绿增绿大会战，在机场大道、卫青公路、第三第四排水沟等重点沟渠路"见缝插绿、补绿复绿"，栽植旱柳、金叶榆等乔灌木4.2万株。高效实施沙坡头区城市饮用水水源地保护区植绿增绿生态园项目，播撒草籽649亩、花籽109亩，水源地生态环境显著改善。

【安全生产】 2022年，滨河镇紧盯商贸综合体、危化企业等安全生产重点领域和元旦、春节等重要时间节点，实施城镇燃气、危化品、自建房安全专项整治行动，开展全方位安全生产检查12次，检查企业及各类主体1834家，排查整改隐患134处，指导225家经营企业安装燃气报警装置，安装率达100%。

【社区治理】 2022年，滨河镇针对三无小区缺乏有效管理难点，通过引进物业企业专管、实行小区居民自管、探索社会组织代管等方式，设立社区"红色物业联盟"工作站15个，培育碧桂园红色物业、二中家属楼红色业委会等29个基层联系点，全镇85%以上小区实现物业规范化管理，基层治理水平显著提升。以社会主义核心价值观为引领，集聚多元化传播力量，创新性打造"邻里佳音共享直播间""回音小剧场"等社区宣传阵地，举办"文化大篷车下基层"惠民演出23场次，推动移风易俗等文明新风进村入户。依托新时代文明实践所（站），精心打造"小蚂蚁课堂""温暖365"等3个志愿服务品牌，入选中国青年志愿服务项目大赛。常态化开展身边好人评选，选树"中国好人""宁夏好人"4人。强化文明单位动态管理，成功创建市级文明单位1个。

【社会事业】 2022年，滨河镇全面落实各项惠民政策，严格按照低保、残疾、低收入等各类群体救助标准，审核新增低保101户141人，临时困难救助167户398人，累计发放社会救助资金1300余万元，惠及群众3万余人次。高效运营日间照料中心5个，全面提升居家养老服务水平。全面摸排登记城镇长期失业人员、就业困难大学生、零就业家庭等就业困难群体332人，及时发放社会保险补贴122.9万元，积极引导就业困难群体再就业，办理公益性岗位申请38人。将42项行政审批和公共服务事项全部纳入民生服务范畴，精准设置8个综合受理窗口，无差别受理社会救助、社保、医保等便民服务事项5400余件，接待群众咨询、业务查询1万余人次。

【文明城市创建】 2022年，滨河镇组建志愿服务队164支、宣传小分队20支，积极开展飞线充电整治、爱国卫生月等专项活动80余次，增设公益广告625处，配备分类垃圾桶等基础设施3000余个，划定停车标识620个，清理"飞线"1874条、各类废弃物820余吨，投资3000余万元实施新花园老旧小区改造、城市小微公园等民生项目，城市面貌焕然一新。

【获得荣誉】 2022年，滨河镇被评为全国依法治理创建活动先进单位，荣获市级"欢乐中卫"群众文艺汇演一等奖一项、二等奖一项；向阳步行街荣获首批自治区特色商业示范街称号；新墩花园社区成功创建全国民主法治示范社区、全区民族团结进步示范社区、全市民族团结进步先进集体；中山社区成功创建全国示范性老年友好型社区。

迎水桥镇

【概　况】 迎水桥镇地处中卫市城区西部，南靠黄河，北接内蒙古，西邻甘肃，总面积1380平方公里，辖16个行政村，2个社区。

【党的建设】 2022年，迎水桥镇完成十八轮巡察及整改工作，指导各党组织完成党性党规学习教育、农村党员冬季轮训以及2021年度组织生活会暨民主评议党员工作。充分发挥基层党组织堡垒作用，年内研究基层党建工作15次，培养入党积极分子32人，发展党员15人，培养村级后备力量61人、致富带头人217人，创建三星级及以上示范党支部14个，打造党建特色品牌5个，持续深化"一抓两整"示范镇创建行动，南长滩村软弱涣散党组织实现晋位升级。持续做好驻村干部管理工作，全为村集体发展献计献策、招商引资。

【党风廉政建设】 2022年，迎水桥镇认真落实中央八项规定精神，严格执行党风廉政建设主体责任和"一岗双责"机制，发出履责提醒28份144条。专项整治工程建设等重点领域腐败和作风问题，开展谈心谈话150人次，提醒谈话14人次，通报批评履职不力5人，报备婚丧喜庆等重大事项4人。规范村级"廉情诊所"管理，年接访群众209人，解决问题163个，"村廉通"及村级权力监督平台有效运行。

【产业发展】 迎水桥镇完成招商引资3.6亿元。持续强化农村基础设施保障力度，争取资金2181万元，实施各类项目29个，完成道路硬化7.3公里、道路亮化7.8公里、排水管网铺设4.5千米，改造危房9户、抗震宜居房屋56户，农村基本公共服务水平得到全面提升。引进宁夏中奥体育旅游管理有限公司，打造何滩村中奥乡村欢乐谷、乡村美食街，接续发展亲子采摘乐园等项目。鸣钟、鸣沙、沙坡头"三村联动"打造萌宠乐园、精品采摘、特色餐饮等项目。成功举办沙坡头区第三届乡村文化旅游节暨鸣钟村开街仪式、何滩村乡村旅游啤酒节等节事活动。迎水桥镇入选全国乡村旅游重点镇；被评为宁夏特色旅游镇；鸣钟村被评为宁夏特色旅游村。

【党支部领办合作社】 2022年，迎水桥镇发挥支部引领作用，试点推行党支部领办合作社，成立"三村一域"沙漠星空、迎水兴众、何滩迎梦圆种植等农民专业合作社3个，吸收725户群众入股77.5万元，带动村民增收70余万元，实现了党组织由"弱"到"强"、产业发展由"分"到"合"、资源配置由"散"到"聚"的转变。

【人才发展】 2022年，迎水桥镇下大力气全方位培养、引进、用好人才,探索创办集人才教育、理论研究、文拓研学为一体的沙坡头区乡村振兴体验中心,承办各类培训班7期,为村集体创收15万元,建立人才驿站1处,引进吴夏蕊、林占熺专业团队,种植藜麦、巨菌草356亩,以人才活水激起发展活力。

【脱贫攻坚与乡村振兴有效衔接】 2022年,迎水桥镇帮扶监测对象11户32人消除致贫风险,发放扶贫小额贷款贴息12.44万元,申报雨露计划55人8.25万元,524户脱贫户、监测户收入稳定增长,家庭人均年收入实现10%增速,坚决筑牢防返贫底线。

【特色农业】 2022年,迎水桥镇持续优化农业产业结构,完成秋粮秋收2.86万亩,瓜果蔬菜种植增加2100亩,亩产值平均提升8%;推广粮食作物新技术4项,推广利用率达98%以上;培育大型奶牛养殖企业8家,全镇奶牛存栏2.2万头,较去年增长10%;实施完成高标准农田水利基本建设3.11万亩,保障2023年增收增产。

【农村环境整治】 2022年,迎水桥镇统筹推进村庄绿化美化与农村人居环境整治工作,完成植树造林303.6亩14.37万株,选评"美丽庭院"示范户1080户,持续打好蓝天、净土、净水三大保卫战,常态化开展"两禁"巡查工作,进一步加强"散乱污"企业排查整治,夹道村成功入选自治区健康村,生态文明建设水平得到进一步提升。

【深化改革】 2022年,迎水桥镇配合区水务局完善水资源管控方案,建立健全配水体系、监测体系,完成计量设施建设工作。全面完成用水权确权登记证书发放工作。加强对镇域土地规划建设的网络化管理工作,设立土地专管员16名,做好农村建房秩序巡查和违建管控工作。配合区自然资源局,实现农村土地确权基本应确尽确,引导农村土地合理有序开发利用。协助解决"一户多宅"、超面积占用等遗留问题,实现"房地一体"确权全覆盖、登记发证应颁尽颁。配合区自然资源局、农业农村局建成林草资源综合管理服务系统,统一界定林地、草地等山林资源地类和界线。强化行政执法"三项制度",完善森林草原防火预警监测体系,健全火灾应急处置机制,加强人员技能培训,提高实战扑火能力。配合区生态环境分局全面开展排污权有偿使用和市场交易,实现排污权交易工作规范化、制度化、常态化。依托第三方机构对排污权交易改革工作进行综合评估,进一步完善相关政策体系和制度机制,提高生态环境治理能力现代化水平。

【社会治理】 2022年,迎水桥镇落实信访工作联席会议制度,坚持"领导开门接访"和"带案下访",配备村级网格员165名,接待来访群众420人,排查矛盾纠纷71起,化解答复各类信访转办件240件,办结率100%,全镇社会大局和谐稳定,群众满意度不断提升。持续加大预防网络电信诈骗和养老诈骗宣传力度,开展普法宣传活动68次,配备法律顾问12人,培养法律明白人186人,常态化推进扫黑除恶斗争,大力开展禁毒铲毒工作,年内无重大特大安全事故和重大刑事案件,法治乡村建设水平明显提升。

【民生保障】 2022年,迎水桥镇受理各类救助申请100余件,接待来访群众1000余人次,新增城乡最低生活保障对象36户55人、特困供养3人、高龄16人、公益性岗位156名,不断织牢民生保障网。帮扶监测户11户32人消除致贫风险。积极申报何滩村、鸣钟村自治区级乡村振兴示范村。

【政务公开】 2022年,迎水桥镇政府制发公文79件,政府函39件,其中网站公开发布25件;累计公开政府信息54件,其中社会救助39篇、工程领域

3篇、环境保护1篇、行政执法2篇、普法宣传2篇、财政决算1篇、工作动态4篇、法治政府建设1篇、概括信息1篇;微博发布信息441条,微信公众号发布信息209条。进一步规范信息公开程序,认真执行政府信息公开保密审查制度,明确审查工作程序和责任,确保政府信息依法、及时、准确、全面的公开。

【精神文明】 2022年,迎水桥镇组织全镇领导干部学习党的二十大精神,习近平新时代中国特色社会主义思想,十九届五中、六中全会精神,自治区第十三次党代会报告等20余次,各类宣讲20余场次,专题研讨50余人次,交流发言80余人次,撰写心得体会100余篇,上报学习强国征文报告42篇。组织开展红白理事会培训1次,新申报"百乡千村万户"6个村6个志愿服务项目,上报中国好人1名(何滩村曾月霞),创建宁夏社会科普教育基地1处(牛滩村"中卫古建筑彩绘传承基地")。采访沙坡头乡村振兴体验中心、鸣钟村党支部领办合作社、北长滩影视基地等村13次,信息被采用报道28余次。专题研究意识形态工作两次,召开意识形态培训会1次,受众180余人。更换全镇18个村(社区)新时代文明实践站展板、横幅、立体造型等100余个,93个志愿服务队开展志愿服务活动187场次,受众15424人次。组织全体干部集中开展创城专项整治15次,清除街面废旧广告牌21块、乱堆乱放18处,清除乱搭乱建3处,清除墙体广告、电杆小广告59处,清理镇政府西侧巷道6条,规划车辆停车位70余处。电子屏滚动播放创城标语3000余条,村部大喇叭每天定时播放宣传标语,发放宣传彩页2000余份、规范停车告知书300余份,制作灯杆路旗106块、宣传横幅21条、宣传专栏41块,设置志愿服务工作站19处、志愿服务岗19人,常态化开展"道德讲堂""文化下乡""周五有约"等志愿服务活动30余次。

东园镇

【概　　况】 东园镇总面积271平方公里,南接中卫市区,东临柔远镇和镇罗镇,西靠迎水桥镇,北连内蒙古左旗孪井开发区。下辖20个行政村,共有138个村民小组,全镇总人口3.81万人。耕地面积6.88万亩,截至2022年年底,农民人均纯收入16932元。

【党的建设】 2022年,东园镇扎实开展"一抓两整"创建行动,全面推进重点难点村党组织整顿工作,查摆梳理问题54条,制定整改措施63条,建立台账实行销号管理,以支部的质量提升推动党建质量提升。充分发挥党建引领、促进、保障功能,通过召开党建工作推进会、开展支部联建、结对共建等形式,发挥示范村和合作社的引导、带动和辐射作用,打造黑山村"红轴聚能　逐梦黑山"、白桥村"巧做'加减乘除'法　激活乡村振兴组织动能"、新滩村"红色领航　育农兴农"特色党建品牌3个,促进基层党建水平整体提升。严把党员入口关,高标准发展党员19名,强化后备力量培育,培训积极分子及发展对象30余人。为18名党员颁发"光荣在党50年"纪念章。

【党风廉政建设】 2022年,东园镇严格落实"一岗双责"制度,研究制定《2022年东园镇全面从严治党党风廉政建设和反腐败工作主要任务分工方案》,建立完善全面从严治党"三个清单"。年内召开"述责述廉"评议会议和"一岗双责"工作专题汇报会议,听取班子成员、各办(中心)主任、各村党支部书记汇报25人次。发放履责提醒单38份,提醒谈话18人次。开展违规收送红包礼金和不当收益及违规借转贷或高额放贷专项整治活动,推进全面从严治党落在实处。

【农业经济】 2022年,东园镇持续做强中沟路沿线优质粮食作物产业带,粮食种植4.6万亩,圆满完成小麦种植、玉米大豆间作套种任务。扩规提质设施蔬菜发展,蔬菜种植1.7万亩,新建移动式大中拱棚126座,实施日光温室改造224座。大力扶持养殖业和奶产业发展,饲养各类牲畜235405只(头)。强化品牌建设,发展特色产业,打通"菜篮子"到"餐盘子"营收渠道,新增改建"韩闸韭菜"大棚258座,种植面积达3407亩,年销售量达1.25万吨,销售收入达5000万元,"韩闸韭菜"荣获全国名特优新农产品殊荣,农产品金字招牌持续擦亮。

【乡村振兴】 2022年,东园镇村党支部牵头、以合作社为载体,试点打造黑山村、瑞应村党支部领办合作社,建立黑山村菌草实验基地,试种巨菌草、绿洲1号100余亩探索新兴产业,组建经济实体——中卫市兴民园林绿化工程有限公司和中卫市瑞旺劳务有限公司,统揽镇域园林绿化、排污硬化等工程项目拓宽增收渠道。全年共成立党支部领办合作社10个,创造就业岗位320余个,增加集体收入180余万元。聚焦规模化发展目标,化零为整,投资230万元,以美利、新星、新滩等9村合作社牵头种植小麦400亩、玉米大豆600亩,降低生产成本,提升经济效益,年内9村农业种植收入高达100万元。

【项目建设】 2022年,东园镇争取项目资金1820万元,完成新星、郭滩等7村农田基础设施、宁钢铁路专线建设、韩闸路改扩建等项目5个,实施"一村一年一事"项目20个,白桥、韩闸等农村公益事业财政奖补项目6个,持续改善农村农民生产生活条件。把握发展壮大村集体经济契机,结合特色产业优势,为瑞应村、金沙村、黑山村申请项目资金300万元,实施菌菇培育车间、玉米烘干车间、物资储备库建设等项目,打造从原料制作到废料脱袋处理一条线的服务生产线,带动资源集聚,完善产业系统。

【环境整治】 2022年,东园镇扎实开展环境卫生综合整治,清理垃圾3700余吨,卫生改厕整改327户,封堵河沟道排污口3处,拆除违法图斑7个,回收废旧地膜48吨。优化村庄生态环境,全年植绿增绿2.67万株,打造庭院经济示范户50户、示范路两条、示范农沟38条,逐步构建辐射韩闸、白桥、赵桥三村一域美丽乡村基本面。

【社会治理】 2022年,东园镇深入推进平安建设,坚持和发展"枫桥经验",巩固提升东园镇"大调解"机制,排查化解矛盾纠纷132起,办理信访督办件34件。持续强化法治教育,先后开展法治宣传、防范诈骗等宣传活动20余次,发动群众下载注册国家反诈中心APP、"金钟罩"13541余人,为群众提供法律咨询200余人次。守好安全生产底线,年内对辖区23家企业及196家商铺开展安全生产检查382次,督促整改安全隐患问题93个。东园镇、黑山村成功创建"综合减灾示范区",曹闸村荣获"综合减灾科普教育基地"称号。开展新时代文明实践志愿服务、"我们的节日"、民族团结、农民篮球争霸赛、健康知识讲座等活动600余场,评选"道德模范""身边好人"17人,移风易俗、文明新风家庭51户,打造新滩村民族团结示范点1个,实现20个村新时代文明实践站全覆盖。

【民生保障】 2022年,东园镇严格落实惠民政策,审核审批新增低保、特困、临时救助等救助对象536人,发放救助资金1321.95万元,为160户农村妇女申请创业贷款2018万元。强化动态监测,新识别纳入监测对象6户19人,风险消除6户21人,新增制定"一户一策"帮扶措施30条,发放各类产业奖补475户156万元。

柔远镇

【概　况】 柔远镇地处中卫城区东部，距市区6公里，包兰铁路、沙坡头大道、滨河路、西云路等多条主干线路贯穿全镇，交通便利，区域优势明显。总面积40平方公里，下辖13个行政村，共有116个村民小组，全镇总人口2.95万人，耕地面积3万亩。截至2022年年底，农民人均可支配收入17415元。

【党的建设】 2022年，柔远镇始终把党建工作摆在突出位置，从严从实抓党建，基层党组织战斗堡垒作用不断增强。柔远镇党委开展党委理论学习中心组学习12次，干部理论学习22次，"双学双强"暨党史学习教育集中学习70次、交流研讨30余次，基层党组织书记讲党课16场次，开展警示教育16场次，举办学习贯彻党的十九届六中全会、自治区第十三次党代会精神研讨班各1期，不断激励广大党员干部奋力建功新时代、新征程。坚持重大事件、重要工作镇党委集中研判，重点围绕"2022年党建工作思路""党支部领办合作社""党建品牌打造""发展壮大村集体经济"等重点工作履行情况，存在主要问题和下一步工作打算等情况，累计研究解决党建问题80余项；严格落实领导干部包村责任制、党建工作例会制和党支部工作联系点制度，建立"周推进、月提醒、季度盘点"工作机制，健全完善"四个清单"，召开党建例会9次、党建重点工作推进会5次，听取党建工作汇报3次，开展党建工作督查3次；班子成员到所包村参加支部主题党日40余次、讲党课13场次，党建工作责任制全面落实。全面推进星级党组织创建工作，镇党委被评为五星级党组织，全镇共创建五星级农村基层党组织两个，四星级农村基层党组织4个，三星级及以上农村基层党组织实现全覆盖。以五星级基层党委为抓手，完善巩固夹渠村"家立方"特色亮点党建品牌项目，不断深化巩固渡口体验式"农村党校"、记好刘台"四本账"、柔远村"乡土学堂"等党建模式，将"小盆景"变成"大风景"。

【党风廉政建设】 2022年，柔远镇制定印发《柔远镇村务监督委员会考核细则》，加强对村监会成员的考核管理，对"村廉通"工作落实情况常抓不懈；在民生中心、各村村部、公示栏、广场张贴"一点通"平台张贴宣传海报30余份，发放宣传彩页500余份；召开专项整治动员会两次，开展专题讨论两次，签订承诺书143人；向全镇干部发送提醒、警示等各类廉政信息40余条。不定期抽查节假日值班、干部考勤、责任落实情况20余次，干部考勤通报12次，对"两禁"等工作落实不力的5名镇、村干部进行提醒谈话。

【项目建设】 2022年，柔远镇完成招商引资4.24亿元，争取各类项目资金2000余万元，实施农村基础设施提升改造项目17个。将莫楼作为"两带两园多节点"产业发展布局首要节点，充分挖掘莫楼历史文化，申报实施沙坡头区柔远镇莫楼村传统历史文化名村建设项目，2022年已完成道路硬化、村庄排水等部分基础设施工程，对项目规划范围内的莫楼村村部和原莫楼小学的D级危房进行拆除，建成共享菜园1处，吸引两万人次到莫楼村游玩、观赏、体验农事乐趣。

【农业与农村经济】 2022年，柔远镇优化管理1.23万亩永久性蔬菜基地，引导种植露地蔬菜2000亩，"菜篮子"供应能力不断提升；高标准高质量落实春小麦、玉米、水稻等种植面积2.2万亩；完成推广秸秆还田及生物反应堆6300余亩，粮食生产综合能力明显增强；落实压砂地退出政策，以镇成立工作专班，严格按照区委和区政府安排部署执行，24小时轮岗值守，规范出苗3000万株；动物防疫密度达到100%，抗体水平超过90%。

【农田水利建设】 2022年,柔远镇累计出动机车1000余台次、出动劳力7000余人次,完成土地平整4000亩、支斗农沟清淤260条,为2710亩土地增施有机肥,机深松整地15000亩。实施设施维修工程29项,维修桥梁涵5座,支、斗渠斗门27座,小型渡槽4座,砌护支、斗、农渠1820米,渠道涵洞清淤500米。

【乡村振兴】 2022年,柔远镇利用一键预警APP按月对11户脱贫户、73户监测户开展收入信息采集监测,动态掌握分析收入情况,累计审核发放种养殖业奖补、务工奖补、雨露计划、扶贫小额贷款贴息等27490元,通过政策扶持、社保兜底等进一步筑牢防返贫底线。

【环境整治】 2022年,柔远镇清理村庄巷道500余条,清理"三堆"1200余处,清运垃圾8000余吨,拆除土坯房8户,落实危房改造103户,全面完成卫生厕所整改357户。加强生态环境督查,申报实施农村生活污水处理项目1个,督促处理环保督查反馈问题11起。常态化开展镇村两级河湖长河湖巡查,扎实开展"一河四沟"河(沟)道清淤和"清四乱"行动,清理沿线各类垃圾40余吨,拆除违规建筑物3处,平整河(沟)道管理范围面积8000余平方米。建立健全巷道长制、笑脸积分制、红黑榜等机制,将全镇13个村的保洁区域划分为26个网格,配备农村公益岗保洁员152名,实行"网格化"管理,定期量化考评,以制度机制促进环境长效治理。

【民生保障】 2022年,柔远镇累计发放低保、高龄、临时救助、残疾人"两项补贴"等各类社会救助、补贴等638.52万元,关注"生老病死"底线民生,不断加强弱势群体社会救助力度。

【综合治理】 2022年,柔远镇坚持和发展新时代"枫桥经验",将城市网格化管理机制与柔远"大调解"机制有机融合,划分网格69个,选配网格员69名,接待解答各类来访群众咨询70人次,排查化解各类矛盾纠纷99起;办理信访案件12件,按期答复率100%。不断加大基层防控建设力度,开展扫黑除恶、国家安全、防范养老诈骗等各类学习宣传100余次,发放宣传彩页4000余份,接待群众咨询400余人次,入户宣传1600余户;有序推进社区矫正工作,完成调查评估10人次,接收矫正对象14名、期满解矫9名、发出训诫1人、衔接安置帮教人员35人,开展走访活动110人次。

【安全生产】 2022年,柔远镇对涉及较大风险点的企业每月一排查,查出安全隐患39项,对重点隐患下发整改通知书16份,全部完成整改。重点对危险化学品、建筑施工、道路交通、人员密集场所等重点行业领域,持续不间断开展安全生产排查,排查出一般隐患44项,已全部完成整改,年内全镇未发生重特大安全事故;扎实开展安全生产专项整治三年行动和风险隐患大排查工作,组织检查605次,排查隐患172项,整改到位171项,发出限期整改通知书7份,有效维护了辖区的和谐稳定。

【政务公开】 2022年,柔远镇通过沙坡头区人民政府网站主动公开政府信息136篇,其中镇政府公开发布文件12篇,乡镇动态信息82篇,社会救助公示42篇;通过政务微信公开政府信息284条;政务微博公开政府信息2214条。

【民族团结进步创建】 2022年,柔远镇纵深推进铸牢中华民族共同体意识示范村创建,巩固渡口村"千帆过尽古渡存 民族相守一家亲"民族团结进步创建品牌,以"和睦夹渠,奏响'家'曲"的家文化打造夹渠村铸牢中华民族共同体意识示范点,以点带面,带动冯庄、镇靖等村扎实开展铸牢中华民族共同体意识示范村建设,通过宣传教育、经济发展、社会治理等各个方面,全面构建各民族共有精神家园,促进各民族交往交流交融。

【精神文明建设】 2022年,柔远镇着力丰富辖区群众精神文化生活,全面推进移风易俗乡风建设,大力开展文化体育活动,群众幸福感、获得感大幅提升。依托新时代文明实践"赶集行动",结合"我们的节日"活动,组织编排群众喜闻乐见的移风易俗文艺节目展演,持续深化移风易俗,正确引导群众价值导向。刘台辣妈舞蹈队自编自演音乐快板《俺把移风易俗谈》,在全镇巡回展演,用家乡话"谈"出移风易俗新风尚,受到辖区群众的一致好评。开展"建设好家庭 弘扬好家风 弘扬好家教"系列活动及移风易俗宣讲活动40余次,签订移风易俗承诺书1000余份,发放移风易俗宣传彩页5000余份,利用乡村大喇叭、垃圾车小喇叭持续播放移风易俗音频80余次。

镇罗镇

【概　况】 镇罗镇位于沙坡头区最东侧,处于"一带两廊"沿黄生态经济带,总面积348平方公里,下辖12个行政村116个村民小组,居民7923户32852人,常住人口2188户8651人。全镇共有党支部28个,党员1230人。2022年,全镇12个村村集体经济收入217.99万元,平均每村18.17万元。

【党的建设】 2022年,镇罗镇以镇村干部"革新计划"为基础,结合"导师帮带制"试点工作,共开展1次镇村干部全员轮训,组织党组织书记外出学习5次,不断提高干部队伍整体素质;持续开展"全岗通""练习生""蓄水池"活动,通过岗位交换、下村锻炼和后备力量培养多种方式激发干部干事创业热情,着力解决村干部"青黄不接""后继乏人"等突出问题。以"吸引人才向农村集聚,发挥人才带动作用"为目标,探索"两点三线一领域"模式,建设集人才集聚、信息宣传、技术培养为一体的"农"字号人才工作站,搭建大专院校专家和农村实用人才"名师带徒""拜师学艺"帮带平台,通过理论培训和实践教学,切实把技术留在农村、用在农村,以人才振兴促进乡村振兴。河沟、凯歌、镇罗、李嘴、镇西5个村立足村集体发展实际,先行先试走党支部领办合作社发展道路,积极探索"村企联社""村村联社"发展模式,促进集体经济发展,带动群众增收。创建凯歌村"四色驿站"党建品牌,守好党员红色初心、筑牢干部黄色防线、发展支部绿色产业、做好群众蓝色服务。精准打造胜金村"金色家园"党建品牌,结合胜金村实际,挖掘胜金关历史文化,搭建"百姓议事"平台,优化群众服务。按照程序完成排查整顿农村发展党员违规违纪问题工作中5名党员补办入党志愿书工作,圆满完成排查整顿工作。聚焦党支部书记和党务干部党建工作思路不广、业务不精等问题,开展3次党建业务培训、1次党建工作观摩学习、1次基层党建重点工作推进会,着力解决基层党建工作难题,夯实基层党建工作基础。严把发展党员程序,高质量发展党员11名。

【工业经济】 2022年,镇罗镇金鑫工业园区9家冶金企业矿热炉出铁口全部完成技改,解决了出铁烟气排放问题。投资1.3亿元建设13万平方米的封闭料棚,消除了物料堆放过程中产生的粉尘污染。持续推动三元中泰硅铁炉升级扩规、银河冶炼25MW余热发电等项目落地开工,提升企业竞争力。主动与辖区企业进行商业洽谈,先后吸引中卫宁清光伏电力有限公司等4家外来企业来镇考察,完成招商引资到位资金2.63亿元。

【特色农业】 2022年,镇罗镇依托现有产业带和产业板块布局,建设以镇西、镇罗、镇北3村为核心的3000亩富硒蔬菜闭合圈,种植西兰花、冰激凌萝卜等名优蔬菜品种。以平顺发、瑞农等经营主体为主导,开展草莓水果西红柿、韭菜等4个新品种绿色富硒蔬菜示范种植。引进推广种植羊肚菌15亩,亩产值4.75万元。充分发挥普天瑞农等龙头企业引领作用,建设普天瑞农智慧科技园区,打造"亲子教育+科普体验"实训基地,开展"体验式+趣味式+授课式"活动,延伸文化旅游、科技农业等多功能产业链条。现代养殖业扩规提质,全镇规模养殖户83户,村庄养殖散户475户,生猪饲养量22.78万头、肉(奶)牛饲养量7980头、家禽饲养量65.22万只、羊饲养量3.05万只,整体发展势态向好。重点养殖企业华琳源年内新增3条自动化生产线,年产能可扩大75万只。宁夏海通达实业有限公司被评为自治区唯一一个国家级非洲猪瘟无疫小区。

【新农村建设】 2022年,镇罗镇紧盯完善全镇基础设施建设,投资2300余万元组织实施凯歌、河沟村生活污水收集处理、李嘴村农村人居环境整治及村级公益事业财政奖补等项目,累计埋设排水管网23271米,硬化路面48800平方米,完成卫生厕所整改553户,全力打造环境美、田园美、村庄美、庭院美的"四美"新农村。

【环境整治】 2022年,镇罗镇扎实开展农村人居环境综合整治,拆除土坯房28户,拆除废旧棚圈530余处。把"四清理一提升"(河塘沟渠、生活垃圾、农业生产废弃物清理及村容村貌提升)作为人居环境整治有力抓手,逐一整改清理,助力人居环境持续改善。累计拆除残垣断壁254处,拆除危房2545排,集中清理巷道860条、卫生死角4360处、三堆680处,环境面貌明显提升。持续开展全国文明城市创建工作,重新划定停车位、经营区,清理整顿占道经营、车辆乱停、垃圾乱扔等不文明现象。完善"镇领导包村、镇干部包片、村干部包区域、党员包巷道"的四级包保责任制,创新积分制管理模式,将群众履行"门前三包"、垃圾分类、美丽庭院创建等内容纳入村规民约、农户积分评分,切实激励广大群众积极参与环境卫生整治,形成人人参与、家家行动的浓厚氛围。栽植各类苗木3.5万余株,绿化面积133亩,群众生态获得感更加明显。

【农田水利建设】 2022年,镇罗镇充分发挥"河长+民间河长+志愿者河长"管理体系作用,加强河(沟)日常巡查管护;持续开展"清四乱"行动,对辖区沿黄疑似排污口逐一走访核查,及时清理非法排污口、取水口,稳步提升河湖治理能力。依托"村委会+用水小组+灌溉管理+网格化"管理运行机制,探索水利服务新模式,合理制定水价,盘活用水存量,增强水费征收透明度,激发用水活力。农田水利基本建设投工投劳1.1574万工日、平田整地0.8万亩、清挖整治农服沟385条194公里、清理整修渠道493条372.3公里、整修生产路160条125公里、机深翻0.82万亩、机普翻面积2.43万亩、秸秆还田0.85万亩、增施有机肥1.2万亩、树木涂红刷白12.7万株、抚育修剪74.6万株、残膜回收3.48吨,完成率达100%。

【社会管理】 2022年,镇罗镇依法严厉打击邪教、传销等违法犯罪活动,梳理邪教人员12人,转化9人。深入开展非法集资、传销和电信网络诈骗等涉众型经济犯罪专项行动,成立工作领导小组,发放反诈骗宣传海报、宣传页共计5000余份。常态化开展各类安全生产检查100余次,检查各类行业主体150余家,督促整改安全隐患80余个。荣获2022年自治区平安建设先进集体荣誉称号。持续巩固全国乡村治理示范镇荣誉成果,不断加强技防网络建设,在全镇重点交通要道、重点区域安装监控摄像头288路,切实保障重点地段监控全覆盖。完善铁路护路联防承包机制,全面排查整改铁路沿线行车安全隐患58处,加固沿线彩钢房33处。年内调处各类矛盾纠纷100余件,化解重点信访积案6起,矛盾纠纷化解率、群众满意率均达95%以上。以凯歌村基层治理"蓝色服务"驿站为基础,打造村级乡村治理服务站,构建"五维共治"体系,形成乡村治理新格局。

【脱贫攻坚】 2022年,镇罗镇进一步健全辖区36户脱贫户、67户边缘易致贫户、3户脱贫不稳定户和8户突发严重困难户的网格化监测体系,建立"一户一策"帮扶台账,落实针对性帮扶措施,消除三类风险人群67户219人。

【社会保障】 2022年,镇罗镇健全分层分类社会救助体系,精准公正划分"A、B、C"三档城乡低保人员1043人;困难生活核查发放临时救助102户24.4万元、春冬救助200人2万元、自然灾害救助244人5万元,换发第三代残疾人证31本,新增办理残疾证29人。坚持以创业带就业,转移农村劳动力4752名。全面做好490余名退役军人信息采集工作,累计走访、慰问退役军人247次,发放慰问金2.8万元。高标准打造医保经办"30分钟服务圈",累计办结各类民生服务保障事项1600余件,办结率100%,同步实现全镇养老保险参保率、医疗保险参保率均达95%以上。

【精神文明建设】 2022年,镇罗镇充分发挥新时代文明实践所(站)宣传思想文化主阵地作用,培育"爱讲理"志愿服务项目,整合辖区党员干部、乡贤和热心群众等人员力量,广泛开展各类学习宣讲活动。共开展各类宣讲活动70余次、各类读书活动10余次、各类理论培训活动10余次。依托"我们的节日"开展"福虎生威庆佳节,情意浓浓闹元宵""清明时节寄哀思,缅怀先烈守初心"等主题活动,不断深化精神文明建设,倡导文明新风,丰富群众的精神文化生活。在做好常态化志愿服务活动的同时,做精做细"暖心同行+"志愿服务品牌项目,通过流动宣讲、真心问需、欢乐阅读、理论培训+实地指导等方式,用"土教材"讲活"新道理",用暖心服务拉近干群关系。以践行社会主义核心价值观为主线,通过修订完善制度、加强宣传教育、强化活动开展等有力措施,扎实推进农村移风易俗工作。共开展"推进移风易俗,倡导文明新风"等宣讲活动70余次,移风易俗主题宣传30余次。

宣和镇

【概 况】 宣和镇位于沙坡头区东南,北靠黄河、南依香山,东邻中宁县,西接永康镇。总面积488.9平方公里,下辖24个行政村(其中自流灌区12个、扬灌区12个)、1个场(中卫山羊场),共有203个村民小组。全镇户籍人口51797人,自发移民3172户15092人,2022年全镇农民人均纯收入为17690元。属温带大陆性气候,地势西南高东北低。交通便利,卫宁公路、338国道、滨河大道东西贯通镇区,定武高速公路、乌玛高速公路贯穿全镇并在镇区南侧设出入口,太中银铁路、宝中铁路从镇区北部东西向穿过,设宣和站。宣和镇是沙坡头区农业大镇,现有耕地面积15.01万亩(自流灌区4.57万亩,扬灌区10.44万亩),主要为玉米、小麦、水稻等传统作物及苹果、覆膜西瓜、露地蔬菜等经济作物,有大地牧业、大青山牧业、海和村肉羊养殖园区等养殖规模主体40个。工业产业初具规模,拥有完整的石灰石原料加工产业链,现有俱进化工、明巨电石、胜金水泥分公司等15家工业企业。宣和镇自然人文景观独特,有历史悠久、风光旖旎、传说众多、文化底蕴浓厚的国家4A级旅游景区寺口子风景区。

【党的建设】 2022年，宣和镇党委下辖基层党支部27个，其中机关党支部1个、农村党支部24个、企业党支部2个，共有党员1431人。宣和镇党委深入学习宣传习近平新时代中国特色社会主义思想和党的二十大精神，全年开展党委中心组理论学习12次、干部理论学习33次。党委会听取班子成员"一岗双责"汇报4次。指导建立党员领导干部支部联系点15个，开展"一抓两整"示范村创建行动，宣和镇被命名为党建示范乡镇，命名党建示范村20个。完成党务工作清查整治，整理完善党员档案1700余份，按程序为13名党员补办入党志愿书。选优配强村级"两委"班子，年内新调整村党支部书记两名，补选缺额村级"两委"成员8人。实施海和村村级活动场所、丹阳村党群服务中心提升项目，挂牌运营党支部领办合作社8个，打造海和村"三个+三条线"、福兴村"六事民情工作法 释放乡村治理新活力"、旧营村"四联四促"3个党建品牌，旧营村党建示范点在区委组织部观摩评比中荣获三等奖。制定导师帮带制试点工作实施方案，结成帮带对子26对。严格落实党风廉政责任，开展违规收送红包礼金和不当收益及违规借转贷或高额放贷专项整治动员会议1次，集中学习3次，专题研讨1次，开展谈心谈话34次。加大违纪行为和"四风"隐形变异问题查办力度，年内处理线索9条，初核处置7件、立案审查2件，运用"四种形态"处理干部7人次，全力营造良好政治生态。

【招商引资】 2022年，宣和镇大力开展招商引资，外出开展招商引资活动两次，接待来沙考察活动16次，成功签约宁夏京能宣和150MW/300MWh储能项目、穆和200MW/400MWh新能源储能电站项目、中卫绿能新能源生产废水处理项目、中卫市餐厨垃圾处理项目，总概算投资11.73亿元，完成投资10.8亿元。

【项目建设】 2022年，宣和镇持续发力项目建设，争取资金8419.87万元，实施海和村新建肉羊养殖场项目、喜沟村人居环境整治项目等20个建设项目。投资500万元，开工建设2022年扶持发展壮大村集体经济项目3个。夯实基础补短板，投资5213.05万元，实施了宣和村集污管网项目、永和村、草台村道路硬化项目以及12个农村公益事业财政奖补等基础设施提升项目。

【乡村环境治理】 2022年，宣和镇完成压砂地退出种植和生态修复工程，退出压砂地4180亩。整改修复关停非煤矿山12家，取缔关停"散乱污"企业7家，开展"双禁"巡查62次，处罚35起、训诫42人次，投资2.49亿元改造升级胜金硅业环保设施。实地核查违法图斑423个，依法依规拆除乱占耕地建筑7处，劝停违法违规建筑38起，恢复耕地25亩多。组织"四美乡村""五美庭院"观摩评促4次，打造338国道、宣东路、卫宁路人居环境整治闭合圈。完成"治污改厕一体化"项目，整改问题厕所385个。开展植绿增绿，完成农田林网及村庄巷道植树57134株，栽植乔木39882株、灌木17252株。全域推行"林长制"，规范建立林长制公示牌25个。深入推进河湖"清四乱"行动，"河长制"有效巡河率达100%。

【巩固脱贫攻坚成果】 2022年，宣和镇坚持"四个不摘"，不断健全防止返贫动态监测和帮扶机制，组织镇村干部对10288户常住户全覆盖式入户走访，完成"防返贫监测一键预警"APP信息采集，采集脱贫户、监测对象信息1281户，全年新增"三类人群"监测对象17户55人、消除风险15户47人。开展"四查四补"集中大排查，全面摸排"两不愁三保障"和饮水安全情况，详细掌握产业、就业等方面短板弱项，累计排查问题512条，制定整改措施

513条。落实惠民政策,补贴乡村振兴"健康保"资金13.34万元;申报"雨露计划"369人,落实资金55.35万元;发放产业奖补资金305.59万元;办理小额贷款贴息543笔103.18万元。

【农业经济】 2022年,宣和镇粮食作物种植面积85553.82亩,其中:小麦3254.5亩、玉米71746.5亩、水稻5578.82亩、薯类35亩、大豆4930亩、杂粮9亩。种植经果林2.87万亩,种植各类瓜菜1.4万亩。全镇鸡、猪、牛、羊现存栏分别达302.5万只、7.8万头、2.5万头、5.7万只。精准落实各项惠农服务,办理审验农机110台,办理购买农机机车保险85台。发放种粮农民一次性补贴85553.82亩,发放春小麦种植补贴2787.65亩,发放玉米大豆带状复合种植补贴5234.1亩。狠抓农作物病虫害监测防治,对2833.6亩小麦进行三合一飞防工作,对1110亩玉米大豆带状复合种植发放病虫害防治物资,对400亩水稻发放防治稻水象甲物资,完成苹果蠹蛾防治和椿树沟眶象防治工作。严格落实动物疫病防控,共抽查检疫生猪2.16万头、鸡165.6万只、种蛋1231.2万枚、牛4266头、羊556只,动物电子出证工作及上市交易、屠宰动物持证率均达到100%。

【民生服务】 2022年,宣和镇扎实推进民生工作全面发展。社会救助方面,救助临时性生活困难群众303户,发放救助资金84.22万元,救助冬令春荒生活困难群众817户825人,发放救助资金8.25万元。社会保险方面,审核、办理60周岁城乡居民养老保险待遇168人,办理丧葬费65人,60岁以上老人待遇资格认证3578人。退役军人服务方面,发放退役军人优抚金213人112.87万元,办理退役军人优待证551张,慰问困难退役军人、参战参核退役军人、烈士遗属、一级残疾、三等功退役军人73人,累计发放慰问金7.3万元。残疾人服务方面,审核办理第三代残疾证96人,办理新增困难残疾人生活补贴132人,办理重度残疾人护理补贴105人,组织开展残疾人实用技术服务培训50人次。妇女儿童服务方面:审核发放妇女小额担保贷款375户5296万元,发放双培双带项目支持资金10万元,积极摸排辖区"两癌"患病妇女7人,申请救助金7万元;实施"春蕾计划"支持移民村高中学龄女童22人共计8.8万元。

【精神文明建设】 2022年,宣和镇24个村全部建成新时代文明实践中心,14个村建立爱心超市和道德银行,组织志愿者开展服务活动471次,参与志愿服务活动221145人次,开展"我们的节日"主题活动68场次,举办新时代文明实践赶集活动1次,开展送戏下乡活动7场、文化大篷车演出22次。评选上报"身边好人"两人,移风易俗模范户两户。开展国防教育、社会主义核心价值观、习近平新时代中国特色社会主义思想进农村、移风易俗等宣讲864次,覆盖1.3万人。实施文化惠民工程,组建农家书屋24个。

【基层治理】 2022年,宣和镇深化安全领域排查治理,开展安全生产检查24次,排查整改隐患问题27处;开展燃气安全检查专项行动6次,整改安全隐患11处;开展交通安全宣传活动3次,安装路口减速带23处164条。排查经营性自建房187栋,安全隐患消除率100%。深化"一村一法律顾问",解答法律咨询300余人次,办理法律援助申请初审31人,免费代写法律文书及诉状135人次540份。开展大型反诈宣传活动3次,下载注册国家反诈中心APP13611人次。大力发展"枫桥经验",排查矛盾纠纷48次298起,调处率100%。开展维护社会稳定风险隐患"大排查、大化解、大整治"专项行动,排查一般风险隐患36起,化解率100%;答复办结各类信访件323件,满意率85%以上;化解信访积案4件,程序性办结5件。

永康镇

【概　况】　永康镇位于沙坡头区黄河南岸，东邻宣和，西接常乐，南靠中宁县，北依黄河，东西贯通17公里，南北相距80公里，由自流灌区、扬黄灌区和山区三个板块构成，山川共济，地形复杂。定武高速、乌玛高速、338国道、吴中城际铁路、卫宁路、滨河路贯穿其中，交通便利。下辖21个行政村128个村民小组，户籍人口11625户31849人，总面积515平方公里，耕地面积11.3万亩。镇党委下辖基层党支部24个，其中机关党支部1个，农村党支部21个，企业党支部两个，共有党员1089人。

【党的建设】　2022年，永康镇组织镇村两级干部深入学习贯彻党的二十大精神、习近平总书记视察宁夏重要讲话和重要指示批示精神、自治区第十三次党代会精神，累计宣讲45场次，召开"弘扬'五四'精神，担当时代使命""深入学习贯彻自治区第十三次党代会精神"等支部主题党日活动210次，讲党课88场次。持续推进"三大三强"行动、"两个带头人"工程，梳理村党组织书记带头人32名、致富带头人333名，培育村级后备力量51名。全面推进"一抓两整""六查六强"行动和星级党组织创建工作，查找班子、责任、队伍等方面问题56个，制定整改措施120条，年内创建四星级党组织5个，三星级党组织15个，镇党委被评为四星级党委。完成永乐村"以'专精特新'之匙开启乡村振兴新篇章"及彩达村"党建赋能'果盘子'蹚出振兴'新路子'"两个农村基层党建品牌打造工作。纵深推进党风廉政建设，全年听取班子成员抓党风廉政建设"一岗双责"两次，共处置上级纪委转办线索7件，查办6件，初核了结4件，党纪立案审查两件3人。深入开展违规收送红包礼金和不当收益及违规借转贷或高额放贷专项整治，组织开展农村"三资"腐败问题专项治理，21个行政村共计排查问题10条，涉及资金24.27万元，已整改9条。共开展集体谈心谈话1次13人，提醒谈话13人，责任约谈18人，诫勉（谈话）2人，回访教育受处分党员13人。

【经济发展】　2022年，永康镇实现社会生产总值12.1272亿元，同比增长9.16%，农民人均可支配收入达到16550元，同比增长7.7%；农村集体经济收入实现301.38万元，同比增长11.9%。

【特色产业】　2022年，永康镇以发展特色经果林种植为主导产业，辖区内苹果种植面积为5.9万亩，年产量9.8万吨，总产值超过5.7亿元。为推动永康镇苹果产业发展提档升级，在充分发挥彩达、永乐等四个村示范园辐射带动的基础上，投资8991.77万元建成双达、阳沟两个苹果综合服务中心，为苹果收购、冷藏保鲜、分选包装、苹果深加工及农资供应提供综合服务，有效延长苹果产业链条，调整苹果交易时间，有效促进群众增收。大力推广果树增施有机肥、水肥一体化等技术措施，积极开展集中连片、多点多方位的防霜冻工作，减轻自然灾害造成的不利影响。持续稳定南山台苹果产业种植面积，举办实用技术培训班11场次，培训果农500人次，鼓励果农优化种植流程，进一步提高苹果产量与果品质量，提高沙坡头苹果的市场竞争力。因地制宜推进畜牧业发展壮大，全镇鸡、猪、羊存栏分别达到38.93万只、5.22万头、7.12万只。做好全镇春、秋两季及全年重大动物疫病防疫工作，免疫密度和标识率均达100%。

【巩固脱贫攻坚成果】　2022年，永康镇落实防止返贫致贫监测预警和动态帮扶机制，在"四查四补"常态化工作中对"两不愁三保障"开展全面排查，做好未消除风险的边缘易致贫户25户82人、脱贫不稳定户8户33人和突发严重困难户18户52人的动态监测帮扶工作。落实各项扶贫惠民到户政策及项目，发放富民增收产业奖补351户218.2万元，"雨露计划"补助95人次18.75万元，小额信贷170户834.29万元，小额贷款贴息260笔47.702万元，落实乡村振兴健康保补贴2514人7.215万元。

【项目建设】 2022年，永康镇实施政府投资建设项目21个，其中农村公益事业财政奖补项目15个，乡村振兴衔接项目3个，扶持壮大村集体项目3个，累计完成投资3215.89万元。积极争取宁夏旭蓝新能源科技有限公司、宁夏宁创新材料科技有限公司投资3.006亿元实施沙坡头区天井子山分散式风电项目、屋顶1.5MWp分布式光伏项目。落实国道338线改扩建项目、天井子山分散式风电项目、200MW光伏复合发电项目等重大过境项目征地协调服务，总兑付征收补偿资金165万元。

【生态文明建设】 2022年，永康镇扎实推进黄河流域生态治理，成立永源供水专业合作社，对群众灌水进行规范化管理，做好河沟道日常巡查保洁工作，清理整治"四乱"问题5处；持续做好污染防治工作，接收第二轮中央生态环境保护督察转办件6件，其中永康镇牵头办理3件，已办结两件，阶段性办结1件；配合办理3件，均已办结。紧盯重点畜禽养殖场所粪污排放，监督环保设施有效运行，年内对生产经营单位累计开展9次集中检查，积极梳理大起底大整治大排查清单，完成11处环保问题整改，查处盗采砂石9起罚款61000元。常态化开展"两禁"巡查工作，查处偷牧26起罚款35950元，焚烧秸秆13起罚款1600元。

【美丽乡村建设】 2022年，永康镇持续开展村庄清洁行动，各村围绕农田林网、主干道路两侧等卫生"死角"集中开展环境卫生综合整治9次，累计调用机车1310余车次，人工4700余人次，累计清运生产生活及建筑垃圾4100余吨，回收残膜31吨。积极打造205省道环境整治"闭环圈"，拆除、平整工贸厂房及附属物7处，老旧房屋及养殖圈舍12处，修补残垣断壁40处，投资1200余万元对阳沟、景台村部分路段、坡面进行治理。

【基层治理】 2022年，永康镇共接待来访群众33批次68人，排查化解矛盾纠纷33件；办结12345民生热线244件、网上信访平台信访件49件、市长信箱14件，成功化解疑难信访积案8件。投入资金100万元，打造集政法综治、信访、司法、综合执法于一体的综合办公场所，实现综治、乡村治理、矛盾纠纷调处化解三中心融合运行。严格落实安全生产责任，扎实开展安全生产三年专项整治行动、"食品药品安全区"工作和综合减灾示范县创建工作，累计开展安全生产检查11次，涉及生产经营场所473处，督促责任单位对3处安全隐患及时完成整改；全面摸排辖区铁路沿线安全隐患12处，经营性自建房安全隐患8户，均及时完成整改。

【民生保障】 2022年，永康镇新增城乡低保103户140人，新增高龄30人、特困供养7人；落实临时救助资金208人49.97万元；办理养老保险登记155人、丧葬补贴14人、养老待遇资格认证159人。发布就业招聘信息200余条，新增安置公益性岗位335名，受理灵活就业登记75件，办理灵活就业人员社会养老保险补贴87人，发放应灾临时救助两批1513户75万元，受灾人员冬春生活救助655户14.4万元。

常乐镇

【概　况】 常乐镇辖16个行政村，1个社区，总耕地面积6.9万亩。是沙坡头区交通枢纽中心，辖区有中卫高铁南站，中兰铁路纵贯其中，定武高速、滨河南路、338国道、杨下公路及三座黄河大桥穿越而过，是连贯东西、畅通南北的重要通道。常乐镇自然人文景观独特，秦汉长城、炭山夜照等常乐八景久享盛誉。先后有西气东输加压站、中卫香山风电厂、天合光伏等重点项目工程，阜民丰、恒泰元、光明牧业等大型养殖企业相继落户，功能农业及现代养殖发展呈现聚集态势，康乐移民区肉牛、肉羊养殖产业初具规模，打响了养殖产业"常乐品牌"。2022年以来，常乐镇围绕沙坡头区"6+9"重点工作任务，强力推进项目建设，全面推动产业发展，着力打造现代农业，扎实开展环境卫生整治，经济社会总体呈现稳中有进、进中向好态势。

【基层组织建设】 2022年，常乐镇有基层党支部21个，党员993名、五星级党组织1个、四星级党组织4个、三星级党组织12个、二星级党组织两个。指导机关、康乐村、马路滩村、罗泉村等村顺利完成支委补选工作，全面提升班子功能。年内新接收预备党员18名，预备党员转正12名，新接收的党员中35岁以下的占83%、大专及以上学历的占77%、致富带头人占25%。建立健全村级后备干部"导师帮带"和致富带头人动态管理机制，共培育村级后备力量37名，农村致富带头人176名，举办"两个带头人"示范培训班1期，累计培训213人次。严格落实基层党建工作例会、督查通报和年度考核末位问责等制度，共发放党建工作提醒单12期，开展党建工作督查4次，发布督查通报两期，督促履行党建责任。及时划拨乡村治理资金160万元，指导各村规范实施乡村治理专项经费项目8个，全面提升村级基础设施建设。组织摸排满50年党龄党员共9名，发放纪念章9枚，并组织新老党员重温入党誓词，切实增强党员的荣誉感。建立村（社区）干部人事档案79份，实施人事档案登记借阅制度，确保档案管理规范有序。严把困难党员标准，开展党内关怀帮扶救助和困难党员慰问工作，全年共申报党内关怀帮扶党员28名，春节、七一慰问困难党员147名，共发放各类帮扶救助资金18.25万元。持续做好"一抓两整"工作，常态化开展重难点村整顿提升，积极打造海乐村"党群就业服务矩阵"、刘营村"党建引领一盘棋"、五色水车等党建示范品牌，逐步推进示范党组织创建，全镇三星级及以上村党组织达14个，占比87.5%，镇党委被命名为党建工作示范镇，村集体经济收入平均超过14万元。

【主题教育】 2022年，常乐镇深入学习贯彻宣传习近平新时代中国特色社会主义思想，抓实党委中心组理论学习、干部理论学习及党史学习教育，年内共开展学习活动60场次、开展专题交流研讨4场次，包村领导下村讲党课、作宣讲46场次，开展"学党史、感党恩、跟党走"等主题活动19场次，党员干部深入一线开展大调研、大走访、大排查16次，建立"我为群众办实事台账"，协调解决倪滩村道路破损、马路滩村污水管网未铺设等群众急难愁盼问题230件。

【乡风文明建设】 2022年，常乐镇大力弘扬移风易俗，17个村（居）村规民约全部上墙，红白理事会章程全面制定。党员干部全部签订移风易俗承诺书，并督促各村（居）将移风易俗工作纳入支部主题党日、道德讲堂等活动中，引导村民"婚事新办、丧事简办、厚养薄葬、破除迷信"。精心打造新时代文明实践站，各村居新时代文明实践站全覆盖，爱心超市功能室覆盖7个村居，共成立志愿服务队87个，培育形成了"暖心15日""爱在枣林基金""牛经讲堂"等志愿服务项目，高标准打造878平方米的"常居常乐"多功能厅，枣林村"村史馆"、康乐村"红色影厅"深受村民喜爱。年内核查文化旅游资源名录264个，组织开展"文化大篷车"基层文艺演出13场。常乐豆腐制作技艺成功入选中卫市非物质文化遗产代表性项目名录。切实加大外宣力度，"走进常乐"微信公众号发布稿件617篇、政务微博812条、常乐快讯115篇、张贴横幅50余条、发放宣传资料2000余份，引导广大群众培养健康的生活方式，邀请媒体记者8次，完成现场云报道5次，在中卫日报、魅力沙坡头、沙坡头区发布等平台发布信息50余篇，"走进常乐"公众号、视频号粉丝量分别上涨200%、400%，发布作品阅读量超过100000+。

【旅游产业】 2022年，常乐镇动员沿黄灌区12个村（居）按照"一村一品一特色"发展思路，着力编制村庄规划。加大招商引资力度，枣林湾溪宿等项目已完成方案编制、土地征收等前期工作。倪滩村稻渔空间项目年内放养鱼苗10万尾，建成水稻种植示范点600亩，配套稻蟹共生立体种养殖200亩。逐步形成以"滨河南路"为轴，东起倪滩村稻渔空间、西至黄河宿集的乡村旅游产业带。

【种养殖产业】 2022年，常乐镇完成粮食作物播种面积20582.49亩，其中玉米13905亩、小麦2006.49亩、玉米大豆带状复合种植3139.49亩，水稻1531亩，总产量19.01万吨。优质饲草播种面积13511亩，总产量5.38万吨，西瓜种植面积38500亩，产量11.73万吨。做好水稻、玉米、小麦病虫害统防统治工作，完成小麦蚜虫统防统治2006亩，稻水象甲防治面积169亩，玉米草地贪夜蛾防治750亩，发放小麦、水稻、玉米、大豆防控物资2239瓶。上报耕地地力保护补贴涉及13个村5146户，共计52807.51亩，发放补贴资金260.91万元；对实际粮食种植一次性补贴覆盖13个村1378户农户和4个流转企业，共计11711.25亩，发放补贴金额23.03万元；玉米、大豆带状复合种植发放补贴94.18万元；春小麦种植发放补贴40.13万元。开展残膜回收38400亩，回收残膜349.6吨。辖区现有各类规模养殖场6个，连片标准化养殖园区1个，分别是阜民丰奶牛场、光明生态智慧牧场、恒泰元肉种鸡场、常拓肉牛场、波华肉牛场、金麦浪生猪养殖场、康乐移民区肉牛羊养殖园区。全镇生猪饲养量15820头，肉牛饲养量8677头，奶牛存栏13986头，羊饲养量64530只，鸡饲养量63.37万只。重大动物疫病防疫密度达到100%，形成了灌区及移民区两处畜牧养殖产业示范基地。

【重大项目实施】 2022年，常乐镇完成政府投资项目15个6189.88万元，包含壮大村集体经济项目1个100万元、第一批农村公益事业财政奖补项目6个519.37万元，农村公益事业整村推进财政奖补项目1个201.03万元，乡村振兴项目6个4760.24万元（主要集中在康乐移民区：康乐村环境整治提升项目、思乐村环境综合整治项目、海乐村环境综合整治项目、海乐村扶贫车间项目、海乐村肉牛养殖园区改扩建项目、海乐村新建肉羊养殖场项目）、移民区其他人居环境整治项目两个609.24万元（康乐移民区主干路沿线环境整治项目、康乐移民区人居环境整治项目）。配合建设下河沿黄河大桥、中兰铁路、338国道、西气东输三线、四线等重大项目工程9个，协调解决涉横穿杆线、水利管网、恢复治理及征地拆迁等问题，确保重大项目工程顺利实施。

【农村环境综合整治】 2022年，常乐镇完成灌区11村2.2万亩农田沟、渠、林、田、路的综合治理和改造。加大力度清理辖区沟道"乱占""乱堆"及庄巷道卫生死角、"三堆"，共计投入人工1510人次，机械132台，重点清理巷道、死角、三堆，形成枣林村、大路街村等一批环境整治示范点。扎实推进农村户厕问题整改工作，整改2019年无水免冲生态马桶665户，已全部整改为集中下水道收集型户厕，整改率达100%。拆除土坯房12户，占下达任务

171%。对接中卫市不动产登记中心完成常乐镇15个村农村房屋一体化登记工作，涉及农户365户，办理海乐村新建肉牛养殖场项目等17个项目的设施农用地备案手续，累计申请用地185.54亩。加快植绿增绿步伐，年内共计栽植树木6.5万株1034.5亩，完成经济林种植面积566.3亩，在原有绿化条件上，逐步改善林网生长自然条件，提升林木质量，发挥森林资源水土涵养功能。

【生态环保】 2022年，常乐镇共有各类规模畜禽养殖场41个（生猪规模场24户，规模养鸡场4个，规模肉牛场6处，规模养羊场5处，奶牛场2处），通过对养殖户反复宣传动员，已建成粪污无害化处理设施41处，规模养殖场粪污无害化处理及综合利用率达到100%。有序开展压砂地退出种植工作，年内实际种植压砂地面积37121.51亩，较2021年104279亩压砂地种植面积，同比减种面积64.4%。加强生态保护巡查整治，共开展执法检查116次，夜间执法18次，查获盗采砂石违法行为4起，拆除违规建筑面积1.7万平方米。成立专班组织禁牧封育巡查175次，查获偷牧羊群20群1500余只。

【民生保障】 2022年，常乐镇民生服务中心共接待群众13500人次，解决群众诉求11620余项。对低保和临时救助对象入户核查597人，新增低保对象116人，核销178人，完成2019户2524人低保分类分档工作。累计发放临时救助资金306人55.66万元，对2077户特殊困难群众进行实物救助，分三批报送260人给予"善行宁夏行动'三色暖心包'项目"救助。落实残疾人"两项补贴"政策，新增困难残疾人生活补贴116人，护理补贴54人。强化城乡居民养老保险参保服务工作，城乡养老保险参保登记218人，社会保险待遇资格认证1382人，城乡居民定期领取待遇申报198人，死亡待遇申报48人。认真办理群众养老保险各类登记核定工作，完成104户193人被征地养老保险受理审核工作。做实城乡居民医疗保险缴纳工作，保证特殊人群参保率100%，城乡居民参保应参尽参。积极构建便民服务格局，在宁夏政务服务网及宁夏行政审批系统线上办件2792件。强化就业创业工作，完成260名乡村公益性岗位的摸排、签订合同和就业上岗工作，对75名就业困难群众进行就业困难人员登记和认定，对150名群众办理就业困难社保补贴申请。

【巩固脱贫攻坚成果】 2022年，常乐镇聚焦防止返贫致贫工作，扎实开展防返贫监测集中排查工作，通过"群众自主申报、基层干部排查、行业部门筛查预警"3种方式，对符合条件的及时纳入监测帮扶，落实针对性帮扶措施，守牢防止规模性返贫的底线。新识别纳入7户27人，风险消除18户83人，风险消除率67.4%。扎实做好巩固拓展脱贫攻坚成果过渡期间的帮扶工作，及时将产业奖补、雨露计划、小额信贷贴息等帮扶政策宣传落实到户、到人，审核发放脱贫人口小额信贷贴息284笔55.4652万元；申报落实2022年学年春季、秋季学期"雨露计划"补助120人38.1万元；公益性岗位兜底保障安置移民村脱贫人口63人、生态护林员15人。解决"十二五"生态移民住房面积不达标问题，对在原址拼建、本村购买房屋进行补助，发放补助资金71户109.5万元。积极动员镇村干部、驻村工作队广泛宣传、落实2022年产业奖补政策，共为257户脱贫户、监测对象、"十二五"生态移民落实种植业、养殖业产业奖补资金175.967万元，为420户脱贫户落实劳务产业奖补资金41.02万元，为12户脱贫户落实个体经营产业奖补3万元。全年共缴纳保险费用3948人7.747万元，实现建档立卡贫户、"三类人群"乡村振兴健康保全覆盖。常态化监测移民群众生产生活情况,"量体裁衣"支持搬迁群众发展特色产业,康乐移民区有集中养殖园区6个,存栏肉牛2200余头,存栏羊7300余只,落实2022年基础滩羊、基础母牛产业奖补144.44万,推动特色优势产业提质增效。"牵线搭桥"帮助群众外出就业,大力推进党支部领办合作发展模式,成立劳务公司两家,合作社1家,创建"党群就业服务矩阵"品牌1个,构建"党支部+劳务公司+农户+用工企业"运营模式,先后转移安置430余名群众就近务工。"因人而异"发挥企业带动作用,采取产业带动、协作输出、帮扶车间安置、以工代赈吸纳、返乡创业、公益性岗位兜底等"六个一批"举措促进就业,截至年底,常乐镇脱贫户、监测对象2022年度人均收入分别达到12796元、12294.9元,同比增长14.4%、25.12%。

【基层治理】 2022年,常乐镇共接收12345市民热线信访件220件,接收并答复网络信访件53件,均已全部办理。整合综治中心、常乐派出所、司法所打造镇级乡村治理中心,形成"四纵四横"的联防联动工作机制,加大矛盾纠纷排查化解力度,排查各类矛盾纠纷24件,已化解14件,受理网上交办件146件,办结130件。深入开展"全民反诈"人民战争,开展反诈宣传活动10场次,发放"谨防电信诈骗"彩页2000余份,动员7000余人次安装国家反诈App,切实守护群众财产安全,维护辖区社会稳定。对辖区41家企业进行日常安全检查及重大节假日排查,共发现安全生产隐患32条,已全部完成整改,排查出散乱污企业26家,已落实"两断三清",取缔到位。辖区在册吸毒人员共108人,社区戒毒(康复)执行率为100%,戒断巩固率为95%,涉毒人员核查率、见面率100%。严格落实领导干部学法用法制度,深化"八五"普法行动,利用集镇日、节假日等关键时间节点宣传普及法律法规知识,举办集中宣传活动6次,组织各村制作各类宣传横幅100余条,张贴宣传海报300余份,发放各类宣传彩页4000余份,发送普法宣传消息3000余条,先后邀请法律顾问开展法治专题学习讲座20场,接受法律咨询30次。推进政府信息公开,累计公开政府信息82条,其中法制专栏5条、政府信息公开33条、社会救助42条、安全生产0条、医疗卫生0条、行政执法2条。

【社会治理】 2022年,常乐镇积极开展"爱国卫生日"和"爱国卫生月"活动,统一印制有关食品药品安全的宣传栏及海报,联合市场监督管理局、常乐派出所对集镇商铺及康乐市场进行食品药品安全督查5次,为中卫市全域创建"食品药品安全区"打好基础。实地巡查通过文化和旅游资源名录264个,定期开展科普宣传,加大科普中国App的注册及科普员的认证,让更多群众感受到科技给我们生活所带来的巨大变化。积极促进劳务输出,全年共转移农村劳动力5637人,累计收入约1582.4606万元,其中农村脱贫劳动力、边缘易致贫劳动力715人,累计收入196.2574万元。

香山乡

【概　况】 香山乡地处宁夏中部干旱带西端,位于中卫市西南部,沙坡头区南部山区。东与沙坡头区兴仁镇、常乐镇相邻,南与甘肃省靖远县接壤,西、北分别与常乐镇、永康镇毗邻。自然条件恶劣,生态环境脆弱,年降雨量不足200毫米,蒸发量高达2400毫米以上。总面积956.7平方公里,平均海拔面积1740米。油三公路穿境而过,"一横六纵"道路交通网络初步形成。全乡辖8个行政村(其中米粮川村为生态移民村)、39个自然队,常住户3561户11033人,设立党支部9个(其中:村党支部8

个,乡机关党支部1个)384名党员。辖区有小学1所,卫生院1所,农村商业银行网点1处,村卫生室7个。

【党的建设】 2022年,香山乡成功创建四星级党组织1个、三星级党组织5个。从严整顿软弱涣散党组织,制定方案、建立台账、明确任务,逐项抓好整改落实,两个软弱涣散党组织实现"摘帽"。指导深井、黄泉村顺利完成村"两委"补选工作,配齐村"两委"班子。认真挖掘亮点特色,打造深井村、三眼井村党建品牌两个。整合收归的砂地资源,打造高效农业种植试验示范基地,大力发展村集体产业,提高村集体经济收入,全乡8个村集体经济收入均超过10万元,其中100万元以上村3个。指导创办党支部领办合作社两家,吸引60余名群众入股1200余万元,建立起村集体与群众利益共享、风险共担的经济利益共同体。深入推进"两个带头人"和"三大三强"提升工程,培养致富带头人44名,村党组织带头人10人,后备力量20人。继续深入学习贯彻落实党的二十大精神和习近平总书记视察宁夏重要讲话和重要指示批示精神,唱响主旋律,弘扬正能量,全乡宣传工作呈现出积极、健康、向上的发展态势。打造米粮川村为铸牢中华民族共同体意识示范村,精心组织开展"民族团结进步宣传月"活动;认真做好文化阵地建设与管理工作,完善乡文化活动中心、村文化活动室、新时代文明实践所(站)、农家书屋等基层文化阵地建设,积极引导全乡文艺工作者把思想和行动统一到习近平总书记系列重要讲话精神上。全面落实"党要管党、从严治党"主体责任,认真履行"一岗双责"工作机制。持续深化"党政机关作风建设年、干部队伍素质提升年",精准运用"四种形态",坚持"三个区分开来"。

【压砂地退出及生态修复】 2022年,香山乡成立工作专班,压实责任,统筹协调区乡村三级干部300余人全部下沉一线,设立卡口27个,成立巡察组,集中配备所需物资,在卡点张贴规章制度、工作流程、紧急联系方式,严格履行核查义务。加强各环节监管工作,干部分片包干,确保把退砂政策传达到每家每户,打牢群众思想基础;将全乡8个行政村40个自然队划分为25个片区,摸清全乡户籍人口、土地面积及属性、灌水条件等基本信息并登记造册,绘制了航拍测绘图;签订退出协议2609户29.18万亩,签订率100%,调田整地2474户12.42万亩,完成率100%,基本实现确权地和非确权基本农田相对集中调整的目标;做好田间地头巡查工作,组织干部下地核实亩数,盘清核准各户压砂地总面积、确权以及非确权基本农田面积,在强大的震慑压力下,通过采取"四包一"机制,盯家、盯人、盯苗、盯地,有效杜绝了偷种、抢种、抢占现象。做优做精硒砂瓜产业,保护"香山硒砂瓜"品牌,种植硒砂瓜12.07万亩,平均亩产5000斤,硒砂瓜总收入达5.7亿元;不断发展壮大村集体经济,挖掘整合收归由村集体管理的砂地,种植粮食作物1.58万亩,以村集体为主导,带领群众种植西兰花、西兰苔、朝天椒等新品种蔬菜3314亩;建设高效农业种植试验示范基地,引进银川实一农业科技开发有限公司等3家经营主体,在红圈、深井等村示范种植覆膜西瓜4145亩、朝天椒704亩,通过采取"公司+N"模式,开展大地覆膜、科学配比施肥种植西瓜技术指导,做精做亮香山乡硒砂瓜品牌;利用现有蔬菜种植基地进一步扩大种植规模,种植西兰苔、朝天椒、青萝卜等优质大地蔬菜;继续抓好粮食生产,推广杂粮优良品种和高产栽培技术,利用现有基本农田,引导农民积极开展粮食生产,确保粮食生产安全稳定。

【农业产业】 2022年,香山乡种植硒砂瓜12.07万亩,平均亩产5000斤。大力发展特色农业,引进西兰花、西兰苔、朝天椒等新品种,全乡共种植辣椒714亩、甘蓝类2600亩。全面完成粮食作物播种面积,种植粮食作物15850.1亩,其中小麦14565.2亩、玉米1284.9亩。积极组织专业技术人员定期到田间监测病虫发生、发展情况,并将观测结果随时上报沙坡头区农业技术推广中心。切实加强病虫害监控防治工作,使用噻虫高氯氟等防治剂3065瓶,有机水溶肥146公斤,运用无人机飞防小麦14590.5亩。积极做好农作物抗旱工作。向农户发放省功宝、磷酸二氢钾等抗旱剂6450袋,防旱玉米面积1290亩。做好农村用水安全工作。恢复深井村7户、景庄村1户村民正常生活用水,每季度定期水质检测1次。

【巩固脱贫攻坚成果】 2022年,香山乡有脱贫户368户1101人,"三类人群"27户65人,其中脱贫不稳定户5户11人;边缘易致贫户12户32人;突发严重困难户10户22人。开展实时动态监测,紧盯致贫风险,新识别纳入"三类人群"7户11人,做到"应纳尽纳";提高收入防止返贫致贫,经过村两委入户核实、村委会决定、乡党委审核,对3户11人进行风险消除,对致贫风险消除的"三类人群"做到应消尽消;保持政策稳定,做到脱贫不脱政策,继续开展精准帮扶,脱贫户联系人继续履行包保责任,因户施策;落实雨露计划,对符合条件的36名中高职学生进行补助;积极配合农村商业银行香山支行对全乡建档立卡户进行评级授信,及时为贫困户办理产业扶持贷款,对104户贫困户累计发放552.7万元,解决了贫困户发展产业资金短缺的问题;为全乡脱贫户与"三类人群"购买"乡村振兴健康保",共计365户1082人;坚决保障生产生活,深入动员农户自觉自愿实施危房改造,切实做到了"应改尽改";全乡建档立卡对象全部参加城乡居民医疗保险,同时对有诊疗需求的脱贫人口做到"应签尽签",共计签约家庭医生协议395户;每月由水务局委托第三方对水质进行检测,确保周边各村安全饮水得到全面保障。

【民生保障】 2022年,香山乡按照应保尽保、公开公正的原则,新增农村低保对象41户48人,取消农村低保对象17人,新增80岁农村高龄困难老年人15人,取消享受农村高龄老人津贴共计11人,新增残疾人28人,取消残疾人14人。为退役军人三属办理优待证104人次。共发放临时救助资金43.88万元,救助216人次,实物救助资金共花费1.278万元,救助33户。"4050"灵活就业人员社会补贴申请16人,城乡居民年度新增申请领取养老金办理130人,完成新生儿医疗保险参保登记89人。

【基层治理】 2022年,香山乡排查矛盾纠纷69起,调处成功66起,化解率95.6%;按期答复书记市长信箱共9件、办理答复民生服务平台任务140件、网上信访事项10件;自治区、中卫市移交信访积案均已办结,信访人反映的合理诉求均得到解决。以提升广大干部群众法律素质、促进法治建设为主题,以法制课堂为载体,进一步发挥法律顾问的法制宣传教育作用,全年组织两次乡村干部普法考试,积极采取"网上+网下"等多种宣传教育方式,引导村民自觉加强法律知识学习,做到法制宣传到位、效果明显,树立学法守法典型,着力提高群众遵法守法、维护权利的观念和社会面法治水平。抓好反诈宣传,开展以"提高防范意识 预防电信诈骗"为主题的党日活动,学习防电信诈骗相关知识,组织下载国家反诈中心APP1538人。

【法治宣传】 2022年,香山乡严格执行评估论证、公开征求意见、集体审议决定等制定程序,坚持重大事项、疑难复杂事项法律顾问参与或事前征询意见,全年法律顾问参与重大决策、提供法律援助10余次。聘用法律顾问两名,一村一法律顾问制覆盖率达到100%。围绕"三八"妇女维权周、"国家安全教育普法宣传周"等一系列活动,集中宣传宪法法律相关知识,共向群众发放《中华人民共和国民法典》《中华人民共和国国家安全法》等法律法规相关宣传资料和宣传赠品150余份,当场解答群众的法律问题10余人次。

【项目建设】 2022年,香山乡配合实施中部干旱带——沙坡头香山兴仁片区生态修复及灌区供水工程,水利投资4.3亿元,新建红圈村205万立方米蓄水池1座,配套建筑物总计341座,新建管线67.61公里,为香山乡彻底解决中部干旱带缺水的历史性问题提供有力保障。同时建设项目6个,总投资1322.69万元,已完成合同内容5个,累计支出资金898.06万元。完善路水网建设,共硬化道路6.588公里,铺设引水管道948.713公里,配套各类建筑物84座,有效解决群众出行不畅问题,缓解了部分农田灌溉问题,对于提高群众生产生活质量具有重大意义。完善产业配套,新建瓜果蔬菜分拣包装中心1个,其中分拣库1座531平方米,冷库1座531平方米,室外场地硬化1027平方米,并配套电气及变压器,为农产品提质增效提供了保证。

【生态保护】 2022年,香山乡大力开展人居环境整治,在深井村修建护坡、铺设透水砖与原毛石挡墙,投放4立方米的大型垃圾箱22个,260升的小型垃圾箱235个,为乡村振兴打下坚实的基础,加强人居环境整治宣传,组织志愿服务队入户宣传,共制作悬挂横幅10余条,发放《一封信》450余份,以多种方式、多种渠道转变群众的生活习惯。扎实开展矿山治理,联合区自然资源局、兴仁派出所开展打击盗采矿产资源违法行为和矿山违法违规行为专项整治行动,全年共出动车辆20车次,人力20人次,查处非法开采行为3起,查扣装载机1台,运载车辆9辆,劣质煤炭350吨,有效打击了非法开采行为,维护了矿产资源良好的开发秩序。坚决开展残膜回收,设置8个残膜集中回收点对残膜进行集中处置,组织群众220多人次,捡拾残膜共计15吨,田间残膜一扫而光。积极发动群众投工投劳54人次,出动车辆321辆次,累计清理"三堆"垃圾263平方米。全力做好"一增一剪",对红油线两侧、310乡道、311乡道两侧树木进行修剪,并涂红刷白,共修剪树木20000余株。

兴仁镇

【概 况】 兴仁镇位于沙坡头区最南端,距区政府驻地约80千米。兴仁地处兴仁冲积盆地东部,地势平坦,东有陈家洼山,南为黄家洼山,北为高泉山和油井山,主峰高泉山海拔2248米。主要矿产资源有煤、页岩、白云岩、陶土等。总面积318.7平方千米,东接中宁县徐套乡,西南均临甘肃省靖远县,北靠沙坡头区香山乡。日照时间较长,年平均气温6.4℃,年平均降雨量280mm,无霜期150天。自然灾害主要有干旱、风沙、洪水、地震、霜冻等,以干旱最为严重,素有"十年九旱"之说。受自然环境等因素制约,兴仁镇工业企业发展缓慢,拉动本地经济主要依靠硒砂瓜产业、枸杞产业、劳务产业、农牧产业和小商品批发零售,和川区乡镇相比,兴仁社会经济发展较为缓慢,农民生活水平较低。2022年,完成社会总产值13.18亿元,农民人均纯收入13500元,比上年分别增长了8.0%和8.15%。

【党的建设】 2022年,兴仁镇党委严格落实党建工作主体责任,实行党建工作"月度提醒、季度督查"机制,明确重点工作,确保基层党组织党建工作目标明确、任务具体。坚持每季度对辖区党组织进行一次督查，对发现的问题及时反馈至相关党组织并紧盯问题整改销号。对辖区各党组织进行了两轮次的检查，督促整改会议记录不规范等问题45条。配合沙坡头区调研组高质量完成换届"回头看"工作，形成镇、村"两委"班子运行情况调研报告12份。扎实做好拓寨村、东滩村、川裕村软弱涣散党组织及重点难点村党组织整顿工作，建立台账及整顿方案，确保整顿工作有目标、有举措、有效果。强化党员管理，举办2022年入党积极分子和发展对象培训班1次，培养入党积极分子29名、预备党员转为正式党员4名、延长预备党员预备期1名。对困难党员和老党员进行关怀帮扶慰问，向区委组织部上报春节慰问困难党员41名、七一慰问困难党员33名，标准1000元/人。组织摸排满50年党龄党员13名，上门慰问颁发13枚"光荣在党50年"纪念章。做好农村发展党员排查整顿问题党员和相关责任人处理和"回头看"工作，共处置问题党员22名，其中：承认党员身份+组织处置2名，除名2名，不予承认党员身份4名，重新履行相应手续的12名。着重打造团结村"一引领三构建"党建品牌，坚持一室多用，丰富活动载体，营建党建品牌创建浓厚氛围，创新业务便民利民服务增收举措。在兴盛村、王团村率先试点推行党支部领办合作社发展模式，通过发展种植业、养殖业带动村集体经济壮大，解决群众就近就业问题，增加群众收入，初步实现支部有作为，群众得实惠的效果。

【基础设施】 兴仁镇地处宁夏中部干旱带，是两省（甘肃、宁夏）三县一区（靖远县、中宁县、海原县和沙坡头区）的交会处，京藏高速公路和109国道横跨东西，202省道纵穿南北，交通较为便捷，基础设施较差，水资源十分贫乏。主要河流有洪水河、马沙河、油井子沟等，均属枯水河。镇域设有派出所、法庭、交警大队、卫生院、气象站、卫生院、变电所、路政大队、市场管理局、农行兴仁支行、农村信用社、移动公司等单位。

【特色农产业种植】 2022年，兴仁镇共播种粮油作物种植面积20793亩，其中夏粮4396亩、秋粮13278亩、油料1832亩。瓜菜种植面积共计91862亩。其中硒砂瓜89635亩，总产量22万吨，产值达3.6亿元；蔬菜2227亩。组织农户对所种植的主要农作物进行投保。严格执行压砂地退出种植和生态修复工作的各项政策措施，兴仁镇累计清砂面积2700亩，其中团结村1000亩，郝集等3村1700亩。引进中卫市昱霆农牧合作社和宁夏普天瑞农有限公司，在郝集、团结村打造千亩清砂高标准种植示范基地，种植青储玉米1600亩、朝天椒1100亩。大力发展富硒枸杞产业。全年新增枸杞种植面积6900亩，累计种植5.89万亩，实施枸杞提质增效1万亩，统防统治6500亩。建设标准化枸杞基地5000亩，全镇枸杞年产鲜果3.95万吨，可晾晒干果0.79万吨，全年产值达2.8亿元。

【特色养殖】 2022年，兴仁镇牛饲养量0.15万头，羊只饲养量10.3万只，猪饲养量1.98万头，家禽饲养量1.6万余；全年出栏肉牛350头，肉羊出栏31942只，生猪出栏11039头，家禽出栏0.8万只；完成肉类产量1364.543吨，禽蛋产量52.5吨。牧业收入1.59亿元。牲畜口蹄疫累计免疫161956头（只），其中猪13851头、牛1812头、羊146293只。小反刍兽疫免疫99192只，牛皮肤结节病免疫849头，免疫密度和免疫标识佩戴率均达到100%；高致病性禽流感累计家禽免疫16545只，鸡新城疫免疫16545只，免疫密度达100%。猪瘟免疫15943头；狗狂犬病免疫69只。非洲猪瘟流调共排查生猪171292头次；开展了羊梭菌病、羊痘等免疫预防工作,羊梭菌病免疫76492只,羊痘免疫66923只。布鲁氏菌病、炭疽等免疫预防工作,布鲁氏菌病羊只免疫77854只,牛免疫958头。炭疽免疫羊只77269只,牛929头。大家畜驱虫1631头次,羊只驱虫213958只,犬包虫9842只,有效的控制了常发性、群体性的动物疫病。年内无重大动物疫病疫情发生。年内举办重大动物疫病防控等各种技术培训班两次,累计培训240人次,举办养殖技术培训4场次,培训人员420人次。张贴防控非洲猪瘟宣传横幅及标语18条,发放各种宣传材料3000余份。参加沙坡头区动物疾病预防控制中心和畜牧技术培训5人次。

【生态环境整治】 2022年,兴仁镇成立巡查小组在辖区实行常态化巡逻和网格化管理。开展全面排查,坚决杜绝重点监护养殖对象在夜间或白天伺机进山放牧毁林事件的发生,先后整治100多起违法放牧行为,拆除羊圈118个。对109国道、205省道及各村庄主要道路两侧林带中白色飘挂物、残膜等进行集中清理,对农户房前屋后的"三堆"垃圾进行集中整治,共清运垃圾10800吨,铲除原旱厕并清运垃圾1212.9平方米,铲除违章建筑及清运垃圾187户、8700立方米,拆除违建墙壁8102立方米,清理三堆及外运9002.1立方米,垃圾清运处理率100%。种植各类树木18200株,成活12700余株,成活率达70%,稳步扩大全镇绿化面积;坚决遏制耕地"非农化"、防止"非粮化",严禁耕地撂荒;整治农村乱占耕地建房问题图斑20个6.73亩,整改西安督察局反馈违法占用永久基本农田问题5个35.53亩。

【乡村振兴】 2022年,兴仁镇建立健全防返贫监测机制,年度动态纳入监测户4户21人、消除风险21户84人;关注"八必访"家庭355户生活生产状况,深入了解情况、把准纳入标准,杜绝体外循环;紧盯1190户脱贫户及监测户的收入,针对性制定帮扶措施8条;扎实开展四查四补工作,共排查出问题392个,并全部整改完成。及时考核评估整改问题,制定了《兴仁镇2021年度巩固拓展脱贫攻坚成果同乡村振兴有效衔接考核评估问题整改方案》,认领问题57个,制定整改措施65条,现已全部整改完成。狠抓产业扶贫,积极推进产业帮扶工程建设,以产业优化升级带动贫困人口不断增收。联系对接劳动技能培训机构开展技能培训3次,并建立劳务用工平台,推送就业信息100余条,促进贫困劳动力就业;积极引进试验示范建设特色农业基地,培育增收致富新引擎,带动群众稳步增收。

【环境综合整治】 2022年,兴仁镇推进散乱污企业综合治理。按照工作安排,组织人员对集镇街道商铺用水、上水、排水量情况进行了摸排,为全面实施集镇街道实施污水处理项目提供依据。加强禁牧禁烧巡查督查工作。严格落实禁牧禁烧网格化管理机制,坚持定期不定期巡查,坚决杜绝偷牧放牧和焚烧垃圾秸秆事件发生。加强河长制工作。严格落实河长巡河制度和水域岸线巡察、保洁责任,配套完善垃圾收运设施设备,河道保洁员坚守岗位。扎实推进"厕所革命",对2019—2021年建设的2924座卫生户厕进行摸排,对有问题的2602座进行整改,已完成整改2349座;大力实施危房改造,拆除危房42户,违建墙壁8102立方米,对摸排出的120户经营性自建房进行安全隐患处置,确保不发生住房安全事故。

【民生改善】 2022年,兴仁镇严格落实城乡低保、高龄津贴等社会救助政策动态监测管理,分类分档城乡低保家庭A类16户31人,B类116户190人,C类1511户1985人;发放临时救助586人148.62万元。实物救助困难群众676人19.57万元,有效保障群众生活。新增农村公益性岗位人员290

名,城镇公益性岗位人员3名,劳动力转移5700余人,线下推送就业岗位36次。悬挂更换"光荣之家"牌匾5个,慰问参战、参核退役军人烈士遗属、残疾退役军人27人,发放慰问金4.1万元。

【社会治理】 2022年,兴仁镇全面推进平安兴仁建设,认真做好重要时间节点、重大节事活动及党的二十大会议期间的维稳工作;坚持发展新时代"枫桥经验",完善矛盾纠纷多元化解机制。共排查化解矛盾纠纷93件,化解率100%;办结网上信访、市长信箱、人民网留言、督导组转交件、"12345"转办件共229件。扎实开展反诈普法宣传教育活动,帮助群众注册国家反诈中心APP,共注册5946人。着力整治农村早婚早育,全面排查问题人员17人,分类建立人员台账,同时广泛开展宣传教育,提升群众意识;扎实推进安全生产专项整治三年行动,积极开展"安全生产月"宣传活动,不定期对辖区内矿山、交通运输、危险化学品等18家企业进行安全隐患检查,全年无重特大生产安全事故发生。全力推进禁毒工作,在11个村开展禁毒知识宣传两次,对在校学生开展禁毒知识讲座两次,社区康复执行率100%。

【项目建设】 2022年,兴仁镇全力做好沙坡头区香山—兴仁片区生态修复及灌区(一期)供水工程和消防站、污水处理厂等项目协调服务工作,征(占)兴仁、郝集、拓寨、东滩等村土地及附着物0.19万亩,完成高标准农田建设和高效节水农业项目6.5万亩;开工建设蓄水池7个,建成3个,预计蓄水量23万立方米。抓紧项目建设这个"牛鼻子",积极争取各类资金2900万元,实施川裕村枸杞烘干色选、团结村环境综合整治等项目7个,已完工两个,在建项目3个,完成投资2800万元,新入项目库9个,完成前期准备工作4个,积极争取自治区各类资金1910万元。

【法治建设】 2022年,兴仁镇推进"八五"普法,开展"法律八进"活动、法治宣传活动6次,开展法律明白人培训活动两次,健全完善行政执法手册及法治政府相关制度,从严落实推进行政执法"三项制度",法治政府建设取得新进展。扎实做好政务公开工作,主动公开政府信息1000余条,在政府网站公开信息60余条,切实保障人民群众的社会信息的知情权。严格执行重大事项请示报告制度,提请党委会研究重大事项50余件。自觉接受人大监督,办理人大代表建议13件。

人物·荣誉

人物简介

【全国三八红旗手张翠红】 张翠红，中卫市沙坡头区林业技术推广服务中心主任。主要从事林业技术推广工作，参加的"引黄灌区苹果优质丰产配套技术研究"项目，2016年被评为自治区科学技术进步二等奖；参加的"宁夏苹果主要病虫鸟害生态防控关键技术研究与示范"项目，被评为自治区科学技术进步三等奖。长期从事苹果新技术推广试验示范工作，推广实施的县域特色产业苹果提质增效项目，惠民资金达1889万元，受益农户4324户，受益面积5.3万亩，为促进农民增收奠定了坚实的基础。在中卫市沙坡头区永康镇彩达村建立的苹果优质丰产高效示范园，被评为自治区级特色经济林示范园。指导建立SOD精品示范园，为推进中卫市苹果产业发展作出了积极贡献。2016年获得全国绿化奖章、全区文化科技卫生三下乡先进个人、自治区五一劳动奖章；2020年获得自治区先进工作者称号；2022年3月，被评为全国三八红旗手。

【"全国最美退役军人"马永庆】 马永庆，中卫市建莹水果种植专业合作社法人。1984年，马永庆进入部队。在新兵连集训中吃苦耐劳，军事素质过硬，被嘉奖一次；在老山战斗中负伤截肢，荣立二等功一次。经过前后五次手术，他丢掉了拐杖，迈出了人生路上最艰难的一步。1989年年底，他退伍后放弃政府安排的工作，从摆地摊干起，后来成立水果种植专业合作社，整理开发荒地1200亩，吸纳多名退役军人就业。经过十多年的努力，荒地变绿洲，种上了枣树，种上了西瓜，成片的金色玉米地，他成为中卫合作社的领航者。每年带动周边移民百余号人在家门口就业、赚钱。多年来，马永庆依法纳税70多万元，资助家庭困难学生上学、为残疾人和南部山区、地震灾区捐款捐物；帮助下岗失业人员、残疾人员、退役军人就业……他的爱心之举传为佳话。2005年，自治区人民政府、残疾人工作协调委员会授予他"全区自强模范"荣誉称号；2008年，他被中卫市人民政府评为"自强模范先进个人"，7月，他被中卫市选定为第29届奥运会火炬传递手参加火炬传递；2009年5月，马永庆被中卫市残疾人联合会聘任为残疾人创业协会会长；2009年，民政部授予马永庆"全国优秀复员退伍军人"荣誉称号,并先后获得"中卫市最美退役军人""自治区优秀退役军人"。2022年9月,他被中共中央宣传部、退役军人事务部、中央军委政治工作部表彰为"最美退役军人"。

【全国"人民满意的公务员"王瑞萍】 王瑞萍,1989年2月出生,中共党员,沙坡头区司法局党组成员、副局长,社区矫正管理局局长(兼),先后获得"第五届全国法律援助工作先进个人""全国模范人民调解员""敬业奉献类中国好人""自治区最美公务员""宁夏青年五四奖章""中卫市优秀共产党员"等多项荣誉。多年来,她刻苦钻研法律知识,通过国家司法考试获得法律职业资格A证,成为一名司法行政工作的行家里手,用专业的法律知识,解答群众法律咨询3000余次,为困难群众代写法律文书500余件,组织开展法治宣传进村及志愿服务3600余人次,受众近3万人。她创新工作方式方法,整合资源构建"全镇网格化大调解"格局,建立"覆盖三级调解网络",培养150多名"专兼职调解员"队伍,创新"人民调解+仲裁+信访+诉讼"纠纷治理模式,打造"枫桥式司法"。她走遍辖区内所有村民小组,用真心、爱心、耐心,把司法工作做到群众的炕头、地头、心头,将司法为民的温暖送到群众心里,成为群众口中能办事的好闺女。2021年12月,王瑞萍到司法局工作,分管社区矫正管理局、信访局、基层司法所,她每天在信访大厅上班做好每一位来访群众接待工作,完善沙坡头区矛盾纠纷调处中心运行机制,办结信访件120件。2022年8月,被中共中央、国务院表彰为第十届全国"人民满意的公务员"。

人物名表

【获得国家级荣誉的先进个人名表】

姓　名	工作单位	奖　项	颁奖机构
王瑞萍	沙坡头区司法局	第十届全国"人民满意的公务员"	中共中央、国务院
马永庆	中卫市建莹水果种植专业合作社法人	2022年度全国"最美退役军人"	中共中央宣传部、退役军人事务部、中央军委政治工作部
张翠红	沙坡头区林业技术推广服务中心	全国三八红旗手	全国妇联
曾美静	沙坡头区人民法院	全国法院办案标兵	最高人民法院
马　涛	沙坡头区公安分局	全国优秀人民警察	公安部
张林贵	沙坡头区水务局	全国水土保持工作先进个人	水利部

【获得自治区表彰的先进个人名表】

姓　名	工作单位	奖　项	颁发机构
党晓伟	沙坡头区公安分局	自治区"人民满意的公务员"	自治区党委、人民政府
王小勇	沙坡头区人民法院	全区法院先进个人	自治区高级人民法院
周飞鹏	沙坡头区人民法院	全区法院先进个人	自治区高级人民法院
曾美静	沙坡头区人民法院	自治区三八红旗手	自治区妇联
魏云莉	沙坡头区人民医院	自治区三八红旗手	自治区妇联

续　表

姓　名	工作单位	奖　项	颁发机构
牛树静	沙坡头区迎水桥镇沙坡头村	自治区三八红旗手	自治区妇联
白春霞	沙坡头区东园镇	自治区三八红旗手	自治区妇联
王瑞萍	沙坡头区司法局	第十三届宁夏"青年五四奖章"个人	自治区团委、自治区青年联合会
章学斌	沙坡头区公安分局	个人二等功	自治区公安厅
王　冲	沙坡头区公安分局	个人二等功	自治区公安厅
曹振华	沙坡头区文昌镇	全区优秀退役军人服务站站长	自治区退役军人事务厅
任　静	沙坡头区卫生健康局	抗疫先进工作者	海南省委、海南省人民政府
文　静	沙坡头区卫生健康局	抗疫先进工作者	海南省委、海南省人民政府

【获得中卫市表彰的先进个人名表】

姓　名	工作单位	奖　项	颁发机构
田学红	沙坡头区文昌镇	全市民族团结进步先进个人	中卫市委、中卫市人民政府
徐雅芬	沙坡头区滨河镇	全市民族团结进步先进个人	中卫市委、中卫市人民政府
杨　艳	沙坡头区滨河镇	全市民族团结进步先进个人	中卫市委、中卫市人民政府
邓建琴	沙坡头区卫生健康局	担当作为好干部	中卫市委组织部
王婷婷	沙坡头区综合执法局	中卫市第五届基础理论"微宣讲"比赛二等奖	中卫市委宣传部
陈　敏	沙坡头区人民法院	全市法院先进个人	中卫市中级人民法院
张　梅	沙坡头区人民法院	全市法院先进个人	中卫市中级人民法院
王洪波	沙坡头区人民法院	全市法院办案标兵	中卫市中级人民法院
马　丽	沙坡头区公安分局	个人三等功	中卫市公安局
卜立娜	沙坡头区公安分局	个人三等功	中卫市公安局

【获得沙坡头区表彰的先进个人名表】

姓　名	工作单位	奖　项	颁发机构
曹　琳	沙坡头区人民法院	个人三等功	沙坡头区委、沙坡头区人民政府
李朝阳	沙坡头区文昌镇	先进个人	沙坡头区人民武装部
康彦炜	沙坡头区卫生健康局	疫情防控表现突出嘉奖个人	沙坡头区委组织部
杨春娟	沙坡头区卫生健康局	疫情防控表现突出嘉奖个人	沙坡头区委组织部
刘晓东	沙坡头区卫生健康局	疫情防控表现突出嘉奖个人	沙坡头区委组织部
赵春玲	沙坡头区卫生健康局	疫情防控表现突出嘉奖个人	沙坡头区委组织部
竺建新	沙坡头区卫生健康局	疫情防控表现突出嘉奖个人	沙坡头区委组织部
孙尚娥	沙坡头区卫生健康局	疫情防控表现突出嘉奖个人	沙坡头区委组织部
赵新林	沙坡头区卫生健康局	疫情防控表现突出嘉奖个人	沙坡头区委组织部
段立宏	沙坡头区卫生健康局	疫情防控表现突出嘉奖个人	沙坡头区委组织部
闫泽山	沙坡头区卫生健康局	疫情防控表现突出嘉奖个人	沙坡头区委组织部

续 表

姓 名	工作单位	奖 项	颁发机构
冯学红	沙坡头区卫生健康局	疫情防控表现突出嘉奖个人	沙坡头区委组织部
王志科	沙坡头区卫生健康局	疫情防控表现突出嘉奖个人	沙坡头区委组织部
刘海涛	沙坡头区卫生健康局	疫情防控表现突出嘉奖个人	沙坡头区委组织部
孟作宾	沙坡头区卫生健康局	疫情防控表现突出嘉奖个人	沙坡头区委组织部
姚 玥	沙坡头区审计局	沙坡头区"学习强国"学习平台达人挑战赛二等奖	沙坡头区委宣传部
毛玉莎	沙坡头区综合执法局	2022年第三届沙坡头区"学习强国"学习平台达人挑战赛一等奖	沙坡头区委宣传部
王婷婷	沙坡头区综合执法局	"铸牢中华民族共同体意识 喜迎党的二十大胜利召开"主题演讲比赛一等奖	沙坡头区委统战部
马进艳	沙坡头区综合执法局	"我身边的民族团结进步故事"征文比赛成人组三等奖	沙坡头区委统战部
吴雪梅	沙坡头区卫生健康局	书香三八活动家书作品一等奖	沙坡头区总工会
冯邵青	沙坡头区卫生健康局	书香三八活动家书作品优秀奖	沙坡头区总工会
陈桂英	沙坡头区卫生健康局	书香三八活动征文二等奖	沙坡头区总工会
文 静	沙坡头区卫生健康局	"喜迎党代会 献礼二十大"演讲比赛三等奖	沙坡头区总工会、沙坡头区教育系统工会委员会
任 静	沙坡头区卫生健康局	疫情防控优秀工作者	同心县河西镇委员会/河西镇人民政府
文 静	沙坡头区卫生健康局	疫情防控优秀工作者	同心县河西镇委员会/河西镇人民政府
李 静	沙坡头区卫生健康局	先进工作者	沙坡头区应对新冠病毒感染疫情工作指挥部办公室
王婷婷	沙坡头区综合执法局	"喜迎党代会 献礼二十大"经审干部暨女职工演讲比赛一等奖	沙坡头区总工会、沙坡头区教育系统工会

集体名表

【获得国家级荣誉的先进集体名表】

获奖单位	奖 项	颁奖机构
滨河镇人民政府	全国依法治理创建活动先进单位	中央宣传部、司法部、全国普法办
滨河镇中山社区	2022年全国示范性老年友好型社区	国家卫生健康委全国老龄办
滨河镇中山社区	2020—2022年全国文明单位	中央精神文明建设指导委员会
滨河镇南关村	2020—2022年全国文明村	中央精神文明建设指导委员会
宁夏科豪陶瓷有限公司六号生产线	全国工人先锋号	全国总工会
文昌镇华西社区	民主法治示范社区	司法部、民政部
沙坡头区卫生健康局	"中国居民心血管病及其危险因素监测2020"项目先进单位	国家心血管病中心
沙坡头区中山社区	全国示范性老年友好型社区	国家卫生健康委、全国老龄办

【获得自治区表彰的先进集体名表】

获奖单位	奖　项	颁奖机构
沙坡头区工业信息化和商务局	全区"人民满意的公务员集体"	自治区党委、自治区人民政府
沙坡头区人民法院宣和法庭	"塞上枫桥"人民法庭	自治区高级人民法院
中卫市公安局镇罗派出所乌玛高速镇罗南收费站检疫站点	全区公安机关"9·20"疫情防控工作集体二等功	自治区公安厅
中卫市公安局宣和派出所	全区公安机关"9·20"疫情防控工作集体三等功	自治区公安厅
中卫市公安局文昌派出所	全区公安机关"9·20"疫情防控工作集体嘉奖	自治区公安厅
世纪花园D区疫情防控卡点	全区公安机关"9·20"疫情防控工作集体嘉奖	自治区公安厅
中卫市公安局滨河派出所	全区公安机关"9·20"疫情防控工作集体嘉奖	自治区公安厅
中卫市公安局兴仁派出所西里村疫情防控卡点	全区公安机关"9·20"疫情防控工作集体嘉奖	自治区公安厅
沙坡头区公安分局网络安全保卫大队	全区公安机关"9·20"疫情防控工作集体嘉奖	自治区公安厅
中卫市公安局柔远派出所	全区公安机关"9·20"疫情防控工作集体嘉奖	自治区公安厅
中卫市公安局沙坡头区分局警务保障室	全区公安机关"9·20"疫情防控工作集体嘉奖	自治区公安厅
沙坡头区公安分局法制大队	全区公安工作先进集体	自治区公安厅
沙坡头区公安分局政保大队	全区公安工作先进集体	自治区公安厅
文昌镇蔡桥路社区	宁夏"青少年零犯罪零受害"社区(村)试点	自治区党委政法委、公安厅、民政厅、司法厅、高级人民法院、人民检察院团委
文昌镇东关村	自治区文明村	自治区精神文明建设指导委员会
文昌镇东园村	自治区文明村	自治区精神文明建设指导委员会
文昌镇黄河花园社区	自治区文明村	自治区精神文明建设指导委员会
文昌镇福兴苑社区	爱心托管班	宁夏总工会
文昌镇和润、杞香苑、民族巷、华西、世纪花园、福润苑社区	自治区健康细胞示范点	自治区健康水平提升行动领导小组办公室、自治区爱卫办
文昌镇东园村	自治区级健康村示范点	自治区健康水平提升行动领导小组办公室、自治区爱卫办
文昌镇东花园社区	自治区级退役军人示范社区	自治区党委退役军人事务工作领导小组办公室
文昌镇文昌阁社区	自治区退役军人服务示范站	自治区党委退役军人事务工作领导小组
沙坡头区卫生健康局	2022年度健康宁夏建设考核二等奖	自治区健康宁夏建设领导小组
沙坡头区民政和社会保障局	自治区就业创业工作先进集体	自治区就业工作领导小组
沙坡头区民政和社会保障局	2022—2020年宁夏妇女儿童发展规划表现突出单位	自治区人民政府妇女儿童工作委员会
滨河镇新墩花园社区	全区民主法治示范社区	自治区司法厅、民政厅

续　表

获奖单位	奖　项	颁奖机构
滨河镇人民政府	2020—2022年自治区卫生乡镇	自治区爱国卫生运动委员会
滨河镇长安社区	自治区文明单位	自治区精神文明建设指导委员会
滨河镇南关村	2022—2024年度自治区文明村	自治区精神文明建设指导委员会
滨河镇新墩花园社区	全区民族团结进步示范社区	自治区党委统一战线工作领导小组
滨河镇官桥村	2020—2022年自治区卫生村	自治区爱国卫生运动委员会
滨河镇官桥村	自治区文明村	自治区精神文明建设指导委员会
滨河镇中山社区	2019—2022年度自治区文明单位	自治区精神文明建设指导委员会
滨河镇文苑社区	自治区健康社区示范点	自治区健康水平提升行动领导小组办公室爱国卫生运动委员会办公室
滨河镇平安社区	自治区健康社区示范点	自治区健康水平提升行动领导小组办公室爱国卫生运动委员会办公室
滨河镇东方红社区	自治区健康社区示范点	自治区健康水平提升行动领导小组办公室爱国卫生运动委员会办公室
滨河镇瑞丰社区	自治区健康社区示范点	自治区健康水平提升行动领导小组办公室爱国卫生运动委员会办公室
滨河镇新墩花园社区	2021年度自治区社会科学普及教育基地科普宣传活动精品项目	宁夏社会科学界联合会
滨河镇向阳社区	自治区特色商业示范街	自治区商务厅
滨河镇新墩花园社区	全国民主法治示范社区	自治区司法厅、民政厅
镇罗镇	平安宁夏先进集体	自治区党委办公厅
沙坡头区综合执法局	全区第五届基层理论"微宣讲"大赛优秀奖	自治区党委宣传部
沙坡头区城市公用事业管理所	自治区健康机关(事业单位)示范点	自治区健康水平提升行动领导小组办公室、自治区爱国卫生运动委员会办公室

【获得中卫市表彰的先进集体名表】

获奖单位	奖　项	颁发机构
沙坡头区人民法院	全市法院先进集体(立案庭)	中卫市中级人民法院
文昌镇东园村	中共中卫市委党校现场教学点	中卫市委党校
沙坡头区人民医院	中国梦劳动美——永远跟党走　奋进新征程运动会单位排名奖	中卫市总工会
沙坡头区民政和社会保障局	全市民族团结进步先进集体	中卫市委、中卫市人民政府
滨河镇新墩花园社区	全市民族团结进步先进集体	中卫市委、中卫市人民政府
滨河镇城北村	2020—2023年度市级文明村	中卫市精神文明建设指导委员会
滨河镇东方红社区	2020—2023年度市级文明单位	中卫市精神文明建设指导委员会
滨河镇东方红社区艺术团	"欢乐中卫"全市文艺汇演创作一等奖	中卫市旅游和文化体育广电局
滨河镇东方红社区艺术团	"欢乐中卫"全市文艺汇演创作二等奖	中卫市旅游和文化体育广电局

【获得沙坡头区表彰的先进集体名表】

获奖单位	奖 项	颁发机构
沙坡头区公安分局	"8·04"突发疫情防控一线表现突出先进集体	沙坡头区委组织部
文昌镇双桥村	2022—2025年度文明村	沙坡头区精神文明建设指导委员会
文昌镇文昌阁社区	先进社区居委会	沙坡头区住房城乡建设和交通局
文昌镇福润苑社区	沙坡头区新时代文明实践工作先进站	沙坡头区委员会宣传部
文昌镇东关村	五星级党组织	沙坡头区委党的建设领导小组
兴仁镇中心卫生院	疫情防控表现突出嘉奖集体	沙坡头区委组织部
宣和镇中心卫生院	疫情防控表现突出嘉奖集体	沙坡头区委组织部
迎水桥镇卫生院	疫情防控表现突出嘉奖集体	沙坡头区委组织部
柔远镇卫生院	疫情防控表现突出嘉奖集体	沙坡头区委组织部
沙坡头区综合执法局	"8·04"突发疫情防控工作一线表现突出先进集体	沙坡头区委组织部
滨河镇光明社区艺术团	"激情广场 舞动塞上"广场舞大赛一等奖	沙坡头区旅游和文化体育广电局
滨河镇中山社区艺术团	"激情广场 舞动塞上"广场舞大赛二等奖	沙坡头区旅游和文化体育广电局
镇罗镇河沟村	"激情广场 舞动塞上"广场舞大赛优秀奖	沙坡头区委宣传部、沙坡头区旅游和文化体育广电局、沙坡头区群团工作委员会
镇罗镇镇罗村	文明村	沙坡头区精神文明建设指导委员会

附 录

组织机构和领导成员

中国共产党中卫市沙坡头区委员会

书　记　　郭爱迪（任至2022年3月）
　　　　　宗立冬（2022年3月任职）
副书记　　宗立冬（任至2022年3月）
　　　　　丁志军（回族，2022年3月任职）
　　　　　张振宇
常　委　　穆怀中（回族）　李华锋　宋传江
　　　　　孙家骥（任至2022年6月）
　　　　　彭小沛（任至2022年2月）
　　　　　祁　洋（2022年2月任职）
　　　　　马立明　沈红菊（女）　龚涛
　　　　　张赞军（2022年8月任职）
　　　　　徐郑应（2022年11月任职）

中卫市沙坡头区人民代表大会常务委员会

主　任　　张冠华
副主任　　赵艳忠　马晓东（女，回族）
　　　　　韩进军　武建国

中卫市沙坡头区人民政府

区　长　　宗立冬（任至2022年3月）
　　　　　丁志军（回族，2022年3月任职）
副区长　　马立明　龚涛
　　　　　徐郑应（2022年11月任职）
　　　　　张海涛　周晓梅（女，回族）
　　　　　高怀雷　王文忠

中国人民政治协商会议中卫市沙坡头区委员会

主　席　　冯玉森
副主席　　梁清江　何建忠　张艳霞（女）

中国共产党中卫市沙坡头区纪律检查委员会

书　记　　李华锋
副书记　　吴全旺　张　翔　刘　阳(挂职)
常　委　　王　欢(女)　杨璐畅(女)
　　　　　杨　茗(女)　唐燕妮(女)

监察委员会

主　任　　李华锋
副主任　　吴全旺　张　翔　刘　阳(挂职)
委　员　　杨璐畅(女)　杨　茗(女)
　　　　　唐燕妮(女)　王宇鹏

沙坡头区人民武装部

部　长　　宋传江
政　委　　李晨曦(任至2022年4月)
　　　　　祁永东(2022年8月任职)

沙坡头区人民法院

院　长　　刘　伟
副院长　　罗满仓
　　　　　陈　敏(女,任至2022年11月)
　　　　　吴晓利(2022年11月任职)
　　　　　刘　琦(任至2022年1月)
　　　　　马博文(2022年1月任职)
纪检组长　李云飞

沙坡头区人民检察院

检察长　　张　斌
副检察长　王志华
　　　　　李荣霞(女,任至2022年1月)
　　　　　徐家全(2022年1月任职)
　　　　　张艳霞(女,任至2022年1月)
　　　　　郭美玉(女,2022年1月任职)
　　　　　李昱臻(2022年11月任职)(挂职)
纪检组长　莫吉海

沙坡头区党委工作部门及直属事业单位

沙坡头区委办公室
主　任　　宋学强(任至2022年9月)
　　　　　房英俊(2022年9月任职)
副主任兼区委督查室主任
　　　　　李万忠
副主任兼区委国家安全委员会办公室专职副主任
　　　　　吕明杰(2022年5月任职)
副主任兼区档案局局长
　　　　　冯　波(任至2022年9月)
　　　　　马小东(2022年9月任职)
副主任兼区委保密办主任、机要局局长
　　　　　高源君(任至2022年1月)
　　　　　马向成(2022年1—6月)
　　　　　吴　娜(女,2022年6月任职)

沙坡头区委组织部
部　长　　彭小沛(任至2022年2月)
　　　　　祁　洋(2022年2月任职)
副部长兼区直机关工委副书记
　　　　　王建军

副部长兼非公有制经济组织和社会组织工作委员
会书记　　　马千笑(2022年1月任职)
副部长兼区委老干部局局长、区公务员局局长
　　　　　　赵嘉鑫
非公有制经济组织和社会组织工作委员会专职副
书记　　　　高　宇(任至2022年1月)
区离退休干部党工委专职副书记
　　　　　　金文平

沙坡头区委宣传部

部　长　　　沈红菊(女)
副部长　　　万自强
副部长兼区新闻出版局局长
　　　　　　孙宏瑞(女,任至2022年1月)
　　　　　　范红艳(女,2022年1月任职)
副部长兼区国防教育办公室副主任
　　　　　　冯瑛瑾(女)

沙坡头区委统战部(民宗局)

部　长　　　穆怀中(回族)
副部长兼民族宗教局局长
　　　　　　刘彦录(回族)
副部长兼区委港澳台工作办公室(区港澳台事务办
公室)主任、区政府侨务办公室主任
　　　　　　张淑英(女,任至2022年9月)
　　　　　　王　薇(女,2022年9月任职)
副部长　　　邹媛媛(女)

沙坡头区委政法委

书　记　　　孙家骥(任至2022年6月)
　　　　　　张赞军(2022年8月任职)
副书记　　　刘文祥
　　　　　　田彦虎(回族,任至2022年1月)
　　　　　　吕明杰(2022年1—5月)
　　　　　　王　芳(女,2022年9月任职)

沙坡头区委政策研究室

主　任　　　万　静(女)
副主任　　　马淑洁(女)

沙坡头区委网络安全和信息化委员会办公室

主　任　　　赵春凤(女,任至2022年1月)
　　　　　　罗华盛(2022年1月任职)
副主任　　　马进琴(女,回族)

沙坡头区委机构编制委员会办公室

主　任　　　张睿华(女)
副主任兼区事业单位登记管理局局长
　　　　　　王丽娟(女)

沙坡头区委巡察工作领导小组办公室

主　任　　　王　欢(女)
副主任　　　林晓梅(女,回族)
巡察组副组长　　韩　娟(女)　张　圆(女)

沙坡头区档案馆

副馆长　　　杨天鹏(任至2022年6月)
　　　　　　段　欣(女,2022年6月任职)

沙坡头区党委工作部门所属事业单位

沙坡头区廉政教育和案件信息管理中心

主　任　　　严建农

沙坡头区党员宣传教育中心

主　任　　　李嘉欣(女,回族,任至2022年1月)
　　　　　　刘淑萍(女,2022年1月任职)

沙坡头区人力资源服务中心

主　任　　　顾佳宝(女,2022年6月任职)

沙坡头区新时代文明实践志愿服务指导中心

主　任　　　赵　磊

沙坡头区政府工作部门及直属事业单位

沙坡头区政府办公室
主　任　　吴佳伟
副主任　　白　龙　刘志强
副主任兼区审批服务管理局局长
　　　　　李秉杰(任至2022年1月)
　　　　　张明晖(2022年1月任职)
副主任兼区政府外事办公室主任、政务公开办公室主任　　白　杨(2022年1月任职)

沙坡头区发展和改革局
局　长　　马小辉(回族)
副局长兼区经济动员办公室副主任
　　　　　韩　鹏
副局长兼区粮食和物资储备局局长
　　　　　何　婷(女)

沙坡头区教育局
教育工委书记、教育局党组书记
　　　　　冯学渊
教育工委副书记　　徐吉平
局　长　　段永军
副局长　　杨　莉(女)　张　宁

沙坡头区科学技术局
局　长　　张守戈
副局长　　邢志杰　景梅玲(女)

沙坡头区工业信息化和商务局
局　长　　宋　扬(女,回族)
副局长　　景志达(任至2022年9月)
　　　　　靳博红(女,任至2022年6月)
　　　　　王婷婷(女,2022年6月任职)

沙坡头区民政和社会保障局
局　长　　马海轮
副局长　　刘健康(任至2022年1月)
　　　　　王　静(女,2022年1月任职)
　　　　　雍立黎(女)

沙坡头区司法局(信访局)
局　长　　白　龙
副局长　　孟庆涛(任至2022年1月)
　　　　　曾令冲(2022年4月任职)
　　　　　王瑞萍(女)　李　娜(女)
　　　　　张瑞花(女,2022年11月任职)(挂职)

沙坡头区财政局
局　长　　赵爱东
副局长　　何佳凤(女,回族,任至2022年9月)
　　　　　刘　懿(女,2022年1月任职)

沙坡头区自然资源局
局　长　　房国元
副局长　　王生信(2022年1月任职)
副局长兼区林业和草原局副局长
　　　　　蒙彦晓(女)

沙坡头区住房城乡建设和交通局
局　长　　周重南(2022年1月任职)
副局长兼区人民防空办公室副主任
　　　　　周重南(任至2022年1月)
　　　　　薛文政(2022年4月任职)
副局长兼区交通战备办公室副主任
　　　　　冯　涛
副局长　　马成举(2022年7月任职)(挂职)

沙坡头区水务局
局　长　　张红涛
副局长　　雍学茂　史　进

沙坡头区农业农村局
局　长　　赵　峰
副局长　　周　凤(女)
　　　　　李学成(任至2022年1月)

　　　　　　陈江波

　　　　　　孟庆涛(2022年1月任职)

沙坡头区旅游和文化体育广电局

党组书记　　王金萍(女)

局　　长　　阿　莲(女)

副局长　　　李自忠(任至2022年9月)

　　　　　　李　岩(任至2022年1月)

　　　　　　杨天鹏(2022年6月任职)

　　　　　　刘　权(2022年9月任职)

沙坡头区卫生健康局

局　　长　　李天军(任至2022年4月)

　　　　　　黄宗玺(2022年4月任职)

副局长　　　李　凡(女)　刘　芳(女)

沙坡头区退役军人事务局

局　　长　　李卫民

副局长　　　张　雁

　　　　　　曹　萍(女,任至2022年1月)

　　　　　　刘甜甜(女,2022年1月任职)

沙坡头区应急管理局

局　　长　　杨海东

副局长　　　王君炜　王　杰

沙坡头区审计局

局　　长　　秦　玲(女)

副局长　　　史　佳(女)　詹海燕(女)

　　　　　　高　乐(女,任至2022年11月)(挂职)

沙坡头区统计局

局　　长　　武　勇(任至2022年6月)

　　　　　　何佳风(女,回族,2022年9月任职)

副局长　　　王　淼(女)　王学艳(女)

沙坡头区乡村振兴局

局　　长　　白海宝

副局长　　　薄　娟(女)　罗建忠

沙坡头区综合执法局

局　　长　　张永生

副局长　　　陈治平　李玉英(女)

沙坡头区医疗保障局

局　　长　　崔小凤(女,任至2022年1月)

　　　　　　卢　珊(女,2022年1月任职)

副局长　　　张艳玲(女)　施文学

沙坡头区政务服务中心

党组书记　　戴志鹏

主　　任　　王　硕(女,回族)

副主任　　　李世娟(女)　张晓静(女)

沙坡头区政府工作部门所属事业单位

沙坡头区机关事务服务中心

主　　任　　白　杨(任至2022年1月)

　　　　　　拓万爵(2022年1月任职)

沙坡头区教学研究室

副主任　　　崔文祥

　　　　　　冯承志(2022年9月任职)

沙坡头区工业和信息化服务中心

主　　任　　王宁望

沙坡头区农业综合行政执法大队

副大队长　　冯建军

　　　　　　王腊梅(女,回族,2022年1月任职)

　　　　　　赵　斌(2022年8月任职)

沙坡头区农业技术推广服务中心

主　　任　　蒋　利(2022年6月任职)

沙坡头区社会救助和殡葬管理中心

主　　任　　罗　坪(女,任至2022年1月)

　　　　　　谢怡婷(女,2022年6月任职)

沙坡头区文化旅游体育服务中心
主　任　　　丁艳林(女)

沙坡头区国库集中支付中心
主　任　　　王立红(女)

沙坡头区退役军人服务中心
主　任　　　俞　兵

沙坡头区建设工程质量安全监督站
站　长　　　乌清宝(任至2022年5月)
　　　　　　柳春沣(2022年6月任职)

沙坡头区公路管理段
段　长　　　王永红(女)
副段长　　　赵建礼
　　　　　　谢　荣(2022年9月任职)

沙坡头区南山台电灌站
站　长　　　雍学茂

沙坡头区林业技术推广服务中心(挂沙坡头区林木检疫站牌子)
主任(站长)　张翠红(女)

沙坡头区综合行政执法大队
大队长　　　刘立民(任至2022年6月)
　　　　　　张永生(2022年6月任职)
副大队长　　施中元
　　　　　　闫素香(女,任至2022年10月)
　　　　　　王晓华(女,任至2022年1月)
　　　　　　苏　鹏(任至2022年1月)
　　　　　　周　华(回族)
中队长　　　陈　昕(女,2022年6月任职)
　　　　　　王　峰(2022年6月任职)

沙坡头区城市公用事业管理所
所　长　　　胡学智
副所长　　　秦占君
　　　　　　刘渊鑫(任至2022年9月)
　　　　　　陈晓安(2022年6月任职)
　　　　　　周兆娜(女,2022年9月任职)

沙坡头区人民医院(市第二人民医院)
院　长　　　石雨时
副院长　　　林　英(女)　张文玉　焦　涛
总会计师　　陈德建

镇罗镇中心卫生院
院　长　　　宋　瑜

宣和镇中心卫生院
院　长　　　竺建新

永康镇中心卫生院
院　长　　　丁生麟(回族)

兴仁镇中心卫生院
院　长　　　王裕魁

中卫市第二中学
校　长　　　汪金平
副校长　　　王廷洪　李　正
　　　　　　马瑛萍(女,任至2022年9月)
　　　　　　胡启龙(2022年9月任职)

中卫市第四中学
校　长　　　贾　钢
副校长　　　李学信　万志军(满族)　李　莉(女)

中卫市第五中学
校　长　　　李　波
副校长　　　吴建军　杨银国　李维刚

中卫市第六中学
校　长　　　冯承志(任至2022年9月)
　　　　　　余红梅(女,2022年9月任职)
副校长　　　靳保军　安国英
　　　　　　孟淑玲(女,任至2022年9月)
　　　　　　鲍晓凤(女,2022年9月任职)

中卫市第八中学
校　长　　　余红梅(女,任至2022年9月)

中卫市第九中学

校　长　　冯学渊(任至2022年9月)
　　　　　刘成业(2022年9月任职)

中卫市镇罗中学

校　长　　景学文

中卫市宣和中学

校　长　　胡启龙(任至2022年9月)
　　　　　秦军岐(2022年9月任职)

中卫市宣和镇东台学校

校　长　　薛　辉

中卫市永康中学

校　长　　田兴贵

中卫市常乐中学

校　长　　沈其华

中卫市兴仁中学

校　长　　张正智(任至2022年9月)
　　　　　刘　宏(2022年9月任职)

沙坡头区群众工作团体

沙坡头区群团工作委员会

主　任　　马　丽(女)
副主任　　张明晖(任至2022年1月)
　　　　　马兴龙(2022年1月任职)
　　　　　徐凤玲(女)　狄天文

沙坡头区总工会

主　席　　武建国
常务副主席　马　丽(女)
副主席　　狄天文

共青团沙坡头区委员会

书　记　　张明晖(任至2022年1月)
　　　　　马兴龙(2022年1月任职)

沙坡头区妇女联合会

主　席　　马　丽(女)
副主席　　徐凤玲(女)

乡镇机构和领导成员

文昌镇

党委书记　　刘吉祥
党委副书记、镇长　　马晓莉(女,回族)
党委委员、人大主席　　高源君(2022年1月任职)
党委副书记　　姚国强
党委委员、纪委书记兼监察办公室主任
　　　　　刘　瑞(女,任至2022年9月)
　　　　　刘　燕(女,2022年9月任职)
党委委员、组织委员
　　　　　俞　扬(女,任至2022年1月)
　　　　　王晓华(女,2022年1月任职)

党委委员、副镇长
　　　　　朱　鹏(任至2022年6月)
　　　　　刘渊鑫(2022年9月任职)
　　　　　孙秀丽(女,2022年6月任职)
副镇长　　孙秀丽(女,任至2022年6月)
　　　　　王　佳(2022年1月任职)
党委委员、武装部部长
　　　　　曾令冲(任至2022年4月)
　　　　　高学海(2022年4月任职)
民生服务中心主任
　　　　　石祎琦(女,2022年6月任职)
公用事业服务中心主任
　　　　　张晓鹏(2022年6月任职)

综治中心主任

　　刘永辉(2022年6月任职)

农业综合服务中心主任

　　裴文硕(2022年9月任职)

滨河镇

党委书记　　黄兴彦

党委副书记、镇长

　　马立芹(女,回族,任至2022年4月)

　　梁舜杰(2022年4月任职)

党委委员、人大主席　　潘秀芳(女)

党委副书记　　徐雅芬(女)

党委委员、纪委书记兼监察办公室主任

　　马　芳(女,回族)

党委委员、组织委员

　　潘素娟(女,任至2022年1月)

　　苏　鹏(2022年1月任职)

党委委员、副镇长

　　刘柏冬

　　王生信(任至2022年1月)

　　马智勇(2022年1月任职)

副镇长　　马　群

党委委员、武装部部长　　周　茜(女)

公用事业服务中心主任

　　袁　茹(女,2022年6月任职)

综治中心主任

　　蓉　芳(女,回族,2022年6月任职)

农业综合服务中心主任

　　景晓芬(女,2022年6月任职)

民生服务中心主任

　　乔翠萍(女,2022年9月任职)

迎水桥镇

党委书记　　李学亮

党委副书记、镇长　　徐宏亮

党委委员、人大主席

　　潘长涛(任至2022年6月)

　　柳　军(2022年6月任职)

党委副书记　　王　静(女)

党委委员、纪委书记兼监察办公室主任

　　王　佳(女,任至2022年4月)

　　孙耀义(女,2022年4月任职)

党委委员、组织委员　　江　静(女)

党委委员、副镇长

　　李　智(回族,任至2022年4月)

　　李海滨(2022年4月任职)

　　谢勇强

副镇长　　黄　辉(女)

党委委员、武装部部长

　　张海军(回族,2022年1月任职)

民生服务中心主任

　　张丽娟(女,2022年6月任职)

农业综合服务中心主任

　　曹学祥(2022年6月任职)

财经服务中心主任

　　何玉艳(女,2022年9月任职)

东园镇

党委书记　　白春霞(女)

党委副书记、镇长　　徐　超

党委委员、人大主席　　周　瑾

党委副书记　　官学龙(任至2022年9月)

　　景志达(2022年9月任职)

党委委员、纪委书记兼监察办公室主任

  章万军(任至 2022 年 1 月)

  张俊杰(2022 年 1 月任职)

党委委员、组织委员

  王艳茹(女,任至 2022 年 1 月)

  王　煜(女,回族,2022 年 1 月任职)

党委委员、副镇长

  王婷婷(女,任至 2022 年 6 月)

  李　倩(女,回族)

副镇长　　王丽娟(女)

  谭一品(女,2022 年 9 月任职)

党委委员、武装部部长

  马　尧(回族,任至 2022 年 1 月)

  田玉平(2022 年 1 月任职)

民生服务中心主任

  刘　静(女,2022 年 6 月任职)

财经服务中心主任

  刘亚娟(女,2022 年 6 月任职)

综治中心主任

  杨国君(2022 年 6 月任职)

柔远镇

党委书记　　冯伟明(任至 2022 年 6 月)

  武　勇(2022 年 6 月任职)

党委副书记、镇长　　孙金鑫

党委委员、人大主席

  卢　珊(女,任至 2022 年 1 月)

  崔小凤(女,2022 年 1 月任职)

党委副书记　吕明杰(任至 2022 年 1 月)

  田彦虎(回族,2022 年 1 月任职)

党委委员、纪委书记兼监察办公室主任

  孙建云

党委委员、组织委员　　陈　静(女)

党委委员、副镇长

  马智勇(任至 2022 年 1 月)

  李嘉欣(女,回族,2022 年 1 月任职)

  卢　雪(女)

副镇长　　杨　波(回族)

党委委员、武装部部长　　杨　林

财经服务中心主任

  林　莎(女,2022 年 6 月任职)

综治中心主任

  贺玉蓉(女,2022 年 6 月任职)

民生服务中心主任

  张　茹(女,2022 年 6 月任职)

镇罗镇

党委书记　　朱政祖

党委副书记、镇长　　王　健

党委委员、人大主席

  段立武(任至 2022 年 1 月)

  景兆满(2022 年 1 月任职)

党委副书记　范红艳(女,任至 2022 年 1 月)

  孙宏瑞(女,2022 年 1 月任职)

党委委员、纪委书记兼监察办公室主任

  樊永平

党委委员、组织委员　　李　娜(女)

党委委员、副镇长

  蒋雯倩(女)　李鸿飞(回族)

副镇长　　王　薇(女,任至 2022 年 9 月)

  龚俊超(2022 年 9 月任职)

党委委员、武装部部长　　张积达

财经服务中心主任

  刘昭霞(女,2022 年 6 月任职)

综治中心主任

　　　王　静（女，2022年6月任职）

农业综合服务中心主任

　　　陈德彪（2022年6月任职）

宣和镇

党委书记　　黄振全

党委副书记、镇长　　张志斌

党委委员、人大主席　　黄振华

党委副书记　景兆满（任至2022年1月）

　　　董　倩（女，2022年1月任职）

　　　曹畅达（2022年4月任职）（挂职）

党委委员、纪委书记兼监察办公室主任

　　　董　倩（女，任至2022年1月）

　　　陶淑华（女，2022年1月任职）

党委委员、组织委员　　张　妍（女）

党委委员、副镇长

　　　赵建全

　　　张　明（任至2022年6月）

　　　陈红霞（女，2022年6月任职）

副镇长　　罗　坪（女，2022年1月任职）

党委委员、武装部部长

　　　蔡贺程（满族）

民生服务中心主任

　　　贾云治（2022年6月任职）

财经服务中心主任

　　　陈庆龙（2022年6月任职）

综治中心主任

　　　贾宜思（女，满族，2022年6月任职）

农业综合服务中心主任

　　　李亮亮（2022年9月任职）

永康镇

党委书记　　罗永乐

党委副书记、镇长

　　　刘　辉（任至2022年1月）

　　　段立武（2022年1月任职）

党委委员、人大主席

　　　李　鹏（回族）

党委副书记　朱　菁（女）

党委委员、纪委书记兼监察办公室主任

　　　李彦刚

党委委员、组织委员

　　　孙耀义（女，任至2022年4月）

　　　黄新燕（女，2022年4月任职）

党委委员、副镇长

　　　薛文政（任至2022年4月）

　　　乌清宝（2022年4月任职）

　　　郭　亮

副镇长　　范瑞娟（女）

党委委员、武装部部长　　梁伟华

民生服务中心主任

　　　雍丽娟（女，2022年6月任职）

财经服务中心主任

　　　景明月（女，2022年6月任职）

农业综合服务中心主任

　　　张二苗（女，2022年6月任职）

综治中心主任

　　　张宝刚（2022年9月任职）

常乐镇

党委书记　　王宏涛

党委副书记、镇长　　王怀勇

党委委员、人大主席　　马彦荣(回族)

党委副书记　马向成(回族,任至2022年1月)

　　　　　　李　岩(2022年1月任职)

　　　　　　李　璞(2022年4月任职)(挂职)

党委委员、纪委书记兼监察办公室主任

　　　　　　李晓梅(女,任至2022年6月)

　　　　　　刘　姣(女,2022年6月任职)

党委委员、组织委员　　徐　婷(女)

党委委员、副镇长

　　　　　　王　茜(女,2022年1月任职)

　　　　　　田　甜(女)

副镇长　　刘　昊

党委委员、武装部部长　　张　皓

民生服务中心主任

　　　　　　王　芳(女,2022年6月任职)

综治中心主任

　　　　　　狄彩凤(女,2022年6月任职)

财经服务中心主任

　　　　　　孙治彪(2022年6月任职)

农业综合服务中心主任

　　　　　　李　宁(回族,2022年9月任职)

兴仁镇

党委书记　　马千笑(回族,任至2022年1月)

　　　　　　韩进军(2022年1月任职)

党委副书记、镇长　　严学武

党委委员、人大主席

　　　　　　黄振华(任至2022年1月)

　　　　　　李学成(2022年1月任职)

党委副书记　王　静(女,任至2022年1月)

　　　　　　李秉杰(2022年1月任职)

党委委员、纪委书记兼监察办公室主任

　　　　　　张俊杰(任至2022年1月)

　　　　　　马忠礼(回族,2022年1月任职)

党委委员、组织委员

　　　　　　杨夏瑜(女,任至2022年1月)

　　　　　　徐　涛(2022年1月任职)

党委委员、副镇长

　　　　　　刘　辉(任至2022年6月)

　　　　　　杜　虹(女)

副镇长　　魏广瑜

　　　　　　杨　旭(回族,2022年6月任职)

党委委员、武装部部长

　　　　　　禹宝宏(回族)

民生服务中心主任

　　　　　　李　霄(2022年6月任职)

综治中心主任

　　　　　　姬晓伟(2022年6月任职)

农业综合服务中心主任

　　　　　　黎福宝(2022年6月任职)

香山乡

党委书记　　罗华盛(回族,任至2022年1月)

　　　　　　孙家骥(2022年1—6月)

　　　　　　冯伟明(2022年6月任职)

党委副书记、乡长

　　　　　　李　波(任至2022年6月)

　　　　　　杜新宏(2022年6月任职)

党委委员、人大主席

　　　　　　杜新宏(任至2022年6月)

　　　　　　吴岳山(2022年6月任职)

党委副书记　柳　军(任至2022年6月)

　　　　　　朱　鹏(2022年6月任职)

党委委员、纪委书记兼监察办公室主任

  吴岳山(任至2022年6月)

  陈金贵(回族,2022年9月任职)

党委委员、组织委员

  王 茜(女,任至2022年1月)

  艾玉洁(女,2022年1月任职)

党委委员、副乡长

  余莎莎(女,任至2022年1月)

  陈静新(2022年1月任职)

  马 飞(回族)

党委委员、武装部部长   杨子良

农业综合服务中心主任

  孙 浩(2022年6月任职)

综治中心主任

  黄占帅(2022年6月任职)

财经服务中心主任

  谢立祥(2022年6月任职)

民生服务中心主任

  张文书(2022年9月任职)

高举伟大旗帜　勇担时代使命
为全面建设社会主义现代化美丽新沙坡头区团结奋斗

——在中国共产党中卫市沙坡头区委员会二届四次全会上的报告

沙坡头区委书记　宗立冬

（2022年12月12日）

这次会议的主要任务是：高举中国特色社会主义伟大旗帜，以习近平新时代中国特色社会主义思想为指导，深入学习贯彻党的二十大和习近平总书记视察宁夏重要讲话和重要指示批示精神，认真落实自治区、市党代会和有关全会部署要求，回顾总结2022年工作，研究部署2023年工作，团结带领全区各级党组织和广大党员干部群众，弘扬伟大建党精神，坚决扛起时代使命，朝着全面建设经济繁荣、民族团结、环境优美、人民富裕的社会主义现代化美丽新沙坡头区勇毅前行！

2022年工作回顾

即将过去的2022年，是应对困难挑战最多的一年，是发展信心动力最足的一年，是取得可喜成绩最为不易的一年。区委常委会坚决落实党中央和区、市党委各项决策部署，以不忘初心、牢记使命的先行者、创业者、实干者奋进姿态，团结带领全区广大干部群众统筹推进疫情防控和经济社会发展，全力以赴抓产业办实事强治理转作风，经济社会发展取得新的重大进展。预计实现全年地区生产总值268亿元、同比增长5%，固定资产投资同比增长17%，社会消费品零售总额同比增长2%，规上工业增加值同比增长10%，城镇、农村居民人均可支配收入分别增长7%、8%。

——经济发展稳中向好。实施中卫十三小等项目120个，签约落地万达广场等项目70个，到位资金130亿元，同比增长151%。粮食喜获6连丰，奶牛、肉牛、富硒瓜果菜蓬勃发展，高效改造提升供港蔬菜基地和温室大棚，建成阜民丰等规模养殖场32家，跻身全国奶业生产能力提升整县推进试点县、"互联网+"农产品出村进城工程试点县，韩闸韭菜荣膺"全国名特优新农产品"。新增诺航环保等规上工业企业10家，实施工业技改项目17个，开工建设嘉旭储能等新能源项目11个，培育"专精特新"企业41家，新能源总装机容量达4.6GW，R&D经费投入强度达1.76%。黄河梨花节、乡村文化旅游节等节事活动办得有声有色，迎水桥镇入选全国乡村旅游重点镇，沙坡头景区荣获全国旅游客运精品航线，南岸民宿喜获全国首批甲级旅游民宿，"星星的故乡"文旅IP获评全国文化和旅游改革创新案例。

——改革动能持续释放。"六权"改革成效显著，"五块地"确权进度位居全区前列，节约农业灌溉用水6000万立方米，颁发各类确权证书447本，用水权、排污权实现首单交易。农业农村改革蹄疾步稳，农村抵押担保贷款突破6亿元，培育农业生产托管服务主体78个，苹果防霜冻纳入农业生产社会化服务典型经验在中国农业生产托管万里行走进宁夏高峰论坛现场推介，"五制八统一"社会化托管服务模式入选全国农业社会化服务典型。"放管服"改革纵深推进，压减政务服务事项百余项，减免税费2581万元。国资国企、生态文明等领域改革多点突破，全国农业社会化服务创新试点县等7项国字号、宁字号试点稳步推进。

——民生福祉显著增进。十件民生实事全部办结，群众幸福感和获得感日益增强。创新设立助力乡村振兴基金池，争取中央、自治区衔接资金2.27亿元实施产业奖补等项目71个，消除"三类监测对象"风险54户213人，脱贫人口人均纯收入达14573元。新增城镇就业7033人，转移农村劳动力5.46万人。新（改）建中卫一小等学校（幼儿园）38所，盘活教师资源2477人，打造自治区级"互联网＋教育"标杆校、体教融合示范校11所。沙坡头区医疗健康总院运行高效，建成国家级中医专家传承工作室1家、自治区优质服务托育机构2家。困难群众和受灾群众生产生活得到妥善安置，累计拨付冰雹、洪涝灾害等救灾救助资金1.4亿元。实施宣和村大村庄和白桥村等4个高质量美丽宜居村庄建设，建成抗震宜居农房528户，改造老旧小区2个惠及2000余名群众，打造"红色物业"示范点6个，城乡面貌焕然一新。

——生态建设成效显著。创新推行城乡环卫市场化运行机制，荣获全区农村生活垃圾分类和资源化利用三级示范县。强力推进压砂地退出和生态修复，实施9.8万亩高标准农田建设、香山兴仁片区生态修复及灌区（一期）供水工程等一批重大民生工程，压砂地退出休耕25万亩，为环香山地区可持续发展奠定坚实基础。全力打好蓝天、碧水、净土保卫战，实施全国水系连通及水美乡村试点县建设项目，从严修复治理问题矿山85个，完成绿化3.2万亩370万株、草原生态修复0.8万亩，单位工业增加值能耗降幅居全区前列，全年优良天数比例稳定达标，中央第四环保督察组反馈转办件办结率达98%。

——社会治理有效提升。统筹抓好七大领域治理，初信初访化解率达95%以上，刑事发案率同比下降29.8%，电信防诈止付金额超1.5亿元，沙坡头区荣获平安宁夏建设示范县，新墩花园社区入选全国民主法治示范社区，柔远镇冯庄村获评全区乡村治理示范村，创成自治区级民族团结进步示范点4个。扎实推进党支部领办合作社，11个乡镇55个村率先破题开路，4万余名群众响应入股，带动村集体增收2500余万元、群众增收2017万元。防范化解风险取得积极进展，安全生产形势稳定向好，食品药品安全区创建成效显著，东园镇曹闸村等4个村（社区）荣膺全国综合减灾示范社区。坚持"三个坚定不移"不动摇，调整优化"8+8"专班和市区一体平战结合工作机制，高效处置"8·04""9·20"等多轮突发疫情，疫情防控水平显著提升。大力发展全过程人民民主，全面发展协商民主、基层民主，巩固发展最广泛的爱国统一战线。重视群团组织改革和发展，组建成立工会、妇联、团委。国防动员和后备力量建设扎实有力，退役军人服务中心荣获全国退役军人服务保障先进单位。

——党的建设全面加强。深入开展党的二十大和习近平总书记视察宁夏重要讲话和重要指示批示精神"大学习、大讨论、大宣传、大实践"活动，宣传思想和意识形态领域向上向好态势不断巩固。突出抓好基层党组织整顿提升，打造农村党建示范品牌10余个，建成农村党建引领乡村振兴示范线4条。狠抓干部人才队伍建设，精心打造人才公寓，组建成立高质量发展顾问团，干部结构持续优化。圆满完成两轮5个乡镇党委及75个村（社区）党组织的巡察任务。坚持严的主基调不动摇，加强对"一把手"和班子成员监督，扎实推进工程建设、政府采购等14个领域专项治理，处置问题线索190件、立案71件，给予党纪政务处分88人，反腐败压倒性态势更加巩固。

艰难方显勇毅，磨砺始得玉成。过去的一年，面对一系列前所未有的困难和挑战，我们保持发展定力不松劲，咬住目标不动摇，在艰巨繁重的任务中探索创新，在攻坚克难的压力中砥砺奋进，亲身经历了喜迎党的二十大、自治区第十三次党代会召开等一批政治大事，科学处置了"8·04""9·20"突发疫情等一批社会急事，集中办成了压砂地退出和生态修复等一批民生实事，创新推进了党支部领办合作社等一批治理难事，成绩来之不易、经验弥足珍贵。这些成绩的取得，是以习近平同志为核心的党中央正确指引的结果，是区市党委坚强领导的结果，是新一届区委班子和人大、政府、政协班子精诚团结的结果，是各级领导、党员干部和广大群众接续奋斗的结果，是各民主党派和社会各界携手共进的结果，是驻沙单位、驻地部队鼎力相助的结果。在此，我代表区委常委会向广大党员、干部、人民群众和社会各界人士，向所有为沙坡头区经济社会发展作出贡献的同志们、朋友们表示衷心感谢并致以崇高的敬意！

在肯定成绩的同时，我们也要清醒认识到，沙坡头区的发展还面临"三个不确定性"：一是国际形势变化的不确定性波及高质量发展。受俄乌冲突、中美博弈等因素影响，西方发达国家金融政策调整外溢效应，全球经济低迷，加之国际能源价格飙升、运力成本增加、农资价格上涨，政治、能源、粮食、工业等领域面临巨大风险挑战，钢材等工业品出口受限，产业链供应链断裂等风险因素日益突出，新旧动能转换、产业转型升级步伐放缓，影响我区农业和工业的高质量发展。二是国内经济发展的不确定性影响高质量发展。受"需求收缩、供给冲击、预期转弱"三重压力持续影响，结构性矛盾与周期性问题交织叠加，企业订单不足、生产成本上升、产品价格走低、盈利能力减弱，铁合金、钢材、电石、水泥等工业品生产面临供给冲击，制约企业可持续发展；房地产业增长萎靡，对建材、装饰、物流、金融、就业等支柱性行业拉动乏力，城乡居民就业增收渠道收缩，区域经济稳中向好的基础尚不牢固，但也要看到，全国经济韧性强、潜力大、活力足，各项政策效果持续显现，经济运行有望总体回升。三是新冠肺炎疫情对群众生产生活影响的不确定性制约高质量发展。新冠疫情多点散发、多轮反复，影响工业企业原材料有效供应、产品快速外销和资金及时回笼，制约工业企业增产扩能、延链补链；种植业经营受限，大秋蔬菜等农产品大量滞销，面临"增产不增收"的困境；养殖业价格持续波动，挫伤了养殖户补栏出栏的信心；服务业经营主体受到较大冲击，发展创业信心不足，群众消费无法实现恢复性增长，旅游业遭受重创，旅游人数、旅游收入大幅下降；随着新冠病毒的快变异性、高传染性、易反复性，我区公共医疗基础设施、救治能力、诊疗水平、服务保障、基层治理等方面面临新的挑战,高效统筹疫情防控和经济社会发展、最大限度保障人民生命安全和身体健康将成为永恒的主题。对此,我们一定要高度重视,直面突出问题,逐步加以解决。

2023年主要工作

2023年,是深入学习宣传贯彻党的二十大精神、奋进新时代、逐梦新征程的重要一年,是沙坡头区格局重塑、优势再造、补齐短板、转换动能,勇担时代使命、奋力交出高质量发展崭新答卷的关键之年。我们必须把目光向"谋实事"上聚焦,把精力向"干实事"上集中,扛责于肩、担责于身、履责于行,以谦虚谨慎、艰苦奋斗的奋进者、开拓者、攻坚者奋斗姿态,在新征程中跑出更多沙坡头区之"速",赢得更多沙坡头区之"最"、创出更多沙坡头区之"新",以势头强劲的"沙坡头区速度"让发展更具活力,以开放包容的"沙坡头区底蕴"让城市更添温情,以创新实干的"沙坡头区品质"让民心更加汇聚。

新的一年,沙坡头区发展的总体要求是:坚持以习近平新时代中国特色社会主义思想为指导,以深入学习贯彻党的二十大精神为主线,认真贯彻落实习近平总书记视察宁夏重要讲话和重要指示批示精神,积极落实中央经济工作会议和农村工作会议有关要求,坚决落实自治区、市及沙坡头区党代会和有关全会部署要求,坚持稳中求进工作总基调,统筹推进"五位一体"总体布局,协调推进"四个全面"战略布局,立足新发展阶段,完整准确全面贯彻新发展理念,主动服务和融入新发展格局,积极投身自治区"三区"建设和中卫市"五个示范市"建设,以推动高质量发展为主题,坚持"六个更好统筹",深入实施"五大战略",集中力量推动"六个一百"工程,坚持不懈稳增长、稳就业、稳物价,凝心聚力抓产业、办实事、强治理、转作风,走出一条高质量发展新路子,为继续建设社会主义现代化美丽新宁夏、新中卫作出沙坡头区贡献!

主要奋斗目标是:全年地区生产总值增长7%;固定资产投资增长15%;社会消费品零售总额增长4%;地方财政一般公共预算收入增长5%;城镇、农村居民人均可支配收入分别增长7%和10%左右。集中力量推动"六个一百"工程,即:围绕做大经济体量、夯实发展基础,强力推进一批打基础、利长远的大项目好项目落地,联动推进谋大招强和增资扩产,实施优质项目100个、落实招商引资到位资金100亿元;围绕做强特色产业、延链强链补链,培育壮大一批示范性、带动性强的新型经营主体,推动党支部领办合作社扩面增量,新增大中新型经营主体和示范性党支部领办合作社100个;围绕创新基层治理、增进民生福祉,加快推进乡村全面振兴,健全为民办实事长效机制,用心用情解决群众急难愁盼的民生问题、信访矛盾问题等各类民生实事100件;围绕提升党建水平、锻造过硬人才干部队伍,招引培养各类创新技能型人才和优秀干部100名,锻造各领域党建示范品牌100个。

重点做好以下几项工作:

一、深入实施创新驱动战略,坚定不移促开放,在激活高质量发展新动能上取得更大成效

推动高质量发展,必须深入实施创新驱动发展战略,坚定不移抓创新促开放,全力塑造高质量发展新动能新优势。

打造科技创新示范新高地。深入实施创新驱动战略"四个一批"工程,健全多元化投资结构,完善科技型企业银企对接机制,力争全社会R&D经费投入强度达到1.96%以上。突出企业创新主体地位,推动各类创新要素向企业集聚,鼓励重点企业牵头组建创新联合体,新增国家级、自治区级科技型企业10家、创新平台7家,形成头部企业支撑引领、中小企业众星拱月的创新集聚圈。聚焦区内外高校优势学科和重点专业,高效对接发展所需、院校所长,组建产学研创新联盟,围绕抗旱、抗盐碱、绿色食品加工等开展课题研究和技术攻关,推动产业发展从"要素驱动"转向"创新驱动"。健全完善引才育才用才机制,发展壮大高质量发展顾问团,探索试行项目+团队"带土移植""技术联姻"等柔性引进模式,年内招引百名科研、专业人才来沙"兼职兼薪"。

打造改革开放引领新高地。纵深推进"六权"改革,推动土地权、山林权确权登记扩面增量,优化用水权、土地权投融资机制,搭建"六权"交易平台,争创"六权"改革示范县。持续深化农业农村改革,扎实做好承包期再延长30年试点工作,抓好农村集体资源资产的权力分置和权能完善,完善土地增值收益分配机制,争取全国闲置宅基地盘活利用等国字号改革试点,让广大农民在改革中分享更多成果。创新"政银企"金融体制改革,建强乡村振兴基金池,发挥政府性融资担保基金作用,引导更多金融资源支持中小微企业、实体经济和村集体发展。拓展对外开放广度,抢抓黄河流域生态保护和高质量发展先行区建设等重大机遇,主动承接区域产业转移,聚焦新材料新能源、文化旅游、农产品加工等领域,实施"引资强链、补链、扩链"工程,争取华润肉牛养殖、中能建农光互补等一批优质企业、亿元项目落地,力争招商引资到位资金破百亿。

打造项目服务升级新高地。持续优化营商环境,健全项目联合审批机制和市场准入负面清单管理机制,探索全领域无差别"一窗受理",提升营商便利度和企业满意度。认真研究国家和区市投资导向,聚焦产业转型、基础设施和重大民生领域,深入开展"三争"行动,加快推进沙坡头区水资源节约集约利用智能监控项目等17个中央预算内投资项目,精心策划包装一批基础性、战略性、全局性项目,年内争取中央资金20亿元以上。强化政策保障,加快出台奶(肉)牛、苹果、设施蔬菜等产业发展扶持政策"礼包",吸引更多资金和项目向沙坡头区聚集。牢固树立项目为王理念,对标"六新六特六优"产业,持续开展"扩大有效投资攻坚年"活动,组建重大项目决策咨询委员会,完善重大项目全过程跟踪审计第三方服务机制,高效推进峡门水库大坝除险加固工程等120个项目建设,全力增强高质量发展后劲。

二、深入实施产业振兴战略,凝神聚力抓产业,在加快构建高质量发展新格局上力求更大突破

推动高质量发展,必须主动融入产业升级示范市建设,提升产业链供应链价值链韧性,实现质的有效提升和量的合理增长。

提速发展特色农业。聚焦"六特"产业,支持区域化布局、规模化经营、标准化生产、品牌化营销,打造全产业链体系。坚持"藏粮于地、藏粮于技",抓住耕地和种子两个要害,在增产和减损两端同时发力,持续推进种业振兴行动,抓好8万亩高标准农田和高效节水农业建设,确保粮食面积稳定在29万亩以。集群发展枸杞、奶牛、肉牛、富硒瓜果菜产业,以镇罗、柔远为核心提升改造日光温室大棚1000座、集中连片打造2000亩标准化蔬菜基地,以永康、宜和为核心打造优质苹果节水示范基地1万亩,争创国家级农村(苹果)产业融合发展示范园,以香山、兴仁为核心抓好清砂片区高效农业种植试验示范基地建设,全力推进麦垛山一期5万头奶牛养殖基地等项目，构建以成熟灌区耕作区、南部台地种养区、旱塬盆地示范区、依山涉沙创新区为主的优势特色产业板块，擦亮"有机富硒蔬菜之乡""黄金奶源之乡"金字招牌。深入实施农产品加工业提升行动，依托光明、天瑞、江南好等龙头企业带动，实施光明年产2万吨婴幼儿奶粉和日产1500吨液态奶生产线等项目，提升夏华等企业屠宰加工产能，加大果蔬脆片、枸杞原浆、婴幼儿食品等产业招引、产品开发力度，打造一批"航班高铁直供""酒店商超直送"特色产品，实现卖产品向卖精品转变。持续推进"互联网+"农产品出村进城工程，搭建"沙坡头区优品"电商平台，做强"沙坡头苹果""神聚"等线上品牌，实施农产品产地仓储保鲜冷链建设等项目，打造辐射周边的仓储物流交易中心，力促全年农业总产值增长3.5亿元。

提质增效新型工业。围绕"六新"产业，持续实施"四大改造"，推动辖区产业基地与中卫工业园区耦合发展。大力发展高端精品钢、特钢等高附加值产品，鼓励、支持三元中泰等企业内联外引组建产业联盟，实施盛发能源15MW余热发电等一批技改项目，推动钢铁、冶金、化工等重点行业转型升级。加大"三类500强"企业和全产业链招商力度，聚焦化工新材料、锂电池、风机制造及光伏组件，加快赫峰板材、贝盛年产5GW高效光伏组件与配套材料产业集群等项目建设，打造中西部地区重要的新型材料集群。抢抓国家支持宁夏建设全国新能源综合示范区机遇，争取更多新能源指标向沙坡头区倾斜，配合做好"宁湘直流"配套新能源基地、"中卫绿电园区"等项目服务，加快实施国电投中卫香山风电场1—3期风电机组"以大代小"更新试点、宁国运100MW复合光伏等项目，力争新能源装机总量突破5GW，打造中西部地区"风水光储一体化"的新能源集群和国家沙漠光伏基地。

提档升级现代服务业。巩固提升全域旅游示范区创建成果，坚持"全景全时全业"发展方向，依托沙坡头、寺口子等景区，加强与区内及陕甘蒙毗邻地区旅游节点城市合作和线路互联，推陈出新一批组团游、自驾游、亲子游精品线路，加快星级旅游厕所、停车场等基础设施建设，重点实施沙漠主题度假中心、枣林溪宿等项目，力争游客人次突破900万、旅游收入达到58亿元。深度挖掘黄河文化古迹、大麦地岩画等文化底蕴，加大非物质文化遗产传承保护，创新开展民俗文化推介、社区文艺展演等各类主题活动，推进景区景点同文化基因重组发酵，打造黄河文化交流展示馆、莫楼盐运文化、非遗传承基地等文化新地标，办好丝绸之路大漠黄河国际文化旅游节、金蛙国际艺术节、乡村旅游节等品牌节事活动。延伸全民消费链条，推动特色商圈错位发展，打造以宣和商贸服务中心、兴仁交通物流中心为主的商贸物流综合服务集聚区，以何滩村、鸣钟村、莫楼村等为主的乡村旅游集聚区，以万达商贸综合体、向阳步行街为主的鼓楼商圈集聚区，繁荣假日经济、夜间经济。加快"机器换人""电商换市"进程，培育发展直播经济、社区团购等"智慧物流"新业态，推动健康、养老、育幼、家政等服务业扩容提质，力促服务业增加值占比超过50%。

三、深入实施共同富裕战略，用心用情办实事，在顺应群众美好生活新期待上展现更大作为

推动高质量发展，必须坚持在发展中保障和改善民生，鼓励共同奋斗创造美好生活，不断实现人民群众对美好生活的向往。

全面推进乡村振兴。突出抓好以乡村振兴为重心的"三农"各项工作，坚持立农为农、品牌引领，推动党支部领办合作社扩面提量，用活33条扶持政策，依托农业农村特色资源，壮大设施蔬菜、苹果、硒砂瓜、畜禽等乡村特色种养业，布局发展乡村服务业，实施香山兴仁产业配套、柔远镇沙渠村蔬菜分拣配送中心等48个项目，向开发农业多种功能、挖掘乡村多元价值要效益，向一二三产业融合发展要效益。健全完善防返贫动态监测和帮扶、脱贫群众稳定增收长效机制，守住不发生规模性返贫底线。深入推进乡村振兴示范镇村创建行动，以宣和、枣林、永乐等村为引领，统筹镇域和"多规合一"实用性村庄规划管理，接续推进人居环境整治、农房质量安全提升等工程，打造河沟等美丽宜居村庄3个、完成卫生改厕1721户、新改建农村公路30公里以上，力争农村人居环境整治示范镇村创建全覆盖、乡村振兴示范镇村创建"双过半"，争创全国乡村振兴示范县区。

加快城市更新步伐。坚持人民城市人民建、人民城市为人民，提高城市规划、建设、治理水平，投入各级各类资金28.02亿元，实施山水大院三期等13个房地产开发项目，提速鼓楼东街北侧楼群4.21万㎡老旧小区改造步伐，分期分批实施棚户区安置房办证惠民工程，争取资金对福润苑、福兴苑、应理新社区等小区实施基础设施维修改造，精心建设沙坡头区综合档案馆、城市小微公园等，打造"本地人满意、外地人赞赏"的品质之城。深化文明城市创建，以绣花功夫实施"全周期、全时段"精细化管理，优化城乡环卫市场化运行机制，推进城市"疏堵提畅""市容靓化"工程，加快怀远路、和睦巷、三合路等一批城区道路、背街小巷道路修缮提升步伐，布局配套停车位、垃圾中转站、特色公厕等一批基础设施，年内实现小区物业管理全覆盖，打造精致细腻、整洁有序的宜居宜业城市。

全力增进民生福祉。坚持人民至上，健全为民办实事长效机制，投入4.08亿元优先支持民生事业发展，办好香山兴仁片区生态修复及灌区供水等一批民生实事。落实就业优先政策，持续推进居民收入提升行动，实施创业服务提升、创业孵化提升、重点群体就业引导"三大工程"，解决好高校毕业生、农民工、困难家庭等重点人群就业问题，组织开展订单式、技能式培训7000人次，带动城镇新增就业、农村劳动力转移就业6.6万人以上。坚持教育优先发展，统筹推进七幼、十四小等11所学校改（扩）建项目，深化"互联网＋教育"融合应用，在二幼、七小、四中等学校先行试点推行集团化办学模式，遴选培养百名骨干名师，推动基础教育发展指标和质量双提升。持续深化医疗卫生体制改革，加快推进沙坡头区人民医院迁建、区级疾控中心和兴仁、宣和等5个基层急救分站建设，健全完善分级诊疗服务体系，提升区乡村三级基层医疗卫生服务水平，支持区人民医院创建"三乙"医院和眼科、儿科等自治区级重点专科，全方位保障群众身体健康和生命安全。推动全民健身和全民健康融合发展，办好自治区十六运等体育赛事活动，实施智慧化体育场馆建设，确保"十分钟"健身圈覆盖率达到90%以上。全面落实社会保障和社会救助政策，加大"老年友好型社区"创建力度，织密"一老一小"、困难群体关爱救助服务网络。

四、深入实施生态优先战略，标本兼治优环境，在全力打造美丽沙坡头区新样板上实现更大进展

推动高质量发展，必须贯彻落实习近平生态文明思想，投身生态环境保护示范市建设，让绿色成为高质量发展的鲜明底色。

提升绿色发展质效。围绕碳达峰碳中和目标，完善现代化生态环境监测体系，扎实做好"能耗"双控工作，推进产业工艺技术装备绿色化、低碳化、清洁化、循环化改造，确保单位GDP能耗降幅和二氧化碳排放降幅稳定达标。积极发展绿色金融，探索建立碳排放权、用能权市场化交易机制，引导资源向低碳领域配置。持续开展节约型机关、绿色家庭、绿色学校、绿色社区创建，将新改建的沙坡头区人民医院打造成全区首个零碳建筑，年内创建自治区、市级绿色示范单位10个以上。

筑牢生态保护屏障。建立国土空间规划体系，科学划定和落实"三区三线"，优化生产力布局和国土空间开发新格局。统筹推进山水林田湖草沙系统治理，健全完善生态补偿机制，加大蒿川移民迁出区生态修复力度，稳妥有序推进压砂地退出和生态修复，实施陈水矿区废弃矿山生态修复等项目，构建全域生态保护体系。坚持"以林养林""以地换林"，持续推进国土绿化行动，完善"林长制"责任体系，完成绿化5.9万株、草原修复3000亩，发展林下经济2300亩。坚持"四水四定"，认真落实河湖长制，推进清水河下段（沙坡头区）综合治理、中沟中段治理等工程，做好黄河黑山峡水利枢纽工程前期准备工作，推进水资源超载区摘帽，保障黄河健康安澜。

推进环境污染防治。持续深入打好蓝天、碧水、净土保卫战，坚决做好中央环保督察反馈问题整改"后半篇"文章。全地域全时段推进"四尘"同治，因地制宜实施农村清洁取暖，改造1.53万户100万㎡，加强"散乱污"企业综合整治及重点行业排放提标改造，推动大企业有序改造、中小企业综合整治、"散乱污"企业动态清零。统筹推进"五水"共治，加快沙坡头区第四污水处理厂、兴仁污水处理厂建设，确保黄河过境段、重点入黄排水沟水质稳定达标。纵深推进"六废"联治，巩固全国土壤普查试点成果，狠抓农业面源污染防治和土壤污染管控修复，确保农用残膜回收利用率、畜禽粪污资源化利用率分别达到87%和96%。

五、深入实施依法治区战略，勠力同心强治理，在奋力开创和谐稳定安全新局面上迈出更大步伐

推动高质量发展，必须贯彻落实总体国家安全观，加快构建大安全格局，最大限度汇聚力量、谱写平安和谐新乐章。

推进高质量民主法治建设。坚持党的领导、人民当家作主有机统一，投入更多资金、人力、物力支持人大、政协开展工作，形成同心同德、共促繁荣的强大合力。坚持大团结大联合主题，加强同各民主党派、无党派人士合作共事，大力推进协商民主和基层协商，发挥工会、团委、妇联桥梁纽带作用，加强国防动员和后备力量建设，巩固壮大新时代统一战线。一体推进法治沙坡头区、法治政府、法治社会建设，深化行政执法、司法体制改革，扎实推进"八五"普法，实施基层法治文化阵地建设三年行动，推动基层司法所规范化建设全覆盖，争创一批全国、全区民主法治示范村（社区）。

推进高标准平安沙坡头区建设。坚持总体国家安全观，全面排查化解政治、社会、金融等行业领域重大风险隐患，持续开展反恐防暴、反邪教斗争，全力推进扫黑除恶斗争重点市整顿提升，维护国家安全和政治稳定。坚持和发展新时代"枫桥经验"，以镇罗镇七联动乡村治理、柔远镇大调解机制为引领，打造"一镇一品"矛盾纠纷多元化排查化解特色品牌，加快推进康乐移民区综治中心建设，推动信访积案和涉法涉诉案件存量"双减半"，争创全国信访工作示范县。巩固提升全国综合减灾示范区成果，深化安全生产专项整治，加快智慧工地建设，完善风险闭环管理机制。强化食品药品全链条、全周期监管，推动食品药品安全区创建提档升级。扎实开展禁毒人民战争，纵深推进全民反诈、命案防范打击，全方位守护群众生命财产安全。

推进高效能治理体系建设。全面落实社会治理"1+6+1"政策文件,深化数字引领基层治理"大联动、微治理"格局,抓好数字乡村试点县建设。狠抓校园治理,统筹推进社会、学校、家庭系统教育工程,深化早婚早育专项治理,织密未成年人关爱保护网。走好乡村治理"良政三治"之路,持续推广党支部领办合作社、村级内置金融模式,年内打造乡村治理样板镇8个、乡村治理样板村40个。狠抓社区治理,优化完善社区网格化管理服务体系,推动综合治理与基层党建"双网合一",构建纵向到底、横向到边的基层治理"全科网格"。狠抓网络空间治理,加强阵地管理,切实提升管网治网用网水平,筑牢"安全"之壁。深入贯彻党的民族政策和宗教工作基本方针,深化"5585"创建模式,巩固拓展全国民族团结进步示范区创建成果,依法管理宗教事务,营造民族团结、宗教和顺的大好局面。

全面加强党的建设

事业兴衰、关键在党。必须毫不动摇坚持和加强党的全面领导,大力弘扬伟大建党精神,以敢于斗争、善于斗争的担当者、克难者、奉献者奋勇姿态,推进全面从严治党向纵深发展、向基层延伸,以高质量党建引领高质量发展。

突出政治建设,把稳正确航向。坚持把党的政治建设摆在首位,加快出台加强和维护党中央集中统一领导的若干实施细则,带头加强常委会建设,深刻领悟"两个确立"的决定性意义,增强"四个意识"、坚定"四个自信"、做到"两个维护"。始终把党的二十大精神、习近平总书记重要指示批示作为党内政治要件,健全推动党中央重大决策部署落实机制,严格执行新形势下党内政治生活若干准则,全面贯彻民主集中制,带头弘扬创新务实、奋勇争先作风,形成以上率下、冲锋在前的示范效应。

深化思想建设,筑牢理想之基。深入开展党的二十大和习近平总书记视察宁夏重要讲话和重要指示批示精神"大学习、大讨论、大宣传、大实践"活动,全面落实"第一议题"制度,实施习近平新时代中国特色社会主义思想教育培训计划和"七进"工作,推动党的创新理论学习精准传播、有效覆盖。坚持党管宣传、党管意识形态、党管媒体,把握正确舆论导向,严管重点领域阵地,推动社会主义核心价值观深入人心,牢牢掌握意识形态工作领导权、主动权和话语权。

抓好组织建设,建强战斗堡垒。牢固树立大抓基层的鲜明导向,聚力"一抓两整"示范县乡创建,持续开展基层党组织整顿提升行动,以党建工作"3+1"示范带为引领,年内整顿提升宣和华和村、香山黄泉村等6个村党支部,打造东园镇黑山村"红轴聚梦 筑梦黑山"等30个农村党建示范品牌,争创党建引领乡村振兴示范县。扎实抓好城市基层党建引领基层治理赋能增效行动,探索强化新业态新就业群体"破冰、领航、暖新、融圈"四大行动,深化"五型"模范机关创建,推进国企、学校等各领域党建工作,确保各领域党组织全面进步全面过硬。

狠抓干部建设,激发干事激情。坚持新时代好干部标准,注重在乡村振兴、改革攻坚第一线考察识别干部,探索建设"干部云"平台,拓宽"墩苗育苗""火线成长"、挂职交流覆盖面,建强领导干部梯队。健全干部"能上能下"长效机制,完善精准考核、全过程跟踪评价体系,着力提拔重用一批表现优秀干部、"回炉重造"一批"夹生"干部、推动一批"问题"干部"退位让贤",力促各级领导干部尤其是年轻领导干部成长为可堪大用、能担重任的中坚力量。认真落实"三个区分开来"、容错纠错及受处理处分干部教育管理使用办法,激发干部干事创业热情。

强化正风肃纪,优化政治生态。始终保持惩治腐败的高压态势,牢固树立"全周期管理"意识,加强廉洁文化建设,提高一体推进"三不腐"能力和水平。坚持挺纪在前,全面加强"一把手"和领导班子监督,探索运用"大数据"监督,协同深化"四项监督",严格落实中央八项规定及其实施细则精神和自治区作风建设八条禁令,持续为基层松绑减负。发挥政治巡视巡察"利剑"作用,深化工程建设、政府采购、医疗卫生等领域专项整治,严肃查处一批风腐一体重点案件,营造崇廉反腐、风清气正浓厚氛围。

各位委员、同志们,蓝图绘就、正当扬帆破浪;重任在肩,更需策马加鞭。让我们更加紧密地团结在以习近平同志为核心的党中央周围,高举伟大旗帜,弘扬伟大建党精神,自信自强、守正创新,踔厉奋发、勇毅前行,奋力谱写沙坡头区高质量发展新篇章,为继续建设经济繁荣民族团结环境优美人民富裕的美丽新宁夏、新中卫作出新的更大贡献!

中卫市沙坡头区人大常委会工作报告

——在中卫市沙坡头区第二届人民代表大会第三次会议上

沙坡头区人大常委会主任 张冠华

（2022 年 12 月 22 日）

各位代表：

我受沙坡头区第二届人民代表大会常务委员会委托，向大会报告工作，请予审议，并请列席人员提出意见。

2022 年工作回顾

2022年是党的二十大召开之年，也是新一届人大常委会的开局之年。一年来，在区委的坚强领导和市人大常委会的关心指导下，区人大常委会坚持以习近平新时代中国特色社会主义思想为指导，全面学习贯彻党的二十大、自治区第十三次党代会、中卫市第五次党代会及沙坡头区第二次党代会精神，深入贯彻习近平法治思想和习近平总书记关于坚持和完善人民代表大会制度的重要思想、中央人大工作会议及习近平总书记视察宁夏重要讲话精神，紧跟自治区、中卫市党委和区委决策部署，紧贴人民群众对美好生活的向往，主动担当作为，依法履职尽责，努力实践制度优势转化为治理效能的全过程人民民主，圆满完成了区二届人大一次会议确定的目标任务，为加快建设黄河流域生态保护和高质量发展先行区，继续建设经济繁荣民族团结环境优美人民富裕的美丽沙坡头区作出了新贡献。

一、坚定不移坚持党的全面领导，把握新时代人大工作正确方向

常委会牢牢把握中国共产党领导的政治机关定位，始终把旗帜鲜明讲政治作为人大工作的生命线，不断提高政治判断力、政治领悟力、政治执行力，切实增强"四个意识"、坚定"四个自信"、捍卫"两个确立"、做到"两个维护"，确保在思想上政治上行动上同以习近平同志为核心的党中央保持高度一致。

持续强化理论武装。以习近平新时代中国特色社会主义思想统揽人大工作，坚持把习近平法治思想、习近平总书记关于坚持和完善人民代表大会制度的重要思想作为政治必修课和业务基本功，健全完善党组理论学习中心组学习、常委会会议、党组会议、干部理论学习机制和法律学习制度，结合"大学习、大讨论、大宣传、大实践"活动，认真学习党的二十大、中央人大工作会议、自治区第十三次党代会及自治区党委人大工作会议精神，持续强化理论武装，筑牢思想政治根基。年内，召开常委会党组会议16次,理论学习中心组学习12次,干部集中学习35次,交流研讨10次,宣讲习近平新时代中国特色社会主义思想、自治区第十三次党代会精神16场次,用伟大思想指引航向,解决问题,推动工作,丰富拓展沙坡头区人大工作的实践特色、时代特色、地方特色。

坚持党的全面领导。精准把握人民代表大会制度是坚持党的领导、人民当家作主、依法治国有机统一的根本制度,坚持把党的领导贯穿始终,落到实处,使"三个善于"成为人大工作鲜明的政治底色。坚决贯彻落实党的路线方针政策和区委部署要求,自觉扛起人大常委会党组把方向、管大局、保落实的领导责任,执行好党领导人大工作的各项制度,始终与区委在政治上同向、思想上同心、工作上同步、发展上同力。一年来,常委会及时向区委请示汇报重要会议、重点工作、重大事项20次,区委听取人大常委会党组工作汇报和区委主要领导调研人大常委会工作提出的要求,第一时间安排部署抓好落实,切实把党的领导贯穿于履职全过程、各方面、各环节。坚持依法讨论决定重大事项,听取、审议"一府一委两院"工作报告44项,依法作出关于设立区二届人大常委会代表资格审查委员会、批准调整财政预算等决定决议14项,确保区委决策部署通过法定程序转化为全区人民的共同意志。坚持党管干部原则与人大依法选举任免有机统一,召开区二届人大二次会议补选区长1名、常委会委员7名,依法任免国家机关工作人员65人次,补选市五届人大代表9名,指导各乡镇补选沙坡头区二届人大代表12名,确保区委人事安排通过法定程序顺利实现。加强对人大选举和任命干部的任后监督,组织21个政府组成部门主要负责人依法向人大报告工作,增强任命工作人员人大意识,自觉接受人民监督、人大监督,向人民负责、向人大负责。

坚决落实区委决策部署。聚焦经济社会发展大局,聚焦人民群众所思所盼所愿,坚决贯彻落实区委的决策部署,主动担当作为,用实际行动做到区委工作重心在哪里,人大工作就跟进到哪里,力量就汇聚到哪里,作用就发挥到哪里。积极落实常委会领导包抓乡镇、社区、重点项目、压砂地退出种植及生态修复、后进村整顿等重点工作,围绕乡村振兴、文明城市创建、河(湖)长制落实、疫情防控等中心工作,为区委、政府解忧,为基层干部解难,为人民群众解困。一年来,包抓指导兴仁、宣和、永康等镇的25个村完成压砂地退出及种植3754户13.17万亩,督导76个重点项目60余次,指导杨滩村、永康村等29个重点移民村和党建联系村工作58次,巡河60多次,包抓杞香苑、东方红等7个社区有效处置"8·04""9·20""11·17"突发疫情。特别是"9·20"疫情期间向全区各级人大代表发出倡议,号召沙坡头区各级人大代表积极参与疫情防控工作,800余名各级人大代表奋战在急难险重一线,发挥了人大代表的先进表率作用,展示了新时代人大代表的良好形象。

二、锲而不舍助推经济社会发展,突出新时代人大工作鲜明主题

认真履行宪法法律赋予人大的监督职责,实施正确监督、有效监督、依法监督,充分发挥人大职能作用,为党分忧,为国尽责,为民造福。

聚焦经济社会高质量发展开展监督。主动适应经济发展新常态,持续加强对财经工作的监督,听取和审议计划预算执行、决算、审计工作、项目建设等报告及议案10项,围绕落实主要指标、重点任务和提高资金使用绩效等方面提出意见建议10条,切实为人民盯紧"钱袋子"、看好"家底子"。落实国有资产管理情况报告制度,两次听取、审议国有资产管理情况报告,确保国有资产安全完整、保值增值。对沙坡头区美丽乡村建设行动实施情况进行视察,听取和审议区人民政府关于百万移民致富提升行动实施情况、沙坡头区政府债务风险防范和管理情况、"基层综合执法改革"情况、贯彻实施《宁夏回族自治区建设黄河流域生态保护和高质量发展先行区促进条例》情况专项报告,推动沙坡头区在高质量发展中扬优势、补短板、强弱项。

聚焦民生事业高水平保障开展监督。坚持民有所呼、我有所应,直面群众普遍关注的热点问题,努力推动民生改善。先后对沙坡头区居民小区物业管理、养老服务体系建设、创建"全国综合减灾示范区"等工作开展情况进行专题调研,听取政府相关工作报告,督促政府及相关部门进一步加大资金投入力度、强化责任落实、加大监管力度,推动解决了一批与人民群众生产生活息息相关的民生问题,促使发展成果惠及更多群众。

聚焦生态环保高标准落实开展监督。认真践行习近平生态文明思想,将生态环保列入人大监督常设议题,听取沙坡头区2021年、2022年度环境状况和环境保护目标任务完成情况报告,针对空气优良天数环比持续下降、环保综合执法体制机制不畅、全民生态环保意识仍需增强等问题,建议政府及相关职能部门强化组织领导、坚持生态建设和环境治理相结合、加强环境保护宣传教育和信息公开,为建设黄河流域生态保护和高质量发展先行区贡献人大智慧和力量。

聚焦做实"后半篇"文章开展监督。认真落实法律赋予的职权和中央人大工作会议精神,在综合运用听取审议工作报告、执法检查、专题调研、视察等方式的基础上,首次对区旅游和文体广电局、综合执法局、卫健局、住建和交通局依法行政情况进行工作评议,并对整改落实情况进行满意度测评,向社会公布评议结果,落实人民的知情权、表达权、参与权和监督权。建立常委会审议意见跟踪督办制度,年内听取"一府一委两院"及相关部门落实区人大常委会审议、调研、检查、视察、评议提出意见建议研究落实情况报告21项,提出的84条意见建议已全部整改落实到位。

三、驰而不息推进民主法治建设,强化新时代人大工作法治保障

常委会始终坚持深入学习贯彻习近平法治思想,积极推进严格执法、公正司法、全民守法,全力助推法治沙坡头区建设。

在维护宪法法律权威中主动作为。坚定履行贯彻宪法、保证宪法法律实施的重要职责,捍卫宪法法律尊严,弘扬社会主义法治精神,维护社会公平正义。建立常委会法律学习第一议题制度,组织常委会组成人员、人大代表和机关干部在常委会会议上学习宪法、法律法规9次10部,受到市依法治市领导小组和市人大常委会肯定。以《代表法》《监督法》等为主要内容,组织部分人大代表进行了为期一周的履职学习培训,教育引导人大代表和人大工作者依法办事。大力弘扬宪法精神,加强宪法宣传教育,开展第九个国家宪法日活动,组织10次宪法宣誓,83名国家工作人员庄严宣誓,增强了国家工作人员的宪法意识和法治观念。

在大力推进依法行政中担当作为。听取沙坡头区贯彻实施《宁夏回族自治区促进民族团结进步工作条例》情况,积极配合自治区、中卫市人大常委会开展立法调研、执法检查工作4次,切实保障了相关法律、法规和条例在沙坡头区的贯彻实施。不断加强规范性文件备案审查工作,共审查规范性文件12件,有力维护了法律法规的严肃性,促进了依法行政工作。

在着力促进公正司法中积极作为。围绕监察权依法行使,听取和审议了区监察委员会开展廉政教育工作情况的专项报告和审议意见研究落实情况的报告,落实了法律规定的对国家机关监督全覆盖。深化对"两院"的司法监督,听取和审议了"法检"两院上半年工作落实情况、区人民法院刑事审判和区人民检察院刑事检察专项工作报告,跟踪监督审议意见办理情况,督促"两院"更好地发挥司法机关在维护社会稳定中的职能作用。组织人大代表15人次旁听法院庭审,切实让人民群众在每一件司法案件中感受到公平正义。

在指导乡镇人大履职中创新作为。建立常委会领导联系指导乡镇人大工作机制,加强对乡镇人大工作的指导,支持乡镇人大主席团依法履职、开展工作。年内,组织各乡镇举办人大代表培训班10次、参加培训600余人,调研乡镇人大主席团工作3次,组织观摩学习交流1次,进一步推进基层人大主席团规范化建设。拨付乡镇代表活动经费25万元,组织各乡镇人大主席外出学习培训1次,切实增强了基层人大工作者做好新时代人大工作的责任感和使命感。

四、守正创新发挥代表主体作用,彰显新时代人大工作人民立场

充分尊重代表主体地位,深化和拓展代表工作内容,创新代表工作方式,健全代表工作机制,支持和保障代表依法履职,推动代表履职更接地气、更贴民心、更顺民意,发挥好人大代表作用,彰显人民当家作主。

标准化打造活动阵地。坚持"线上线下"有机结合,推进人大代表"家、室、点"规范化建设,划拨经费31万元,指导各乡镇按照标准建设人大代表之家11个,高标准打造人大代表工作室20个,重点打造代表工作示范点5个,创新建设"芳姐"个人代表工作室,为代表履职搭建优质平台。加强代表工作微平台建设,通过微信平台征集人大代表意见建议23条,发布沙坡头区工作动态信息105条,丰富了人大民主民意表达平台,把制度优势转化为治理效能。

制度化建立活动机制。将制度建设作为推动工作创新发展的重要抓手,建立健全代表每月例会学习、联系选民活动,常委会组成人员联系人大代表、意见建议办理等制度,用制度规范代表职责,按制度行使职权,为代表高效规范开展工作提供支持和保障。深化代表小组活动制度,将辖区内自治区、中卫市、沙坡头区和乡镇四级人大代表混编为105个代表小组,统一规范代表活动室制度17项,开展代表小组活动94场次,形成了以代表小组开展活动机制。

常态化开展代表活动。通过组织代表一月开展一次学习、两月开展一次"两代表一委员"联合接待、三月开展一次"双联系"等活动,拓宽代表履职渠道,激发代表履职热情。共收集自治区、中卫市及沙坡头区人代会代表建议66条,办理39条,其中关于提请自治区制定防范和处置非法集资条例的建议被采纳并立法。共组织开展"两代表一委员"联合接待日活动43场次,收集意见建议215条,现场答复102条,已办理85条,正在办理28条;开展集中走访联系代表活动11场次,邀请57名基层人大代表列席人大常委会会议、29名人大代表参加"三查(察)"活动,为32名常委会组成人员制作了联系人大代表信息卡,联系代表便利化、常态化,激发了委员和代表履职热情,发挥了代表"桥梁纽带"作用。

主题化制定活动内容。指导11个人大代表之家和105个代表活动小组根据辖区实际和工作需要,围绕本乡镇中心工作、群众急难愁盼问题等方面确定学习和活动主题50多个,并将确定的主题和小组代表信息提前三天公示,让群众围绕主题向代表提建议,确保活动精细化,切实解民忧、纾民困。

公开化进行代表考评。对代表出席人代会、列席常委会会议,参与培训、学习、调研、视察情况,提出议案建议的数量及质量,定期走访联系选民等情况进行计分制考核,并将考核情况作为表彰和优先外出学习培训的重要依据,引导代表依法行权、敢于担当、为民服务。年内,评选先进代表活动小组12个、优秀人大代表24名、提出高质量意见建议的人大代表11名。

优质化做好服务保障。紧扣代表履职需要,组织人大代表、乡镇人大主席和人大工作者共计50余人赴吴忠市等地参加代表履职及乡村振兴观摩学习培训,提升了代表履职能力和水平。为代表发放交通通信补贴23.36万元,订阅《中国人大》杂志383本,赠送新修订的《组织法》248本、《人大代表履职教程》230本;为无固定收入的代表发放务工补贴1.23万元,及时向代表提供区人大常委会公报,为代表充分履职创造良好条件。

五、持之以恒加强自身能力建设,严守新时代人大工作初心使命

一年来,常委会以政治建设为统领,以制度建设为依托,紧紧围绕"四个机关"目标定位,强政治、转作风、优制度、重落实,持之以恒抓好自身建设,提升勇担人大工作职责使命的政治素质和业务能力,展示新班子新作为、新开局新气象。

不断加强党的建设。坚决贯彻落实全面从严治党要求,切实履行好常委会党组抓党的建设主体责任,认真学习和严格遵守党纪党规,不断加强班子成员反腐倡廉教育。扎实推进"三强九严"工程,督促机关党支部认真落实"三会一课"和主题党日活动等组织生活制度,在机关党建质量提升上持续用力,人大机关被评为"让党中央放心、让人民群众满意"的模范机关。支持派驻人大机关纪检监察组履行职责,严格落实意识形态工作责任制,强化纪律意识、规矩意识和廉洁意识,努力营造风清气正的良好氛围。

持续强化作风建设。扎实开展违规收送红包礼金和不当收益及违规借转贷或高额放贷专项整治工作,严守政治规矩和纪律红线,严格执行中央八项规定及其实施细则精神,坚决反对和纠治"四风"。班子成员坚持密切联系群众,深入基层调研指导工作124次,帮助解决问题20件,协调社会资金6万元,为40名困难群众送温暖,实现了联系群众制度化、常态化。始终保持同人民群众的血肉联系,大兴调查研究和求真务实之风,教育引导常委会组成人员和机关干部筑牢思想防线,做到信念过硬、政治过硬、作风过硬,永葆忠诚、干净、担当的政治本色。

健全完善规章制度。深化"用制度管人、照制度办事、依制度管理"的理念,立足制度建设,修订完善了区人大常委会议事规则、组成人员守则、党组会议、主任会议等工作制度,建立健全了重点代表建议督办机制、委领导联系指导乡镇人大工作机制、常委会组成人员联系人大代表及代表联系选民机制、常委会领导与委室负责人共同包抓区委重点工作机制,不断推动常委会工作向制度化、规范化迈进,形成了目标明确、职责清晰、程序规范、高效运转的常委会工作格局。

加强对外宣传交流。加强人大工作宣传力度,高质量撰写人大工作信息,充分运用各种新闻媒体,大力宣传人民代表大会制度建设、民主法治建设和人大工作的新成就、新进展,人大代表的新形象、新风采,不断增强人大工作影响力。年内,印发常委会公报4期600余本，撰写各类信息简报40余篇，其中8篇重点工作宣传稿件被《宁夏人大》、中卫日报等各类媒体转载刊发。加强对外交流，接待广西、湖南、浙江等省市县（区）人大常委会考察学习8次，配合自治区人大常委会、市人大常委会调研、视察、检查6次，树立了沙坡头区人大工作的良好形象。

各位代表，过去一年，区人大常委会取得的成绩，是以习近平新时代中国特色社会主义思想为指导，牢牢把握正确政治方向的结果，是区市人大常委会关心指导的结果，是区委高度重视、坚强领导、鼎力支持的结果，是区"一府一委两院"密切配合、大力支持的结果，是全体人大代表和常委会组成人员依法履职尽责、勤勉务实工作的结果，是全区人民群众和社会各界积极参与、充分信任的结果。在此，我谨代表沙坡头区人大常委会表示衷心的感谢和崇高的敬意！

思危方能居安，知难才能求进。我们清醒地认识到，常委会的工作与宪法和法律赋予的职责相比，与区委要求和群众的期望相比还存在一定差距。主要是围绕中心服务大局的工作实效还需进一步提升；有效监督的机制还需进一步完善；践行全过程人民民主的方法还不多；人大及其常委会决定决议、意见建议的跟踪落实还不够到位；联系代表和人民群众的广度和深度还不够；常委会及机关自身建设有待进一步加强，这些问题，我们将高度重视，认真解决，努力开创新时代人大工作新局面。

2023年主要任务

2023年是全面贯彻落实党的二十大精神的开局之年，也是全面建设社会主义现代化国家的关键之年。区人大常委会工作的总体要求是：坚持以习近平新时代中国特色社会主义思想为指导，深入学习贯彻习近平法治思想和习近平总书记关于坚持和完善人民代表大会制度的重要思想，全面贯彻落实党的二十大、自治区第十三次党代会及中央人大工作会议、自治区党委人大工作会议精神，认真落实自治区、中卫市党委及区委决策部署，坚持党的领导、人民当家作主和依法治国有机统一，紧紧围绕区委二届四次全会精神实施谋划人大工作，充分发挥好人民代表大会制度实现全过程人民民主的载体作用，着力推动人大工作高质量发展，使人民代表大会制度优势转化为治理效能，在深入实施"五大战略"，推动"六个一百"工程上展现新担当，在凝心聚力"抓产业、办实事、强治理、转作风"中树立新形象，为继续建设经济繁荣民族团结环境优美人民富裕的美丽新宁夏贡献沙坡头区人大力量。

一、高举旗帜，提高站位，以新思想引领人大工作新方向

坚定不移贯彻落实坚持党的全面领导这一最高政治原则，自觉用习近平新时代中国特色社会主义思想统揽和指导人大工作。持续深入学习贯彻习近平法治思想、习近平总书记关于坚持和完善人民代表大会制度的重要思想、党的二十大和自治区第十三次党代会精神，深刻领会"两个确立"的决定性意义，增强"四个意识"、坚定"四个自信"、做到"两个维护"，使"三个善于"成为人大工作鲜明的政治底色。始终坚持在区委领导下履行职能、开展工作，保证区委的各项决策部署在人大得到全面贯彻落实和有效执行，坚持重要会议、重要工作、重大决议决定、重点监督活动、重要问题主动向区委请示报告。坚持党管干部原则与人大依法行使选举权、任免权相统一，进一步规范人事任免和依法选举工作程序，保证党委意图和人民意愿顺利实现。抓紧抓实《中共中央关于新时代坚持和完善人民代表大会制度、加强和改进人大工作的意见》及中央、自治区党委人大工作会议精神的贯彻落实,提请召开区委人大工作会议,制定区委关于新时代加强和改进人大工作的实施意见,确保人大工作始终沿着正确政治方向前进。

二、围绕中心,勇于担当,以新作为助推发展取得新成效

坚持人大监督的政治定位、法律定位,实施正确监督、有效监督、依法监督。把握监督重点,认真落实区委交办的沙坡头区重点产业发展助力脱贫攻坚成果同乡村振兴有效衔接、持续优化基层治理体系两大课题调研,围绕沙坡头区2023年重点项目建设、代表建议和民生实事办理等组织代表进行视察;依法听取和审议计划预算执行、决算、审计工作、政府债务管理、国有资产管理、环境状况和环境保护目标完成情况等专项工作报告。强化监督举措,对4个政府组成部门开展工作评议,听取政府组成部门工作报告,探索建立人大代表向选民、常委会组成人员向人大常委会、人大及其常委会选举任命干部向人大常委会述职评议制度,保证人民的知情权、参与权、表达权、监督权落实到人大工作各方面各环节全过程,确保人民当家作主。增强监督实效,坚持把人大决议决定、审议意见、提出建议的落实作为人大监督的重中之重,健全即时交办和跟踪督办制度,推动"一府一委两院"解决问题、改进工作,确保监督成果转化为实实在在的工作成效。

三、奋楫争先,笃行不怠,以新举措推进依法治区新进程

深入贯彻落实依法治国基本方略,以法治沙坡头区建设为目标,加强法律监督和司法监督,推动全区民主法治建设进程。围绕法律法规的贯彻实施情况,对沙坡头区贯彻实施《宁夏回族自治区建设黄河流域生态保护和高质量发展先行区促进条例》《区人大常委会关于深入开展第八个五年法治宣传教育的决议》情况进行执法检查。围绕行政权、监察权、审判权、检察权的依法行使,听取和审议"法检"两院2023年上半年工作报告、区监察委员会专项工作报告、区人民法院人民法庭工作和区人民检察院公益诉讼工作专项报告。加强备案审查制度和能力建设,健全人大常委会听取备案审查工作情况报告制度,强化备案审查工作培训,用好备案审查信息平台,不断提高备案审查工作质量和效率。加强对市人大常委会确定的沙坡头区5个基层立法联系点的指导工作,持续深入开展宪法法律宣传教育,健全人大代表、常委会组成人员和人大机关干部学习宪法制度,全面落实宪法宣誓制度,组织好国家宪法日活动,大力弘扬宪法精神、普及宪法知识,增强全民宪法意识,推动宪法更加深入人心,引导全体人民做宪法的忠实崇尚者、自觉遵守者、坚定捍卫者。

四、尊重主体,发挥作用,以新机制激发代表履职新活力

立足代表机关定位,尊重代表主体地位,健全代表工作机制,支持和保障代表依法履职,提高服务保障水平,充分发挥代表作用。健全完善人大民主民意表达平台和载体,进一步加强人大代表之家、人大代表工作室、代表工作示范点、代表个人工作室、代表工作微平台规范化建设,建设沙坡头区代表联络总站,运用自治区人大代表网络履职平台常态化开展服务,构建代表工作新格局,有效打造人大践行全过程人民民主基层单元。深入开展代表活动,加强常委会组成人员与代表、代表与群众之间的密切联系,认真组织开展好"两代表一委员"联合接待日、集中走访联系代表、代表联系群众及邀请人民群众旁听常委会会议等活动,坚持和完善代表列席常委会会议、参加"三查(察)"活动等制度,引导代表在"面对面"互动中,当好人民群众的知心人、贴心人和代言人。优化代表服务保障,组织代表开展履职学习培训,为代表订阅人大业务书刊,为无固定收入的代表购买人身意外伤害保险并发放务工补贴,及时向代表提供区人大常委会公报,向代表通报有关工作,为代表依法履职提供保障。完善代表工作机制,促进代表工作高质高效。

五、强基固本,履职尽责,以新作风展示自身建设新形象

深入贯彻落实中央人大工作会议和自治区党委人大工作会议精神,不断加强自身建设,提升人大工作质量和水平,努力建设让党中央放心、让人民群众满意的政治机关、国家权力机关、工作机关、代表机关。以加强政治建设为统领,不断加强思想、组织、作风、纪律建设,压紧压实全面从严治党主体责任,严格落实党风廉政建设和意识形态工作责任制,巩固深化党史学习教育成果,打造人大机关党建品牌,推动人大机关党的建设向纵深发展。以提升组织力为重点,切实发挥常委会党组在人大工作中的领导作用,依法设置人大专门委员会,优化常委会工作机构,充分发挥各工作委员会作用,加强对乡镇人大工作的指导和联系,夯实人大工作基础。以提升干部履职能力为载体,紧扣"政治坚定、服务人民、尊崇法治、发扬民主、勤勉尽责"新要求,开展常委会组成人员、人大代表、机关干部"三支"队伍能力提升行动,着力打造政治过硬、本领高强、实干担当的人大干部队伍。以加强制度建设为抓手,不断修订完善人大及其常委会的组织制度、会议制度、议事程序和工作机制,制定人大加强经济工作监督的决定、人大讨论决定重大事项具体办法、任命人员报告履职情况办法,确保人大工作依法依规有序高效运行。以项目建设为依托,围绕落实区委重大决策部署,谋划人大工作,制定"一要点三计划",将人大监督、代表、法律学习工作项目化、具体化,增强针对性、操作性,自觉做到与区委一个调、与发展大局一盘棋、与人民群众一条心,把人民代表大会制度优势转化为共同缔造的"人民行动"。

各位代表,实干托起梦想,奋斗成就未来。承载人民重托,我们无上光荣;肩负重大责任,我们信心满怀;担当重要使命,我们责无旁贷。让我们更加紧密地团结在以习近平同志为核心的党中央周围,高举习近平新时代中国特色社会主义思想伟大旗帜,在区委的坚强领导下,不忘初心、牢记使命,凝心聚力、担当尽责,踔厉奋发、勇毅前行,为发展全过程人民民主谱写沙坡头区人大的精彩华章,为建设黄河流域生态保护和高质量发展先行区的沙坡头区实践而努力奋斗!

政府工作报告

——在中卫市沙坡头区第二届人民代表大会第三次会议上

沙坡头区区长 丁志军

（2022年12月22日）

各位代表：

现在，我代表沙坡头区人民政府向大会报告工作，请予审议，并请区政协委员和各位列席同志提出意见。

2022年工作回顾

即将过去的2022年，是党的二十大胜利召开之年，也是二届政府勇毅前行、奋争先的开局之年，在沙坡头区发展史上具有里程碑意义。面对错综复杂的外部环境和交织叠加的风险挑战，全区上下坚持以习近平新时代中国特色社会主义思想为指导，深入学习宣传贯彻党的二十大精神，坚决贯彻习近平总书记视察宁夏重要讲话和重要指示批示精神、自治区第十三次党代会精神和中卫市第五次党代会精神，认真落实中央、自治区、市党委和政府及区委各项决策部署，统筹推进疫情防控和经济社会发展，全力稳经济、保增长、促发展，在艰难中砥砺前行、在挑战中拼搏进取、在机遇中寻求突破，全面建设社会主义现代化美丽新沙坡头区篇章扎实起步、开局良好。

——经济发展稳中向好。预计全年实现地区生产总值271亿元，同比增长7%。固定资产投资同比增长20%。规模以上工业增加值同比增长6%。社会消费品零售总额同比增长2%。主要经济指标总体平稳，稳中向好。系统出台"稳保促"一揽子政策措施23条，制定含金量6.15亿元的巩固拓展脱贫攻坚成果同乡村振兴有效衔接、日光温室维修改造、苹果产业高质量发展等扶持政策。精准打好政策"组合拳"，办理留抵退税10.47亿元，减免"六税两费"2803万元，为20家企业争取奖励补贴资金2136万元，减税降费政策落地见效，政策红利充分释放。着力激发消费活力，投放1100万元开展"乐享夏至·约惠沙坡头"惠民促销系列活动，带动消费1.7亿元，稳住了市场预期，有效激发经济发展的活力和动力。深入开展"扩大有效投资攻坚年"行动，实施中部干旱带引水上山、嘉旭穆和储能电站等项目140个；签约落地中卫万达广场等项目70个，到位资金130亿元，增长151%。向上争取项目资金19.52亿元，新增债券资金2.3亿元。全力做好宁钢热电铁路专用线、338国道改造、下河沿黄河大桥等重点项目建设服务保障工作，中兰客专即将通车。

——疫情防控精准有效。坚决贯彻落实习近平总书记关于疫情防控重要指示批示精神，完整、准确、全面贯彻落实"三个坚定不移"，立足"科学、精准"的原则，举全区之力、聚全民之心、用非常之功，不断完善指挥调度工作体系，持续优化政策措施，切实提升基层治理、平战转换能力，全面打赢了"8·04""9·20""11·17"等多次输入性突发疫情阻击战、歼灭战，牢牢守住了不发生规模性疫情底线，最大程度保护了人民生命安全和身体健康，最大限度减少了疫情对经济社会发展的影响。在疫情防控工作中，广大医务工作者、公安干警、各级干部、志愿者付出了艰辛努力，广大群众识大体、顾大局，给予了最大的理解和支持，更加坚定了更好统筹疫情防控和经济社会发展的决心和信心。

——产业转型步伐加快。加快推动"六新六特六优"产业发展，持续用力抓产业、促转型、强创新。工业实力稳步增强，实施茂烨冶金硅铁矿热炉智能化平台等工业技改项目17个，新增诺航环保等规上工业企业10家，开工建设"宁电入湘"光伏大基地等新能源项目12个，新能源总装机容量达4.6GW。培育"专精特新"、中小企业等企业4家，全社会R&D经费投入4.14亿元，投入强度达到1.76%。现代农业高质高效，启动日光温室维修改造、苹果产业高质量发展三年行动，改造供港蔬菜基地10家、日光温室1370座。巩固提升绿色有机蔬菜、硒砂瓜、精品富硒苹果、枸杞四大特色农产品质量，种植瓜菜8.48万亩，培育林果示范基地7个2700亩，打造有机肥替代现代化肥示范园6个3000亩，建成高标准农田9.84万亩，韩闸韭菜荣膺"全国名特优新农产品"。建成阜民丰等规模养殖场32家，奶牛存栏、肉牛饲养量分别达到6.85万头、7.19万头，跻身"互联网+"农产品出村进城工程试点县、奶业生产能力提升整县推进试点县。现代服务业负"疫"前行，实施沙漠野奢酒店、"三村一域"等文化旅游项目13个，迎水桥镇入选全国乡村旅游重点镇，沙坡头景区跻身全国旅游客运精品航线试点，南岸民宿喜获"全国首批甲级旅游民宿"，漠贝酒庄成功创建国家3A级旅游景区，"星星的故乡"文旅IP获评全国文化和旅游领域改革创新优秀案例，举办乡村文化旅游节等重大节事活动8个，累计接待游客645万人次，实现旅游收入40.2亿元。协同建设全国一体化算力网络宁夏枢纽，建成运营国家（中卫）新型互联网交换中心，云计算大数据产业成为经济高质量发展的重要引擎。

——城乡品质大幅提升。更大力度推进城市更新行动，开工建设香山悦府、锦湾等商业开发项目17个，改造提升金河一期、新花园等一批老旧小区，实施城市人行道、应理湖基础设施、历史文化街区仿古建筑维修改造等项目11个，城市面貌焕然一新。新改扩建城市道路10条7.18公里，建成新墩桥、文昌桥、利民桥，城区交通更畅通，群众出行更便捷。成立物业管理办公室，打造"红色物业"示范点6个，建成小微公园11个，新增城区绿化面积68.57万平方米，香山湖湿地公园获批"国家级湿地公园"，全国文明城市创建取得阶段性成效。坚持建管并重、内外兼修，加快乡村建设步伐，编制完成"多规合一"实用性村庄规划33个。创新多元化投入机制，实施宣和村大村庄项目，建设白桥、何滩等高质量美丽宜居村庄4个，完成农村自建房安全整治535栋，建成抗震宜居农房528户，新建农村公路31公里。镇罗镇、迎水桥镇何滩村入选全国乡村治理示范镇（村），柔远镇冯庄村被评为自治区级乡村治理示范村，沙坡头区荣获"全区农村生活垃圾分类和资源化利用三级示范县区"。

——深化改革活力迸发。持续深化"放管服"

改革,全面推行"一网通办""一窗受理、集成服务"审批模式,网上可办率达87.26%,不见面可办率达79%。国企改革三年行动全面收官,国有企业收入、利润、资产总额同比增长10%。"六权"改革成效显著,"五块地"确权进度位居全区前列。率先收取工业用水权有偿使用费2012.34万元,颁发确权证书447本,用水权、排污权实现首单交易。农业农村改革蹄疾步稳,累计办理农村产权抵押贷款6.25亿元,培育农业生产托管服务主体78个,苹果防霜冻纳入农业生产社会化服务典型经验在中国农业生产托管万里行走进宁夏高峰论坛现场推介,"五制八统一"社会化托管服务模式被农业农村部列入全国农业社会化服务典型,高标准创建全国农业社会化服务创新试点县、全国综合减灾示范县,农业农村局被评为全国农村集体产权制度改革工作先进集体。积极推行村党支部领办合作社发展模式,成立合作社50个,参社入股群众4万余人,村集体增收2500余万元,带动群众增收2000余万元。

——乡村振兴有效衔接。紧盯防止规模性返贫和"两个高于"目标,严格落实"四个不摘"要求,常态化开展防返贫动态监测帮扶和"四查四补"工作,消除"三类监测对象"风险54户213人,累计外出务工就业8826人,脱贫人口人均纯收入达到14549元,增速14.4%;监测对象人均纯收入达到13572元,增速26.6%。扎实推进巩固拓展脱贫攻坚成果同乡村振兴有效衔接,投入资金3.85亿元,实施永康镇双达彩达村苹果示范园、康乐敬农移民区"出户入园"养殖等项目71个,累计发放产业奖补、小额信贷贴息等扶持资金2320.35万元。沙坡头区获评"中国乡村振兴十大示范县市"。

——生态建设稳步推进。中央第四生态环境保护督察组反馈48件信访投诉件全面完成整改。扎实推进"四尘同治""五水共治""六废联治",实施众泰工贸等环保技改项目4个,整治涉煤企业10家,空气质量优良天数比例达到83%。压紧压实河湖长制责任,实施沙坡头区水系连通及水美乡村试点县等项目,建成康乐、海和、凯歌村一体化污水处理设备3座,重点入黄排水沟水质稳定持续达到Ⅳ类及以上,黄河过境段水质继续保持Ⅱ类进Ⅱ类出。扎实开展农业面源污染治理,规模畜禽养殖场粪污资源综合利用率达到96%、农作物秸秆回收利用率达到88%。修复治理各类矿山85个、草原0.8万亩。依法稳妥有序推进压砂地退出和生态修复工作,完成25.01万亩非确权压砂地退出任务。高标准打造定武高速中卫出入口至常乐镇嶂岘子沟植绿增绿、环境整治"闭合圈"。完成国土绿化面积3.2万亩370万株,森林覆盖率17.81%,比去年提高0.21个百分点。

——社会事业不断繁荣。深入实施"六大提升行动",民生支出占一般公共预算支出的比重达到86.84%。实施水毁农村公路修缮、水利设施受灾抢修等一批基础设施项目,10件民生实事全部办结,解决了一大批群众急难愁盼问题,民生服务更有"温度",民生福祉更有"质感"。构建了区、镇、村三级劳务服务体系,新增城镇就业7033人,转移农村劳动力5.46万人,预计城乡居民人均可支配收入分别增长7%、8%。新改建中卫一小等学校(幼儿园)38所,打造"互联网+教育"标杆校、体教融合示范校11所,普惠性幼儿园覆盖率达81.86%。深入推进公立医院改革,巩固深化县域医共体和"互联网+医疗健康"建设,启动实施兴仁中心卫生院发热门诊项目,建成宣和中心卫生院发热门诊、国家级中医专家传承工作室和2家自治区级优质服务托育机构,成功创建2022年全国示范性老年友好型社区。常态化举办群众文化活动,改造提升综合文化服务场所51个，开展文化下乡活动300余场次。改造沙坡头区全民健身中心，建成多功能运动场、硅PU篮球场等运动场地14个，全民健身与全民健康深度融合。

——社会治理成效显著。统筹抓好七大领域社会治理，调处化解矛盾纠纷2035件，网上信访"三率"指标、初信初访化解率均达95%以上，化解信访积案154件。常态化开展扫黑除恶斗争，深入推进禁毒防范、电信网络诈骗和养老诈骗专项工作，全区刑事发案率同比下降29.8%。成功创建新墩花园全国民主法治示范社区1个、自治区级文明单位7个、民族团结进步示范点3个。全面贯彻党的民族政策，宗教和顺局面持续巩固。深入推进"食品药品安全区"创建，全力保障人民群众饮食用药安全。全国综合减灾示范县区创建工作初步通过自治区考评验收，安全生产专项整治三年行动完美收官。退役军人服务中心荣获全国退役军人服务保障先进单位，沙坡头区荣获平安宁夏建设示范县。

——政府效能全面提升。深入学习贯彻落实党的二十大精神，扎实开展习近平总书记视察宁夏重要讲话和重要指示批示精神"大学习、大讨论、大宣传、大实践"活动及"抓产业、办实事、强治理、转作风"三年行动，增强"四个意识"、坚定"四个自信"、做到"两个维护"，深刻领悟"两个确立"的决定性意义。扎实推进依法治区建设，深入开展"八五"普法工作，综合行政执法体制改革稳步推进，行政争议协调化解机制不断健全，依法行政制度体系持续完善，法治政府建设取得新进展。严格执行重大事项请示报告制度，提请区委常委会研究重大事项60件。自觉接受区人大法律监督和区政协民主监督，办理人大代表建议23件、政协委员提案46件。严格落实党风廉政建设责任制，坚决执行中央八项规定及其实施细则精神，发扬"严细深实勤俭廉+快"的工作作风，务实担当、干事创业的氛围更加浓厚，政府执行力和公信力不断增强。

一年来，国防动员、人民防空、气象、审计、统计、地方志等工作取得新成效，工会、共青团、妇联等群团组织在经济社会发展中发挥了重要作用！

各位代表！今年我们遇到的困难和挑战前所未有，斗争艰苦卓绝，但成效好于预期。这些成绩的取得，是习近平新时代中国特色社会主义思想科学指引的结果，是自治区、市党委和政府坚强领导的结果，是区委统揽全局、科学决策的结果，是区人大、政协有效监督的结果，是全区广大干部群众和衷共济、努力拼搏的结果。前进的每一个脚步、取得的每一点进步、收获的每一份成绩，都凝聚着大家的辛勤付出、浸透着汗水心血，都是拼出来、干出来、奋斗出来的。在此，我代表沙坡头区人民政府，向全区广大干部群众，向人大代表、政协委员，向驻沙部队、武警官兵、公安干警和消防救援队伍指战员，向各民主党派、工商联、无党派人士、人民团体和离退休老干部，向所有关心支持沙坡头区发展的各界朋友致以崇高的敬意和衷心的感谢！

各位代表！行之力则知愈进，知之深则行愈达。一年来，全区上下团结一致、拼搏进取，在自我加压中争先进位，在实干担当中勇开新局，谱写了守正创新、踔厉奋发的精彩华章。在推动经济社会高质量发展的生动实践中，最深刻的体会和最宝贵的启示是：党的领导是核心。始终坚持把党的全面领导贯穿政府工作各领域、全过程，在经济发展、疫情防控、压砂地退出、矿山修复治理、保障和改善民生等急难险重任务中躬身实践，深刻领悟"两个确立"的决定性意义，以实际行动践行了"总书记怎么说，我们就怎么做"的号召，全区上下步调一致、同向发力，最大能力守住了"疫情要防住、经济要稳住、发展要安全"。高质量发展是主题。高质量发展是全面建设社会主义现代化国家的首要任务，发展是解决一切问题的关键和基础。紧紧扭住"首要任务"不放松，完整、准确、全面贯彻新发展理念，全力推进中部干旱带引水上山、沙漠光伏大基地等项目，大抓发展、抓大发展、抓高质量发展。人民至上是根本。始终牢记"江山就是人民，人民就是江山"，自觉践行以人民为中心的发展思想，坚持在发展中保障和改善民生，尽心尽力解决好"急难愁盼"题，用心用情办好烦心事、揪心事，全区上下形成了心齐气顺、共谋发展的强大合力，凝聚了知重负重、愿为敢为的磅礴力量！改革开放是关键。大力弘扬改革精神、保持开放胸襟，在统一大市场建设、行政审批、体制机制、"六权"改革、国资国企改革等重点领域改革推陈出新。在搭建开放平台、畅通开放通道、营造开放环境上持续用力，推动有效市场和有为政府协同发力，打造务实高效的政务环境、规范有序的市场环境、公开透明的法治环境、开放包容的人文环境。"十定工作模式"是方法。在政府系统构建"定方向、定指标、定标准、定责任、定时限、定措施、定方法、定机制、定协调、定合力"十定工作模式，落实"专班专抓、压茬推进、闭合管理"三个推进机制和"开会＋不落实＝零""布置工作＋不检查＝零""抓住不落实的事＋追究不落实的人＝落实"三个责任理念，形成了高效落实的工作体系，干出了爬坡过坎、攻城拔寨的奋进新气象！团结奋斗是保障。全区上下顽强拼搏、昂扬向上，大力弘扬"不到长城非好汉"的革命精神、"走好新时代长征路"的奋斗精神、"社会主义是干出来"的实干精神，撸起袖子加油干、风雨无阻向前行，把不可能变成可能，把可能变成现实，把现实变成最好，用我们的"辛苦指数"换取发展的"上升指数"、群众的"幸福指数"。

各位代表，思危方可居安，知忧才能克难！对标高质量发展要求，仍有一些短板和问题不容忽视：经济发展质量不高、产业结构层次不优、创新驱动能力不强；城乡基础设施建设和基本公共服务均等化水平还不高，巩固拓展脱贫攻坚成果同乡村振兴有效衔接成效还不显著，生态文明建设还需久久为功；人民群众关心的教育、医疗、养老等方面仍存在不少短板，基层社会治理能力和治理水平仍需进一步提升。对此，我们将以对人民高度负责的态度，凝聚磅礴力量，激励使命担当，努力把政府工作做得更实、更细、更贴近人民群众的心。

2023年工作安排

2023年是全面贯彻党的二十大精神、全面建设社会主义现代化国家的开局之年，是深入贯彻落实自治区第十三次党代会部署的重要一年，也是沙坡头区重塑格局、补齐短板、转换动能、再造优势、奋力交出高质量发展新答卷的关键之年。政府工作总体要求是：坚持以习近平新时代中国特色社会主义思想为指导，全面贯彻党的二十大精神、中央经济工作会议精神，深入贯彻落实习近平总书记视察宁夏重要讲话和重要指示批示精神，坚决落实自治区、市及沙坡头区党代会和有关部署要求，坚持稳中求进工作总基调，完整、准确、全面贯彻新发展理念，加快构建新发展格局，着力推动高质量发展，更好统筹疫情防控和经济社会发展，更好统筹发展和安全，积极投身自治区"三区"建设和中卫市"五个示范市"建设，深入实施"五大战略"，集中力量落实"六个一百"工程，突出做好稳增长、稳就业、稳物价工作，凝心聚力抓产业、办实事、强治理、转作风，推动经济运行整体好转，奋力谱写全面建设社会主义现代化美丽新宁夏沙坡头区篇章！

主要预期目标是：全年地区生产总值增长7%；固定资产投资增长15%；社会消费品零售总额增长4%；地方财政一般公共预算收入增长5%；城乡居民人均可支配收入分别增长7%和10%。实现上述目标，重点抓好以下七个方面工作：

（一）坚持第一要务，在推动高质量发展上实现更大突破。完整准确全面贯彻新发展理念；把着力点放在项目建设上，强化招商引资支撑作用，全力优化营商环境，培育新的增长点和增长极，推动实现质的有效提升和量的合理增长。

突出抓好项目建设。充分发挥投资对优化供给侧结构的关键作用，以"两大任务"带动项目投资高质量增长，计划实施项目120个，概算总投资163亿元，年度计划投资91亿元。深入开展"扩大有效投资巩固提升年"行动，组建成立重大项目决策咨询委员会，持续推行"五个一"机制，加快推动赫峰智能板材中卫生产基地等36个产业项目、宁国运沙坡头区100MW复合光伏等10个新能源项目、峡门水库大坝除险加固工程等56个基础设施建设项目、区人民医院能力提升等8个社会民生项目、陈水矿区废弃矿山生态修复等10个生态环保项目建设，力争上半年时序进度达到65%、三季度达到85%、四季度达到100%。抢抓黄河流域生态保护和高质量发展先行区建设机遇，聚焦国家、自治区政策导向，争取入黄排水沟水环境综合治理、红油路改建以工代赈等17个中央预算内投资项目落地建设，年内争取中央资金不少于22亿元，争取项目资金增长10%。

突出抓好招商引资。瞄准京津冀、长三角等重点地区、重点企业，深入挖掘我区清洁能源、特色农业、文化旅游等方面资源潜能，推进以商招商、驻点招商、全民招商，千方百计引进一批领军企业、头部企业、战略投资者。立足产业资源禀赋，进一步补链延链强链壮链，力促钻石酒店、中能建农光互补等5个亿元已签约项目落地建设，推进水发农业产业园、明阳智能风机制造等7个项目尽快签约，形成项目梯次推进机制。全年完成招商引资项目50个以上，到位资金100亿元以上。

突出抓好营商环境。持续推进"放管服"改革迭代升级，实施市场准入负面清单制度，推行"一业一证"改革，实现"一证准营"。深化"互联网+政务服务"应用，落实"一件事一次办""一窗受理、集成服务""一网通办"等改革举措，政务服务网上可办率达90%以上。完善信用信息共享平台，推动投资项目和工程建设项目全链条优化审批、全流程动态监管，提高工程建设全过程审批服务水平和管理水平。进一步落实减税降费、援企稳岗等纾困解难政策举措，毫不动摇鼓励支持民营企业、中小微企业和个体工商户健康发展，促进金融更好服务实体经济。

（二）坚持转型升级，在构建现代产业体系上保持更强势头。聚焦"六新六特六优"产业发展，坚持"一产抓特色、二产抓转型、三产抓融合、整体抓提升"，延伸产业链条、构建产业体系、壮大产业集群，形成多点支撑、多业并举、多元发展的高质量现代化产业格局。

提质增效发展高效种养业。严格落实粮食安全党政同责，坚决遏制耕地"非农化"、基本农田"非粮化"，粮食种植面积稳定在29万亩。加快发展特色种植业，实施设施农业改造提升等项目10个，改造日光温室1000座，建成高标准农田和高效节水农业面积8万亩、绿色优质高效示范基地1000亩，"有机富硒蔬菜之乡"金字招牌擦得亮。全面推进苹果产业高质量发展三年行动，建设优质苹果节水灌溉示范基地1万亩,创建高标准苹果示范园3个,争创国家级苹果产业融合示范园。全力抓好清砂区高效农业种植和退出压砂地产业高质量发展工作,打造中部干旱带产业发展高地、绿色发展胜地、区域整体发展示范带。推行肉牛养殖"出户入园"新模式,规划建设麦垛山一期5万头奶牛养殖基地,实施奶业生产能力提升整县推进项目,奶牛存栏达到7.5万头,肉牛饲养量达到7.2万头,打造"黄金奶源之乡"。实施农产品产地仓储保鲜冷链建设等项目,搭建"沙坡头区优品"电商平台,打造辐射周边的仓储物流交易中心,实现农(副)产品从田间到商超酒店、指尖到舌尖一站式输送,种出更好的农产品,卖出更高的价钱。

提标扩面发展先进制造业。持续实施"四大改造",重塑镇罗、宣和、常乐三个产业基地功能定位,推动辖区工业企业转型升级、行业对标提升、企业提质增效,实现耦合式发展。加快铁合金、电石等传统工业整合,实施新华实业余热发电、跃鑫冶炼脱硫脱硝环保设施改造等技改项目10个,大力发展高端精品钢、特钢等高附加值产品,推动钢铁、有色、化工、建材等重点行业技术升级、设备更新和绿色低碳改造。抢抓国家支持宁夏建设全国新能源综合示范区机遇,大力发展新兴产业,实施国电投中卫香山风电场1—3期风电机组"以大代小"更新试点、宁国运100MW复合光伏等新能源项目,加快贝盛年产5GW高效光伏组件与配套材料产业集群等项目建设,做好"宁湘直流"配套新能源基地、"中卫绿电园区"、抽水蓄能等项目服务保障工作,着力打造中西部地区"风光水储一体化"的新能源集群和国家沙漠光伏大基地。新增各类创新平台7个,培育国家级、自治区级科技型企业10家。激励引导企业加大研发投入,全社会R&D经费投入增长18%以上,投入强度达到1.96%以上。

提档升级发展现代服务业。加快实施沙漠主题度假中心、星星酒店二期等沙漠旅游项目和莫楼黄河古渡盐运文化村落等乡村旅游项目,做活做亮"5A级沙坡头""黄河宿集"等文旅品牌,着力构建"一核两带四区"空间格局。举办丝绸之路大漠黄河国际文化旅游节、金蛙国际艺术节、乡村文化旅游节等品牌节事活动,全力打造国际一流沙漠旅游度假目的地和大西北旅游中转站核心枢纽,力争全年旅游总人次突破900万,实现旅游收入58亿元。加快消费支出恢复性增长,加快推进特色商圈错位发展、集聚发展,打造以宣和商贸服务中心、兴仁交通物流中心为依托的商贸物流综合服务集聚区,以何滩、鸣钟、莫楼村等为依托的乡村旅游集聚区,以万达商贸综合体、向阳步行街为依托的鼓楼商圈集聚区,繁荣城市"夜间经济"和"假日经济"。依托中卫市大数据产业中心市产业优势、技术优势,加快"机器换人""电商换市"进程,培育发展直播经济、社区团购等"智慧物流"新业态。加快完善贯通县乡村三级电子服务和寄递物流配送体系,建成乡镇寄递物流示范站6个、电商兴农超市22个,力促服务业增加值占GDP比重超过50%。

(三)坚持统筹推进,在促进城乡融合发展上做足更优文章。聚焦科学规划引领城乡空间布局、融合发展促进乡村全面振兴,推动城乡优势互补、协调发展、共同繁荣。

全面巩固脱贫攻坚成果。严格落实"四个不摘"要求,常态化开展"四查四补",健全完善防止返贫动态监测帮扶、脱贫群众稳定增收长效机制,扎实开展移民致富提升行动,持续增强脱贫村内生动力。大力发展特色农业,通过土地入股、生产托管、股份合作、组建产业联合体等方式,加快培育移民村发展多种形式的适度规模经营，让脱贫群众在产业发展中长期受益。持续抓好产业带动、就业帮扶、社会融入三件事，实施香山兴仁产业配套、苹果产业融合发展示范园等项目48个，充分发挥三级劳务输出服务体系作用，推进农村低收入群体稳定就业，坚决守住不发生规模性返贫底线。

全面提升城市品质。实施鼓楼东街北侧楼群等老旧小区改造提升和山水大院三期等13个房地产开发项目，加快推进沙坡头区综合档案馆建设，持续优化城市基础设施服务功能。扎实推进全国文明城市创建，实施城市"疏堵提畅""市容靓化"工程，打通和睦巷、三合路等一批断头路，改造提升怀远路等一批城区道路，高标准建设配套城市停车位、垃圾中转站、特色公厕等基础设施，优化城乡环卫市场化运行机制，大幅提升城市品质品位。创新红色物业管理体系，提升物业服务智能化、精细化管理水平，年内所有小区物业实现全覆盖，让城区居民生活得更方便、更舒心、更美好。

全面推进乡村建设。加快宜居宜业和美乡村建设，统筹镇域和"多规合一"实用性村庄规划管理，高标准建设何滩、白桥、河沟村美丽宜居村庄，新改建农村公路30公里。持续推进人居环境整治、农房质量安全提升等工程，改造卫生户厕1000户、农宅清洁取暖1.53万户，力争农村人居环境整治示范镇村创建全覆盖。大力推行村党支部领办合作社、"村社内置金融"模式，多层次、多形式、多类型发展壮大村级集体经济，全力打造鸣钟、黑山、永乐村等一批乡村振兴示范村，争创全国乡村全面振兴示范县区。

（四）坚持深化改革，在激发创新活力上构建更优体系。深入实施改革赋能行动，以改革添活力、增动力、强引力，着力打造高质量发展新引。

推进重点领域改革。纵深推进"六权"改革，建立用能权和碳排放权制度体系。制定集体建设用地和农用地基准定价，稳慎推进集体经营性建设用地入市交易。扎实推进全国农业社会化服务创新整县试点改革和第二轮土地承包到期后再延长30年试点工作，深化集体林地"三权分置"改革，健全完善用水权收储、交易、收益分配运行管理机制。全面推开排污权有偿使用和市场交易，加快推动用能权改革，推进工业节能、环保技术改造，实现钢铁、化工等重点行业技术升级、设备更新改造，争创"六权"改革示范县。

深化国有企业改革。持续推进市辖区体制机制改革，建立权责清晰、运转高效的市辖区体制机制。巩固拓展国企改革三年行动成果，重构国有企业功能定位，健全完善"建设＋服务"双向并行发展模式，鼓励企业出市出省，做强做优做大国有资本和国有企业。深化财税金融、综合执法、医疗保障、统计等重点领域改革，持续完善"政银企"金融改革运行机制，成立产业担保机构，持续激发民间投资活力，引导各类资本面向稳增长、调结构、促转型、换动能扩大投资。

加快扩大开放步伐。主动融入服务共建"一带一路"、西部陆海新通道，加快推进迎水桥保税物流中心、宝中铁路沙坡头区段扩能改造、沙坡头机场二期等项目建设，建成投运宁钢热电铁路专用线，打造西部区域性综合枢纽。推进物流业增效行动，重点实施中广供港蔬菜冷链物流重点干支线配送、富江生鲜冷链产地流通等冷链物流项目，全力打造辐射全国的冷链物流交易配送中心。

（五）坚持生态优先，在打好三大战役上取得更大成效。推进系统治理、协同治理、源头治理，开展全域全员全力污染治理行动，巩固好蓝天、碧水、净土保卫战成果。

让天更蓝。着眼绿色低碳发展，紧盯能耗"双控"目标，扎实稳妥推进用能权和碳排放权改革，推进产业工艺技术装备绿色化、低碳化、清洁化、循环化改造，持续提升产业"含金量""含绿量"。强化"四尘同治"，实施北方清洁取暖项目，加快三元中泰等铁合金企业烟气收集、脱硫脱硝除尘项目建设，做好重污染天气应对，落实扬尘治理"六个100%"要求，加大城区道路喷雾、湿扫保洁频次，降低环城道路扬尘污染。2023年城市空气质量优良天数比例稳定达标，PM10、PM2.5平均浓度达到自治区考核标准。

让水更清。扎实开展"五水共治"，压紧压实河湖长制责任，纵深推进入河排污口、农村饮用水水源地突出环境问题及风险隐患排查整治。配合做好黄河黑山峡水利枢纽工程前期准备工作，加快推进宣和镇村部排水沟、永康镇西一沟等3个黑臭水体治理，严厉打击私挖河湖沟道、乱占、乱堆等违法行为。加快建设兴仁镇污水处理厂、沙坡头区农村生活污水智慧化平台，打造全区农村生活污水治理示范样板工程，重点入黄排水沟水质稳定持续达到Ⅳ类及以上，黄河过境段水质保持Ⅱ类进Ⅱ类出。

让土更净。深入推进"六废联治"，加大"散乱污"企业及涉煤企业专项整治力度，完善固体废物规范化监管体系，切实提高资源综合利用水平。深化农业面源污染治理，推进农药化肥减量增效、有机肥替代化肥、病死畜禽无害化处理、畜禽养殖场区和散养密集区粪污无害化治理四大行动，提高农作物秸秆资源化利用水平，测土配方施肥技术覆盖率稳定在90%以上，有机肥替代化肥面积达到50%，畜禽粪污资源综合利用率达到96%，农作物秸秆回收利用率达到88%。全面办结销号中央第四生态环保督察组反馈问题及转办件。

让环境更美。持续开展矿产资源专项整治行动，全面完成86个矿山生态修复治理，稳步实施陈水历史遗留废弃矿山生态修复治理项目，严厉打击无证开采、矿山越界开采等违法违规行为，切实筑牢绿色生态屏障。全面落实三级林长制，持续开展国土绿化行动，全面推进宣和村大村庄绿化美化、乌玛东段（中卫北—中宁）、南苑路（中山街—骄子街）沿线绿化等改造提升项目，持续打造特色生态廊道，构建绿树成荫、山花烂漫的绿色发展生态体系。

（六）坚持人民至上，在保障和改善民生上展现更大作为。大力实施共同富裕战略，全面推进"六大提升行动"，办好10件民生实事，用心用力保障和改善民生，让人民群众生活得更加幸福。

健全社会保障体系。全面落实就业惠民政策，突出抓好高校毕业生、农民工、退役军人等重点群体就业工作，加强残疾人、零就业家庭等困难群众就业兜底帮扶，扩大公益性岗位安置覆盖面，实现新增城镇就业6000人，农村劳动力有序转移就业6万人，培养劳务经纪人180人。优化就业直通车等公共服务，围绕家政、养老等领域，加大就业技能培训，年内完成就业技能培训7000人次。全面落实异地就医结算政策，健全基本养老、基本医疗保险筹资和待遇调整机制，完善大病保险和医疗救助制度，基本医疗保险参保率不低于95%。更加关注"一老一小"群体，大力发展普惠型养老、托育服务，实施适老化改造、养老机构安全性改造等项目8个，全力保障低保、残疾等困难群众基本生活。做好电力、天然气等能源保供、农民工工资清欠、粮食和物资储备供应，不断实现人民群众对美好生活的向往。

办好人民满意教育。大力实施教育质量提升行动，推进学前教育普惠健康发展、义务教育优质均衡发展，实施中卫四中、九小、永新小学综合楼建设项目,争取七幼等项目落地建设。稳步推进国家级信息化教学实验区和"互联网+教育"示范区建设,打造"互联网+教育"标杆校1所、星级智慧校园3所。推进"教育质量提升年""学生综合素质提升年"活动,强化师德师风建设,开展"补短强基""护苗爱生""安全教育普及"3项行动,全面提升教育公共服务均等化水平。持续巩固扩大"双减"成效,学前3年入园率达96.5%,普惠性幼儿园覆盖率达85%,九年义务教育巩固率达99.33%,从"学有所教"迈向"学有优教"。

完善公共卫生体系。深化县域综合医改、分级诊疗制度、异地就医结算等重点改革,加快建设"互联网+医疗健康"一体化平台和医共体信息平台,完善慢病一体化管理信息系统,提供全方位、全周期、精细化、特色化的卫生健康服务。实施区人民医院能力提升项目,建成兴仁镇中心卫生院发热门诊,积极做好沙坡头区疾病预防控制中心、妇幼保健院和文昌、滨河社区卫生服务中心承接工作,支持区人民医院创建"三乙"医院和眼科、儿科等自治区级重点专科,进一步完善新型城市医疗卫生服务体系,提升区人民医院传染病救治能力。认真落实新阶段疫情防控各项举措,保障好群众的就医用药,重点抓好老年人和患基础性疾病群体的防控,着力保健康、防重症。落实健康沙坡头区16项专项行动,深入开展爱国卫生运动,切实提高全民健康素养水平。

提升公共文化服务水平。围绕黄河流域生态保护和高质量发展先行区建设,深挖黄河文化内涵,加强非物质文化遗产传承保护,打造非遗传承基地、文化产业示范基地,提升改造乡镇综合文化站、村级综合文化服务中心30个。实施文化惠民工程,开展"文化大车"、广场文化艺术节等群众文化活动300场次以上。创新开展非遗购物节等特色文旅活动,举办广场舞、剪纸、刺绣等文艺人才培训班,持续提升群众幸福指数。加快推进公共体育基础设施建设,实施智慧化体育场馆项目,举办"全民健身日"、第三届全民健身运动会等体育赛事活动,全力办好自治区第十六届运动会。

(七)坚持底线思维,在统筹发展和安全上开创更好局面。保持"时时放心不下"的责任感,以"瞪大眼睛"的警觉防风险、保安全,巩固政通人和、社会和谐稳定的良好局面。

推进平安沙坡头区建设。坚持和发展新时代"枫桥经验",持续推行"人民调解+仲裁+信访"和"警格+网格"社会治理新模式,推动信访积案和涉法涉诉案件存量"双减半",初信初访办结率达到100%、信访工作群众满意率达到96%以上,争创全国信访工作示范县。高标准迎接"八五"普法中期验收,实施基层法治文化阵地建设提质增效行动,培养"法律明白人"2000人。常态化开展扫黑除恶斗争,纵深推进禁毒人民战争,依法严厉打击各类违法犯罪活动,加快社会治安防控体系建设。巩固综合防灾减灾示范区和"食品药品安全区"创建成果,加快推进应急物资储备库、苹果晚霜冻防控农业生产托管等项目建设,补齐智慧监管系统运用水平短板,提高防灾减灾救灾和突发事件处置保障能力,切实维护人民群众生命财产安全。

加强和创新基层社会治理。坚持共建共治共享,深化数字引领基层治理"大联动、微治理"格局,抓好数字乡村试点县建设。统筹抓好七大领域社会治理,持续深化"雪亮工程",积极推广镇罗镇乡村治理中心"一核三圈四体系"模式,打造乡村治理样板镇(村)48个。全面贯彻落实党的民族政策,切实铸牢中华民族共同体意识,按照"5585"创建模式,深化全国民族团结进步示范区创建成果,引导各族群众树立正确的国家观、历史观、民族观、文化观、宗教观，巩固民族团结、宗教和顺的大好局面。

积极防范化解各类重大风险。高度关注意识形态领域安全，加强意识形态阵地建设，牢牢把握意识形态工作主动权，坚决防控重大舆情风险。牢固树立过"紧日子"思想，优化财政支出结构，兜牢兜实"三保"底线，有效防范化解政府债务风险，全面规范政府举债融资行为，管好用好债券资金，确保有限的财力真正花在关键处、用在刀刃上。持续严厉打击非法集资、电信网络诈骗等违法犯罪活动，及时排查化解住建、交通、医疗等重点领域矛盾纠纷，切实提高公共安全治理水平。扎实开展第五次全国经济普查。

全力建设人民满意的服务型政府

各位代表，社会主义是干出来的，幸福是奋斗出来的。政府系统要自信自强、守正创新，发扬"严细深实勤俭廉＋快"的工作作风，坚持"十定"工作模式，落实"专班专抓、压茬推进、闭合管理"工作推进机制，努力在新的赶考路上，答好新时代答卷。

坚持政治引领，打造有为政府。旗帜鲜明把党的政治建设摆在首位，坚持不懈用习近平新时代中国特色社会主义思想凝心铸魂，深入开展贯彻落实习近平总书记视察宁夏重要讲话和重要指示批示精神"大学习、大讨论、大宣传、大实践"活动及区委"抓产业、办实事、强治理、转作风"三年行动，始终做到区委有部署、政府见行动、落实有成效。严格落实重大事项请示报告制度，完善政府党组、常务会议工作规则，全面执行民主集中制，营造风清气正的良好政治生态，确保政府各项工作始终沿着正确方向不断前进。

坚持依法履职，打造责任政府。深学笃行习近平法治思想，严格履行法治政府建设主体责任，全面落实政府常务会议会前学法制度。坚决落实政府权责清单，严格规范公正文明执法，深化行政复议体制改革，加快建设现代化公共法律服务体系，切实提高依法行政效能。坚决落实好人大决议和政协协商民主计划，自觉接受区人大及其常委会的法律监督、政协民主监督和社会舆论监督。加快转变政务公开职能，以公开促落实强监管，让权力在阳光下规范运行。

坚持实干担当，打造高效政府。全面落实"三个务必"要求，时刻牢记"人民至上"，把人民利益、人民需要、人民满意作为一切工作的出发点和落脚点，出台更多惠民生、暖民心政策措施，真心实意为人民群众谋发展、办实事、解难题。深入落实政府系统高效落实工作准则，实现工作项目化、项目清单化、清单责任化、责任落实化，以事争一流、唯旗是夺的精神抓好工作落实，切实担负起推动高质量发展的历史使命。

坚持从严履职，打造廉洁政府。坚决落实全面从严治党要求，认真履行"一岗双责"，坚持以严的主基调强化正风肃纪，推动政府系统党风廉政建设向纵深发展。严格落实中央八项规定及其实施细则精神、自治区加强作风建设"八条禁令"，毫不松懈纠治"四风"，以正风肃纪反腐成效助力经济社会高质量发展。强化财政、审计、统计监督，有效防控重大工程、重点领域、重要岗位廉政风险。严格贯彻执行党内监督条例，强化对政府系统"一把手"和领导班子监督，确保公权力规范高效运行，切实做到干部清正、政府清廉、政治清明。

各位代表，千帆竞发、奋楫争先；乘风破浪、勇进者胜。为了不负历史、不负时代、不负人民，让我们更加紧密地团结在以习近平同志为核心的党中央周围,在市委、市政府和区委的坚强领导下,凝聚万众一心的合力,保持坚如磐石的定力,一步一个脚印,一年一个台阶,以争先创优、争创一流的高质量发展成绩,奋力谱写沙坡头区高质量发展新篇章,为继续建设经济繁荣民族团结环境优美人民富裕的美丽新宁夏作出新的更大贡献!

附件:1.沙坡头区2023年10件民生实事
　　　2.名词解释

附件1

沙坡头区2023年10件民生实事

1. 实施日光温室维修改造项目。通过政策扶持,鼓励引导群众改造提升老旧日光温室1000座,补齐日光温室基础设施短板,提升抵御自然灾害风险能力,不断提高设施农业发展水平,力促沙坡头区特色瓜菜产业振兴。

2. 实施苹果产业发展建设项目。推进苹果园地力培肥行动,实施果园水肥一体化节水改造项目1万亩、苹果园增施有机肥(腐熟羊粪)5万亩、人工授粉3万亩,建设高标准苹果示范园3个,持续扩大"沙坡头苹果"品牌效应。

3. 实施峡门水库大坝除险加固工程及峡门供水工程泵站管线消缺工程。实施峡门水库大坝除险加固项目,对香山一、二、三泵站及管道、建筑物进行消缺改造,完成新水—兴仁供水主管道铺设和兴仁200万方调蓄水池建设任务,确保供水保障能力达到1000万方,高质量保障香山、兴仁地区压砂地生态修复及产业发展用水安全。

4. 实施政策性农业保险提升行动。按照"扩面、提标、增品"的要求,进一步完善农业保险政策,结合本地产业发展优势,提高农业保险保障水平,有效提升农户和新型经营主体抵御自然灾害风险能力,促进农村经济持续健康发展。

5. 实施农村公路惠民工程。新建农村公路30公里,处置宁卫路宏爱桥—宣和镇西侧段、校育川至党家水公路、西云大道、五葡路等道路病害,加大农村公路养护力度,不断消除安全隐患。

6. 实施城乡公益性公墓项目。建成城乡公益性公墓200亩,配齐配全管理用房、附属用房、道路、停车场等基础设施,充分发挥公益属性,切实提升殡葬服务水平。

7. 实施沙坡头区人民医院能力提升项目。抢抓公立医院改革与高质量发展项目契机,投资2.8亿元,拆除原中卫市中医医院门诊楼(含急诊楼),新建13层(含地下1层)门诊综合大楼23360平方米,维修改造住院部楼及康复楼,改造中西医科、消化内科等病区10380平方米,加快构建优质均衡的医疗服务体系,提升基层公共卫生服务能力。

8. 实施文体惠民工程。组织开展"文化大篷车""送戏下乡"、第六届农民篮球争霸赛等文体惠民活动300余场次,持续推进基层文体阵地补短板工程,改建篮球场3个,建成村级综合文化服务中心20个,不断丰富群众文体生活。

9. 实施教育惠民工程。新建中卫市第七幼儿园,新增学前教育学位540个,有效缓解城区适龄幼儿"入公办园难"的问题;新建宣和小学、永新小学篮球场2个,打造中卫五小、宣和中学美育功能室2个。

10. 实施基本公共卫生服务项目。全力推进14类基本公共卫生服务,为65岁以上老年人、高血压、糖尿病等重点人群进行健康体检、慢病随访及健康指导,为35—64岁8470名农村妇女免费开展"两癌"筛查,进一步提高辖区居民健康水平。

附件2

【名词解释】

1. "六稳":稳就业、稳金融、稳外贸、稳外资、稳投资、稳预期。

2. "六保":保居民就业、保基本民生、保市场主体、保粮食能源安全、保产业链供应链稳定、保基层运转。

3. "三个坚定不移":坚定不移坚持人民至上、生命至上,坚定不移落实"外防输入、内防反弹"总策略,坚定不移贯彻"动态清零"总方针。

4. "稳保促":稳经济、保增长、促发展。

5. "六税两费":资源税、城市维护建设税、房产税、城镇土地使用税、印花税、耕地占用税和教育费附加、地方教育附加。

6. "六新六特六优":"六新"即新型材料、清洁能源、装备制造、数字信息、现代化工、轻工纺织;"六特"即葡萄酒、枸杞、牛奶、肉牛、滩羊、冷凉蔬菜;"六优"即文化旅游、现代物流、现代金融、健康养老、电子商务、会展博览。

7. "宁电入湘":宁夏至湖南±800千伏特高压直流工程。

8. "多规合一":是指将国民经济和社会发展规划、城乡规划、土地利用规划、生态环境保护规划等多个规划融合到一个区域上,实现一个市县一本规划、一张蓝图,解决现有各类规划自成体系、内容冲突、缺乏衔接等问题。

9. "六权":用水权、土地权、排污权、山林权、用能权、碳排放权。

10. "五块地":农村承包地、宅基地、集体建设用地、国有农用地和林地。

11. "五制八统一":"五制"即村级联保制、方案约定制、半价待扣制、产量保底制、择优奖励制;"八统一"即统一犁耕、统一施肥、统一播种、统一除草、统一防控、统一收获、统一打捆、统一收购。

12. "两个高于":脱贫人口收入增速高于当地农民收入增速,脱贫地区农民收入增速高于全国、全区农民收入增速。

13. "六大提升行动":居民收入提升行动、移民致富提升行动、教育质量提升行动、健康水平提升行动、文明素养提升行动、城乡面貌提升行动。

14. "三率":信访案件受理率、按期办结率、息诉罢访率。

15. "三区"建设:建设黄河流域生态保护和高质量发展先行区、乡村全面振兴样板区、铸牢中华民族共同体意识示范区。

16. "五个示范市":大数据产业中心市和产业升级示范市、铸牢中华民族共同体意识示范市、生态环境保护示范市、宜居宜业宜游示范市、乡村全面振兴示范市。

17. "六个一百"工程:实施优质项目100个,落实招商引资到位资金100亿元,新增大中新型经营主体和示范性党支部领办合作社100个,解决群众急难愁盼民生问题、信访矛盾问题等各类民生实事100件,招引培养各类创新技能型人才和优秀干部100名,锻造模范机关等各领域党建示范品牌100个。

18. "两大任务":招商引资和争取项目资金任务。

19. "四大改造":结构改造、技术改造、智能改造、绿色改造。

20. "以大代小"更新试点:即用现有的容量更大、技术更先进的机组取代老旧风电机组,对原有部分或全部风电机组及基础进行拆除,在原风电场规划选址范围内新建风电机组。

21. "一核两带四区":沙漠文化旅游高质量发

展核心区,黄河乡村文化旅游带、城市休闲文化旅游带,设施蔬菜产业休闲聚集区、苹果产业休闲聚集区、富硒产业聚集区、枸杞产业休闲聚集区。

22."三权分置":指形成所有权、承包权、经营权三权分置,经营权流转的格局。

23."六个100%":施工工地周边100%围挡、物料堆放100%覆盖、出入车辆100%冲洗、施工现场地面100%硬化、拆迁工地100%湿法作业、渣土车辆100%密闭运输。

24."双减":减轻义务教育阶段学生作业负担和校外培训负担。

25."三保"底线:保基本民生、保工资、保运转。

政协中卫市沙坡头区第二届委员会常委会工作报告

——在政协中卫市沙坡头区第二届委员会第二次全体会议上

沙坡头区政协主席　冯玉森

（2022年12月21日）

各位委员：

我代表政协中卫市沙坡头区第二届委员会常务委员会向大会报告工作，请各位委员审议，并请与会领导和列席同志提出意见。

2022年工作回顾

2022年是极不平凡、极具挑战的一年。面对严峻复杂的疫情防控和经济发展形势，新一届政协常委会坚持以习近平新时代中国特色社会主义思想为指导，在沙坡头区委的坚强领导下，深刻领悟"两个确立"的决定性意义，不断增强"四个意识"、坚定"四个自信"、做到"两个维护"，聚焦年度发展目标，着力加强专门协商机构建设，充分发挥"三个重要"作用，把牢团结和民主两大主题，坚持建言资政和凝聚共识双向发力，使政协事业呈现出团结奋斗、务实进取、蓄势发展的良好局面。

一、聚焦党政部署，矢志不渝书写坚毅笃定的政治答卷

始终坚持党对政协工作的全面领导，坚决贯彻区委部署要求，旗帜鲜明讲政治，矢志不渝抓落实，坚决把"党委有号召、政协有响应，党委有部署、政协有行动"落到实处。

（一）坚持自信自强，主动加强和改进政协工作。中央和自治区、市党委关于加强和改进新时代市县政协工作的意见出台后，我们及时研究制定了《关于加强和改进新时代沙坡头区政协工作的实施意见》，本着有利于增强政协工作的整体效能，有利于促进各族各界共同团结进步，有利于发展全过程人民民主的原则，从"加强党对政协工作的全面领导，加强专门协商机构建设，加强思想政治引领和凝聚共识工作，加强政协自身建设"等方面进行重点发力，不断加强和改进政协工作，着力推进政协工作制度化、规范化、程序化发展。一年来，我们探索开展了委员按界别联系社会组织、委员履职考核赋分管理、定期通报委员履职情况等工作，引导委员树立"全天候责任委员"的担当意识。

（二）坚持共克时艰，倾力打好打赢"政治硬仗"。疫情就是命令，防控就是责任。面对"8·04"和"9·20"突发疫情，我们坚决贯彻区委部署，第一时间组织机关干部下沉卡点全力抗疫，并向全体委员发出投身抗疫、志愿服务的倡议，刘强、赵建军、释如律、黄军生、秦文辉等一大批委员以高度的政治自觉、强烈的责任担当,积极投身卡点值守、物品捐赠、物资保供、志愿服务等防控工作。委员们逆行而上,捐资捐物,以艺抗"疫",同心战"疫",在大战大考中勇担当善作为,充分展现了委员们在危急关头无私奉献的大局观和使命感。仅在"9·20"疫情期间,委员们捐款捐物就达100余万元。坚持生态优先,引导委员深入学习宣传习近平生态文明思想,深刻领会建设黄河流域生态保护和高质量发展先行区先行市战略意义,坚决扛起压砂地退耕及生态修复政治任务,积极带动、引导界别群众正确认识环香山地区生态修复重大意义,适时提出了生态修复及后续产业发展的意见建议,为香山片区走生态发展之路思想共识的形成起到了积极的促进作用。

（三）坚持守正创新,着力落实落细"三大活动"。引导广大委员深入学习中共二十大和自治区第十三次党代会精神,深刻感悟蕴含其中的重大现实意义和深远历史意义。一是自觉站在政治高度、全局高度、战略高度,持续深化认识,坚持将政协工作与学习宣传贯彻中共二十大精神结合起来,及时部署开展二十大精神的学习宣传和"大学习、大讨论、大宣传、大实践"活动,通过"线上""线下"等方式,持续推送委员热议二十大文章21期、自治区第十三次党代会精神心得体会23篇,切实把思想和行动统一到二十大精神和自治区决策部署上来。二是深刻把握中央和各级党委政协工作会议精神,对标对表自治区党委督查市县政协工作反馈问题清单,主动认领问题、明确责任,标本兼治、举一反三,对涉及"协商于决策之前和决策实施之中的落实机制不够完善及学用结合不够紧密"等8个问题进行了全面整改,有效推动了中央和各级党委政协工作会议精神的落地落实。

三是把准正确政治方向,紧紧围绕区委"抓产业、办实事、强治理、转作风"专项行动,列出14项任务清单,并坚持以"大调研"破题,以"高质量"献策,提出了对区级领导和部门包抓联系基层工作进行规范整合等建议,有效集中力量和整合资源办实事抓落实,共同推动基层更好发展,切实把各族各界的思想"凝聚起来",把区委决策部署"落实下去"。

二、围绕主责主业,勤勉履职书写助推发展的担当答卷

坚持以围绕中心服务大局为主责,以加强专门协商机构建设为主业,不折不扣贯彻落实区委和政府统筹疫情防控和经济发展的部署要求,持之以恒为中心工作建诤言献良策。

（一）专注协商计划,聚力发挥专门协商机构作用。认真落实年度协商计划,围绕"应急保障工作"和"加快产业转型促进乡村振兴"开展专题议政协商,赵建军、王朝武、王一鹏等35名委员提出9个方面30条意见建议,助推我区应急管理体系及保障能力建设,助力产业融合和乡村振兴;围绕"文旅产业融合发展"和"社会组织培育发展"开展调研协商,刘斌、雍立黎、曹莉等委员提出7个方面25条意见建议,协力文旅行业纾困解难,促进社会组织管理机制建立健全;围绕"推进'四权'改革"和"移民致富提升行动"开展监督性视察,王新祥、郭月平、孙宏瑞等委员提出10个方面26条意见建议,寓协商监督于党政决策实施前中后全过程,强化了参政议政实效;围绕"新能源产业发展""人才队伍建设"和"能耗双控"开展两级联动调研,陆春波、金文平、任强强等委员提出18条意见建议,拓展了调研的深度和广度,彰显出"专"的特色。

（二）紧盯提案办理,有效落实民主监督职能。区委、政府、政协主要领导领衔督办8件年度重点提案,以上率下、示范引领,带动其他提案办结率大幅提升,使各项建议的采纳、落实、反馈、督办等形成一套有效的协商成果闭环管理模式。区直各部门及各乡镇扎实落实提案"清单式"办理要求,按时办结50件提案,其中关于移民村"入网难"提案办理成果被人民政协网关注报道。政协常委会先后听取区发改局等8个部门工作推进情况通报,对区工信和商务局效能及行风建设情况进行民主评议,促进部门转作风抓落实。委员们根据专业所长应邀列席政府常务会和政协常委会,积极参与职能部门的调查、检查、听证等活动;张艳霞、刘强、蒋鑫垒等委员被聘为行政执法监督员,充分体现了民主监督监出成效、督在关键的职能。

(三)聚焦社情民意,持续化解群众急难愁盼。坚持把社情民意信息作为察民情、知民意、集民智的有效渠道和手段,作为政协呈送党政领导决策的"内参"用足用活。鼓励专委会引导委员带着微课题,通过"小切口"的对口协商和"有事好商量"等形式,收集反映民情要事42件,其中《关于统筹使用编制资源的建议》转呈自治区政协后被采纳,自治区出台了《关于统筹使用各类编制资源的实施意见》;《关于对莫楼村文化提升项目规划的建议》等被列入重点规划;《关于沙坡头区申报"中国彩绘文化之乡"的建议》区委明确要求由主管部门成立专班开展申报工作;《关于做好黑山峡水利枢纽工程相关配套工作的建议》引起诸多部门的重视,社情民意"直通车""短平快"作用得以充分发挥。

三、践行团结民主,双向发力书写倾情为民的初心答卷

坚持党的领导、统一战线、协商民主有机结合,发扬民主和增进团结相互贯通,建言资政和凝聚共识双向发力,确保商出点子、凝聚共识,增进感情、促进和谐。

(一)坚持以物为春,传递能量汇聚力量。结合区委"两代表一委员"联合接访日活动,进一步规范了各乡镇的三级政协委员联络小组活动室,统一标准、规范制度,就近组织委员带头入村户、察民情、解民忧、办实事。倾政协全力推进环香山生态修复工作,打造香山乡高标准农田建设项目,助推高效节水农业工程的实施;协调项目资金900余万元对永康镇永新小学进行了扩建,扶持包抓的宣和镇、迎水桥镇、香山乡等做好"六大提升行动",协商制定黄河文化集市(莫楼)、长流水村、永乐村文化旅游项目及特色村建设规划,对盘活小湾村等闲置旅游资源提出建议,助力乡村振兴战略。进一步将委员大讲堂"搬到"最前沿。组织委员走乡村话振兴、到社区谈治理、进企业解难题、看旅游谋发展,让委员发挥优势、彰显专业,助力乡村振兴和经济发展。

(二)坚持以人为本,坚守圆心扩大共识。认真落实主席会成员走访联系委员、与委员谈心谈话等制度,开展"庆元旦、迎新春、送温暖"等活动,今年先后慰问防疫人员、困难群众和贫困家庭学生等5批300多人次。认真落实政协党组成员同各民主党派、无党派人士经常性联系制度,积极探索委员联系界别群众的新方法,拓展和延伸界别委员活动形式,建成了赵建军、刘强、曹慧萍等委员牵头的,辐射社会治理、特色产业、文旅发展、社会服务、党派活动等领域的7家委员会客室,有效密切了与界别群众的联系。认真落实委员按界别联系社会组织制度,通过民情恳谈会等"线下"形式与社会组织面对面交流,着力推进基层协商民主。深入开展第二届别活动,鼓励委员跨界履职;打破时空限制,利用政协履职通等"线上"平台与新阶层、党外人士"点对点"互动。建立委员履职台账,以考核赋分的方式，优化委员履职服务管理。主动支持民主党派提交大会发言、参与调研协商、发表意见建议，在坚守"圆心"的前提下，不断延长"半径"，有效扩大共识。

（三）坚持以史为鉴，启智润心培根铸魂。精编报送了3万余字的《沙坡头区政协年鉴》，并编写完成了自治区政协年鉴（沙坡头区卷）。同时，立足区域文化特色，坚持抢救优先、广征博采和"三亲"原则，采取"专委会+文史委员+社会力量"的方式，精心筹划组织，广泛征集史料，竭力挖掘地方历史文脉，分"建制沿革""史海钩沉""名胜风物""中卫记忆""往事回眸""人物春秋"6个专栏，辑录出版了20余万字的《沙坡头区文史资料》（第一辑），在中断了18年后，重新接续了沙坡头区文史资料编著工作。

四、坚持党建引领，锲而不舍书写素质过硬的作风答卷

主动适应新时代新使命新要求，坚持党建引领、履职为民，始终突出"两支队伍"建设，用好思想活水源泉，推进管理更加科学、运转更加顺畅、服务更加高效、工作更具活力。

（一）理论武装筑牢思想政治根基。深学深悟习近平总书记视察宁夏重要讲话和重要指示批示精神，持续落实以党组中心组学习为引领，形成以常委会带动领学、专题研讨交流深学、委员大讲堂共学、机关干部集中研学相结合的理论学习体系，常态长效推进各项学习活动。认真落实"八五"普法任务，注重引导委员学法、懂法、用法、依法，3月份以来，筹划推出了委员线上"学法典"、常委会前"讲法治"活动，坚持每天在委员微信群推送1条《民法典》普学"小卡片"，每次常委会上安排法律专家专题讲法，目前已推送线上《民法典》学习卡片288期1170条，开展法治讲座6期。我们以"五个一"（即设立1批读书角、建立1个读书群、开通1个平台、推荐1批好书、开展1次征文)活动为载体，在机关、企业、社区等委员驻地持续设立"政协委员读书角"，推进"书香政协"建设，全力打造"政协书苑"，举办了以"坚定理想信念·牢记为民宗旨""学好党代会·奋进新征程·建功新时代"等为主题的读书分享活动，更加广泛地在政协系统营造了"多读书、读好书、善读书"的浓厚氛围。

（二）专项活动提升委员履职素养。坚持把如何发挥委员主体作用作为必修课，以委员履职能力整体提升为突破口，采取现场教学、专题教学、体验教学、观摩学习等灵活多样的方式，组织50名政协委员到闽宁镇山海情产业园、利通区白寺滩村、中宁县丰安屯等14个培训学习点，开展了为期5天的"产业转型与乡村振兴"专题培训班；组织42名委员到兄弟自治区八路军纪念园、军垦博物馆、公路纪念馆、民族团结示范社区等，开展了"铸牢中华民族共同体意识"专题培训班，有效拓展了委员视野，激发了履职热情。开展了"季度观摩活动"，分季度组织委员先后到项目开工现场、文旅特色产品创作基地、廉政警示教育基地等观摩重点项目开工建设、重点工作推进落实、文旅产业融合发展情况，启迪了发展理念，接受了警示教育，提升了履职素养。曹慧萍委员被评为中国好人，赵建军委员成为社会组织带头人，王朝武委员成为生态产业践行者，王小亮委员成为家乡苹果代言人。

（三）党建品牌引领机关工作升级。从严落实新时代党的建设总要求，扎实推进党史学习教育成果转化，对机关党建阵地进行了全面提升改造，着力打造"党建引领·履职为民"品牌，并以建强基层党组织为核心，大力开展"以学促行"铸魂、"服务大局"扬帆、"履职为民"纾困和"强基固本"夯基四大行动。及时修订政协全体会、常委会、主席会等工作规则，深入开展违规收送红包礼金和不当收益及违规借转贷或高额放贷专项整治工作。不断创新机关党建工作，总结提炼的机关党建工作经验被自治区政协推荐给全区市县政协学习交流，机关党支部被命名为四星级基层党组织，区政协机关被自治区爱卫会评为"健康机关"。

以上成绩的取得，是自治区和市政协悉心指导、区委坚强领导的结果，是区人大常委会、区人民政府大力支持的结果，也是政协各参加单位、广大政协委员团结奋斗、辛苦付出的结果。在此，我代表沙坡头政协常委会，向所有关心、支持政协工作的各位领导、广大政协委员和社会各界，表示衷心的感谢和崇高的敬意！

在肯定成绩的同时，我们也清醒地认识到，政协工作与新形势新任务的要求相比，与各级党委和社会各界群众的殷切期盼相比，还存在诸多不足和薄弱环节，主要表现为：在加强和改进政协工作上还需持续用力；协商成果的跟踪、反馈、督办和成果转化仍需加大力度；推进"双向发力"的质量水平还需不断提高；民主监督的工作举措还需进一步强化；委员的履职水平还需进一步提升，等等。这些问题，必须高度重视，在今后的工作中不断强化措施，认真加以改进。

关于2023年工作

2023年是贯彻落实中共二十大精神的开局之年，是全面建设社会主义现代化国家的关键之年。面对新时代赋予的历史重任，面对发展道路上的各种机遇和挑战，沙坡头区政协工作的总体目标是：高举中国特色社会主义伟大旗帜，以习近平新时代中国特色社会主义思想为指导，以中共二十大提出的"发展全过程人民民主"的重大决策部署为遵循，认真贯彻落实习近平总书记视察宁夏重要讲话精神，持续深入贯彻党中央和各级党委政协工作会议精神，始终坚持在区委的坚强领导下，坚持团结和民主两大主题，坚持建言资政和凝聚共识双向发力，充分发挥专门协商机构作用，不断加强和改进新时代沙坡头区政协工作，不断提高政治协商、民主监督、参政议政水平，为奋力谱写全面建设社会主义现代化美丽新宁夏沙坡头区篇贡献政协智慧和力量。

一、坚持党的领导，不断提高思想引领水平

中共二十大报告指出，要"全面发展协商民主""积极发展基层民主""巩固和发展最广泛的爱国统一战线""坚持大团结大联合，动员全体中华儿女围绕实现中华民族伟大复兴中国梦一起来想、一起来干"。要"加强同民主党派和无党派人士的团结合作""形成共同致力民族复兴的强大力量"。这些论述为新时代政协工作指明了方向，提供了遵循。在新的一年里，常委会将把强化二十大精神的宣传贯彻和加强思想政治引领摆在更加突出的位置，认真贯彻落实党中央各项决策部署和各级党委工作要求，围绕"四大"活动的开展，深入推进"抓办强转"专项行动，全力抓好思想政治引领工作。

要把牢政治方向。人民政协是政治组织，必须旗帜鲜明讲政治。要以加强党的全面领导为根本，切实肩负起把方向、管大局、保落实的重大政治责任，引导广大政协委员自觉在党的领导下思考、在党的领导下谋划、在党的领导下行动，确保政协各项工作正确的政治方向。

要强化思想引领。要把学习贯彻中共二十大和自治区第十三次党代会精神作为贯穿全年工作的重大政治任务，切实明确"学什么、怎么学、学出什么效果"，通过专题宣讲、委员大讲堂、云享阅读、月享阅读等形式强化思想理论武装，引导广大政协委员、机关干部深化对习近平新时代中国特色社会主义思想和二十大精神的学习领会，使思想、思维、能力、行动跟上党的要求、跟上时代步伐、跟上发展需要。

要健全制度体系。建立寓思想引领于团结民主之中的思想政治工作制度，把党的创新理论更好转化为共同思想政治基础、做好经常性思想政治工作的创新举措。坚持走访看望委员，与党外委员面对面沟通思想、交换意见、解疑释惑，在一些敏感点、风险点上加强引领，把思想引领贯穿于政治协商、民主监督、参政议政各项职能之中，引导委员协助区委和政府做好宣传政策、协调关系、化解矛盾的工作。

二、坚持"双向"发力，不断提高意见表达水平

不谋全局者，不足以谋一域。政协只有坚持围绕中心、服务大局，才能更好发挥优势、彰显作为。要全面对标中央精神、全国政协部署和各级党委工作要求，按照"党政所需、群众所盼、政协所能"，精心安排全年工作，精准设置协商议题，确保各项履职活动契合中心任务、体现人民心声。要以凝聚共识为主线，坚持区委工作部署到哪里，政协工作就落实到哪里；人民群众的需求在哪里，委员履职活动就跟进到哪里。在议政协商议题确定方面，政治协商要向大事要事聚焦，围绕"农村医疗卫生体系建设""在疫情常态化防控形势下如何保障中小微企业正常运营"主题开展专题议政性常委会会议协商，为区委和政府科学决策提供参考；在调研协商主题确定方面，建言献策要向民生民愿聚智，围绕"农村闲置宅基地盘活利用情况"和"推进中部干旱带高效节水农业设施建设助推产业发展"主题开展对口协商、远程协商，推动群众关心关注问题的解决；在监督性视察内容安排方面，民主监督要向热点焦点聚力，围绕"'抓办强转'专项行动落实情况"和"振兴苹果产业"主题开展专项监督性视察，助推任务落实、问题解决和产业振兴。

三、坚持发挥专门协商机构作用，不断提高凝聚共识水平

更好发挥专门协商机构作用，是把人民政协制度优势转化为治理效能的关键一步。常委会将不断探索创新，切实加强专门协商机构制度化、规范化、程序化建设，全面提升广泛凝聚共识的水平。

要坚持把协商工作纳入党政工作具体部署。要加强统一领导和规划，把协商民主纳入党政中心工作和具体部署，严格遵照《关于加强政协协商与党委政府决策之前和决策实施之中的实施意见》中建立的协商事项目录清单，推动形成用协商民主方式开展工作的制度化实践。要突出重点抓落实，把开展中央和各级党委政协工作会议精神贯彻落实情况"回头看"作为年度重点工作之一，由区政协党组成员带队，分赴各乡镇、部门、企业开展调研督查，查找问题不足，总结经验做法和实践成果。

要切实加强上下左右之间的协商联动。要更加主动的参与各级联动调研协商，把提质增效贯穿政协工作各方面和全过程，增强政协工作合力，不断提升上下联动的质量。要加强与上级政协的联系工作，围绕重大协商议题开展联动调研、多层协商，努力把机关干部培养成组织协商的专家，把委员培养成开展协商的专家。要坚持"把专业的事交给专业的人"，请专业的人提专业的意见，广泛邀请研究机构智库等相关专家参与协商，探索开展专家协商会，确保协商成果的专业性。

要不断加强政协自身建设。要持续全面加强党的建设，擦亮"党建引领·履职为民"党建品牌，持之以恒纠治"四风",守牢意识形态阵地,不断增强政协党组织战斗堡垒作用、党员委员和党员干部先锋模范作用。要主动适应时代之变、形势之变、矛盾之变,更好适应新时代之新要求,不断提升履职能力。要聘请专业人员参与政协文史工作、基层协商,巧借"外脑"提升政协工作水平。要利用新媒体、网络平台、视频连线等方式组织调研、收集信息、召开会议、网络议政,多方面融智赋能,促进政协履职能力和履职工作现代化。要不断完善文史工作机制,建立稳定的文史工作队伍,征集编录《沙坡头区文史资料》(文旅专辑),助力打造"丝路驿站·水韵沙都·云天中卫"品牌;要加快编撰具有政协特色和时代特点的《沙坡头区政协志》,充分发挥文史工作"存史、资政、团结、育人"作用。

要全面提升凝聚共识水平。要拓展委员会客室、"政协书苑"的功能和作用,全面开展思想政治引领、学习宣传政策、广泛建言资政、联系服务群众、培育协商文化等工作,使委员会客室、"政协书苑"成为政协委员密切联系界别群众的新渠道、学习交流和协商民主的新阵地、展示形象和团结联谊的新平台。要加强同各族各界人士的沟通联络,在各类调研协商活动中邀请各界人士通过政协平台积极参政议政,增进共识、扩大团结。

四、坚持完善协商制度,不断提高协商民主工作水平

要大力推进基层协商。越是在基层,党政工作的要事、民生改善的实事、社会治理的难事与群众切身利益越密切,需要处理的人民内部矛盾也越具体,也就越需要发挥协商民主的作用。只有积极发展基层民主,大力推进基层协商才能真正推动民计民生从"为民做主"向"由民做主"转变。要探索推动"事有人说、事有人接、事有人解"的基层民主实践,通过"众人断是非"等模式,公开评、民主断,让群众更好行使民主权利,依法自治、自我管理自己的事务,推动基层治理真正由"独角戏"变成"大合唱"。

要不断完善开展协商的制度机制。要围绕各级党委加强和改进新时代市县政协工作出台的实施意见,完善政协工作制度机制,力促政协协商从"活动化"向"制度化"发展。要建立协商议题"选"的机制,完善"开门选、层层选、协商选"的机制,确保选题的精准性;要建立协商建言"研"的机制,坚持"不调研就不协商",确保协商成果真正产生于充分调研的基础上;要建立协商主体"动"的机制,从制度上引导和激励委员广泛联系群众,积极参与协商;要建立线上线下"联"的机制,在线上搭建"请您来协商"的远程网络协商"同心圆"工作站,在线下建设"欢迎来协商"主场馆,组织开展恳谈协商、小微协商、上门协商、有事多商。要组织开展"宣传二十大·书香催奋进"主题活动,组织广大政协委员读党史、诵经典、谈体会、讲心得,构建委员"天天读""周周学""月月议"的良好格局。

要积极营造开展协商的良好环境。要统筹做好"坚持党的领导、统一战线、协商民主有机结合"的创新工作,用足用好基层协商平台,通过"有事好商量""对口协商""公开协商",打通委员联络服务界别群众的"最后一公里",让群众感到政协离的很近、委员就在身边,推动协商民主向基层延伸。要注重做好组织动员工作,做到闻风而动、迅速响应;要加强服务保障工作,做到联络协调、情况通报有效衔接,服务保障及时跟进、顺畅有序。

要进一步健全协商成果转化机制。要注重收集整理委员在调研、视察、监督、协商等活动中形成的重要意见建议,把协商成果转化为提案、大会发言、社情民意信息等履职成果,努力锻造出一批"协商工匠"。要紧盯协商成果的转化落实和重点提案的督导督办,健全完善规范的提案报送、提案审核、领衔办理、领导批办、部门承办、按时督办、办理情况反馈等提案办理闭环管理机制,切实提高协商成果"转"的质效和"用"的成效。

各位委员,强大力量生于团结,复兴使命呼唤团结。让我们更加紧密地团结在以习近平同志为核心的党中央周围,牢记嘱托、忠诚履职,埋头苦干、勇毅前行,在区委的坚强领导下,以强烈的责任担当和饱满的履职热情,以建言资政和凝聚共识的良好成果,不断开创新时代沙坡头区政协事业发展的新局面,为全面开启沙坡头区高质量发展新征程贡献政协力量!

中卫市沙坡头区 2022 年国民经济和社会发展统计公报

中卫市沙坡头区统计局

（2023 年 5 月 10 日）

2022年，面对错综复杂的外部环境和交织叠加的风险挑战，沙坡头区上下坚持以习近平新时代中国特色社会主义思想为指导，深入学习宣传贯彻党的二十大精神，坚决贯彻习近平总书记视察宁夏重要讲话和重要指示批示精神、自治区第十三次党代会精神和中卫市第五次党代会精神，认真落实中央、自治区和市各项决策部署，统筹推进疫情防控和经济社会发展，全力稳经济、保增长、促发展，在艰难中砥砺前行、在挑战中拼搏进取、在机遇中寻求突破。全年经济运行平稳，产业转型迈出新步伐，民生保障展现新作为，高质量发展取得新成效，全面建设社会主义现代化美丽新沙坡头区篇章开局良好。

一、综合

初步核算，全年沙坡头区实现地区生产总值252.23亿元，按不变价格计算，比上年增长0.1%。其中，第一产业增加值37.01亿元，增长3.6%；第二产业增加值119.31亿元，下降1.0%；第三产业增加值95.92亿元，与上年持平。三次产业结构为14.7∶47.3∶38.0。按常住人口计算，人均地区生产总值62667元，比上年下降0.3%。

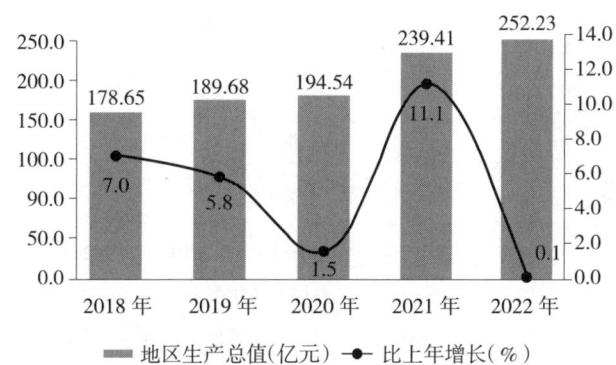

图 1　2018—2022 年沙坡头区地区生产总值及增速

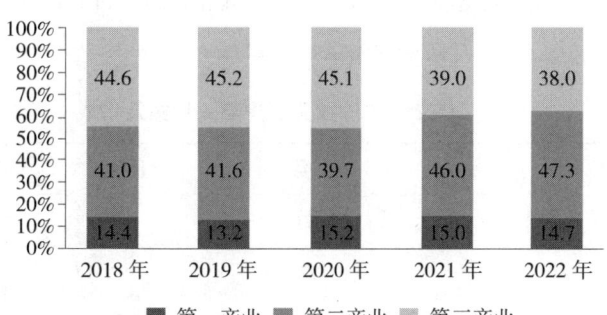

图 2　2018—2022 年沙坡头区三次产业增加值占地区生产总值比重

2022年末沙坡头区常住人口40.30万人，比上年末增加0.10万人，其中，城镇常住人口25.67万人，乡村常住人口14.63万人；常住人口城镇化率为63.70%，比上年末提高0.27个百分点。全年出生人口0.41万人,人口出生率为10.19‰;死亡人口0.30万人,人口死亡率为7.45‰;自然增长人口0.11万人,自然增长率为2.74‰。

表1　2022年末沙坡头区常住人口数及构成

指　标	年末数(万人)	比重(%)
常住人口	40.30	100.00
其中:城镇	25.67	63.70
农村	14.63	36.30
其中:回族	2.78	6.90
其中:男性	20.98	52.06
女性	19.32	47.94

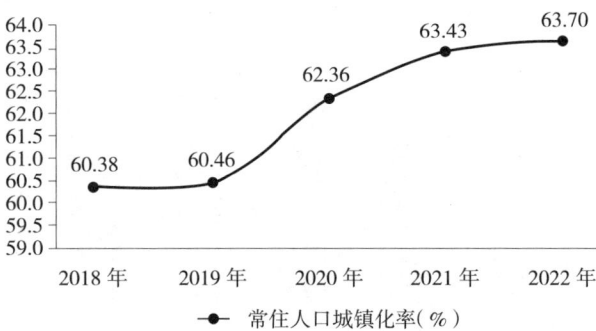

图3　2018—2022年沙坡头区常住人口城镇化率

据公安年报,年末沙坡头区户籍总户数15.12万户,户籍总人口41.73万人,其中城镇人口18.54万人,户籍人口城镇化率44.44%。

表2　2022年末沙坡头区户籍人口数及构成

指　标	年末数(万人)	比重(%)
常住人口	41.73	100.00
其中:城镇	18.54	44.44
农村	23.19	55.56
其中:男性	21.33	51.12
女性	20.40	48.88
其中:0—17岁	8.29	19.86
18—34岁	10.35	24.81
35—59岁	16.53	39.62
60岁以上	6.56	15.72

全年沙坡头区新增城镇就业6413人,比上年增加1488人,城镇失业再就业人员2916人,比上年增加631人,困难人员实现再就业370人。农村劳动力转移就业6.27万人,比上年增加2.22万人。

全年沙坡头区居民消费价格比上年上涨2.1%。商品零售价格比上年上涨2.3%,服务项目价格比上年上涨0.7%。

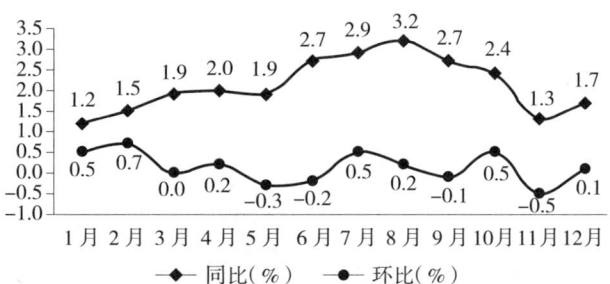

图4　2022年沙坡头区居民消费价格环比、同比涨跌图

表3　2022年沙坡头区居民消费价格比上年涨跌幅度

指　标	上年价格=100
一、居民消费价格总指数	102.1
其中:服务项目价格指数	100.7
#食品烟酒	101.5
衣着	100.7
居住	101.4
生活用品及服务	101.6
交通和通信	106.9
教育文化和娱乐	100.9
医疗保健	100.6
其他用品和服务	101.4
二、商品零售价格总指数	102.3

新兴动能茁壮成长。2022年沙坡头区信息传输、软件和信息技术服务业增加值增长21.3%,拉动沙坡头区地区生产总值增速提高0.5个百分点。全年工业技改投资增长48.3%。全年新登记市场主体4818户,日均新登记企业4户。年末在业市场主体总数达36112户,增长4.7%,其中个体工商户25270户,增长4.2%。

二、农业

全年沙坡头区实现农林牧渔业总产值75.11亿元,比上年增长3.9%。其中,农业产值45.69亿元,下降0.8%;林业产值0.46亿元,下降6.2%;牧业产值24.81亿元,增长16.4%;渔业产值2.38亿元,增长7.9%;农林牧渔服务业产值1.77亿元,增长7.7%。

全年粮食播种总面积27.65万亩,比上年增长1.7%,产量15.7万吨,比上年下降1.1%。其中,夏粮产量0.57万吨,增长128.8%;秋粮产量15.1万吨,下降3.2%。全年小麦产量0.57万吨,是去年的2.3倍;水稻产量1.26万吨,下降37.2%;玉米产量13.74万吨,增长1.1%。

全年肉类总产量3.6万吨,比上年增长13.8%。其中,牛肉产量0.36万吨,增长9.5%;羊肉产量0.33万吨,增长26.4%;猪肉产量2.58万吨,增长15.3%;禽肉产量0.33万吨,下降1.5%。禽蛋产量3.05万吨,下降9.9%。牛奶产量26.19万吨,增长12.2%。

年末生猪存栏23.55万头,比上年增长32.2%;牛存栏10.34万头,增长14.4%;奶牛存栏6.82万头,增长21.8%;羊存栏26.89万只,下降11.9%;家禽存栏353.58万只,增长24.8%。全年生猪出栏30.86万头,增长14.8%;牛出栏2.16万头,增长8.7%;羊出栏19.55万只,增长29.6%;家禽出栏160.03万只,下降3.1%。

表4　2022年沙坡头区主要农林牧渔业产品产量及其增长速度

指　　标	产量(万吨)	比上年增长(%)
粮食	15.71	-1.1
小麦	0.57	128.8
水稻	1.26	-37.2
玉米	13.74	1.1
油料	0.02	-69.5
蔬菜	23.25	-1.5
瓜果	86.78	-5.8
枸杞	1.69	-9.6
肉类总产量	3.6	13.8
其中:猪、牛、羊肉产量	3.27	15.6
禽蛋	3.05	9.9
牛奶	26.19	12.2
水产品	1.72	2.3

三、工业和建筑业

全年沙坡头区全部工业增加值103.26亿元,比上年增长1.5%,占地区生产总值比重为40.9%。规模以上工业增加值与上年持平。

在规模以上工业中,分轻重工业看,重工业增加值比上年下降0.4%,占规上工业增加值比重为94.4%;轻工业增长7.7%,占规上工业增加值比重为5.6%。分经济类型看,国有控股企业增加值比上年下降4.8%,股份制企业下降0.1%,外商及港澳台商投资企业增长8.1%,私有企业增长3.2%。分门类看,制造业增加值比上年增长2.3%,电力、热力、燃气及水的生产和供应业下降19.1%,采矿业增长33.4%。

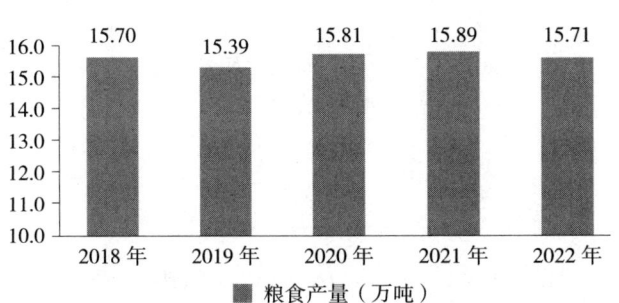

图5　2018—2022年沙坡头区粮食产量

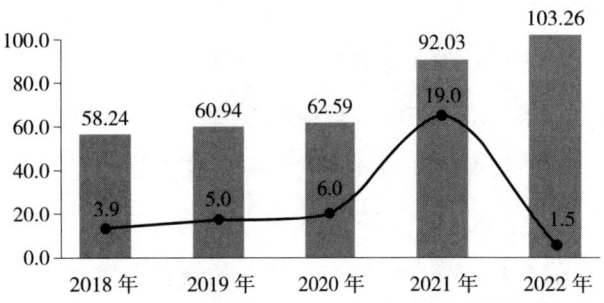

图6　2018—2022年沙坡头区工业增加值及其增长速度

规模以上工业中,黑色金属冶炼和压延加工业增加值比上年增长4.5%,计算机、通信和其他电子设备制造业增长4.3%,农副食品加工业下降10.9%、非金属矿物制品业下降8.7%、电力、热力生产和供应业下降21.4%,化学原料和化学制品制造业与上年比持平。

表5　2022年沙坡头区主要工业产品产量及增长速度

主要产品名	单位	产量	比上年增长(%)
饲料	万吨	5.9	-8.6
碳化钙(电石)	万吨	17.9	3.3
单晶硅	吨	8392.5	9.6
商品混凝土	万立方米	79.8	-12.1
钢材	万吨	163.7	-5.5
铁合金	万吨	76.7	-3.1

全年106户规模以上工业企业实现营业收入446.9亿元,增长3.3%;实现利润总额12.5亿元,下降44.3%。规模以上工业企业每百元营业收入中的成本为89.82元,比上年增加4.47元;每百元资产实现的营业收入为134.4元,比上年增加2.4元。

年末沙坡头区发电装机容量521.97万千瓦,增长14.6%。其中,火电装机容量87.1万千瓦,下降8.3%;水电装机容量12.03万千瓦,与上年末持平;并网风电装机容量159.63万千瓦,增长8.9%;并网太阳能发电装机容量263.21万千瓦,增长30.3%。

全年沙坡头区建筑业实现增加值16.06亿元,比上年下降11.7%。具有资质等级的总承包和专业承包建筑业企业有48家,完成建筑业总产值23.33亿元,下降8.9%。其中,国有及国有控股企业完成产值3.71亿元,增长128.9%;私营企业完成产值16.07亿元,下降20.5%。

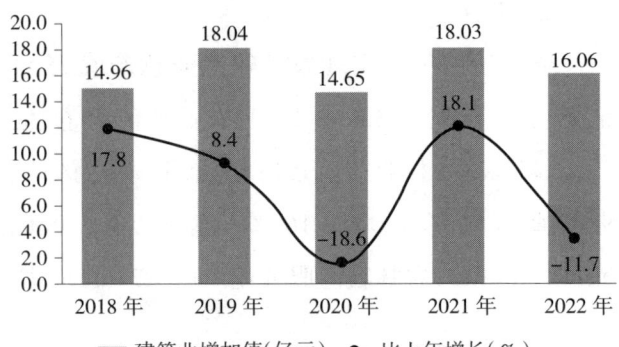

图7　2018—2022年沙坡头区建筑增加值及其增长速度

四、服务业

全年沙坡头区服务业实现增加值95.92亿元,与上年持平,占地区生产总值比重为38.0%。其中,批发和零售业实现增加值10.49亿元,下降6.8%;交通运输、仓储和邮政业实现增加值9.50亿元,增长4.3%;住宿和餐饮业实现增加值3.43亿元,下降1.9%;金融业实现增加值12.64亿元,增长3.4%;房地产业实现增加值9.14亿元,下降3.5%;其他服务业实现增加值49.56亿元,增长0.6%。全年规模以上服务业企业实现营业收入59.52亿元,比上年增长9.2%。

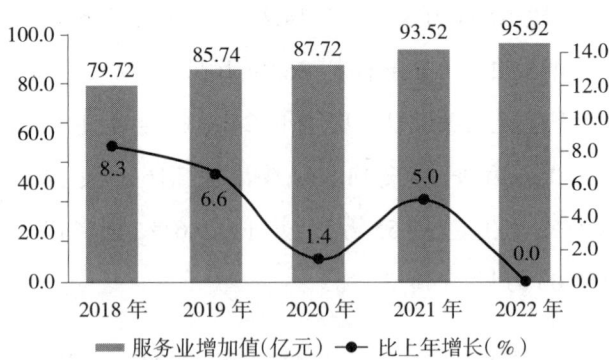

图8　2018—2022年沙坡头区服务业增加值及其增长速度

五、国内贸易

全年沙坡头区社会消费品零售总额58.80亿元,比上年下降0.5%。从地域看,城镇消费品零售额49.47亿元,下降0.6%;乡村消费品零售额9.33

亿元，增长0.1%。从四大行业看，批发业实现零售额16.97亿元，下降1.6%；零售业实现零售额33.10亿元，增长0.1%；住宿业实现零售额0.38亿元，下降18.8%；餐饮业实现零售额8.35亿元，增长0.6%。分规模看，限上批零住餐业实现消费品零售额14.47亿元，下降2.3%；限下批零住餐业实现消费品零售额44.33亿元，增长0.1%。

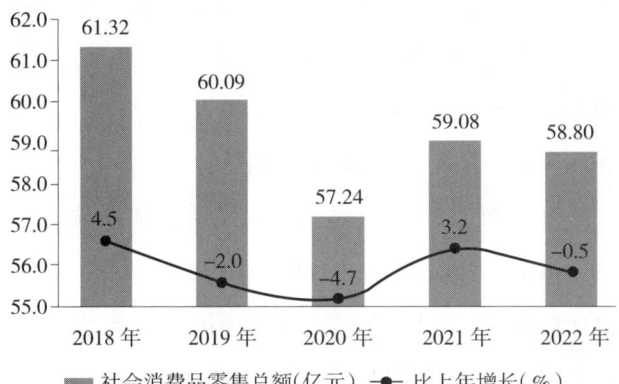

图9　2018—2022年沙坡头区社会消费品零售总额及其增速

六、固定资产投资

全年沙坡头区固定资产投资（不含农户）比上年增长35.2%。其中县属固定资产投资增长54.9%。分投资主体看，国有投资下降5.2%，民间投资增长82.5%。

在县属固定资产投资中，第一产业投资下降13.6%，第二产业投资增长80.2%，第三产业投资

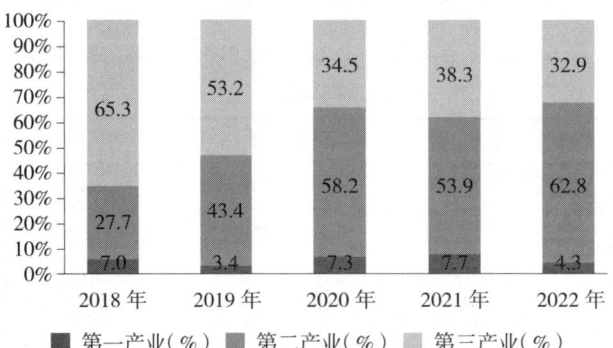

图10　2018—2022年县属固定资产投资（不含农户）三次产业比重

增长33.0%。工业投资增长80.2%，占县属固定资产投资比重为62.7%。新能源投资增长111.2%，占工业投资比重为47.7%。工业技术改造投资增长48.3%，占工业投资比重为21.8%。县属基础设施投资增长103.6%。

表6　2022年沙坡头区分行业县属固定资产投资（不含农户）增长速度

行　　业	比上年增长（%）
总计	54.9
农、林、牧、渔业	-6.0
采矿业	-100.0
制造业	6.8
电力、热力、燃气及水生产和供应业	144.6
建筑业	12.4
批发和零售业	-67.6
交通运输、仓储和邮政业	325.2
住宿和餐饮业	-36.4
信息传输、软件和信息技术服务业	74.2
金融业	0.0
房地产业	-3.5
租赁和商务服务业	580.9
水利、环境和公共设施管理业	19.9
教育	15.5
卫生和社会工作	64.9
文化、体育和娱乐业	-11.7
公共管理、社会保障和社会组织	-77.2

全年房地产开发投资18.7亿元，比上年下降2.7%。房屋施工面积192.91万平方米，下降11.2%；房屋竣工面积19.79万平方米，下降58.7%；商品房销售面积29.06万平方米，下降46.6%，其中住宅销售面积26.40万平方米，下降43.4%。全年商品房销售额16.81亿元，下降40.7%，其中住宅销售额15.18亿元，下降38.0%。

表7 2022年沙坡头区房地产开发和销售主要指标及增长速度

指标	单位	绝对数	比上年增长(%)
投资额	亿元	18.70	-2.7
#住宅	亿元	13.29	-13.3
商业营业用房	亿元	1.89	56.1
其他	亿元	3.51	33.7
房屋施工面积	万平方米	192.91	-11.2
其中：住宅	万平方米	143.20	-5.4
房屋竣工面积	万平方米	19.79	-58.7
其中：住宅	万平方米	15.74	-46.8
商品房销售面积	万平方米	29.06	-46.6
其中：住宅	万平方米	26.40	-43.4
商品房销售额	亿元	16.81	-40.7
其中：住宅	亿元	15.18	-38.0
商品房待售面积	万平方米	44.35	-15.6
其中：住宅	万平方米	13.51	6.4

七、交通和邮电

年末沙坡头区民用汽车保有量11.32万辆，比上年末增长2.1%，其中私人汽车保有量9.73万辆，增长1.9%。民用轿车保有量3.35万辆，增长1.4%。全年民用航空航线8条，通航里程1.54万公里，年旅客吞吐量4.25万人次。

全年完成邮政行业业务总量0.56亿元，比上年增长1.4%。完成邮政业务收入0.68亿元，增长1.1%。全年邮政业完成函件业务2.07万件，增长16.9%；邮政包裹业务0.07万件，增长16.7%；快递业务量252.89万件，增长8.1%。

全年沙坡头区电信业务总量比上年增长20.3%。年末电话用户总数56.71万户，增长10.4%，其中，固定电话用户3.26万户，移动电话用户53.46万户。年末固定互联网宽带接入用户21.61万户，比上年增加2.07万户。

八、财政和金融

全年沙坡头区完成本级一般公共预算收入3.24亿元，增长5.3%。其中税收收入2.51亿元，下降10.9%，占地方一般公共预算收入的77.6%。主体税种中，增值税0.77亿元，下降36.7%；企业所得税0.41亿元，增长25.2%；个人所得税0.12亿元，下降5.2%。全年本级一般公共预算支出32.74亿元，增长22.4%。在一般公共预算支出中，一般公共服务支出1.62亿元，增长22.1%；教育支出5.67亿元，增长19.9%；社会保障和就业支出4.31亿元，增长48.1%；医疗卫生支出2.57亿元，增长55.0%。全年新增减税降费14.02亿元。其中，新增减税13.44亿元，新增降费0.57亿元。

年末沙坡头区金融机构人民币各项存款余额为396.12亿元，增长10.8%。其中住户存款余额260.35亿元，增长17.6%。沙坡头区金融机构人民币各项贷款余额246.78亿元，比上年增长5.9%。其中，住户贷款余额124.2亿元，增长1%；企(事)业单位贷款余额122.58亿元，增长11.4%。

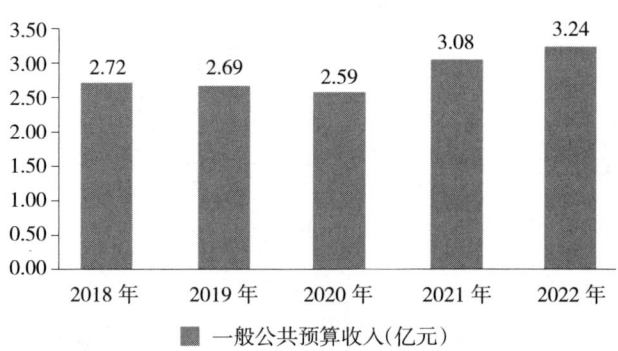

图11 2018—2022年沙坡头区一般公共预算收入

表8 2022年年末沙坡头区金融机构存贷款余额及其增长速度

指标	年末数(亿元)	增长(%)
人民币各项存款	396.12	10.8
其中：住户存款	260.35	17.6
非金融企业存款	44.72	-10.1
人民币各项贷款	246.78	5.9
其中：住户贷款	124.20	1.0
企(事)业单位贷款	122.58	11.4

九、科学技术和教育

全年共争取上级科技项目55个,到位资金9725万元。年末沙坡头区拥有国家级高新技术企业8家,自治区科技"小巨人"企业3家,自治区科技型中小企业42家。全年沙坡头区获得授权专利530件,比上年减少97件。每万人有效发明专利拥有量6.69件,比上年增加0.41件。全年共签订技术合同140项,技术合同成交金额7912.54万元。

年末沙坡头区有质检中心4家,全年制造业产品合格率95%。

沙坡头区各级各类学校126所,教职工5979人,其中专任教师4810人。学前教育毛入园率91.06%,小学学龄人口入学率100%,初中阶段毛入学率104.27%,高中阶段毛入学率94.02%,小学六年巩固率98.63%,初中三年巩固率99.55%。

表9 2022年沙坡头区各级教育招生、在校、毕业生人数

类别	校数（所）	招生数（人）	在校学生数（人）	毕业生数（人）
普通高等学校	1	502	2280	715
中等职业学校	1	1380	3950	1037
普通高中	3	3008	9141	2936
普通初中	26	4173	13506	5181
普通小学	31	4950	28153	4220
幼儿园	63	5420	15044	5653
特殊教育	1	22	90	32

十、文化旅游、卫生健康和体育

年末沙坡头区拥有专业艺术表演团体5个,业余文艺团体78个,文化馆1个,公共图书馆1个,剧场、剧院4个。已建成大型公共文化服务场所7个,村级文化室162个,社区文化室36个。

年末沙坡头区共有体育场馆数11个,体育场地面积98万平方米。全年举办体育运动竞赛13场次,举办大型职工群众运动会2次,培训二级体育指导员448人。

全年沙坡头区共有各级各类医疗卫生机构233个,其中,医院10个,基层医疗卫生机构217个,专业公共卫生机构6个,乡镇卫生院9个。医疗卫生机构实有床位2195张,其中医院实有床位2001张。卫生技术人员共计3250人,其中,执业（助理）医师1078人,注册护士1484人。疾病预防控制中心1个,健康教育所2个,妇幼保健院1个,采供血机构1个,卫生监督所1个。每千人口执业（助理）医师2.67人,每千人口医院床位数4.97张。

十一、居民收入消费和社会保障

全年沙坡头区全体居民人均可支配收入24053元,比上年增长5.3%。按常住地分,城镇居民人均可支配收入35559元,比上年增长5%,其中,人均工资性收入27206元,增长5.7%,占比76.5%;人均经营净收入2350元,下降1%,占比6.6%;人均财产净收入1175元,增长5.4%,占比3.3%;人均转移净收入4828元,增长4.3%,占比13.6%。农村常住居民人均可支配收入16825元,比上年增长5.6%,其中,人均工资性收入8146元,增长5.6%,占比48.4%;人均经营净收入6097元,增长5.4%,占比36.2%;人均财产净收入243元,增长1.2%,占比1.4%;人均转移净收入2339元,增长6.9%,占比13.9%。

全年沙坡头区全体居民人均消费支出15789元,同比下降9.3%。按常住地分,城镇居民人均消费支出19369元,下降3.9%,其中,食品烟酒类消费支出5506元,增长4.8%,占城镇居民人均消费支出比重为28.4%;农村居民人均消费支出14187元,下降10.5%,其中,食品烟酒类消费支出4182元,下降0.8%,占农村居民人均消费支出比重为29.5%。

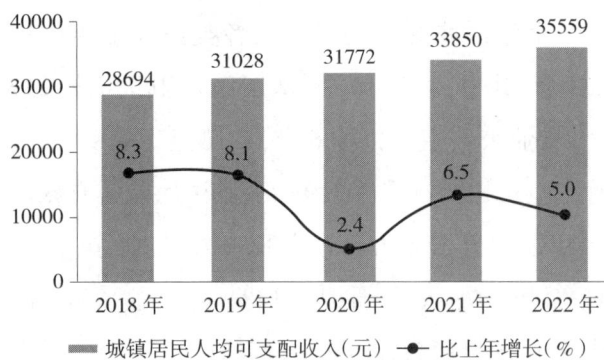

图12　2018—2022年沙坡头区城镇常住居民人均可支配收入及增长速度

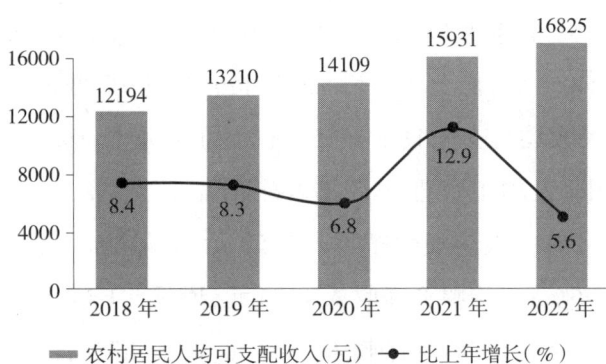

图13　2018—2022年沙坡头区农村常住居民人均可支配收入及增长速度

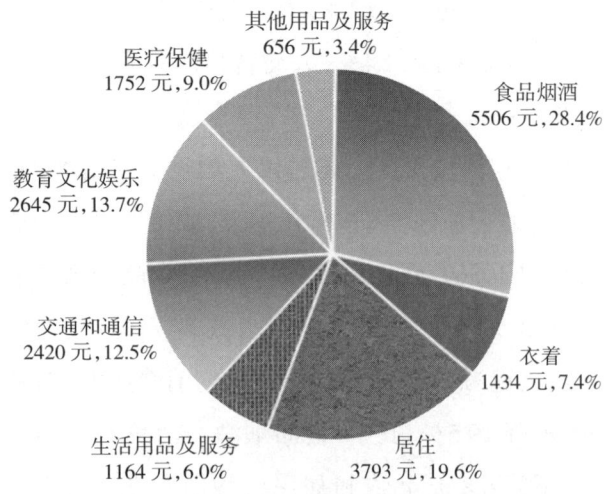

图14　2022年沙坡头区城镇居民人均消费支出及其构成

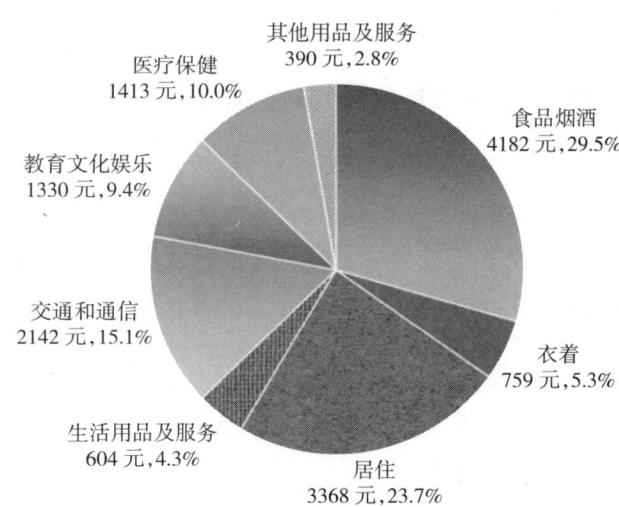

图15　2022年沙坡头区农村居民人均消费支出及其构成

年末沙坡头区参加基本养老保险人数17.52万人，比上年增加2.14万人，其中参保职工12.36万人，增加1.81万人。参加城乡居民养老保险人数15.35万人，减少0.23万人。参加基本医疗保险参保人数39.07万人，减少0.71万人，其中参加职工基本医疗保险人数7.27万人，增加707人；参加城乡居民基本医疗保险人数31.81万人，减少0.78万人。参加工伤保险人数8.87万人，增加0.18万人。参加失业保险职工人数4.46万人，增加0.44万人。参加生育保险人数5.77万人，增加371人。

年末沙坡头区共有3395人享受城市最低生活保障，发放保障金2140万元；13242人享受农村最低生活保障，发放保障金5478万元；438人享受农村特困人员救助供养。全年临时救助1.35万人次，全年国家抚恤、补助退役军人和其他优抚对象1568人。

年末沙坡头区拥有养老机构17个（包含公建民营机构），其中，农村互助养老院2个、社会福利院1个、民办养老机构7个，共有床位2234张，入住老人368人。城乡建立各种社区服务站198个。

十二、资源、环境和应急管理

全年沙坡头区城市现状建设用地22.02平方公里。其中，居住用地9.01平方公里，工业用地0.71平方公里，公共管理与公共服务用地2.74平方公里，商业服务业设施用地2.25平方公里，物流仓储用地0.02平方公里，道路交通设施用地3.41平方公里，公共设施用地0.22平方公里，绿地与广场用地3.66平方公里。沙坡头区城市道路长度171.26公里。有公园23个，公园面积596公顷，人均公园绿地面积为23.68平方米。年末沙坡头区建成区面积达到30.86平方公里。建成区绿化覆盖率达到43.99%，绿地率为40.05%。

全年空气质量优良天数299天，优良天数比例为81.9%，细微颗粒（PM2.5）平均浓度为30微克/立方米，可吸入颗粒物（PM10）平均浓度为66微克/立方米，环境空气质量综合指数为3.58%。

全年沙坡头区降水量94.3毫米。全年平均气温为10.8℃，平均风速2.3米/秒。

全年沙坡头区发生各类生产安全事故14起，其中，道路交通6起，工矿商贸7起，危险化学品1起。死亡15人，其中，道路交通死亡5人，工矿商贸死亡8人，危险化学品死亡2人。经济损失1324.4万元。沙坡头区亿元GDP生产安全事故死亡0.0317人。

【注释】

1. 本公报中数据均为初步统计数。正式数据以《中卫沙坡头区统计年鉴—2023》为准。部分数据因四舍五入的原因，存在着分项与合计不等的情况。

2. 地区生产总值、三次产业及相关行业增加值绝对数按现价计算，增长速度按不变价格计算。

3. 第四次全国经济普查后，对地区生产总值、社会消费品零售总额等历史数据进行了修订。

4. 根据第七次全国人口普查结果，对2017—2019年年末常住人口城镇化率数据进行了修订。

5. ①规模以上工业：年主营业务收入2000万元及以上的工业法人单位。②有资质的建筑业：有总承包、专业承包资质的建筑业法人单位。③限额以上批发和零售业：年主营业务收入2000万元及以上的批发业、年主营业务收入500万元及以上的零售业法人单位。④限额以上住宿和餐饮业：年主营业务收入200万元及以上的住宿和餐饮业法人单位。⑤房地产开发经营业：有开发经营活动的全部房地产开发经营业法人单位。⑥规模以上服务业：年营业收入2000万元及以上服务业法人单位，包括：交通运输、仓储和邮政业，信息传输、软件和信息技术服务业，水利、环境和公共设施管理业三个门类和卫生行业大类；年营业收入1000万元及以上服务业法人单位，包括租赁和商务服务业，科学研究和技术服务业，教育三个门类，以及物业管理、房地产中介服务、房地产租赁经营和其他房地产业四个行业小类；年营业收入500万元及以上服务业法人单位，包括：居民服务、修理和其他服务业，文化、体育和娱乐业两个门类，以及社会工作行业大类。

6. 火电装机容量包括燃煤、燃油、燃气、余热、余压、余气、垃圾焚烧及生物质发电装机容量。

7. 邮政行业业务总量按2020年价格计算，邮政行业业务收入不包括邮政储蓄银行直接营业收入。

8. 城镇职工基本养老保险人数、收缴和发放范围为企业职工和机关事业单位人员。

9. 养老机构数和儿童福利院数包含非运营机构数。幼儿园人数包含学前班人数。

10. 体育场地调查对象不包括军队、铁路系统所属体育场地。

11. 资料来源：本公报中就业、养老保险、失业保险、工伤保险数据来自市人社局；户籍人口数据来自市公安局；市场主体、专利、质检中心数据来自市市场监督管理局；发电装机容量数据来自国网中卫供电公司；汽车保有量来自市车管所；民航数据来自西部机场集团宁夏机场有限公司中卫分公司；邮政数据来自市邮政管理局；电信数据来自市工信局；财政数据来自沙坡头区财政局；金融数据来自人民银行中卫支行；医疗保险、生育保险数据来自市医保局；社会福利数据来自市民政局；优抚对象数据来自市退役军人事务局；科学技术数据来自市科技局；教育数据来自市教育局和宁夏大学中卫校区；文化、旅游和体育数据来自市旅游文体广电局；城市建设数据来自市住建局；森林、林地、自然保护区数据来自市自然资源局；环境数据来自市生态环境局；气象数据来自市气象局；生产安全数据来自市应急管理局；其余数据均来自沙坡头区统计局和国家统计局中卫调查队。